공동자원의 섬 제주 2
: 지역 공공성의 새로운 지평

제주대학교 SSK연구단
토지+자유 연구소

진인진

공동자원의 섬 제주 2 : 지역 공공성의 새로운 지평

초판 1쇄 발행 | 2016년 6월 30일

지 은 이 | 최현 외
편　　집 | 배원일
발 행 인 | 김영진
발 행 처 | 진인진
등　　록 | 제25100-2005-000003호
주　　소 | 경기도 과천시 별양동 1-14 과천오피스텔 614호
전　　화 | 02-507-3077~8
팩　　스 | 02-504-3079
홈페이지 | http://www.zininzin.co.kr
이 메 일 | pub@zininzin.co.kr

ⓒ 진인진 2016
ISBN 978-89-6347-291-1 93300

이 저서는 2014년 정부(교육부)의 재원으로 한국연구재단의 지원을 받아 수행된 연구임(NRF-2014S1A3A2044381).

목 차

공동자원연구총서 서문   최현   _5

공동자원의 섬 제주 2권 서문   정영신   _9

제1부 **생태적 공공성을 향하여**   _21
제1장 **시민적 공공성과 생태적 공공성**   홍성태   _23
제2장 **커먼즈의 역사적 경험과
        생태적 공공성 구축을 위한 시론**   김자경   _52
제3장 **자연은 누구의 것인가**
        : 토지 소유의 정당성을 묻다   최현   _78

제2부 **지역 공공성 모색의 현장에서**   _117
제4장 **학교와 지역 공공성**
        : 제주의 소규모학교 통폐합 정책을 둘러싸고   김선필·정영신   _119
제5장 **영리병원과 의료 공공성**
        : 제주 녹지병원의 사례를 중심으로   김미량   _158

제3부 **공간의 담론, 공간의 재생**   _185
제6장 **추상적 공간과 구체적 공간의 갈등**
        : 제주의 공간이용과 공간구조의 변화   서영표   _187
제7장 **유학의 공간담론과 문화공간의 재생**   김치완   _234

제4부 **제주 개발의 현장에서** _259

제8장 공동자원 사유화에 기댄
    제주국제자유도시 발전모델   조성찬 _261

제9장 공동목장 해체와 대형개발사업   김성훈 _298

제10장 제주국제자유도시개발센터(JDC)
    개발모델 평가와 대안모델 검토   이성영 _323

제11장 제주 개발의 역사와 오늘
    : 주변의 정치경제와 개발주의 시대를 넘어서   정영신 _339

공동자원연구총서 서문
공동자원연구총서를 발간하며

우리 제주대학교 SSK연구단은 현대사회가 지속가능한 사회로 나아가기 위해서는 인간이 자연을 이용하는 방식, 자연의 혜택을 분배하는 방식, 부를 생산·소비하고 폐기물을 처리하는 생활방식, 인간과 자연의 관계에 관한 사고방식 등이 근본적으로 전환되어야 한다는 문제의식에서 출발했다. 이러한 전환은 특히 자연을 시민들이 민주적으로 관리하고 그 혜택을 공유하는 데서 시작되어야 한다. 사람들이 자연을 함께 향유한다면 자연의 중요성을 몸으로 체감하고 나아가 자연을 지속가능하게 이용해야 할 필요를 절감하게 될 것이다. 또한 이로써 빈곤을 퇴치하고 불평등을 완화시킨다면 시민들은 보다 장기적인 관점에서 자연을 지속가능하게 관리하고자 사고방식과 생활방식에서 변화를 시도할 것이다.

우리는 이러한 맥락에서 자연자원을 공공적으로 이용·관리하기 위한 이론적 자원을 검토하고 사례를 연구해왔다. 그 과정에서 특히 공동이용물commons과 공동자원common pool resources을 주목하게 되었다. 공동이용물(혹은 공용자원)은 동서고금의 여러 나라에서 사람들이 함께 이용해온 자연자원이나 인공시설을 일컫는 말로서 우리나라에서는 공리지公利地라고 불리기도 했다. 공리지라고는 하지만 땅만이 아니라 연못이나 호수, 바다, 하천, 숲 등을 포함하는 포괄적 개념이었다. 아울러 공동자원은 공동이용물을 연구하는 과정에서 출현한 개념으로 공동이용물 가운데 비배제성과 더불어 경합성을 지니기에 지속가능한 이용을 위해서는 보호와 관리가 필요한 자원을 가리킨다. 함께 이용하는 자원이더라도 일기예보나 등대, 치안, 안보, 지식, 정보, 인터넷, 소프트웨어처럼 경합성을 띠지 않는 자원은 보호하고 관리하지 않아도 과잉이용의 문제가 발생하지 않는다. 따라서 이러한 것들은 따로 공개재public goods(공공재라고도 함)로 구분되며 공동자원과 달리 관리(이용과 보호)하는 주체의 경계가 명확하지 않다.

우리나라에서는 자본주의의 발달과 함께 공동이용물이나 공동자원이 거의 사라졌다. 하지만 제주도에는 용천수, 공동목장, 마을어장, 바다밭, 곶자왈 등 상당히 다채로운 공동이용물과 공동자원이 남아있다. 이렇듯 여전히 살아있는 공동이용물과 공동자원은 '오래된 미래'로서 자본주의의 대안을 꿈꾸는 데 많은 시사점을 준다. 그리하여 우리 연구단은 제주의 공동자원을 연구하고 이를 바탕으로 서구에서 제시된 공동자원론을 수정하고 발전시키기 위해 노력해왔다. 나아가 우리나라 다른 지역의 공동자원뿐만 아니라 대만과 일본, 중국 등 동아시아의 공동자원에 관심을 기울여 연구를 진행했다. 그 과정에서 때로는 동아시아의 다른 사회에서 축적된 성과로부터 자극을 받았고 때로는 타국의 연구자들이 공동자원 연구를 시작하도록 자극을 제공할 수 있었다.

우리 연구단은 이러한 성과를 이미 여러 편의 논문으로 만들어 학술지를 통해 사회로 발신해왔다. 앞으로는 우리 연구단의 이론적·경험적 연구성과를 체계적으로 알리고 우리나라에서 공동자원에 관한 활발한 연구를 이끌어내고자 총서로 가다듬어 출간하고자 한다. 독자들도 우리 연구단을 격려해주시고 총서의 필자로도 참여해주시기를 기대한다.

2016년 6월
제주대학교 SSK연구단 연구책임자
최현

공동자원의 섬 제주 2권 서문
공공성의 새로운 지평을 찾아서

이 책은 제주대학교 SSK연구단이 기획하고 있는 '공동자원 연구 총서'의 두 번째 권에 해당한다. 총서의 첫 번째 권은 우리 연구단이 이해하고 있는 공동자원과 커먼즈의 개념과 이론에 대한 소개와, 제주의 땅, 물, 바람이 과거에 어떻게 이용되고 관리되어 왔으며 현재 어떤 문제에 부딪히고 있는지를 연구한 논문들로 구성되어 있다. 『공동자원의 섬 제주 2권』은 '지역 공공성의 새로운 지평'이라는 부제에서 알 수 있듯이, 공동자원과 커먼즈를 공공성이라는 시각에서 검토하고 있는 논문을 모든 것이다.

마을숲, 마을산, 저수지나 관개시설, 마을어장과 공동목장, 하천 등 인민의 생존과 생계에 꼭 필요한 자연자원들은 예로부터 '모두의 것'으로 인정되어 왔고, 영어권에서는 커먼즈commons로 불렸다. 6세기 로마제국의 황제였던 유스티아누스는 『유스티니아누스 법전』에서 "자연의 법에 따라 다음과 같은 것들, 즉 공기, 흐르는 물, 바다, 그 바다의 해안 등은 인류 공동의 것common이다"라고 규정하여, 국가가 소유권을 갖는 공공물res publicae과 모든 인류에게 속하는 공동물res communes을 구분했다고 전해진다. 또한 피터 라인보우의 『마그나카르타 선언』에 따르면, 영국의 대헌장과 삼림헌장은 왕이나 영주들이 숲을 사유화하는 것을 방지하고 민중들의 생계자급을 보장하기 위해 숲을 이용할 권리를 명시했다고 한다. 우리의 경우를 보아도, 조선시대에는 농경지 이외의 다양한 자연자원을 뜻하는 산림천택山林川澤을 모든 인민에게 주어 함께 이용하게 해야 한다與民共之는 것을 건국의 이념으로 삼았다. 특히 산림의 경우에는 『경국대전』 형전刑典에 "사점시초장자장팔십私占柴草場者杖八十"이라고 규정하여 민중들의 생계자급에 꼭 필요한 잡목과 풀을 얻는 곳을 사점하는 자는 팔십장의 형벌에 처한다고 규정했다.

하지만 근대국가와 근대적 소유권의 발전, 자본주의 시장경제의 발달에 따라 커먼즈와 커먼즈에 대한 인민의 권리는 점차 축소되거나 해체되어 왔다. 이전에 '모두의 것'으로 인정되던 것들은 이제 국유화되어 국가의 관리 하에 있거나 사유화되어 사적인 주체의 소유물이 되었고, 극히 일부만이 공동체의 소유 하에서 관리되고 있다. 그리고 오늘날 커먼즈는 경제학적 재화분류의 도식에서 보면 공공재public goods나 공동자원common-pool resources으로 분류되고 있다. 그런데 과거에는 공공성이 있는 재화는 곧 공공재를 의미하는 것으로 인식되었고 공공재를 공급하는 주체는 국가라는 점을 당연하게 생각했지만, 최근에는 공공재와 달리, 감소성subtractibility이나 경합성rivalry이 있는 자원인 공동자원이 지닌 공공성을 강조하는 목소리가 점점 더 커져가고 있다. 공동자원은 감소성과 경합성이 있어서 공공재보다 지속가능성을 확보하기가 더욱 어려울 뿐만 아니라, 『공동자원의 섬 제주 1권』에서 여러 연구자들이 지적한 것처럼 오늘날 토건국가와 기업에 의해 집중적인 개발과 투기의 대상이 되고 있다. 그런데 공동자원과 커먼즈에 대한 사유화의 움직임이 커져가고 있는 다른 한편에서는 숲과 들과 산, 바다와 지하수, 깨끗한 공기와 같은 자연뿐만 아니라 모든 시민이 공동으로 이용할 수 있는 광장이나 거리와 같은 사회적 공간에 대한 요구 역시 커져가고 있다. 이처럼 우리 시대의 커먼즈를 둘러싼 권리투쟁은 공공성을 확보하는 과정에서 점점 더 중요한 위치를 차지하게 될 것이다. 이런 전망에 따라서, 우리는 이 책을 네 부분으로 나누어 구성했다.

제1부는 공동자원과 커먼즈에 대한 요구가 커져가는 오늘의 현실에서 공공성 이론의 쟁점을 다루었다. 홍성태의 제1장 "시민적 공공성과 생태적 공공성"은 한국에서 공공성 문제가 논의되어 온 역사적 맥락을 검토하면서 생태적 공공성 확보의 중요성을 언급하고 있다. 1990년대 초반에 '방송 공공성'의 확보라는 맥락에서 도입되었던 공공성 개념은 1997년에 IMF위기를 맞으면서 '사회적 공공성', '공공영역' 등의 개념으로 확대되었다. 홍성태의 공공성 분석에 따르면, 한국에서 공공성에 관한 논의는 국가적 공공성론, 계급적 공공성론, 기업적 공공성론, 시민적 공공성론으로 분류될 수 있는데, 오늘날에는 주권자인 시민이 공공성의 보편성을 이해하고 시민 스스로의 감시와 평가에 의

해 공공성의 내용을 확보해 가는 시민적 공공성을 강조하는 것이 중요하다. '4대강 사업'에서 보듯이 국가의 공공영역에 의해서 공기와 물과 같이 가장 많은 사람들의 건강과 생명에 직접적으로 영향을 미치는 자연재들이 훼손되거나 파괴되고 있기 때문이다. 따라서 생태적 공공성을 확보하기 위해 시민적 공공성을 확대하여 국가의 공공부문을 전면적으로 개혁하는 것이 무엇보다 시급한 과제로 부각되고 있다.

김자경의 제2장 "커먼즈의 역사적 경험과 생태적 공공성 구축을 위한 시론"은 커먼즈를 이용해 왔던 역사적 경험에 대한 분석을 토대로 오늘날 커먼즈의 의미를 생태적 공공성의 확보라는 시각에서 다루고 있다. 김자경은 조선시대의 금산정책과 송계뿐만 아니라 영국의 마그나카르타 선언에서 보장했던 숲에 대한 권리, 중국의 봉산정책과 호림비, 일본의 산림정책과 사토야마里山에 이르기까지 커먼즈의 역사를 개괄하면서, 수많은 국책사업을 통해 숲이 파괴되고 있는 오늘날 共의 재구성을 통해 公의 의미를 재구축할 것을 제안한다. 이를 위해서 커먼즈를 비배제성과 경합성을 지닌 사물로 이해하기보다 지속가능한 삶의 운영원리이자 제도리는 포괄적인 개념으로 이해하고, 각 지역마다 지역의 생태적 한계를 넘지 않으면서 커먼즈를 하나씩 새롭게 만들어 나가는 실천commoning이 중요함을 역설하고 있다. 따라서 생태적 공공성을 구축하는 과정은 시장과 국가에 맞서서 지역민의 생존과 삶터를 지키고 커먼즈에 대한 더 많은 권리를 확보하는 과정이라고 할 수 있을 것이다.

자연자원 가운데 특히 토지는 가장 먼저 사유화가 되었으며, 자연을 사유화하는 앞선 근거로 사용되어 왔다. 따라서 토지 소유의 정당성 문제는 자연에 대한 공공성을 확보하는데서 가장 논쟁적인 문제이기도 하다. 최현의 제3장 "자연은 누구의 것인가: 토지 소유의 정당성을 묻다"는 재산권 사상의 흐름을 검토하는 가운데, 토지 소유의 정당화 논리는 근거가 부족하다는 점을 강조하고 있다. 최현은 근대 재산권 이론을 정초한 로크에서부터 시작하여 루소, 벤담, 헤겔, 마르크스, 밀, 그린, 토니 등이 토지 소유의 정당성에 대한 논의로부터 출발하여 재산권 일반에 대한 논쟁으로 발전해온 과정을 추적하고 있다. 결론적으로, 재산을 사물이 아니라 권리로 볼 것을 그리고 평등한 권리의 확보라는 공공성의 측면에서 적절한 재산과 부적절한 재산을 구분할 것을 주장한다. 특히 인간이 생산할 수 없는 토지 등 자연의 공동자원에 대한 소유는 대부분 부적절한 것이라고 주장한다.

제2부 "지역 공공성 모색의 현장에서"는 제주에서 교육과 의료의 두 현장에서 벌어지고 있는 공공성을 둘러싼 갈등과 정치를 다루고 있다.

김선필과 정영신의 제4장 "학교와 지역 공공성"은 "제주의 소규모 학교 통폐합 정책을 둘러싸고"라는 부제에서 알 수 있듯이, 2011년 이후 제주 지역에서 진행되고 있는 소규모학교 통폐합 정책을 지역 공공성의 시각에서 분석하고 있다. 이들은 공공성을 내용·의미의 측면과 과정·절차의 측면으로 구분하고, 전자의 측면에서는 국가공공성에서 생활공공성과 지방공공성으로의 전환을, 후자의 측면에서는 '정치적 유효성'과 '규범적 정당성'의 기준에서 민주적 공공성에 도달하는 과정을 유형화하고 있다. 이를 통해서 과정·절차의 측면에서는 제주도교육청이 학교통폐합 논쟁에서 지역공동체가 제시한 의제들을 공론장에서 배제하여 '도구적 공공성'의 수준을 벗어나지 못했으며, 내용·의미의 측면에서는 도교육청이 국가공공성의 측면에서 이 문제에 접근했다면 지역주민들은 지방공공성이나 생활공공성의 측면에서 학교 문제에 접근했다고 분석하고 있다. 이런 분석을 통해, 학교통폐합 문제에서 지역공동체가 크게 반발했던 이유가 도교육청의 일방적인 행정에 대한 불만 때문이기도 했지만, 더 나아가 지역사회에 깊게 뿌리박고 있는 학교를 없앨 경우 그것이 지역공동체의 활력있고 협동적인 삶의 양식을 파괴할지 모른다는 불안이 자리잡고 있었다고 주장한다.

김미량의 제5장 "영리병원과 의료공공성"은 제주 녹지병원의 사례를 통해 제주의 영리법인병원 건설의 문제점과 그에 대한 시민사회의 저항을 다루고 있다. 김미량에 따르면, 2005년 이후부터 지속적으로 시도되고 있는 영리병원 건설 움직임은 건강보험 당연지정제도의 폐지와 이에 따른 의료비 급등과 의료 양극화로 귀결될 가능성이 크다는 점에서 많은 문제를 안고 있다. 특히 제주도에서 싼얼병원의 설립 허가가 취소된 이후 중국의 녹지그룹이 요청한 녹지병원은 중국국영기업의 투자라는 점이 강조되었지만, 사실상 국내 의료자본의 우회투자라는 점에서도 비판받고 있다. 역사적으로 보자면, 한국의 의료 민영화 정책은 오랜 역사적 기원을 갖는 관제적 공공성의 성격을 띠는데, 이처럼 보건의료부문의 왜곡된 공공성은 '공공성의 실패'를 낳고 이러한 공공성의 실패가 전격적인 의료 민영화로 이어지고 있는 것이다. 따라서 이러한 악순환을 끊어내기 위해서는 구체적인 수준에서 의료 문제를 분석하고, 이를 국가의료체계의 개혁으로 이끌어가는 시각이 필요하다.

제3부 "공간의 담론, 공간의 재생"은 삶의 공간이 국가와 자본에 의해 추상적인 개발의 공간으로 전환된 과정을 분석하고, 이 공간을 다시금 삶의 현장으로 생동하는 문화공간으로 재생하기 위한 이론적 자원을 모색하는 논문으로 구성되어 있다.

서영표의 제6장 "추상적 공간과 구체적 공간의 갈등: 제주의 공간이용과 공간구조의 변화"는 르페브르의 공간이론을 검토하면서 자본의 공간 전략이 공간을 평면화하고 교환 가능한 조각들로 만들지만, "실천적·감각적인 것, 몸, 실천적·사회적·공간적인 것"은 지배적인 공간 재편의 논리로 완전히 환원되지 않는다는 점을 강조하고 있다. 이러한 논의는 1970년대부터 중앙으로부터 관광과 휴양의 공간으로 재편될 것을 강요받아 온 제주의 사례에도 적용될 수 있다. 그런데 르페브르의 통찰처럼 제주를 찾는 사람들은 제주의 자연과 문화 환경으로부터 구체적인 '질'을 원하지만 상품화된 관광은 제주를 소비와 낭비의 공간으로 만들고 제주가 가지고 있는 질을 양화quantification시킨다. 결국, 제주의 공간과 환경이 가지는 화폐적 가치를 극대화하려는 '개발'의 논리는 제주의 자연과 공간이 지니는 독특성을 마모시켜 지속가능한 관광이 불가능하게 만들 것이다. 이러한 논리에서 벗어나기 위해서는 현재의 추상적 공간 속에서 상실한 즐거움을 회복하는 '대안적 쾌락주의'를 추구하는 것이 필요하다. 이런 맥락에서 제주 원도심의 재생은 역사적 흔적과 기억(성터, 박물관 등), 기념물, 공원과 쉼터, 동네 상점과 주택가를 골목으로 연결하여, 사람들이 만나서 이야기하고 문화와 역사를 공감하면서 능동적인 소비를 할 수 있는 공간으로 만드는 것이어야 한다.

　김치완의 제7장 "유학의 공간 담론과 문화공간의 재생"은 오늘날 협치의 이름으로 진행되고 있는 제주사회의 공간적 재편에 대해 동양의 인문학 사상을 통해 개입하고자 한다. 아감벤의 생명정치학이 가진 한계를 거론하면서 『중용』과 『대학』의 담론공간이 가진 통찰을 현대에 적용해 보려는 것이다. 이에 따르면, 유학의 공간담론에서는 인간의 생명과 천지자연의 생명이 따로 또 같이 함께 논의되고 있다. 『중용』은 고대유학에서 관심을 두지 않았던 존재론적 세계를 겨냥하고 있으며, 인간 존재에게 집중되었던 담론을 존재 일반으로 확장하면서도 개인의 삶이 영위되는 '일상성의 공간'을 긍정한다. 반면『대학』은 세계 내 존재와는 차별되는 전체 인간에 초점을 맞추며, 이들 사이에서 사회적 삶이 영위되는 '관계성의 공간'을 긍정한다. 이러한 논의에 바탕을 두게 되면, 오늘날 문화 협치의 이름으로 진행되고 있는 제주 공간의 재생 과정, 특히 원도심 재생은 과거 어느 한 시점의 형태를 복원해내는 것이 아니라 지금 여기에 삶의 터전을 잡은 이들이 일상의 삶을 잘 영위할 수 있도록 하는데 초점을 맞추어야 한다. 또한 문화적인 공간의 재생은 관과 민, 원주민과 이주민, 과거와 미래가 충층적으로 만남으로써만 가능한데, 그것은 관계성의 원리가 의무의 행위자로서 자신을 규정해주는 타자의 존재를 인정하는 것이고 그럼으로써 '우리'라는 개념이 성립될 수 있기 때문이다.

제4부는 위와 같은 공공성과 공간담론에 대한 비판적 독해에서 출발하여 "제주 개발의 현장에서" 벌어지고 있는 대규모 개발프로젝트에 대한 비판과 대안을 다루고 있다.

조성찬이 제8장 "공동자원 사유화에 기댄 제주국제자유도시 발전 모델"은 제주의 미래상으로 제시되고 있는 국제자유도시가 공동자원과 커먼즈의 사유화에 의존하여 추진되고 있음을 비판하고 있다. 이에 따르면 제주는 '정부에 의한 주권공간의 영역화'와 '자본에 의한 공동자원의 영역화'라는 이중적 영역화에 의해 규정되고 있다. 특히 후자와 관련하여, '공동자원 사유화 모델'은 자본으로 하여금 토지, 수자원 등의 '천연' 공동자원을 사유화하도록 허용하고 규제완화, 조세 및 부담금 완화 등의 혜택을 제공하여 상품화를 유도하며, 최종적으로는 화폐 형태로 이윤의 극대화가 가능하도록 하는 지대추구형의 개발방식을 의미한다. 국제자유도시의 이 같은 성격은 '종합계획'의 수립 과정에서 공동자원 사유화의 제도적인 수단들을 구체화하면서도 개발이익 환수제를 대폭 후퇴시킨 데서 잘 드러난다. 그 결과 오늘날 제주에서는 거대자본에 의한 토지의 사유화가 급격하게 추진되고 있으며, 개발이익의 배분에서 지역 주민들이 배제되고 있다. 조성찬은 이와 같은 부정적 결과들을 종합하면서, '공동자원 사유화 모델'을 대체할 수 있는 새로운 발전모델의 구축이 필요하다고 주장한다.

그렇다면 국제자유도시 프로젝트를 통해 추진되어 온 공동자원 사유화의 구체적인 현실은 어떠한가? 김성훈의 제9장 "공동목장 해체와 대형개발사업"은 이 문제를 다루고 있다. 그는 일제시기의 문서자료와 현재의 지적도 등 지리정보를 활용하여 공동목장의 해체 실태를 계량적으로 분석하고 있다. 그에 따르면, 이전의 관선 제주도지사 시기(1946.08-1995.06)에 비해서 민선 제주도지사 시기(1995.07-2006.06)와 제주특별자치도지사 시기(2006.07-현재)에 대형개발사업의 승인이 집중되어 있으며, 특히 후자로 올수록 해안지역보다 중산간지역이 개발의 대상 지역이 되고 있다. 그 결과, 제주 공동목장의 경우에, 1943년의 자료에 비해서 최소 74%가 해체되었다. 그리고 현재까지 승인된 143개소의 대형개발사업 지역 가운데 71.3%인 102개소가 마을공동목장 500미터 이내의 지근거리에 입지하고 있다는 점이 확인된다.

제주도지사의 권한이 강화되는 최근으로 올수록 오히려 대형개발사업이 폭증하고 제주의 공동자원·커먼즈가 파괴되고 있는 현실은 국제자유도시 모델의 지속가능성에 대해 심각한 의문을 낳고 있다. 이성영의 제10장 "제주국제자유도시개발센터JDC 개발모델 평가와 대안모델 검토"는 이 문제를 보다 구체적인 수준에서 검토하고 있다. 국제자유도시 개발의 전위대로 평가받고 있는 JDC는 제주의 대규모 개발프로젝트 추진의 핵심 기관이다. 그러나 JDC의 사업들은 당초의 목표에 비해 상당히 느린 추진속도를 보이고 있고, 지역민을 배제한 투자자 중심의 개발을 추진하면서 제주의 특성을 반영하지 못한 숙박시설과 카지노 중심의 부동산 개발에 치중하는 등 많은 문제점을 안고 있다. 이성영은 뉴욕 맨하탄의 배터리파크시티Battery Park City 개발사업에서 도입되었던 배터리파크시티 공사BPCA의 공공디벨로퍼 방식이 하나의 대안이 될 수 있다고 본다. 공익을 증진시키는 공공투자를 확대하여 지역민의 지지와 투자를 유치하고, 토지임대방식에 기초한 점진적 개발로 공공투자의 재원을 마련하는 선순환 시스템을 구축할 수 있다는 것이다.

정영신의 제11장 "제주 개발의 역사와 오늘: 주변의 정치경제와 개발주의 시대를 넘어서"는 신자유주의적 개발의 '시험장'으로서의 역할을 하고 있는 제주 개발의 실태를 역사적 시각에서 분석하고 있다. 그는 제주가 지닌 '이중의 주변성'을 '주변의 주변'이라는 시각보다는 국민국가의 주변과 동아시아 주변의 섬이라는 이중적인 맥락에서 파악할 것을 제안한다. 이를 통해서 제주가 일본군의 군사기지로 전변되었던 1940년대 중반부터 60년대까지의 시기를 정치적인 측면에서 국민국가의 주변으로 편입됨과 동시에 동아시아 주변으로서의 성격이 잠재화된 시기로, '관광의 섬'으로서 본격적인 제주 개발이 시작되는 1970년대 이후의 시기를 경제적인 측면에서 국민국가의 주변으로 편입됨과 동시에 동아시아 주변의 섬이라는 지위가 서서히 강조되는 시기로 바라본다. 특히 후자의 측면에서 보면 국제자유도시 구상이나 '자유항의 경제'는 발전국가의 외화 창구로부터 신자유주의적 개발의 '시험장'으로의 전환이라는 국민국가의 기능적 요구가 관철되는 과정이면서, 동시에 국민국가의 예외지역으로서 제주의 독특성과 주변의 섬들과의 공통성이 강조되는 과정이기도 하다. 제주가 지닌 이와 같은 '육지부'로부터의 거리감은 제주가 다양한 대안적 실험을 실행할 수 있는 근거가 되기도 한다. 따라서, 제주의 대안적인 체제구상은 자본 유치를 위한 주변 섬들과의 경쟁이 아니라, 사람의 교류와 연대를 통해 만들어지는 창조적인 문화적 실험과 평화적 공존으로부터 출현할 수 있다는 것이다.

이 책은 제주대학교 SSK연구단과 토지+자유연구소의 최근 연구 성과를 모은 것이다. SSK연구단이 제주대학교에 근거를 두면서 전국 여러 대학의 연구진들이 결합하고 있다면, 토지+자유연구소는 서울에 근거를 두면서도 제주의 토지와 개발 문제에 관해 관심을 기울여 왔다. 이 책은 제주의 개발 문제와 땅·물·바람의 사유화 문제가 비단 제주인들만의 문제가 아니라 한국사회의 미래를 가늠하는 척도가 되고 있다는 공통의 인식 위에서 만들어졌다. 이 책의 출간을 위해 기꺼이 원고를 제공해 준 토지+자유연구소와 외부 필진들에게 감사의 인사를 드린다. 마지막까지 책의 편집과 출간을 위해 최선을 다해 준 진인진의 김영진 대표와 여러 관계자분들께도 감사의 마음을 전하고 싶다.

거대한 개발주의 프로젝트가 자연을 황폐화할 뿐만 아니라, 지속가능하며 자연친화적인 인간의 삶을 위협하고 있다는 사회적 공감대는 더욱 확산되고 있다. 개발주의·발전주의 시대를 넘어서기를 바라는 많은 시민과 연구자들의 비판과 격려, 참여를 기대한다.

2016년 6월
필자를 대표하여,
제주대학교 SSK연구단 전임연구원
정영신

제1부
생태적 공공성을 향하여

제1장
시민적 공공성과 생태적 공공성

홍성태

Ⅰ. 머리말

2000년대에 들어와서 '공공성'은 한국 사회의 발전과 관련된 핵심적 개념으로 제시되었다. 신자유주의의 강화에 따른 사회적 불평등의 악화라는 거대한 구조적 문제에 대응하기 위해서 공공성의 강화를 중심으로 한국 사회의 현황을 이해하고 개혁을 추구할 필요가 있다는 것이었다. 그런데 여기서 공공성의 강화는 대체로 공공기관의 강화로 이루어질 수 있는 것으로 제시되었다. 그러나 사실 이러한 주장은 커다란 논란을 내포하고 있다. 이미 오래 전부터 많은 공공기관 자체가 커다란 논란의 대상이기 때문이다(홍성태 엮음, 2005).

사실 공공성은 우리에게 대단히 익숙한 말이다. 그러나 어떤 말이 우리에게 익숙하다고 해서 우리가 그 말의 뜻을 명확하게 공유하고 있는 것은 아니다. 공공성도 그렇다. 어떤 사람은 공공성을 사회의 속성으로 이해하고, 어떤 사람은 공공성을 사회의 목표로 생각한다. 또 어떤 사람은 공익성이 공공성이라고 말하고, 어떤 사람은 효율성이 공공성이라고 말한다. 이런 차이에 비추어 보자면, 공공성은 자명한 개념이라기보다는 논쟁적 개념에 가깝다. 따라서 공공성의 강화를 제대로 이루기 위해서 먼저 공공성이 무엇인가에 관해 깊이 살펴볼 필요가 있을 것이다.

공공성에 관해서는 법학, 행정학, 정치학, 사회학, 언론학 등의 여러 분야에서 많은 연구들이 이루어졌다. 이런 기존의 연구들은 크게 네 가지로 나눌 수 있다. 첫째, 정부기구나 공공기관의 운영에 관한 연구이다. 특히 공기업의 경영에 관한 연구가 많이 이루어졌다(김명수, 2006; 정오랑, 1989). 둘째, 공공성의 개념으로 사회의 여러 분야에 대해 살펴보는 연구이다. 특히 교육, 방송, 건축을 주제로 다룬 연구가 많다(이영주, 2005; 임명구, 2002). 셋째, 사회운동의 가치를 공공성의 개념에 근거해서 살펴보는 연구이다(이승훈, 2003; 조한상, 2006; 조희연, 2007). 넷째, 공공성의 개념에 관한 연구이다(남해경, 1992; 신진욱, 2007; 장영호, 2007).

이 글은 주로 공공성의 개념에 대한 검토를 통해 공공성의 강화를 위한 과제를 구체적으로 제시하고자 한다. 특히 이 글은 공공성의 개념을 공과 사의 이분법이 아니라 공과 사의 연속선에서 파악하는데, 여기서 무엇보다 중요한 것은 대상과 주체에 따라 다를 수밖에 없는 공공성의 크기이며, 따라서 우리는 대단히 구체적이고 실증적인 방식으로 공공성을 이해해야 한다는 것이다. 또한 이 글은 공공성의 주체와 관련해서 시민적 공공성의 관점에서 기업의 문제뿐만 아니라 국가와 노동의 문제를 함께 강조할 것이다. 현재 공공성은 대체로 시장의 강화에 맞서서 국가를 방어하는 방어적 개념으로 제시되고 있다. 그러나 이런 식의 이분법은 사실 시장의 문제와 국가의 문제를 모두 긍정하는 심각한 문제를 지니고 있다. 우리는 공공성을 더욱 적극적으로 사고해야 한다. 그것은 주권자인 시민의 관점에서 사회의 의미를 재성찰하고 사회를 재구성하는 적극적 개념이 되어야 한다.

Ⅱ. 공공성 논의의 전개

한국 사회에서 공공성이라는 말은 언제부터 널리 사용되기 시작했을까? 그리고 그 의미와 위상은 어떻게 변했을까? 이에 대해 한국언론재단의 신문자료(www.kinds.or.kr)를 통해 『한겨레신문』의 기사를 살펴보았다. 1990년 1월 1일부터 2007년 9월 30일까지 『한겨레신문』에서 '공공성'이라는 말을 사용한 기사는 모두 1,466건으로 나타났다. 그런데 1990년대를 통틀어서 '공공성'이라는 말이 제목과 본문에서 사용된 기사는 모두 400건 정도밖에 되지 않았다. 이런 점에서 '공공성'은 거의 '21세기의 개념'이라고 해도 좋을 것이다.[1]

더욱 중요한 것은 '공공성'의 의미가 어떻게 변했는가 하는 것이다. 기사를 살펴보면 공공성은 무엇보다 방송과 관련해서 많이 사용되

---

1 국회도서관에서 '공공성'을 핵심어로 선택해서 학위논문을 살펴본 결과는 더욱 명확하다. 1976년부터 2007년까지 모두 127편의 학위논문들이 제출되었는데, 2000년대에 들어와서 99편이 작성되었으며, 1990년대 16편, 1980년대 11편, 1970년대 1편이다. 2000년대에 들어와서 공공성에 관한 관심이 폭증했다는 사실을 쉽게 알 수 있다.

었던 용어라는 사실을 쉽게 알 수 있다.[2] 특히 1990년대 초까지 공공성은 대체로 '방송 공공성'이라는 제한적 용어로 사용되었다. 예컨대 1992년 10월 10일에 열린 학술단체협의회의 연합심포지움에서는 '방송 공공성'이라는 용어만 사용되었다. 얼마 뒤인 1992년 11월 6일에 발표된 '백기완 후보 15개 대선 공약'에서는 '언론의 공공성 확립'이라는 항목에서만 '공공성'이라는 용어가 사용되었다.

그런데 1993년 말부터 중요한 변화가 나타났다. 1993년 2월에 출범한 '문민정부'는 '신경제'의 이름으로 규제완화와 시장개방을 적극적으로 추진하기 시작했다. 1986년에 시작된 우루과이라운드에서 1995년에 세계무역기구의 창설로 이어진 세계적인 자유무역의 강화 속에서 '문민정부'는 '신경제'의 중요한 내용으로서 공기업의 민영화[3], 사회간접자본에 대한 민자유치 등의 새로운 조치를 취하기 시작했다. 그리고 이에 맞서서 공공성에 관한 논의가 사회적으로 강화되기 시작했다. 그 내용은 무엇보다 민영화에 맞서서 공기업을 지키는 것으로 나타났다.

이러한 변화를 더욱 가속화한 것은 바로 1997년 11월의 'IMF 사태'였다. 한국 경제를 통제하게 된 국제통화기금(IMF)은 대대적인 민영화와 개방화를 요구했다. 박정희 정권의 '조국 근대화'에 의해 형성된 한국 경제는 보호주의적 국가자본주의의 성격을 강하게 지니고 있었다. 그러나 한국 경제의 고성장에 따라 한국 경제는 변하지 않을 수

---

2 학위논문의 경우를 보면, 1990년대 초까지는 교육, 방송, 공기업에 관한 연구가 많았다. 그 뒤 교육이나 공기업에 관한 연구는 크게 줄어들었지만, 방송에 관한 연구는 꾸준히 이루어지고 있다.

3 여기서 민영화는 민간 주체(사적 개인, 사적 기업, 사적 단체)가 경영하는 것을 넘어서 민간 주체가 소유하는 것, 즉 '사유화'를 포함하는 것이다.

없었고, 그 방향으로서 민영화와 개방화는 상당한 정도로 불가피한 것이었다.[4] 문제는 재벌을 비롯한 국내외 거대자본이 그것을 주도했다는 사실이었다. 이로써 한국 경제는 '신자유주의'의 해일을 맞게 되었다.

이에 맞서서 한국의 시민사회는 '공공성'이라는 개념을 본격적으로 제기하기 시작했다. 그 좋은 예는 1998년 7월 8일에 열린 민교협 등 주최의 '한국사회와 공공영역 구축 전망 토론회'였다(김호기 외, 1998). 이 토론회는 "새 정부의 신자유주의 경제정책과 사회적 공공성을 지킬 공공영역의 파괴"를 한국 사회의 가장 중대한 현안으로 제시했다. 여기에는 이후 공공성과 관련된 논의를 주도하게 될 두 가지 개념이 담겨 있었다. '사회적 공공성'과 '공공영역'이 그것이다. 여기서 우리는 공공성 자체가 아니라 '사회적 공공성'이라는 유사개념이 사용되었다는 사실에, 그리고 '사회적 공공성'을 지키는 것과 '공공영역'을 지키는 것이 동일시되었다는 사실에 주의할 필요가 있다.

그런데 '공공영역'이란 무엇인가? 여기서 '영역'은 지리적 장소가 아니라 사회적 제도를 뜻한다. 요컨대 공공영역은 공공성을 지니고 있는 사회적 제도를 뜻하며, 교육과 언론은 그 대표적 제도라고 할 수 있

---

[4] "기획예산위원회는 소관 부처가 민영화를 하기 어려운 근거를 제시하지 못하는 공기업은 모두 민영화 대상에 포함시키기로 했다. 또 공공성이 강해 공기업으로 존속돼야 할 경우에도 기능이나 업무가 설립목적과 다르거나 필요성이 아주 줄어들었다면 폐지하거나 통합할 계획이다. 예산위는 15일 이런 내용을 담은 '공기업 경영혁신 추진지침'을 확정해 각 부처에 시달하고, 오는 5월 4일까지 민영화 및 경영혁신 추진계획을 제출하도록 요구했다. 제출시한까지 계획을 제출하지 않을 경우에는 예산위가 준비한 방안에 따라 민영화와 경영혁신을 추진할 계획이다. 예산위는 민영화 대상 공기업은 13개 정부투자기관, 19개 정부출자기관, 정부투자·출자기관의 출자회사인 123개 기관 등이라고 밝혔다"(『한겨레신문』, 1998년 4월 16일).

다. 그런데 당시의 논의에서 공공영역은 주로 정부가 출자·운영·관리에 큰 책임을 지는 공공기관으로 제시되었다. 따라서 공공영역을 지키는 것은 무엇보다 공공기관의 민영화를 막는 것을 뜻했다. 그러나 공공기관이 많은 문제를 안고 있는 것도 사실이다. 흔히 운영의 문제가 지적되곤 하지만 그것을 넘어서 존재 자체의 문제도 대단히 크다. 이것을 어떻게 이해해야 하는가?

공공기관의 문제는 'IMF사태'가 발생하기 이전에도 이미 널리 인식되고 있었다. 1997년 5월 6일에 발표된 감사원의 '기금관리 실태 감사 결과'는 그 좋은 예이다.

> 정부 각 부처가 국회의 예산통제를 받지 않는 각종 기금을 경쟁적으로 만들어 불필요한 기금들이 난립하고 있을 뿐 아니라 이들 기금 관리에 따른 인건비 등 관리비로 해마다 수백억 원대의 재원이 낭비되고 있는 사실이 감사원에 의해 적발됐다. 이에 따라 감사원은 전체 76개 기금 중 9개 기금을 통·폐합하고 기타기금 40개 가운데 공공성이 큰 24개 기금에 대해서는 공공기금으로 전환시켜 통제를 강화할 것을 재정경제원 및 해당부처에 요구했다.
> 지난 해 10~12월 정부가 현재 운용중인 76개 기금 전체를 대상으로 처음으로 특별감사를 실시한 감사원은 6일 이같은 내용을 뼈대로 한 '기금관리 실태 감사 결과'를 발표했다. 감사 결과에 따르면 주택을 취득·임차하는 영세 근로자와 주택건설업자에게 신용보증을 해주기 위해 지난 88년 설치된 주택금융신용보증기금의 경우 신용보증제도로서 제 기능을 수행하지 못하면서도 372명에 이르는 기금관리 전담요원의 인건비 등 각종 관리경비로 지난 9년 동안 739억원을 지출한 것으로 드러났다(『한겨레신문』, 1997년 5월 7일).

이러한 공공기관의 문제에 비추어 보자면, 공공영역은 엄정한 보호의 대상일 뿐만 아니라 강력한 개혁의 대상이기도 하다. 이와 관련해서 우리는 '사회적 공공성'이 아니라 공공성 자체에 대해 엄밀히 살펴볼 필요가 있다. 공공성을 특정한 내용으로 규정하기에 앞서서 그것의 의미를 엄밀히 검토해야 하는 것이다. 공공성 자체가 한국 사회의 발전과 관련된 중요한 개념으로 널리 사용되기 시작한 것은 2005년 무렵이었던 것으로 보인다. 아마도 여기에는 '사회적 공공성'을 내걸고 전개된 노동운동이 이기주의의 문제에서 벗어나지 못한 것과 가장 개혁적인 정권으로 꼽혔던 노무현 정권이 공공성을 돌보지 않고 신자유주의 정책을 더욱 강화했던 것이 큰 영향을 미쳤던 것 같다.

III. 공공성의 개념과 변화

한국에서는 사회적 공공성의 우회로를 거쳐서 공공성 자체에 관한 본격적 논의가 시작되었다. 어떤 면에서 사회적 공공성은 공공성을 강조하기 위해 고안된 개념일 뿐인 것처럼 보이기도 한다. 그러나 사실 공공성은 사회적 공공성에 대해 대단히 비판적인 함의를 지닐 수 있다. 사회적 공공성은 공공기관의 보호를 강조하면서 그 절박한 개혁의 과제는 사실상 무시하는 식으로 사용되었기 때문이다.[5] 공공성은 과연

---

5 이에 대해 노동운동 내부에서도 강력한 비판이 제기되었다. "공기업 사유화에 대한 비판은 '우리는 비효율적이지 않다'와 함께 '우리는 공공성이 있다'를 담아야 한다. 그러나 우리나라 공기업들은 수익성의 측면에선 효율적이었을지언정, 공공성은 제대로 확보하지 못해 왔다. 공기업의 문제를 인정해야 한다. 그것은 비효율의 문제가 아니라 취약한 공공성의 문제였다"(오건호, 2003). 그러나 이러한 합리적 비판조차 거의 받아들여지지 않은 채, 한국의 노동운동은 이기주의에 빠져 거대한 위기를 자초했다. 공공성의 주체로 제대로 구실하지 못하는 노동운동은 결국 '공공성의 적'이 될 수밖에 없다.

무엇인가?

일반적으로 '공공성公共性'은 '사회 일반의 여러 사람, 또는 여러 단체에 두루 관련되거나 영향을 미치는 성질'(〈다음 국어사전〉)을 뜻한다. 이 정의는 본질을 담고 있기는 하지만 말 자체에 대한 중립적인 뜻풀이이다.[6] 공공성이 큰 관심의 대상이 되는 이유는 그것이 사회 구성원 전체에게 관련되는 만큼 그것을 잘 지키는 것이 공익의 보호나 강화를 위해 중요하기 때문이다. 즉 공공성은 공익성과 동전의 양면을 이루는 강한 규범적 의미를 지니고 있는 것이다. 이런 점에서 보자면, 공공성의 강화는 무엇보다 공익성의 강화를 뜻하는 것이며, 공공영역이나 공공부문의 강화는 사실 그 수단일 뿐이다. 수단이 목표를 잘 구현하고 있는가는 막연히 선험적으로 주장되는 것이 아니라 언제나 실증적으로 확인되어야 한다.[7]

여기서 공공성이라는 말 자체에 대해 조금 더 살펴보도록 하자. 공공성公共性에 해당하는 영어 낱말은 publicness이다. 언뜻 publicity가

---

6 공공성은 흔히 공개성(open), 공동성(common), 공무성(official)의 속성들로 설명되기도 한다(齊藤純一, 2000). 그러나 만일 공공성이 세 가지를 모두 갖춰야 하는 것이라면, 개인이나 시민단체나 기업은 공공성을 가질 수 없을 것이다. 세 가지 속성은 하버마스의 연구에서 유래하는 것(Harbermas, 1962: 1~2)이지만, 그는 사실 공공성 또는 공공영역이라는 말의 복잡한 용례로 이것들을 제시했을 뿐이다. 이에 비해 하버마스는 '사회 구성원 전체와 관련되는 성질'이라는 식의 일반적 정의는 하지 않았는데, 이것은 이후에 공공성에 관한 논의를 혼란스럽게 만든 한 요인이 되었다.

7 칸트는 『순수이성 비판』(1781년)에서 "내용 없는 사고는 공허하고, 개념 없는 직관은 맹목이다"라고 썼는데, 이 유명한 말은 공공성에 관한 논의에서도 당연히 타당하다.

공공성을 뜻할 것 같지만, 현재 publicity는 '널리 알려짐'을 뜻한다.[8] 이와 관련해서 일본의 한 연구자는 일본어 공공성과 관련되는 영어의 낱말들을 살펴보고, publicness만이 일본어 공공성에 대응하는 낱말[9]이라고 할 수 있으며, 일본에서 공공성이라는 말이 언제부터 어떻게 형성되고 사용되었는가를 연구해야 한다고 지적했다(橫山滋, 2006). 이 지적은 우리에게도 해당될 것이다. publicness라는 영어 낱말은 우리에게는 아직도 낯선 말에 가깝다. 2016년 4월 현재, 〈네이버 영한사전〉에는 publicness가 '공공성'으로 제시되지만, 〈다음 영한사전〉에서는 publicness가 제시되지 않는다. 2007년 10월 현재, 'Amazon'에서

---

8 요컨대 '널리 알려져서 공공적 상태가 되는 것'이 publicity이다.

9 독어에서는 Öffentlichkeit가 공공성에 해당한다. 그러나 이 말은 사실 '개방성'이라고 해야 옳다. 영어나 불어와 달리 독어에서는 이 말이 공공성을 뜻하게 된 것은 각종 공론장을 통해 publicness가 제도적으로 널리 확산되던 18세기 말에 독일이 영국이나 불국과 달리 극심한 봉건억압체제에 있었던 역사적 상황의 산물이다(Harbermas, 1962: 70~73). 공공성의 한 속성인 Öffentlichkeit로 공공성 자체를 뜻한 것은 당시의 독일에서 공공성을 구현하기 위한 핵심과제가 개방성을 확대하는 것이었다는 것을 보여주는 일종의 완곡어법이다. Öffentlichkeit에 관한 하버마스의 책(Harbermas, 1962)을 영역하면서 영역자는 Öffentlichkeit를 (the) public(공적인 것), public sphere(공공영역), publicity(널리 알려짐)로 영역할 수 있는 데, 가장 적합한 말은 public sphere라고 주장했다(xv). 그 까닭은 하버마스가 광장, 살롱, 언론 매체, 의회 등의 구체적 장소를 중심으로 Öffentlichkeit에 대해 살펴봤기 때문이다. 하버마스는 Öffentlichkeit가 publicity를 유추해서 만들어졌다고 했지만(2), 현재 이 말은 publicity와 publicness의 뜻을 모두 지니고 있다. 하버마스의 책은 『공론장의 구조변동』이라는 제목으로 국역되었다. 그런데 Öffentlichkeit를 '공론장'으로 번역하는 것은 그 뜻을 public sphere보다도 더 좁게 해석하는 것이다.

publicness로 검색한 결과 1977년에 사적으로 발간된 소책자가 있는 것을 알 수 있었다. 그리고 이에 관한 본격적 연구는 대체로 2000년대에 들어와서 이루어진 것으로 보인다.[10]

한편 publicness는 사실 '공적인 것'을 뜻한다. 그러므로 '공공성'이라고 하지 않고 '공성公性'이라고 하는 것이 더 옳을 수도 있다. 애초에 public을 '공공'으로 옮긴 것 자체가 잘못일 수도 있다. public의 번역 자체가 '공'과 '공공'의 두가지로 혼란스럽게 이루어져 있는 것이다. 어떻게 해서 이런 혼란이 초래된 것일까? '공'과 '공공'의 차이는 무엇일까?

이와 관련해서 일본 위키페디아는 '공공' 항목에서 '공공公共이란 사私, private와 개個, individual에 대치되는 개념으로서 영어의 public을 번역한 말'이라고 설명하고 있다. 그런데 公은 私와 대립되는 말이며, 共은 個와 대립되는 말이다. 公은 모든 사람과 관련되며, 따라서 모든 사람이 알 수 있어야 하고, 접근할 수 있어야 하고, 이용할 수 있어야 하는 것이다. 이에 비해 共은 '함께'라는 뜻으로 모든 사람이 함께 소유하고, 함께 노동하고, 함께 이용하는 것을 뜻한다. 영어로 하자면, 共은 사실 common에 해당한다. 따라서 공공의 정확한 영어 표현은 public이 아니라 public-common일 것이다. 다만 公의 뜻에서 드러나듯이 公은 共을 내포한다고 볼 수 있다. 이렇게 본다면, 公共은 公의 뜻을 강조하기 위해 풀어서 나타낸 말이라고 할 수 있다.[11]

---

10 특히 공공성의 개념사를 포함한 서구의 체계적 연구로는 네덜란드의 과학철학자로서 박사후 과정으로 네덜란드의 행정을 연구한 페쉬의 연구(Pesch, 2006)가 있다. 이 연구는 먼저 이루어진 일본의 연구(齊藤純一, 2000)와 비교해서 검토할 필요가 있을 것이다.

11 publicness의 대칭어는 privacy가 아니라 privateness로서 '사적인 것'을 뜻

여기서 공과 사의 이분법에 대해 살펴보도록 하자. 서구에서는 1950년대 말에 한나 아렌트가 이에 관한 연구의 길을 새롭게 열었다. 그녀는 public과 private의 의미가 역사적으로 변했다는 사실에 주목했다. 전자는 모든 사회 구성원의 삶과 관련된 활동을 뜻했으며, 이 점에서 그것은 무엇보다 정치와 관련되었다. 반면에 후자는 개인의 삶과 관련된 활동을 뜻했으며, 이 점에서 그것은 무엇보다 경제와 관련되었다. 고대 그리스에서 경제는 개인의 가정에서 해결하는 것이었기 때문이다. 이런 관점에서 한나 아렌트는 진정으로 공적인 것인 정치의 복원을 추구하였다(Arendt, 1958; 김선욱, 2002). 하버마스는 아렌트의 논의를 받아들여 공적인 것의 중요성을 강조했으며, 특히 공론장의 형성과 변화를 중심으로 근대 사회의 성과와 과제를 설명했다(Habermas, 1962).

동양에서 공과 사의 이분법은 중국의 전국시대 때 학자인 한비자[12]에 의해 처음으로 제시되었다. 그는 사를 '자기 이익만 챙기는 것'으로 규정하고, 공을 이에 대립하는 것으로 보았다.[13] 철저한 법치주의자였

한다. privateness는 '사성'이나 '사개성'으로 번역되어야겠지만, '사성'도 '사개성'도 사실 사용되지 않고 있다.

12 『한비자』의 '식사'(飾邪, 사악함을 경계하라) 편에 군주의 공의와 신하의 사의에 대한 구분이 강력히 제시되어 있다. 한비자(기원전 280?~233)는 본래 '한자'로 불렸으나 뒤에 당나라의 한유(768~824)가 '한자'로 불리게 되면서 그와 구분하기 위해 '한비자'(韓非子)로 불리게 되었다.

13 두 글자의 유래는 대체로 다음과 같다. "公은 갑골문에서처럼 八과 사로 구성되었다. 八은 分(나눌 분)에서 보았듯 양쪽으로 나뉘거나 서로 배치됨을 뜻한다. 사는 원래는 동그라미 모양을 하여 자신을 중심으로 한 테두리 만들기를 형상화했으며, 私의 원래 글자이다. 따라서 公은 … 사사로움(사·私)

던 한비자는 공과 사의 관계를 모순관계로 파악하고, 공=전체=국가의 이익을 사=부분=개인/가족의 이익보다 언제나 우선시해야 한다고 주장했다. 한비자는 국익을 위해서는 공이 사를 제압해야 하며, 이를 위해서는 법이 명확히 제정되어 엄정히 지켜져야 한다고 생각했다. 그의 법가 사상에 힘입어 진나라는 중국을 통일할 수 있었다.

이렇듯 역사적으로 보아서 공과 사에 관한 서구와 동양의 생각은 큰 차이를 보인다. 서구에서는 비록 공이 사보다 우위에 있다고 해도 공과 사가 확실히 양립할 수 있었지만, 동양에서는 공과 사는 대립하는 것이면서 공이 사보다 절대적으로 우위에 있어야 하는 것으로 확립되었다. 서양에서는 자유주의가 발달한 반면에 동양에서는 전제주의가 발달한 것도 이러한 공과 사의 이분법과 연관되어 있다(Nisbet, 2003). 그런데 현대의 민주주의에서는, 그것이 동양적인 것이건 서구적인 것이건, 고대의 공과 사 이분법을 그대로 적용할 수 없다. 공은 사에서 출발하며, 공만큼이나 사도 중요하기 때문이다.

그러나 우리는 사가 계속 강화된 근대화의 역사를 돌이켜 보면서 공의 중요성을 되살릴 필요가 있다. 사실 사회 구성원 전체와 연관된 공을 제대로 지키지 않고 사회는 유지되기 어렵기 때문이다. 이런 관점에서 우리는 공공성을 사회의 본질적 요건으로 파악할 필요가 있다. 사회의 본질적 요건으로서 공공성이라는 관점은 공공성의 보편성, 편재성을 강조한다. 그러나 여기서 우리는, 모든 대상(재화, 장소, 활동)과 주체(개인, 집단)가 공공성을 가질 수 있으나, 그것이 모두 똑같은

에 배치되는(八) 개념"(하영삼, 2004ㄱ)이며, "私(사사로울 사)는 곡물(禾)을 자신(厶, 사)의 것으로 만든다는 뜻"(하영삼, 2005ㄴ)이다. 私는 나(厶, 사)가 벼(禾, 화)를 옆구리에 끼고 가는 모습을 나타낸 것이다.

질과 양의 공공성을 가지는 것은 아니라는 사실에 주의해야 한다. 무엇보다 중요한 것은 공공성의 대상, 주체, 그리고 크기를 구분하고, 그 내용을 실증적으로 파악하는 것이다.[14]

또한 공공성의 중요성을 강조하는 것이 '사개성'의 중요성을 무시하는 것으로 귀결되어서는 안 된다. 예컨대 '사민권'으로도 번역되는 privacy에서 잘 알 수 있듯이 '사개성'은 우리가 개체로서 존엄을 유지하며 살기 위한 본질적 권리이기 때문이다(홍성태, 2009). 현대의 민주주의는 공공성과 사개성의 조화 위에서 올바로 발전할 수 있다.[15] 주체로서 개인 자체가 공공성과 사개성을 모두 갖고 있는 존재이며, 상황에 따라 둘 중의 하나가 부각되고 축소될 수 있다. 집에 혼자 있을 때 나는 나의 사개성을 완전히 누릴 수 있지만, 밖에서 다른 사람들과 함께 있을 때 나는 나의 공공성을 적극 존중해야 한다.

---

14 기업은 아무런 공공성도 가지지 않는다는 듯이 주장하는 자들이 있다. 그러나 기업의 활동은 사회 속에서 모든 구성원에게 영향을 미치며 이루어진다. 따라서 기업은 상당히 강한 공공성을 가진다. 바로 이러한 사실에서 '기업의 사회적 책임'이 나타나게 되는 것이다. 공기업뿐만 아니라 사기업도 공공성을 추구해야 한다. 공공성을 국가의 속성이나 책임으로만 파악하는 것은 국가를 신비화하는 것이면서 기업이나 개인의 공공성을 무시하는 이중의 잘못을 저지르는 것이다. 이런 잘못은 정부기구나 공공기관에서 공익을 내걸고 사익을 추구하는 '사이비 공공성'의 문제를 정당화하면서 사회를 극심한 혼란 속으로 몰아넣게 된다.

15 public의 어원은 publicus, 곧 '사람들'이다. 이에 비해 private의 어원은 privatun인데, 그 뜻은 '사람의 눈을 피하다'이다. private에 비해 public이, 私에 비해 公이 긍정적 의미를 지니고 있었다. 그러나 현대의 민주주의에서 이런 이분법은 더 이상 존립할 수 없다. 현대의 민주주의에서 개인은 주권자인 시민으로서 public 또는 公을 형성하고 운영하는 주체이기 때문이다.

표1 연속적 공공성의 개요

	공공성		
	← 크다		작다 →
재화	공공재(public)	공동재(common)	사유재(private)
활동	정치	직장	일상
주체	국가/정당 정치인/공무원	학교 언론사 시민단체 기업 동호회 교사 언론인 활동가 기업인 회원	가족/개인 개인

Ⅳ. 공공성 이론의 네가지 유형

공공성에 관한 논의는 사실 공공성의 정책적 함의에 초점을 맞추고 있다. 그것은 크게 공공성의 대상과 주체에 관한 논의로 나눌 수 있다. 무엇을(공공성의 대상) 누가(공공성의 주체) 지킬 것인가의 문제가 사실상 모든 공공성 이론의 핵심인 것이다. 여기서 공공성의 대상은 대체로 '공공재'[16]로 파악할 수 있으며, 공공성의 주체는 개인과 집단으로 크게 나눌 수 있다. 그리고 공공성 논의의 전개에서 알 수 있듯이, 공공성 논의의 핵심은 공공성의 주체에 관한 논의가 차지하고 있다. 구체적으로 그것은 정부기구와 공공부문의 개혁을 둘러싼 논의를 뜻한다.

이런 관점에서 공공성에 관한 논의를 살펴보면, 이제까지 제시된

---

16 공공재는 public goods를 번역한 것으로서 사회의 운영이나 일상의 영위에 꼭 필요하지만 이윤을 추구하는 방식으로 생산되기 어렵기 때문에 정부기구나 공공기관에서 생산하는 재화와 용역을 뜻한다. 그런데 개인이 공공재를 사적으로 전유할 수 있으면 커다란 이익을 거둘 수 있기 때문에 공공재는 '무임승차'의 문제를 낳고 '공유지의 비극'을 초래할 수도 있다. 이 때문에 공공재는 국가(공공기관)에 의해 관리되어야 한다. 공동재도 똑같은 문제를 안고 있는데 국가나 기업이 아닌 공동체의 관리로 이 문제를 극복할 수 있다(Ostrom, 1990). 그러나 민주화가 취약한 곳에서 공동체의 관리는 언제나 쉽게 무너질 수 있다.

이론은 크게 네 가지 유형으로 나눌 수 있다. 국가적 공공성론, 계급적 공공성론, 기업적 공공성론[17], 시민적 공공성론이 그것이다. 네 가지 이론을 나누는 기준은 공공성 자체에 관한 이해, 공공성의 크기에 관한 이해, 그리고 공공성의 관리와 운용 주체에 관한 이해 등이다. 여기서 먼저 주의할 것은 공공성과 공익의 관계이다. 공공성을 지키는 것은 공익을 구현하는 중요한 방식이다. 그러나 공공성을 내걸고 사익을 추구하는 문제가 대단히 크다. 요컨대 공공성을 주장한다고 해서 곧 공익을 추구하는 것은 아니다. 우리는 언제나 '사이비 공공성'에 주의해야 한다. 따라서 공공성에 대해서 선험적 접근이 아니라 실증적 접근이 무엇보다 중요하다.

첫째, 국가적 공공성론은 국가가 공익을 위해 공기, 물, 토지와 같은 자연재나 방송과 같은 인공재를 막론하고 공공성이 큰 대상들을 적극적으로 보호할 책임을 지고 있다는 전제 위에서 출발한다. 그런데 여기서 나아가 국가적 공공성론은 국가가 보호하고 있는 존재는 모두 공공성이 큰 존재이며, 따라서 이런 존재들을 보호하는 국가야말로 가장 큰 공공성을 가지고 있는 존재라고 주장한다. 그러나 여기서 본말

---

17 관련 논의들에서 대체로 '기업'보다는 '시장'이 강조된다. 그러나 시장은 주체가 아니라 영역이다. 시장은 인류의 문명과 함께 탄생한 필연적 영역이다. 이윤욕에 사로잡힌 것은 시장이라는 영역이 아니라 그것을 악용하는 주체인 기업이다. 시장을 없앨 수는 없거니와 좋은 시장을 위해서는 좋은 기업을 만들어야 한다. 국가에 관해서도 비슷한 얘기를 할 수 있다. 국가는 영역이나 주체로 혼용된다. 이 점을 명확히 인식하고 올바로 구분해서 사용해야 한다. 주체로서 국가는 무엇보다 권력의 형성과 행사의 책임을 맡고 있는 입법부, 행정부, 사법부 등을 뜻하지만, 영역으로서 국가는 영토라는 지리적 경계의 내부를 뜻한다.

전도의 문제가 발생할 수 있다. 공공성을 보호할 가장 큰 책임을 지고 있는 국가가 보호하고 있는 대상이라고 해서 그 자체로 공공성이 크다고 볼 수는 없으며, 나아가 그 때문에 국가가 가장 큰 공공성을 가지고 있다고 볼 수도 없다. 그것은 공공성의 대상과 주체를 혼동하는 것이다. 국가가 꼭 공익의 수호자인 것은 아니며, 오히려 국가는 공익을 크게 훼손하는 주체일 수도 있다. 사실 민주주의의 원리에 비추어 보자면, 국가는 항상적 감시와 개혁의 대상이다. 이런 점에서 공기업을 무조건 보호하는 것이 공공성을 지키는 것이라는 논리는 결코 성립할 수 없다. 공기업은 명확한 설립목적을 가지고 있으며, 그것을 다했을 때는 해체되는 것이 공공성을 구현하는 것이라는 점에서는 더욱 더 그렇다. 공기업을 수호하는 것뿐만 아니라 그것을 해체하는 것도 공공성을 구현하는 것이다. 해체해야 할 공기업을 수호해야 한다고 주장하는 것이야말로 공공성을 훼손하는 것이다.

둘째, 계급적 공공성론은 대체로 칼 마르크스의 사회역사이론에 입각한 것으로 노동자를 가장 중요한 공공성의 주체로 파악한다. 요컨대 노동자는 공공성을 추구하지만, 자본가는 그렇지 않다는 것이다. 그런데 과연 그런가? 자본가와 노동자의 양대 계급론도 문제이지만, 그걸 떠나서 노동자는 과연 공공성을 잘 지키는가? 노동자도 공공성을 내걸고 사익을 추구하는 '사이비 공공성'의 문제를 지니고 있지 않은가? 노동자에게서도 공공성을 내걸고 사익을 추구하는 문제를 쉽게 찾아볼 수 있다. 역설적이게도 공공기관의 노동자들에게서 이런 문제를 명확히 확인할 수 있다. '4대강 사업'을 강행한 수자원공사와 핵발전소를 계속 확충하는 한전은 그 단적인 예이다. 나아가 이미 역사적 소임을 마친 공공기관을 계속 유지하기 위해 최선을 다한다거나, 심지어 애초에 불필요한 공공기관을 만들기 위해 최선을 다하기도 한다.

공기업과 사기업을 막론하고 노동자 운동이 강력한 국민적 공감을 얻지 못하는 것은 노동자에 대한 오해나 악선전 때문만이 아니라 노동자의 잘못된 행태 때문이기도 하다. 국가가 공익을 보장하지 않는 것처럼 노동자도 그 자체로는 공익을 보장하지 않는다.

셋째, 기업적 공공성론은 공공성을 무엇보다 효율의 관점에서 파악한다. 효율성의 요건을 충족하지 못한다면, 공공성은 결코 공익을 실현할 수 없다는 것이다. 이런 관점에서 기업적 공공성론은 기업이야말로 공공성의 충실한 구현자이며, 기업의 가치를 중심으로 공공성을 재구축해야 한다고 주장한다(김영평, 2006). 요컨대 모든 것을 기업에게 맡기는 것이야말로 공공성을 보호하고 강화할 수 있는 최상의 방책이라는 것이다. 각종 민영화론은 이러한 기업적 공공성론의 단적인 예이다. 그러나 이것은 사실 공공성을 내세운 '공공성 폐기론'에 가깝다. 공공성을 폐기하는 것은 사회 자체를 폐기하는 것과 같다. 사회는 공공성과 사개성을 두 축으로 해서 형성되고 운영되는 것이기 때문이다. 따라서 그야말로 '사회의 방어'를 위해 기업적 공공성론에 맞서야 한다. 기업이란 어떤 존재인가? 기업도 공공성을 지니고 있지 않은 존재가 결코 아니다. 기업은 사회 안에서 이윤을 추구하는 존재이다. 그러므로 기업도 사회의 공공성 요구, 즉 공익 요구를 적극적으로 추구해야 한다. 이런 인식에서 '기업의 사회적 책임'이라는 개념이 나타났다. 기업은 그저 이윤이나 추구하는 존재라는 발상은 그야말로 천민 자본주의의 발상이다. 그 옹호자들은 곧잘 공공성을 '기업의 적'이라는 식으로 주장하지만, 그것은 기업을 사회적으로 존립할 자격이 없는 '공공의 적'으로 만드는 것이다.[18]

---

18 '천민 자본주의'의 옹호자들은 심지어 "토지 공개념 정책은 공공성과 규제를

넷째, 시민적 공공성론은 국가나 계급이나 기업의 이름으로 공공성을 주장하는 것의 정당성을 의심하는 것에서 출발한다. 또한 시민적 공공성론은 기업의 이윤욕을 크게 우려하지만 효율성의 필요 자체를 부정하지 않는다.[19] 시민적 공공성론은 공공성의 대상과 그것을 지키는 주체가 시대의 변화에 따라 계속 변화한다는 역사적 실증성의 관점에 서 있다. 여기서 시민에 관해 잠시 논의할 필요가 있을 것이다. 마르크스주의에서는 시민을 대체로 '부르주아'로 파악하며 그 보편성을 부정한다. 그러나 시민을 '부르주아', 즉 '유산자' 또는 '자본가'로만 파악할 수는 없다. 사실 오늘날 시민은 무엇보다 민주주의 체제의 정치적 주체를 뜻한다. 이런 점에서 시민은 '부르주아'가 아니라 '씨티즌'[20]

강조하여 토지와 주택시장을 파괴하는 결과"를 빚었다고 주장하기도 했다(강만수, 2005). 사실은 어떤가? 경제 활성화를 내걸고 무분별한 개발과 투기를 조장해서 재정과 산업과 복지의 왜곡이 빚어진 것이 우리의 현실이다. '토지와 주택시장'의 파괴는 결코 일어난 적이 없으며, 건설산업의 병적 과잉성장이 계속되었을 뿐이다. 그 결과 망국적 토건국가의 구조가 확립되었다(홍성태, 2007).

19 공공성과 효율성은 전적으로 대립하는 것이 아니다. 공공성을 부정한다면 큰 문제가 발생하듯이, 효율성을 부정해도 역시 큰 문제가 발생한다. 효율성을 완전히 부정해서 모든 자원을 탕진한다면, 공공성을 지키는 것도 불가능할 것이다. 중요한 것은 공공성과 효율성을 선험적으로 대립시키는 것이 아니라 그 내용과 구현방식을 구체적으로 파악하는 것이다. 효율성을 내세워 공공성을 압살하는 것이나, 공공성을 내세워 효율성을 부정하는 것이나, 모두 잘못된 것이다.

20 어원적으로 따지자면, 부르주아는 '성 안에 사는 사람'이라는 뜻이고, 씨티즌은 '시 안에 사는 사람'이라는 뜻이다. 그런데 예전에 성은 곧 시였다. 중국에서는 도시를 '성시(城市)'라고 한다. 이런 점에서 부르주아와 씨티즌은 같은 존재를 부르는 다른 이름이라고 할 수 있다. 그런데 부르주아는 마

이다. 민주주의 체제의 주권자로서 시민은 사회를 형성하고 존속시킬 정치적 의무와 권리를 지닌다. 그 의무를 다하고 권리를 지키기 위해 공공성의 개념을 확립하고 지키는 것은 대단히 중요하다. 공공성을 지키는 것은 공익을 지키는 것으로 직결되기 때문이다. 주권자로서 시민은 공공성이 무엇이며, 실제로 어떻게 존재하고 있는가에 대해 끊임없이 탐구해야 한다. 민주주의의 주권자로서 시민은 국가, 계급, 기업 등 개별적 주체들의 공공성 주장을 면밀히 검토해서 그 주장이 과연 타당성을 갖고 있는가를 판단해야 하는 보편적 주체이다.[21]

이제까지 공공성에 관한 논의는 대체로 국가적 공공성론과 계급적 공공성론을 중심으로 이루어졌다. 그러나 여기에는 반민주성과 비객관성의 문제가 크게 자리잡고 있다. 기업은 물론이거니와 국가나 특정 계급의 이름으로 공공성 주장을 정당화할 수는 없다. 그 주장의 정당성은 구체적으로 실증되어야 한다. 이런 실증은 무엇보다 주권자로서 시민의 정치적 과제이다. 이런 점에서 시민적 공공성은 공공성에 관한 기존의 편견과 오해를 바로잡는 실천적 공공성이라고 할 수 있다.

르크스주의의 강력한 영향 아래서 유산자 또는 자본가를 뜻하게 되었고, 이에 비해 씨티즌은 봉건 영주에 맞서서 민주주의 체제를 형성한 주체를 뜻하게 되었다. 오늘날 민주주의 체제에서 씨티즌은 부르주아뿐만 아니라 프롤레타리아, 농민, 자영업자, 공무원, 지식인, 연예인 등 사회의 모든 구성원을 포함한다. 우리는 누구나 시민으로서 동등한 권리의 주체이다. 이 때문에 민주주의 체제는 급진성을 갖기도 하고, 심각한 모순에 빠지기도 한다. 시민의 각성과 실천이야말로 민주주의 체제의 기반이자 정수이다(이정전, 2005: 230).

21 public은 '공적인, 국가의, 시민의' 등의 뜻을 갖고 있다. '공화국'으로 번역되는 republic의 어원은 res publica인데 그 뜻은 '공적인, 국가의, 시민의 (publica) 일(res)'이다. 모든 시민이 평등하게 참여해서 통치하는 국가가 바로 '공화국'인 것이다. 그것은 보통 대의 민주주의에 참여 민주주의가 부가된 방식으로 이루어진다.

Ⅴ. 생태적 공공성의 중요성

공공성은 사회의 본질적 요건이며 공익의 핵심적 조건이므로 사회적으로 충실히 보호되어야 한다. 민주주의 체제에서 국가는 공공성을 지키는 가장 중요한 주체이다. 민주주의 체제에서 국가는 국민으로부터 위임받은 권력(합법적 강제력)을 행사해서 국민의 행복을 보장하기 때문이다. 국가가 국민의 행복을 보장하기 위해 달성해야 하는 가장 보편적인 과제는 공공성을 최대한 보호하는 것이다. 국가가 공공성을 제대로 지키지 못한다면, 많은 사람들이 불행해질 수밖에 없다.

어떤 대상이 갖고 있는 공공성의 크기는 인간에게 미치는 영향을 기준으로 살펴볼 수 있다. 이런 관점에서 가장 큰 공공성을 가지는 것은 모든 사람의 건강과 생명에 가장 큰 영향을 미치는 자연재인 공기와 물이다. 우리는 1~2분만 숨을 못 쉬어도 죽고, 1~2일만 물을 마시지 못해도 죽고 만다. 그런데 나무, 풀, 숲, 들, 강, 바다 등의 자연 전체가 공기와 물의 공급에 영향을 미친다. 따라서 공공성의 구현 정도는 무엇보다 자연을 얼마나 잘 지키고 있는가에 따라, 즉 생태적 공공성의 구현 정도에 따라 평가될 수 있다.[22] 2000년대 초에 한국의 환경성과지수EPI는 세계 130위 수준이었는데, 이것은 결국 공공성 지수가 세계 130위 수준에 머물고 있다는 것이었다. 2016년에 한국의 환경성과지수는 세계 80위로 발표되어 여전히 아주 안 좋은 상태에 있는 것으로 확인됐는데, 특히 이산화질소 노출은 세계 179위, 미세먼지 노출은

---

22 생태적 공공성의 관점에서 보자면, 대상(자연)과 주체(인간)의 이분법은 사실 잘못된 것이다. 인간은 자연을 개조하는 주체일 뿐만 아니라 그 때문에 고통받는 대상이기도 하다. 여기서 무엇보다 중요한 것은 인간을 '자연 속의 한 존재'로 보는 생태적 관점이다(홍성태, 2004).

세계 174위로서 대기오염이 극히 심각한 것으로 나타났다.

모든 존재가 똑같은 크기의 공공성을 가지고 있는 것은 아니다. 따라서 당연히 우리는 공공성이 큰 것부터 우선적으로 보호할 수밖에 없다. 그리고 이것은 고정되어 있는 것이 아니라 시대의 변화에 따라 변화한다. 또한 공공성이 크다고 해도 그 양이 충분하다면, 구태여 자원을 소모하며 보호할 필요는 없을 것이다. 반대로 공공성이 작다고 해도 그 양이 너무 작다면, 자원을 소모해서라도 보호할 필요가 있는 것도 있다. 생태적 공공성은 본래 가장 큰 공공성이지만 오랫동안 대대적으로 파괴되어 왔으며, 그 결과 생태위기가 초래되었기 때문에 생태적 공공성은 가장 시급히 보호해야 하는 것이 되었다.

이와 관련해서 공공영역과 공공부문을 구분할 필요가 있다. 공공영역은 영어 public sphere에 해당하는 것이고, 공공부문은 영어 public sector에 해당하는 것이다. 때때로 전자는 지리적 장소와 연관된 것으로, 후자는 사회적 분야와 연관된 것으로 제시되기도 한다. 그러나 사실 전자는 국가를 비롯해서 여러 주체들의 공공활동이 전개되는 제도를 뜻하며, 후자는 특히 국가의 공공활동이 전개되는 특정한 제도를 뜻한다. 공공성을 보호해야 할 가장 큰 책임을 지고 있는 국가가 구성하는 공공영역을 공공부문으로 파악할 수 있다. 이런 점에서 공공영역은 상당히 느슨하게 파악될 수 있지만, 공공부문은 대단히 엄밀하게 정의되지 않으면 안 된다.

공공성의 보호에서 가장 중요한 것은 공공성을 보호해야 할 가장 큰 책임을 지고 있는 국가, 즉 공공부문의 역할이다. 따라서 공공성을 보호하기 위해서는 무엇보다 국가에 관심을 기울여야 한다.[23] 권력의

---

23 물론 재벌을 비롯한 기업이 공공성 요구를 저버리고 나아가 공공부문을 사

주체로서 국가는 크게 입법부, 행정부, 사법부로 구성되어 있다. 따라서 공공성을 보호하기 위해서는 입법부, 행정부, 사법부에 대한 엄정한 평가와 개혁이 지속적으로 이루어져야 한다. 또한 3부는 여러 부서들로 이루어져 있으며, 그 산하에 많은 공공기관들[24]을 거느리고 있다. 특히 행정부는 가장 많은 부서들로 이루어져 있고, 또한 가장 많은 공공기관들을 거느리고 있으며, 따라서 국민의 생활에 가장 직접적으로 전면적으로 영향을 미치고 있다. 이 때문에 정부 개혁은 국가 개혁의 핵심과제라고 할 수 있다.

그러나 그렇다고 해서 입법부와 사법부의 문제가 작은 것은 아니다. 민주주의에서 가장 기본적인 것은 입법부이다. 입법부에서 국민의 주권을 위임받아 법을 제정하는 것으로 민주주의 체제가 형성되는 것이기 때문이다. 한국의 입법부는 민주화 20년을 지나며 많이 개혁된 것으로 평가받고 있지만, 여전히 지역주의, 금권주의, 권위주의 등의 후진적 문제를 안고 있다(강원택, 2007). 사법부도 그 존재이유인 '정의'의 구현과는 여전히 거리가 멀다는 비판을 받고 있다. 정치적으로 '수구 보수'의 문제마저 크게 안고 있으며, 심지어 '전관예우'의 방식으로 부패가 제도화되어 있기도 하다(문홍수, 2004).

이런 문제적 상황에서 정부기구나 공공기관을 막론하고 공공부문

　　유화하는 것에도 적극적으로 대응해야 한다. 오늘날 한국은 '재벌 국가', 즉 재벌이 주도/지배하는 국가라고 할 수 있다.

24　정부 부서들이 자기 밥그릇을 키우기 위해 경쟁적으로 산하기관들을 설립해서 그 수나 연계조차 파악하기 어려울 정도였다. 2005년부터 이에 대한 본격적 정비가 '공공기관'이라는 개념을 통해 이루어지기 시작했으며, 그 결과 2006년 말에 '공공기관 운영에 관한 법률'이 제정되어 2007년 4월부터 시행되기 시작했다.

은 심지어 '신의 직장'으로 불리고 있다. 공공부문이 공공성을 가장 잘 지키는 주체, 즉 공익의 수호자가 아니라 가장 안정적으로 사익을 추구할 수 있는 곳으로 여겨지고 있는 것이다. 1993년 2월 '문민정부'의 등장과 함께 정부 개혁을 핵심으로 국가 개혁이 추구됐으나 사실 그 성과는 미미했다. 1997년 11월의 'IMF 사태'가 그 좋은 계기가 될 것처럼 보였지만 결국 제대로 개혁된 것은 거의 없었다. 이와 관련해서 1998년 4월 9일에 『한겨레신문』에 실렸던 한 글을 보자.

(1993년) 김영삼 전 대통령이 취임 초 내걸었던 작고 강력한 정부라는 구호는 크고 무능한 정부로 귀결되고 말았다. 공공부문의 과잉비대와 비능률의 배후에는 정부산하단체라는 공룡이 자리잡고 있다. 현재 우리나라의 정부산하단체는 552개이고(지방자치단체 산하기관은 제외) 여기서 근무하는 총인원은 38만5571명, 예산규모는 정부예산의 2.4배에 이른다.
정부산하단체가 비대해지고, 운영이 부실화한 일차적인 원인은 정치권과 관계의 식민지 성격을 띠어왔기 때문이다. … 사회부문에 대한 국가의 불필요한 통제를 벗어버리고, 공공부문의 비대를 축소한다는 차원에서 관변단체들도 정비해야 한다. 근거법이 내걸고 있는 지원육성 대상은 소비자·환경·시민운동 차원의 단체들임을 상기할 필요가 있다.
산하단체 또한 경영시스템을 혁신하지 않으면 안 된다. 최근 감사원이 펴낸 '97감사연보'에 나타난 정부산하단체의 경영실태는 단순한 비능률의 상태를 넘어서고 있다. … 공기업이나 정부투자기관의 비능률이 이른바 공공성을 유지하는 과정에서 불가피하게 발생하는 부산물이 아니라, 경영마인드가 배제된 주먹구구식 운영의 결과라는 지적이 가능할 정도이다(이종수, 1998).

이 글은 20년 전의 과거가 아니라 마치 지금의 현실을 다루고 있는 것처럼 보인다. 20년의 세월이 흘렀어도 공공성을 내걸고 공공부문이

저지르는 불법·탈법의 문제는 별로 개선되지 않았다. 2014년 4월 16일의 세월호 대참사에서 드러난 해경의 비리와 무능은 세계를 놀라게 했을 정도이다. 박근혜 정부는 관피아와 법피아가 발호하는 '마피아 정부'의 문제를 드러내 보였다. 공공부문의 전면적 개혁이야말로 공공성의 강화를 위한 최선의 길이다. 공공부문은 방만경영, 부패, 비리는 물론이고 예산의 탕진과 국토의 파괴라는 문제를 대대적으로 저지르고 있다. 이명박 정부의 '4대강 사업'에서 극단적 지경에 이른 '토건국가'의 문제는 그 명확한 예이다(홍성태, 2010; 2011). 생태적 공공성은 공공부문에 의해 대대적으로 훼손되고 있으며, '생태복지국가'의 형성이라는 시대적 과제는 요원한 상태이다.[25]

VI. 맺음말

공공성은 다수의 사람들에게 영향을 미치는 성질을 뜻한다. 공공성의 보호와 강화는 사회의 발전을 위해 대단히 중요하다. 공공성은 우리가 사람답게 살 수 있는 기본조건과 뗄 수 없이 연결되어 있기 때문이다. 이런 점에서 생태적 공공성은 근본적인 중요성을 갖는다. 그러나 오늘날 공공성은 큰 위기를 맞고 있다. 공공성의 위기에 올바로 대처하고 공공성의 강화를 추구하는 것은 분명히 중대한 시대적 과제이다. 그러

---

25 가장 심각한 것은 대규모 개발업무를 전담하고 있는 개발공사들의 문제이다. 수자원공사, 토지공사, 주택공사, 도로공사, 한전, 농촌공사 등의 6대 개발공사를 필두로 중앙과 지방의 많은 개발공사들이 경쟁적으로 불필요한 대규모 개발사업을 벌이면서 재정의 탕진과 국토의 파괴를 빚고 있다(홍성태 엮음, 2005). 이러한 파괴적 개발의 주체들을 개혁하지 않고 진보나 개혁을 이루겠다는 것은 거짓말이거나 백일몽이다. 공공성을 대대적으로 훼손하고 파괴하는 개발공사들을 축소통폐합해야 공공성이 제대로 지켜질 수 있다.

나 이 과제를 달성하기 위해서는 우선 공공성의 개념을 성찰할 필요가 있다.[26]

무엇보다 먼저 공공성을 국가나 계급과 일방적으로 연관짓는 관점을 폐기해야 한다. 공공성은 기업이나 개인도 가지고 있으며, 국가나 계급이 공공성을 크게 훼손하기도 한다. 그러므로 정책의 면에서나, 이론의 면에서나, 우선 필요한 것은 공공성의 대상과 주체, 그리고 크기를 올바로 구분하는 것이다. 누가 무엇을 보호할 것인가는 공공성의 강화에서 핵심을 이룬다. 그것은 언제나 실증적으로 결정되어야 한다. 현대의 민주주의에서 이 과제는 시민의 일차적 의무이자 권리이다. 이 점에서 시민적 공공성의 개념이 중요하다.

시민적 공공성은 주권자인 시민이 공공성의 보편성을 이해하고, 그 보호의 필요와 내용을 실증적으로 확정할 것을 요청한다. 동시에 시민적 공공성은 공공성을 구현하는 주체로 제시되곤 하는 국가와 계급의 상태를 객관적으로 평가할 것을 요청한다. 공공성을 국가와 계급에게 귀속시키는 선험적 논리는 어떤 객관적 근거도 가지고 있지 않다. 국가와 계급의 정당성은 실증적 평가를 통해 확정되어야지 선험적 주장을 통해 강요되어서는 안 된다. 민주주의에서 공공성은 시민의 감시와 평가로 보호될 수 있다.

이런 시민적 공공성의 관점에서 공공성의 강화를 위해 무엇보다 먼저 염두에 두어야 할 것은 공공성의 수호자여야 할 국가, 즉 공공부문이 제 역할을 올바로 하지 못하고 있다는 사실이다. 공공성을 내걸고 공공성을 훼손하는 '사이비 공공성'의 문제가 전국에서 매일같이

26　공공성은 크게 자연재의 생태적 공공성과 인공재의 사회적 공공성으로 나뉠 수 있다. 그리고 둘 중에서 더욱 근본적인 것은 생태적 공공성이다.

대규모로 벌어지고 있다. 국가 또는 공공부문의 개혁은 세 가지 차원에서 이루어져야 한다. 첫째, 주체의 차원이다. 부패하고 무능해서 공공성을 지키기에 적합하지 않은 공무원은 철저히 개혁되어야 한다. 둘째, 제도의 차원이다. 공공부문의 운영에 관한 각종 제도들의 필요성과 수행성을 철저히 평가하고 개혁해야 한다. 셋째, 조직의 차원이다. 이제는 불필요해졌거나 애초부터 불필요했던 조직들이 있다. 수자원공사, 한전 등이 전자에 속한다면, 각종 관변단체들은 후자에 속한다. 이런 조직들의 개혁이 시급히 이루어져야 한다.

공공성의 강화는 정말로 중요하다. 그러나 그것은 거대한 개혁의 대상이 되어 버린 공공부문을 그대로 두고 결코 이루어질 수 없다. 재벌에 못지 않게 '신의 직장'도 큰 문제이다. 공공부문이 올바로 서지 않으면 공공성을 수호하는 것이 사실상 불가능해진다는 점에서 '신의 직장'은 민영화보다 더 큰 문제일 수 있다. '신의 직장'은 공공부문이 공익의 수호자가 아니라 사익의 수호자가 된 것을 뜻하기 때문이다. 공공성의 강화는 공공부문의 개혁을 통해 전체 사회를 개혁하기 위한 적극적 요청이다.[27]

---

27 이 주장이 재벌을 핵심으로 한 기업의 문제를 부차화하는 것으로 받아들여져서는 안 될 것이다. 일부에서는 재벌조차 사실 공공성의 이름으로 보호해야 할 대상이라고 주장하고 있기도 하다. 재벌은 공공성이 대단히 큰 대기업으로서 합당한 책임을 다해야 하며, 그렇게 하기 위한 재벌 개혁은 대단히 중요한 과제이다. 그러나 기업의 문제가 크다고 해서 공공기관의 문제나 노동운동의 문제가 사라지는 것은 아니다.

참고문헌

강만수. 2005. 『현장에서 본 한국경제 30년』. 삼성경제연구소.

강원택. 2007. '민주화 20년의 정당 정치'. 『경제와 사회』 74.

김명수. 2006. '한국전력산업의 정부통제. 경쟁환경. 소유구조가 공공성 및 기업성 향상에 이미치는 영향에 관한 실증적 연구: 한국전력공사를 중심으로'. 한국산업기술대 대학원 박사학위논문.

김선욱. 2002. 『한나 아렌트 정치판단이론』. 푸른숲.

김영평. 2006. 『규제의 역설』. 삼성경제연구소.

김호기 외. 1998. 『21세기 한국사회와 공공영역 구축의 전망』. 문화과학사.

남해경. 1992. 『공공성 개념에 관한 연구』. 중앙대학교 석사학위논문.

니스벳(R. Nisbet). 2004. 『생각의 지도 - 동양과 서양. 세상을 바라보는 서로 다른 시선』. 최인철 역. 김영사.

문흥수. 2004. 『사법권의 독립』. 박영사.

신진욱. 2007. "공공성과 한국사회". 『시민과 세계』 11.

아렌트(H. Arendt). 1996. 『인간의 조건』. 이진우 외 역. 한길사.

오건호. 2003. "공공부문 노동운동의 새로운 화두. 공공성". 공공운수연맹 기관지 32호. http://public.nodong.org/

오스트롬(E. Ostrom). 2010. 『공유의 비극을 넘어』. 윤홍근·안도경 역. 랜덤하우스코리아.

이승훈. 2003. 『한국 사회의 '시민됨' 형성과정』. 연세대학교 박사학위논문.

이영주. 2004. 『방송 공공성의 구조변동』. 성균관대학교 박사학위논문.

이종수. 1998. "공룡조직. 정치논리부터 벗어라". 『한겨레신문』, 1998년 4월 9일.

임명구. 2002. 『건축 외관 디자인의 공공성에 관한 연구』. 동국대학교 박사학위논문.

장영호. 2007. 『시민적 자질로서의 공공성 개념에 관한 연구』. 서울대대학교 박사학위논문.

정오랑. 1989. 『공기업의 공공성과 기업성의 조화를 위한 제도적 장치에 관한 연구: 공기업의 기능적 민영화를 중심으로』. 고려대학교 박사학위논문.

조한상. 2006. 『시민사회와 공공성: 시민사회에 관한 헌법이론적 고찰』. 고려대학교 박사학위논문.

조희연. 2007. "새로운 사회운동적 화두. 공공성의 성격과 위상". 『시민과 세계』 11.

하버마스(J. Harbermas). 2001. 『공론장의 구조변동』. 한승완 역. 나남.

하영삼. 2004. "한자 뿌리읽기 - 공천(公薦)과 낙천(落薦)". 『동아일보』, 2004년 2월 26일

하영삼. 2005. "한자 뿌리읽기 - 禾. 벼 화)". 『동아일보』, 2005년 6월 15일.

홍성태. 2004. 『생태사회를 위하여』. 문화과학사.

홍성태. 2007. 『개발주의를 비판한다』. 당대.

홍성태. 2009. 『현실 정보사회와 정보사회운동』. 한울.

홍성태. 2010. 『생명의 강을 위하여』. 현실문화.

홍성태. 2011. 『토건국가를 개혁하라』. 한울.

홍성태 엮음. 2005. 『개발공사와 토건국가』. 한울.

Harbermas, J. 1989. *The Structural Transformation of the Public Sphere*. Thomas Burger trans.. MIT Press.

Pesch, U. 2006. *The Predicaments of Publicness − An Inquiry into the Conceptual Ambiguity of Public Administration*. Eburon.

齊藤純一. 2000.『公共性』. 岩波書店.

제2장
커먼즈의 역사적 경험과
생태적 공공성 구축을 위한 시론

김자경

Ⅰ. 머리말

제주는 예로부터 거대한 토지자산이 마을단위로 존재한다. 바로 마을 공동목장이다. 과거 제주에서 밭을 갈기 위해 말이나 소를 한두 마리 정도 집집마다 키우고 있었고, 이 마소를 먹이기 위한 장소가 마을공동목장이다. 고려시대와 조선시대에는 국영목장이었지만, 일제강점기 때 마을공동목장조합으로 제도화[1]되어 현재에 이르고 있다. 또한 목축

---

1 제주도의 『1943년 공동목장관계철』에 의하면 116개의 마을공동목장이 존재했다.

계(쉐번, 물번, 무쉬접, 무쉬제 등)[2]가 있었다는 기록을 통해서 어느 정도는 마을공동체가 자주적인 운영규칙을 가지고 마을공동목장을 운영했었다는 것을 확인할 수 있다.

문제는 마을공동목장이라는 거대한 토지자산을 마을주민들이 어떻게 활용하는가에 있다. 과거에는 집집마다 마소가 있어 방목을 위해 마을공동목장이 운영, 관리되었지만, 현재 마소의 역할을 농기계가 대신하는 만큼 마을공동목장은 주민들의 삶에서 멀어졌다. 지금까지 목장을 직영하는 곳도 존재하고, 가시리 마을처럼 마을공동목장을 이용하여 새로운 마을만들기 사례를 제시하는 곳도 존재한다. 그러나 여러 곳의 마을공동목장조합은 직접 운영하거나 관리가 어려운 상황이다. 최근 몇 년 사이에 마을공동목장조합 총회 때마다 매각문제가 항상 의제로 등장하는 것도 이러한 이유 때문으로 보인다.

제주는 마을공동목장 외에도 풍부한 자연자산이 존재한다. 예로부터 삼다(三多)의 섬으로 불렸던 만큼 바람의 섬이며, 매년 제주산 먹는 샘물 브랜드가 시장점유율 1위를 차지할 정도로 깨끗한 지하수가 풍부하다. 때문에 제주의 풍요로운 자연 자산의 관리와 이용에 관해 수많은 계획들이 세워지고 있다. 신재생에너지 산업 추진 계획의 핵심에

---

[2] 한국문화원연합회 제주특별자치도회에서 발간한 『제주도 접(接) 계(契) 문화 조사보고서』는 제주의 공동체 문화의 근간을 이뤄온 수눌음 정신이 깃든 접계문화를 정리한 것이다. 조사는 개별 인터뷰나 경로당, 마을회관에서 집단면담을 통해 이뤄졌다. 이 보고서는 인터뷰 조사를 통하여 마을공동목장과 중심으로 한 목축계가 상당수 존재하고 있었고, 계의 운영에 따른 규약을 적은 문서들을 찾아내어 인터뷰 조사의 근거를 제시하고 있다. 조사 결과 제주에 존재하는 다양한 계는 인력, 재정, 노동력, 조직력의 확보 및 공감대 형성의 근원이 되고 있었다는 것을 지적하고 있다.

는 풍력발전이 있다. 그러나 풍력발전단지 선정과정과 대기업의 풍력산업 진출에 따라 제주의 바람을 이용하여 얻어진 이익은 특정한 기업에게 집중되고 있다. 바람의 섬 제주에서 일상을 살아가고 있는 모든 이들이 바람의 사유화 과정을 목도하고 있다. 물의 경우도 비슷하다. 제주특별자치도법에는 지하수가 공수公水라고 명시되어 있지만, 먹는 샘물 시장의 확대를 위해 지하수 증산을 요구하는 사기업과 공수이기 때문에 사기업의 증산요구를 그대로 들어줄 수 없다는 도의회의 갈등이 제주지역 전체의 갈등으로 비화되고 있다. 자연이 아름다워 제주에서 살아가고자 입도하는 이주민이 증가하는 이 섬에서, 역설적으로 풍요로운 자연 때문에 섬의 곳곳에서 갈등이 벌어지고 있는 것이다.

일반적으로 자연자원을 둘러싼 갈등을 해소하기 위해 수많은 거래비용이 들어가는 것을 방지하기 위해서나, 이른바 '공유지의 비극'으로 비유되는 자연 환경의 파괴를 막기 위해서는 사유재산을 강화하거나 국가의 관리를 강화하는 방향으로 전개되었다. 바꿔말하면 이제까지 사람들은 자연의 이용 및 관리를 시장에 맡기거나 국가에 맡겨왔던 것이다. 그러나 오스트롬(2010)은 이와 같은 환경문제를 해결하고 지속가능한 삶을 영위하기 위해서 다양한 의사결정을 지역 공동체에 맡기는 것을 제안한다. 이것이 커먼즈commons 이론의 핵심이다.

이 글에서는 커먼즈 이론이 동서양을 막론하고 일상에서 사람들이 살아가고 있는 삶의 현장에서 느낄 수 있는 일반화된 개념이자 운동 이론이 될 수 있음을 밝히고자 한다. 수 세기 동안 커먼즈는 "우리 일상의 일부"였기 때문이다(볼리어, 2015). 이를 위해 첫째 영국, 한국, 중국, 일본에서 커먼즈가 어떻게 운영되었는지 과거의 산림정책을 중심으로 살펴보고자 한다. 산림정책을 중심으로 살펴보는 이유는 옛사람들의 에너지원인 땔감과 숯, 집의 재료로서의 목재, 산야초, 버섯 등의 식량을 얻을 수 있는 산림은 일상에서 아주 중요한 자연자원이기 때문이다. 다음으로 커먼즈를 운영하기 위해 필요한 공유화(commoning)의 과정이 현재 어떠한 의미를 가지고 있는지 동양에서의 주로 사용되는 공公과 공共의 의미를 가지고 살펴보고자 한다. 이를 통하여 커먼즈의 공유화 과정이 생태적 공공성을 구축해나가는 과정임을 보이고자 한다.

Ⅱ. 커먼즈에 관한 새로운 과제, 공유화(commoning)의 대두

커먼즈의 개념을 살펴보기 위해 가장 많이 사용되는 개념은 공유지이다. 공유지를 살펴보기 위한 공간적 출발점은 영국에서 출발해도 좋을 것이다. 영국의 왕정 하에서도 마을마다 있는 공유지는 마을 사람들에게 최소한의 의식주, 그리고 땔감을 해결해주는 사회안전망 장치역할을 했었다. 공유지는 무주공산의 땅이지만, 마을사람들이 일정한 규칙을 가지고 이용했다. 이러한 공유지는 종획운동(인클로져)에 의해서 해체되었다. 이 짧은 글에서는 설명을 다할 수 없는 수많은 역사의 질곡이 있었지만, 종획운동의 결과 자본주의가 탄생하였다. 무종공산의 땅인 만큼 누구의 소유도 아니었지만, 공유지를 기반으로 살아간 사람들의 입장에서는 생존을 위협하는 문제에 직면한 순간이었다. 이에 대해 라인보우(2012)는 "영국의 자본주의는 민중이 토지 혹은 생활수단으로부터 분리되는 것을 의미하는 것"이라 평가하였다. 공유지의 해체와 동시에 마을 공동체는 파괴되었으며, 사회의 모든 것은 상품이 되었으며 상품을 거래하던 시장이 사회를 지배하기 시작하였다.

그럼에도 불구하고 커먼즈는 과거에만 존재했던 사라진 단어는 아니다. 관습과 지역 문화 속에 배태된 커먼즈는 현재에 다시 재조명되고 있다. 오스트롬의 업적은 이 부분에서 평가받아야 한다. 오스트롬

(2010)은 시장의 지배도, 국가의 지배도 아닌 커먼즈의 운영원리가 지속가능한 삶을 가능케 할 수 있다는 새로운 관점을 제시하면서 커먼즈를 다시 공론장에 올려놓은 것이다. 그러나 오스트롬과 커먼즈를 연구하는 학자들의 연구 초점은 자원의 이용자들로 구성된 공동체가 한정된 자원을 장기적으로 지속가능하게 이용하기 위한 사회적 규범[3]을 어떻게 만드는지에 있다.

오스트롬이 제기한 커먼즈의 개념을 지속가능한 사회운동론의 시점에서 보고 있는 볼리어(2015)는 "커먼즈는 공동체와 규범이 합쳐진 패러다임"으로 정의한다. 커먼즈에는 어떤 특정 공동체가 어떤 자원을 관리하기 위해 적용하는 일련의 사회적 관행, 가치, 규범이 있다고 본다. 따라서 커먼즈는 '자연 자원 +지역 공동체 +일련의 사회적 규약(관습, 문화)'인 것이다. 문제는 해당 공동체가 어떤 자원을 커먼즈로 관리할 만한 동기를 가지고 있는가라는 점이다. 오스트롬과 볼리어의 커먼즈 이론의 차이점이 여기에 있다. 오스트롬은 커먼즈를 둘러싼 사회적 규칙을 만드는 과정에 중점을 두고 있다면, 볼리어는 어떠한 동기로 어느 자원을 커먼즈로 인식하게 하는가에 중점을 두고 있다. 볼리어(2015)는 커먼즈를 만드는데 가장 중요한 점은 "모든 사람의 이익을 위해 자원을 관리하는 사회적 관습에 참여하기로 공동체가 결정"하는 것이라 강조하였다. 즉 공동체의 공유실천 과정을 공유화(commoning) 라 한다. "공유화 과정 없이 커먼즈는 없다"는 볼리어의 주장은 오늘날 제주의 마을공동목장이 직면해 있는 문제의식에 부합된다. 생활의 필요가 사라져 마을 주민의 삶과 괴리된 제주의 마을공동목장을 어떻게 다시 커먼즈로 관리하게 할 동기를 찾을 것인가. 즉 마을공동목장을

---

3 오스트롬(2010)은 이러한 사회규범을 8가지 디자인원리로 설명하고 있다.

어떻게 공유화할 것인가라는 과제가 새롭게 등장하고 있다.

이러한 점에서 오스트롬의 커먼즈 논의를 중심으로 진행된 국내의 선행연구들은 다음과 같은 한계점이 존재한다. 오스트롬(2010)은 공유지를 비배제성과 경합성을 가진 공동자원common pool resources으로 한정하여 정의하였다. 때문에 국내에서 진행된 연구들은 대부분은 오스트롬을 인용하면서 커먼즈를 이와 같이 인식하였다(김인, 1998; 배득종, 2004; 홍성만·주경일·주재복, 2004; 이명석, 2006). 구체적인 실증연구도 한국의 전통적인 커먼즈의 한 형태인 어촌계 공동어장을 중심으로 한 제도 즉 어촌계의 자치규약 분석과 비배제성과 경합성의 해소방안 모색에 머물고 말았다(김상구·강윤호·강은숙·우양호, 2007; 우양호, 2008; 김성배·이윤미, 2010; 김경돈·류석진, 2011). 그리고 오스트롬은 죄수의 딜레마나 집합행동의 문제를 극복하기 위한 논리를 전개하면서 마을 공동체의 자치에 주목했으나 그 자치의 본질이 무엇인지 분명하게 드러내지 않았다. 오스트롬의 연구는 제도적 측면에서 사회적 규칙의 구성 원리를 파악하는데 일조하였으나, 볼리어가 주장하는 것처럼 그것이 왜 커먼즈가 되어야 하는가에 대한 논의까지 확장되지 못한 것이다. 따라서 국내의 커먼즈 연구들은 어촌계 공동어장과 같은 전통적인 커먼즈가 해체되어 극소수의 사례만 남게 된 오늘날에 커먼즈 이론이 어떻게 우리 생활에 적용할 수 있는지에 대한 논의가 부족했다.

과거의 경험을 되살려 오늘날 다시 커먼즈로 복원하기는 어렵다. 과거 사람들의 생활양식과 지금 여기를 살아가는 사람들의 생활양식과 관습이 다르기 때문이다. 하지만 과거 사람들이나 지금 여기를 살아가는 사람들이 커먼즈를 대하는 문제의식은 비슷할 것이다. 시간은 다르지만 공간적으로 바로 여기에 사람들이 살아가고 있기 때문이다.

따라서 볼리어의 주장처럼 현재의 생활양식과 문화에 맞춰 공유화를 통하여 커먼즈가 되게 하는 것이 필요하다. 때문에 커먼즈에 대한 개념이 재해석 되어야 하고, 오늘날에 어떠한 함의를 가지고 있는지에 대한 재검토가 필요하다고 생각된다. 특히 서양의 관점에서가 아닌 우리의 역사적 경험 속에서 드러난 커먼즈의 경험을 통한 정리가 필요하다.

Ⅲ. 커먼즈의 역사적 경험

1. 영국의 커먼즈 : 공유지와 마그나카르타

커먼즈에 대한 개념이 주목되기 시작한 것은 하딘의 「공유지의 비극」이라는 논문이 발표되면서부터다. 누구에게나 개방된 공유지가 여기에 있다. 이 공유지를 이용하는 개인들은 이익을 충분히 얻으려고 할 것이다. 그 결과 누구나 개인의 이익을 위해 공유지를 이용하다보면 공유지는 점점 황폐화되고 만다는 논리가 그 유명한 '공유지의 비극'이다(Hardin, 1968). 다양한 실증 사례 연구들이 하딘의 논리를 부정하였고, 실제로 하딘이 제시한 시나리오는 현실적으로 일어나지 않았다(아키미치, 2007). 뿐만 아니라 라인보우(2012)는 하딘의 전제는 절대적 이기주의에 의존하며, 7백여년에 걸친 공유화의 상호성과 교섭의 경험을 부정한다고 지적한다. 여기서 하딘이 예를 들었던 종획 되기 이전의 공유지가 어떠한 모습을 가지고 있었는지 살펴보고자 한다.

심재윤(2004)은 영국의 중세 토지제도 연구를 통해 공유지의 모습을 복원하였다. 당시의 농지제도는 개방농지제open field system 또는 공동농지제common field system라 한다. 개방농지[4]는 장원 법정이나 그

---

4 심재윤(2004)은 개방농지에 이어서 공동농지에 대한 설명을 다음과 같이 한다. 공동농지는 여러 사람들에 의해 소유되는 쟁기와 견인 가축들을 이용하여

에 상응하는 기구의 관리 하에 차지농들이 단독이나 공동으로 운영하는 두 개 또는 세 개의 대규모 농지를 말한다. 이러한 농지제도에서 개방농지가 속해 있는 촌락의 모든 토지는 경작지와 비경작지로 구분된다. 그 중 비경작지는 촌락 공동으로 소유되는 황무지common waste이다. 황무지는 방목지, 연료, 목재, 광물 그리고 수자원 제공 등과 같은 용도를 가지고 있다. 다양한 황무지의 용도 중에서도 가축의 방목을 위한 방목지 제공이 개방농지 촌락의 경제에 가장 큰 영향을 주고 있다.

또한 심재윤(2004)은 이러한 황무지가 촌락 구성원들이 단독 보유지로 분할하지 않고 공유지로 남겼는가에 대해 다음과 같이 설명한다. 황무지에서 사적 재산권 체계와 공동 재산권 체계 중 어느 것이 더 경제적으로 효율적인가에 대해서 재산권 설정과 관련된 생산비용의 특성을 고려하면, 공동 재산권 체계가 유리하다. 즉 가축 생산을 위해 황무지에 대한 재산권을 설정하고 보호하는데 드는 비용, 한정 자원의 적절한 사용을 확정하는데 드는 결정 비용, 가축 생산의 족진을 위해 특정의 조직체를 설치하는데 드는 비용, 생산 자원의 사용에 관한 결

공동으로 경작되는 경작지와 목초지를 의미한다. 대부분의 공동농지에서는 작물과 목초 재배라는 두 개의 분리된 윤작이 시행되었고, 휴경기와 수확 후의 시기에 촌락 공동체의 공동방목이 시행되었다. 따라서 공동농지제는 공동 경작과 공동 방목의 규율이 적용되는 스트립(strips)으로 구성된 농지들의 운영 체계를 뜻하며, 영국 전역의 평원과 계곡에 위치한 인구 밀집 촌락들에서 시행된 집약적인 농업 제도로 정의될 수 있다고 한다. 심재윤은 결과적으로 개방농지제와 공동농지제 사이에 용어 정의 상의 차이점은 없다고 정리한다. 다만 common이라는 말의 공간적·시간적 다의성 및 여러 지역에서 나타나는 공동농지제 유형들 사이의 불일치 때문에 표준적 용어로 인정하지 않으나 농지에서의 공동 경작과 공동 방목의 권리를 강조할 때는 공동농지제도 사용하고 있다.

정을 시행하고 그것을 감시하는데 드는 비용을 고려한다면 공동 재산권 체계가 가축 생산의 비용 절감이라는 관점에서 사적 재산권 체계보다 현저히 우월하다는 것이다. 따라서 개방 농지제는 곡물과 가축의 생산을 목적으로 외적 변화요인 없이 수백년 동안 안정성을 지닌 채 중세 영국의 대표적 토지 경작 제도로 유지되어 왔다[5]. 결국 영국의 개방농지제도 안에서도 공유지의 비극은 없었다.

다음으로 마그나카르타와 산림헌장 속에 드러나는 공유지의 모습을 살펴보고자 한다. 라인보우가 『마그나카르타 선언』에서 공유지를 묘사한 부분을 살펴보면 다음과 같다. "숲이 있는 목초지는 나무들이 있고 동물들을 방목하는 땅이다. 숲이 있는 공유지는 한 사람이 소유하고 있으나 다른 이들 즉 평민commoner들에 의해 사용되는 곳이다. 보통 토지 자체는 영주에게 속하지만 방목은 평민에게 속하며, 나무들은 둘 중 어느 한 쪽에게-즉 목재는 영주에게 속하고, 땔나무는 평민

---

[5] 한편 심재윤(2004)은 종획운동이 15~16세기의 양모 무역의 성장과 18세기 이후의 급격한 농업 기술의 발전에 따라 특성 생산물의 전문화와 급진적인 외적 변화 요인에 쉽게 적응할 수 있는 융통성을 발휘하기 위해 발생한 것이라고 보고 있다. 즉 종획운동은 대규모 시장의 형성, 수송 수단의 발달, 농업 기술의 혁신 등 외부적 영향이 강한 근대 이후에 생산에 있어서 지역적 전문화의 요구에 따라 도입된 토지 이용 방식이기 때문에, 시대에 따른 농업적 조건과 제약을 고려한다면 어느 쪽이 일방적으로 효율적이라는 판단은 할 수 없다고 한다. 그러나 커먼즈의 해체과정을 통하여 폴라니(2009)가 언급했던 자연의 시장화 내지는 상품화 된 오늘날의 현실을 판단해보면 종획운동에 대한 영향을 토지제도의 효율성 문제로만 바라볼 수 없다. 윤순진·차준희(2009)가 주장하는 바와 같이 정작 예전에는 제대로 관리되어 아무런 환경문제를 일으키지 않았던 커먼즈가 커먼즈로 더 이상 존재하지 못하고 해체되었던 원인과 그 과정에 대해서 큰 관심을 기울여야 할 것이다.

들에게-속했다. 읍 전체가 목재를 사용했다". 그리고 남편을 잃은 여성은 에스토버스를 취할 수 있으며, 에스토버스란 관습에 따라 숲에서 채취하는 권리 즉 생계자급 일반을 말한다. 이를 통하여 라인보우(2012)는 마그나카르타의 뿌리가 커먼즈를 전제한다고 한다. 1215년 존 왕이 조인한 마그나카르타에는 공유지에 대한 민중의 다면적인 방어적 기제가 명문화 된 것으로 보고 있다. 이웃공동체의 원칙, 생계자급의 원칙, 자유로운 여행의 원칙, 반종획의 원칙, 배상의 원칙이 바로 그것이다.

이와 같이 영국 종획운동 이전의 공유지를 기반으로 살아가는 영국 민중들의 모습을 살펴보면 하딘이 말하는 관리되지 않은 공유지라는 것은 처음부터 존재하지 않았을지도 모른다. 중세 영국의 토지제도와 마그나카르타 속에서 드러난 공유지에는 오스트롬이 정리한 토지를 운영하는 규칙 내지는 제도 있었다. 그리고 심재윤의 설명을 통하여 영국의 공유지가 커먼즈일 수 있도록 하는 동기가 존재했다는 것을 알 수 있다.

2. 조선시대의 커먼즈 : 금산정책과 송계

과거의 산림은 에너지원의 주요한 공급처이자 식량의 공급처로서 중요한 자원의 보고였다. 때문에 이를 확보하는 것은 생존의 문제로 연결된다. 그리고 한중일은 공통적으로 산림자원의 남용으로 환경이 파괴되었던 공통의 경험을 가지고 있다. 근대화 이전 한국의 조선시대, 중국의 명청시대, 일본의 메이지이전 시대의 산림정책이 지역 주민들과 어떠한 관계를 가지고 있는지, 여기서 커먼즈가 어떻게 드러나고 있는지 살펴보고자 한다.

조선시대의 산림정책은 '山林川澤與民共之'로 집약된다. 즉 산림과 천택은 인민이 함께 공유하여야 하며, 산림과 산물이 공유자원임을 천명한 것이다(김선경, 1994; 김홍순, 2008). 조선은 고려의 토지제도를 개혁하면서 산림천택의 개인적인 독점私占을 금지시키고 인민의 산림천택 이용을 권세가가 지배하는 것을 막았다. 전국의 산림은 극히 일부의 사점 산림와 국가가 설정한 특정 산림禁山이 존재하였고 나머지는 백성의 이용이 자유로운 산림이었다. 백성들의 산림이용을 보장하거나, 개간되었을 경우 소유권을 부여하는 권한은 국가가 가지고 있다(김선경, 1994). 따라서 조선전기의 산림제도는 기본적으로 공유제였으며, 금산禁山을 통하여 국가도 특정용도의 산림을 지정해두고 있었다.

그러나 조선후기에 들어서면서 이러한 공유제의 기반이 무너지기 시작하였다. 바로 사점 때문이다. 조선은 개간을 통해 산림천택을 형질 변경하여 농경지로 전환하면 개간자의 소유를 인정하였다(김선경, 1994). 지배층은 이를 이용하여 개간을 명목으로 산림천택을 사점한 것이다. 특히 임진왜란과 병자호란을 거치면서 사회제반 제도가 문란해지고 상품화폐경제가 발달해가면서 산림의 경제적 가치가 높아져 조선후기 산림은 황폐화되기 시작하였다. 이는 당시 심각한 사회적 문제로 대두되었다. 남벌에 의한 목재부족, 산림 황폐화로 인한 자연재해의 대응능력 저하 등으로 인하여 피해를 보는 것은 일반 백성들이었다. 따라서 산림의 황폐화는 조선후기의 사회적 모순과 결합되면서 민중봉기가 일어났던 것이다(김홍순, 2008).

조선 후기 산림보호를 위해 취해졌던 방책은 금송계禁松契와 수요관리였다. 수요관리는 정조에 의해 제안되었는데, 정조는 선박의 수요를 줄이기 위해 조선漕船의 숫자를 줄이고자 하였다. 그리고 중앙과 지방 관청 건물의 보수를 중지시켰다. 그러나 이러한 조치는 임시방편적이었다(김홍순, 2008).

다음으로 금송계는 송계松契[6]라고도 불리는데, 당시 지역주민들은 계契의 형식으로 송계를 조직하여 송계산松契山이라는 마을 공유지를 공동으로 소유 및 이용, 관리하였다(윤순진, 2002). 백성들은 자구책으로서 송계를 조직하고 관으로 산림을 입안立案받아 점유권을 행사하거나 마을공동기금으로 송계산을 마련하여, 일정한 규제하에 배타적인 사용권을 확보하면서 연료와 퇴비의 안정적 수급을 도모한 것이다(윤순진, 2002). 즉 송계는 백성들의 삶을 영위하기 위해 공동의 규칙을 만들어 관리한 자치조직인 셈이다.

송계는 입호제도를 통하여 그 마을의 구성원이 아니면 아무나 송계원이 되지 못하도록 했다. 특히 행정구역상의 편제와는 무관하게 생활공동체를 기반으로 조직되는 특성이 있으며, 송계산의 위치에 따라 지역범위는 탄력적으로 결정되었다(윤순진 재인용, 2002). 또한 송계는 공동규범과 규칙을 통해 소나무를 보호하면서 적당한 벌채량과 벌채시기, 기간을 정하여 남벌과 허가받지 않은 도벌을 엄격히 금하였

---

6 송계와 관련해서는 다양한 해석이 존재한다. 김홍순(2008)은 윤순진(2002)과 달리 송계를 사족들이 산지 소유권을 정당화하고 강화하기 위해 만든 조직이라고 보았다. 겉으로 보기에는 당사자 간의 협상에 의한 문제해결과 지방자치의 원리를 보이고 있지만, 실제적으로 사족들은 산림보호의 명분으로 송계를 통해 백성들의 산지 이용을 막고 자신들의 산림에 대한 독점적 이용권을 강화했다는 것이다. 따라서 송계는 향약과 마찬가지로 지방에서 사족들이 백성들에 대한 규제와 처벌권을 가짐으로써 백성들을 통제하고 수탈했다는 일조한 것으로 보고 있다. 이를 분명하게 해석하는 것은 추후의 과제로 남겨둔다. 다만 필자는 송계를 공동체의 운영원리 측면에서는 긍정적인 것으로 판단한다.

다. 벌채의 방식과 벌채한 몫의 분배는 형평성을 우선 원칙으로 이뤄졌다(윤순진, 2002). 산림의 지속성을 유지하기 위해 산림보호규약을 만든 것이다.

송계가 발달했던 지역은 대부분 노목이 잘 자라 울창한 숲은 이루었다는 역사적 사실은 지역주민이 자신들의 삶이 기반하고 있는 자연의 중요성을 인식하여 나름의 공동규범과 규약을 마련하고 이를 실천하여 얻어진 결과임을 시사한다(윤순진, 2002).

3. 중국의 커먼즈 : 봉산정책과 호림비

중국의 산림이나 습지는 원칙적으로 국가가 소유하면서 일반 농민들의 접근을 허용하지 않는 일종의 국유지였다(엘빈, 2011). 법률적인 의미에서 서구 사회처럼 특정 공동체가 공동으로 소유한 땅은 아니었지만, 인구의 증가에 따라 얼마든지 침범되는 사실 상의 공동토지였다. 그러나 이러한 토지들은 점차 사유지가 되고, 명대에 이르면 국가는 토지에 대한 통제권을 사실상 포기하게 된다(정철웅, 2002).

중국은 인구의 증가로 인해 평야 지대 개발이 한계에 이르러 환경 악화는 대규모 이민으로 이어졌다. 이민자들은 새로운 경제 활동 영역인 산악 지역으로 몰려들어 다시 그곳을 적극적으로 개발하기 시작하였다. 그런데 산악지역의 개발도 맹목적으로 이루어졌으며, 그 결과 이곳의 환경악화가 다시 평야 지대로 파급되어 상승효과를 일으키는 상황이 전개되었다. 산악 지역의 개발 실상은 중국 역사 시대 환경 악화의 전형을 보여주고 있다(정철웅, 2002).

고대 중국에서 보이는 환경 보호의 목적은 환경에 대한 인식보다는 자원을 보호하여 백성들의 생계를 보장하기 위한 것으로 보는 것이 타당하다. 대체로 명청 시대에는 국가의 법령이 개발에 관대했기 때문에 적극적인 의미에서 환경을 보호하려는 움직임은 없었기 때문이다 (정철웅, 2002). 봉산封山정책과 호림비護林碑에서 엿볼 수 있는 내용들은 산림을 보호하기 위해 지역사회 또는 이해당사자들이 추진한 정책으로 보인다.

청대에는 산지보호와 임산물 보호 대책을 위해 봉산이라는 극단적인 정책이 있었다. 봉산의 주최는 산지의 소유자이다. 봉산이 단행되면 방목은 물론 경작이나 벌채, 땔감 채취 같은 모든 경제활동이 금지된다는 점에서 매우 극단적인 보호조치였다. 때문에 봉산은 환경과 연계된 정책이 아니라 산지의 소유자가 자신의 재산을 보호하기 위한 수단으로 볼 수 있다. 그러나 산과 산지에 있는 임산물은 배타적인 재산이 아니라 개방적인 재산이어서 개인적인 차원의 보호 대책이 얼마나 효과가 있었는가는 분명치 않다. 다만 봉산을 선언한 산주인들은 지역의 유력자들을 초대하여 주연을 베풀고 협조를 구하는 것이 상례였다. 또 사방을 돌아다니면서 봉산의 기일과 봉산이 시행되는 지역을 마을 주민들에게 대대적으로 선전했다. 봉산이 효과적으로 준수되기 위해서는 마을 사람들의 협조가 가장 중요한 요소였다고 판단된다(정철웅, 2002).

한편 명청 시대에는 산악 지역을 중심으로 세워졌던 호림비가 있다. 호림비에는 도벌 방지와 임산물 보호 그리고 풍치림이나 무덤 주위의 총림塚林 보호 같은 민간 신앙과 관련된 내용을 담고 있다. 특히 호림비에는 규정을 어길 때 받는 처벌 조항이 명시된 경우가 많았다. 국가가 규정한 처벌 조항으로는 청대 황실 무덤이나 사냥터에 있는 나무를 훼손했을 경우의 조항이 남아있다. 흥미로운 처벌규정은 봉산 정책에서 시행 당사자가 마을 사람들에게 주연을 베푸는 것과 마찬가지로, 호림비에 적힌 내용을 어겼을 경우 마을 사람들에게 주연을 베풀어야 한다는 규정이다. 이는 당시의 산림보호정책은 공동체의 협력 없이는 불가능한 것이었으며, 이런 맥락에서 사회적인 공의에 의한 처벌방법이 등장한 것이다. 따라서 향약과 같은 약속에 기초해 산림을 보호했으며, 실제로 일부 지역에서는 지역의 유력한 종족이나 인사들이 제반 규정을 정하여 강제시키는 경우도 확인할 수 있다. 결국 명청 시대 지역 사회에서 산림을 보호하는 데는 개인과 지역 주민들의 암묵적인 합의가 무엇보다 중요했다고 볼 수 있다(정철웅, 2002).

4. 일본의 커먼즈 : 산림정책과 사토야마[7]

일본 산림정책의 특징은 식림정책에 있다. 일본에서 산림정책이 보이는 최초의 기록은 일본 『서기』에 등장한다. 이에 따르면 천무천황이 토비시마 천飛鳥川의 상류에서 초본채취와 산야의 벌목을 금지하는 영을 냈다고 한다. 산림벌채금지령의 최고기록(676년)이다. 이 시기는 일본의 산림이 황폐화되는 제1기였다. 이후 전국시대를 거치면서 산림에 대한 수요가 높아지면서 남벌이 많아지고, 동시에 크고 작은 전쟁으로 인하여 산림은 황폐화되어 갔다. 따라서 무로마치시대室町時代에는 식림사업이 본격적으로 시작되었다. 1550년경부터 산림의 황폐·홍수의 피해 방지를 위해서 인공조림이 장려되었다. 이러한 식림정책이 추진되지만 전란 후의 부흥과 아츠지모모야시대安土桃山時代[8]의 화려한 건축물의 건조 등으로 산림자원은 고갈되었다.

에도시대에 들어와서도 산림파괴는 멈추지 않고 일본 각지에서는

---

7   일본의 산림정책의 흐름은 http://watashinomori.jp/study/basic_02.html을 참조하였다.
8   오다 노부나가, 토요토미 히데요시가 집권한 시기를 말한다.

벌거숭이산들이 사회문제로 대두되었다. 목재 공급의 부족 문제뿐만 아니라 하천범람이나 태풍피해 등의 자연재해를 초래한 것이다. 때문에 에도막부의 엄격한 벌채, 유통규제, 산림재생촉진 등의 산림보호정책을 추진한 결과 산림자원은 점차 회복하기 시작하였다. 에도막부와 각 번藩에서는 매우 엄격하게 '오하야시御林[9]'정책을 실시하였다. 그러나 메이지유신 이후 정치적으로 혼란했던 시기에는 다시 남벌이나 도벌이 빈번하였으며, 마을 숲도 다시 황폐화되었다.

한편 백성들의 삶의 기반인 땔감과 먹을거리를 확보하기 위해서는 마을 숲이나 마을 산이 매우 중요하다. 일본에서는 마을의 숲이나 산을 사토야마里山라 부른다. 사토야마는 지형적 특성이나 식생의 차이에도 불구하고 역사적으로 농촌의 주민이 땔감, 비료, 사료 및 기타 생활자재의 공급원으로서 이용하고 관리해온 2차림[10]이나 2차 초원 등의 2차적 자원으로 정의된다(山本, 2008). 이러한 사토야마는 입회入会, 이리아이제도를 통하여 관리되었다. 입회권은 마을 공동체가 일정한 산림을 총유[11]하여 벌목, 채집 등의 공동이용에 관한 관습적 물권이다. 마을 공유지나 번유지藩有地인 산림에서 땔감이나 퇴비용 낙엽 등을 마을 사람들이 이용했던 관습에서 유래하며, 그 이용 및 관리에 관한 규율은 각 마을마다 존재한다. 입회권이 설정된 토지를 입회지라하며, 입

---

9 풀이나 마른 가지까지 채집을 금하는 막부의 직할림을 말한다. 이는 토메야마(留山)제도라고도 불리는데 나무 하나에 목숨 하나라고 할 정도로 매우 엄격한 제도이다.

10 2차림은 산림의 벌채나 화재 등 자연적, 인위적 파괴 후에 자연적으로 재생된 산림을 말한다.

11 총유(總有)에 대해서는 본 SSK연구단이 번역하여 출판한 『현대총유론서설』의 내용을 참조하기 바란다.

회권은 토지에 대한 것뿐만 아니라 입회단체의 공동소유물과 기금에 대해서도 인정되고 있다. 사토야마가 사유지라 해도 그 이용 및 판매에 대해서는 지역공동체의 암묵적인 규칙이 있었다. 왜냐하면 사토야마는 밭의 비료가 되는 낙엽이나 풀, 땔감, 산나물 등을 얻는 장소였기 때문에 개인의 소유라 할지라도 전통적으로는 마을 전체의 것이라는 인식이었다. 특히 입회제도를 마련하여 마을 숲의 협동적인 공동관리가 가능했던 이유는 자원고갈의 위협이나 자원 분쟁을 피하고, 생활을 안정적으로 유지하기 위한 보험이나 사회안전망 기능이 녹아있었으며, 그 바탕에는 상호부조나 호혜성이 작동한 것으로 보는 견해가 많다(小林, 2012).

그러나 메이지시대 이후 사토야마의 입회제도는 폐지되고 대부분 사유화 내지는 국유화되었다. 산림은 1877년 지조地租개정에 의한 '산림원야관민소유구분처분林原野官民所有区分処分'으로 대부분은 국유림이 되었으며 1896년 하천법을 제정하여 강과 하천도 국유화되었다. 그 결과 지역에서 관리해 온 공유지가 상당수 사라지게 되었다. 오히려 현재까지 남아 있는 사토야마는 사용하고 관리되지 않아 방치됨으로써 생물다양성의 감소 등과 같은 문제를 드러내고 있는 실정이다.

Ⅳ. 커먼즈에서 생태적 공공성으로

커먼즈는 시대마다 나라마다 지역마다 다양하다. 전절에서 커먼즈의 역사적 경험을 개괄적으로 살펴본 바와 같이 영국의 개방농지제도에서 공동으로 관리된 공유지, 조선시대의 송계, 중국의 봉산과 호림비, 일본 사토야마의 입회제도는 서로 다른 모양을 하고 있다. 그렇지만 공동의 자원을 공정하고, 배타적이지 않으며 지속가능하면서도 책임성 있는 방식으로 관리하고 보존하겠다는 굳은 의지를 가지고 있다는 점에서 같은 방향을 바라보고 있다고 할 수 있다(볼리어, 2015). 이것이 바로 역사적 시대와 지리적 공간은 서로 다르지만 커먼즈이게 하는 점이 아닐까. 이러한 점에서 커먼즈에 대한 논의는 유럽 중세의 역사 속에서 나오는 마그나카르타 헌장이나 산림헌장 등에 관한 역사적 경험이 없이도 충분히 우리의 사회 속에서도 공감할 수 있는 것이라는 확신이 든다.

한편 커먼즈가 되기 위해서는 공유화commoning의 과정이 필요하다고 전장에서 설명하였다. 공유화는 모든 사람의 이익을 위해 자원을 관리하는 사회적 관습에 참여하기로 공동체가 결정하는 것이다. 본장에서는 공유화를 구체적으로 실현하는 과정이 생태적 공공성을 구축하는 과정임을 보이고자 한다. 하버마스의 논의를 시작으로 '공론장 이론'이 구축되었으며, '공공성'에 관련된 수많은 선행연구가 존재하지만 이 글에서는 다루지 않았다. 서양에서 설명되는 공유화의 개념이 동양에서 바라보는 공공公共의 개념이 크게 다르지 않다는 점을 살펴보는 것이 목적이기 때문이다.

1. 동양의 公과 共의 개념

중국에서 公의 의미는 크게 세 가지 범주로 정리될 수 있다(이승환, 2002; 김정현, 2008; 장현근, 2010a; 2010b). 첫째, 지배 권력 및 지배 기구로서의 公이다. 이와 반면에 私는 공적 지배 영역에서 벗어나 있는 개인이나 개별 가문의 일을 지칭하지만 부정적으로 쓰일 경우에는 공적 지배 질서에서 일탈하려는 범죄행위를 가리키기도 한다. 둘째, 公은 공정이나 공평과 같은 윤리적 원칙을 의미한다. 중국의 공개념에 강한 규범성과 윤리성이 깃들여 있으며 여기에서 일본과 공사개념의 차이가 존재한다(김경옥, 2010). 일본에서는 윤리적 의미가 없는 정치

영역상의 구분만을 한다. 셋째, 公은 '함께, 공동의, 다수'를 의미하는 共의 의미로 사용되었다. 공동의 의미를 내포하는 公의 개념은 고대의 이상적 정치공동체인 '대동大同'사회를 묘사하면서 처음 『예기』에서 나타났다. 이와 같이 公은 지배권력이나 지배영역을 뜻하다가 점차 공공성, 공평성과 같은 윤리적 의미로 확장되고, 나아가서는 함께, 더불어, 공동의 의미로 진화해 나갔다. 즉 '지배권력公=공평·공정公=다수 共'의 의미를 지닌 복합개념으로 볼 수 있다.

조선시대에도 지배이념으로 지위를 굳혀온 성리학의 사유 구조 속에서 지배권력으로서의 公이 공정성·공평성을 갖추어야 한다는 도의적 요청이 강하게 반영되었다. 특히 이이는 정치권력의 공공성과 도의성을 강조하기 위하여 '공론'은 나라 안의 모든 사라의 의견을 뜻한다고 강조하였다. 이런 점에서 이이가 말하는 공개념은 윤리적 도의성은 물론 '다수의 의지'까지 내포하는 것임을 알 수 있다(이승환, 2002; 김정현 재인용, 2008). 그러나 이승환(2002)은 이와 같은 公의 개념이 근대에 들어서 변용된 점을 지적하고 있다. 한국은 일제에 의한 식민지 수탈, 미군정과 한국전쟁, 그리고 군사정권의 등장으로 公의 개념은 국가나 민족을 나타내게 되었던 것이다. 公의 개념에 들어있는 공정하고 공평한 사회이상이나 다수의 의지로서의 共은 배제되고 말았다. 이에 따라 권력의 부패를 견제할 수 있는 시민의 목소리는 사라져 버리고, 국가와 시장의 부정한 결탁을 감시할 기능마저 상실하게 된 것이다.

이러한 점에서 윤리적 정당성과 다수의 의견을 무시한 公은 진정한 公일 수 없다는 점이며, 이를 보장하는 것을 대동사회의 이상으로 삼아온 전통 시대의 公의 관념은 오늘날에 많은 함의를 준다(이승환, 2002).

2. 커먼즈의 현대적 함의 : 공유화를 통한 생태적 공공성 구축

앞서 살펴보았던 것처럼 한중일은 산림정책에도 불구하고 남벌로 인한 산림의 황폐화를 경험했다. 그럼에도 불구하고 백성들은 생존을 위하여 커먼즈의 운영원리를 각자의 방식대로 채택하여 산림의 황폐화에 대응해 왔다. 근대화 이후 이러한 커먼즈는 해체되고 말았지만, 오늘 날 환경문제가 다시 심각하게 대두되고 있는 만큼 커먼즈를 관리했던 지혜는 재조명되어야 한다. 특히 공익이라는 이름으로 수많은 국책사업이 강제되면서 오랜 기간을 살아온 지역주민들이 고통을 고스란히 받는 현실에서 보여주는 公의 변용은 매우 서글프다. 따라서 共의 재구성을 통하여 公이 본래 가지고 있었던 개념을 재구축하는 것이 필요한 시점이다.

따라서 커먼즈를 다음과 같이 새롭게 인식하고자 한다. 첫째, 커먼즈는 비배제성과 경합성을 가진 사물을 나타내는 개념을 넘어 지속가능한 삶의 운영원리이자 제도로 보고자 한다. 아키비치(2007)는 커먼즈의 개념을 자연물과 지리적 공간, 현상, 도구 뿐만이 아닌 공유자원의 소유와 이용 권리와 규칙, 상태까지도 포함한 포괄적인 개념으로 보고 있다. 라인보우(2012)도 커먼즈는 물질적 사물인 동시에 사회적 관계임을 강조하고 있다. 즉 단순하게 공유된 토지뿐만 아니라 공유지가 속해 있는 지역의 공동체가 공유지를 사용하는 일종의 운영원리 내지는 관습과 문화를 뜻한다. 또한 커먼즈는 지역 주민의 상호 이익에 배려한 관리체계라고 할 수 있다. 이는 앞서 살펴본 커먼즈의 경험을 통해 '호혜성'이라는 요소에 집중해야 함을 동시에 드러내고 있다.

둘째, 커먼즈는 公이 제대로 구현되기 위한 기반인 共의 근간이다. 차동욱(2011), 장현근(2010a; 2010b)은 서로 다른 시기의 동양(중국의 진한, 명청시대)과 서양(프랑스 혁명기)의 사례를 통하여 公과 共

의 개념을 살펴보았지만, 다음과 같이 공통적인 결론을 내리고 있다. 公의 기반이 되어야 하는 共을 제거하여 私를 뿔뿔이 흩어지게 한 뒤, 사실상 公의 독재가 시작되었다는 것이다. 따라서 共을 재구축하여 公을 바로 세우는 과정이 필요하다.

따라서 과거에 경험했던 커먼즈를 다시 되돌아보고 생태적 공공성의 구축을 위한 논의의 출발이 커먼즈의 새로운 인식에서부터 시작되어야 할 것이다. 커먼즈를 기반으로 한 지역주민들의 소통은 그 대상을 생태로 확장시켜야 할 것이다. 즉 소통의 대상을 자연환경으로 확장하는 것이다. 루만(2002)이 지적한 바와 같이 환경의 변화가 사회와 긴밀하게 의사소통될 때 생태학적 위험을 알릴 수 있기 때문이다. 환경정책의 유효한 방법은 공공적으로 제어하는 것이다. 이러한 시점에서 공유화를 통한 생태적 공공성의 확립이 요구된다.

V. 맺는말

아키미치(2007)는 자연은 누구의 것이냐는 물음에서 커먼즈의 논의를 시작한다. 이는 소유권의 개념을 논하는 것이 아니라 어떤 장소나 상태에서 누구와 누가 관계되는가 하는 문제로 바꾸어 놓을 수 있다. 실제로 커먼즈는 주로 인간과 환경의 상호작용을 통해서 만들어 졌으며, 인간사회 속에서 문화적인 관습으로서 생성, 정착해서 역사적인 변화 속에서 변용과 지속 혹은 소멸과정을 거치고 있다.

이러한 커먼즈가 언제부터인가 새로운 대안운동으로서 부상하고 있다. 맥마이클(2013)은 깁슨-그레이엄을 인용하면서 선진국들이 커먼즈를 다시 부활시키고 확장하려는 움직임을 보이고 있으며, 개발도상국에도 아직 완전히 사라지지 않은 커먼즈를 보호하자는 움직임이 나타나고 있다고 한다. 이는 개발의 현대적 존재론을 거부하는 것이기도 하지만 지역 사회의 가능성을 재발견하는 것이라고 지적하였다.

실제로 시장과 국가에 의해 발생하고 있는 지역 사회의 다양한 갈등의 현장에서 사람들은 문제해결의 실마리를 커먼즈에서 찾고 있는 것은 아닐까. 다양한 문제해결의 과정에서 공통의 이론적 설명이 가능할 뿐만 아니라 지금 여기를 살아가고 있는 우리네 삶 속에서 희망을 가지고 실천할 수 있는 행동의 원천이 커먼즈의 경험 속에 녹아있기 때문이라고 생각한다. 책이나 이론을 통해서만이 접할 수 있는 것이 아니라 원래 우리의 조상들이 우리 유전자 속에 각인해 놓아서 복잡한 설명 없이도 직관으로 알 수 있는 그것이 커먼즈인 것이다. 따라서 커먼즈는 동서양을 막론하고 사람들이 살아가고 있는 삶의 현장에서 느낄 수 있는 개념이자 강력한 운동 이론이 될 수 있다고 판단된다.

원래부터 정해진 커먼즈의 목록은 없으며, 공동체가 어떤 자원을 공정한 접근성과 이용, 지속가능성에 특히 신경써서 공동으로 관리하는 것이 좋겠다고 결정하면 언제든지 커먼즈는 만들어질 수 있다고 보는 볼리어의 지적은 매우 중요하다(볼리어, 2015). 일본의 사토야마처럼 과거부터 커먼즈이었기에 이를 보호하자는 것도 중요하다. 그러나 커먼즈를 새롭게 만들어 나갈 수 있다는 시각은 커먼즈 이론이 사회운동으로서 적극 활용할 수 있다는 견해를 보여주는 것이다. 각 지역 공동체마다 지역의 생태적 한계의 범주를 넘지 않으면서 커먼즈를 하나씩 새롭게 만들어 나가는 공유화의 과정을 상상해보자. 이것이 바로 생태적 공공성을 구축해나가는 과정이다.

앞으로의 과제는 공유화commoning를 어떻게 구현해 내는가에 있다. 커먼즈라는 개념도 막연하지만 공유화는 더 막연할 수 있다. 그러나 공유화를 공共으로 공公을 구현해나가는 과정이라고 생각하면 쉽게 이해할 수 있을 것이다. 과거 국가에 의해 강제되었던 질서가 공권력이라면 우리 함께 공공성을 되찾아 가는 길이 진짜 공공성의 의미를 드러내는 것이며, 이의 구체적인 실천과정이 공유화 과정인 것이다. 하승우의『공공성』이나『민주주의에 反하다』에 의하면, 유럽의 마그나 카르타나 산림헌장의 경험이 없이도, 한국의 역사 속에서 공유화의 도전과 과정이 그대로 드러나 있다. 개발압력(시장)과 공권력(국가)에 맞서 지역에서 생존의 삶터를 지켜나가고자 하는 일반인들의 투쟁과정이 바로 공유화의 과정이라 할 수 있을 것이다.

참고문헌

김경돈·류석진. 2011. "비배제성과 경합성의 순차적 해소를 통한 공유의 비극의 자치적 해결방안 모색:제주도 동일리 해녀의 자치조직 사례를 중심으로."『한국정치연구』 20(3).
김경옥. 2010. "公共性 관점에서 본 日本의 전통적 公·私관."『일어일문학연구』 73(2).
김상구·강윤호·강은숙·우양호. 2007. "어촌계 공동어장 관리실태 분석: 공유자원 관리관점에서."『국제해양문제연구』 18(1).
김선경. 1994. "조선전기의 산림제도-조선국가의 산림정책과 인민지배-."『국사관논총』 56.
김성배·이윤미. 2010. "공유재 관리의 정부실패: 곽전의 경우를 중심으로."『사회과학논총』 13.
김인. 1998. "공유자원의 효율적 관리를 위한 제도적 장치 : 연안어장을 중심으로."『지방정부연구』 2(1).
김정현. 2008. "동아시아 公 개념의 전통과 근대 공동체 의식."『민주사회와 정책연구』 13.
김흥순. 2008. "조선후기 산림정책 및 산림황폐화: 시장주의적 고찰과 그에 대한 비판."『한국지역개발학회지』 20(1).
루만(N. Luhmann). 2002.『현대 사회는 생태학적 위협에 대처할 수 있는가』. 이남복 역. 백의.
볼리어(D. Bollier). 2015.『공유인으로 사고하라』. 배수현 역. 갈무리.
엘빈(M. Elvin). 2011.『코끼리의 후퇴』. 정철웅 역. 사계절.
배득종. 2004. "공유재 이론의 적용 대상 확대."『한국행정학보』 38(4).
심재윤. 2004.『중세 영국 토지제도사 연구』. 도서출판 선인.

아키미치(秋道智彌). 2007. 『자연은 누구의 것인가』. 이선애 역. 새로운 사람들.

우양호. 2008. "공유자원 관리를 위한 제도적 장치의 성공과 실패요인: 부산 가덕도 어촌계의 사』례 비교." 『행정논총』 46(3).

윤순진. 2002. "전통적인 공유지이용관행의 탐색을 통한 지속가능한 발전의 모색: 송계의 경험을 중심으로." 『환경정책』 10(4).

윤순진·차준희. 2009. "공유지 비극론의 재이해를 토대로 한 마을숲의 지속가능한 관리-강릉 송림리 마을숲 사례에 대한 검토를 중심으로-." 『농촌사회』 19(2).

이명석. 2006. "제도, 공유재 그리고 거버넌스." 『행정논총』 44(2).

이승환. 2002. "한국 및 동양의 公私觀과 근대적 변용." 『정치사상연구』 6.

오스트롬(E. Ostrom). 2010. 『공유의 비극을 넘어』. 윤홍근·안도경 역. 랜덤하우스코리아.

장현근. 2010a. "公(public)·共(common) 개념과 중국 秦·漢 정부의 재발견." 『정치사상연구』 16(1).

장현근. 2010a. "군권을 둘러싼 공(公)·공(共)의 갈등과 명(明)·청(淸)정부의 재발견." 『정치사상연구』 16(2).

정철웅. 2002. 『역사와 환경-중국 명청 시대의 경우』. 책세상.

차동욱. 2011. "公(publicness)과 私(privateness)의 대립 속에 묻혀버린 共(commonness) : 프랑스 혁명기의 주권론과 헌법담론을 중심으로." 『평화학연구』 12(3).

폴라니(K. Polanyi). 2009. 『거대한 전환』. 홍기빈역, 도서출판 길.

라인보우(P. Linebaugh). 2012. 『마그나카르타 선언: 모두를 위한 자유권들과 커먼즈』. 정남영 역. 도서출판 갈무리.

맥마이클(P. McMichael). 2013. 『거대한 역설: 왜 개발할수록 불평등해지는가』. 조효제 역. 교양인.

하승우. 2014. 『공공성』. 책세상.

하승우. 2012. 『민주주의에 反하다』. 낮은산.

홍성만·주경일·주재복. 2004. "공유재 이용을 둘러싼 정부간 갈등의 조정과 협력 분석-용담댐 수리권 분쟁사례에 대한 제도분석 틀(IAD framework)의 적용을 중심으로-." 『한국정책학회보』 13(1).

한국문화원연합회 제주특별자치도회. 2010. 『제주도 접(接) 계(契) 문화 조사보고서』. 일신옵셋인쇄사.

Hardin, G. 1969. "The Tragedy of the Commons." *Science*. 162.

Hardin, G. 1998. "Extensions of *The Tragedy of the Commons*." *Science*. 280 (5364).

小林好宏. 2012. "日本社会の共同体的特質とその評価." 『経済学研究』 61(4).

제3장
자연은 누구의 것인가:
토지 소유의 정당성을 묻다

최현

I. 머리말

정대연(2002)은 현재 지구의 정화능력을 고려할 때 지구적 차원에서 생산을 30%이상 줄여야 한다고 지적한다. 나는 자연의 공정한 관리를 통해 복지를 늘리고 불평등을 줄임으로써 자연에 대한 수탈을 제거하고 인류의 파멸을 막을 수 있다고 생각한다. 이토우伊東는 이 도마 Domar의 성장이론에 근거하여 성장을 필요로 하지 않는 경제란 "극단으로 가난하여 저축할 수 없는 사회나, 거꾸로 경제문제로서는 장래의 생활에도 어린이의 교육에도 살 집에 대해서도 걱정이 없는, 풍요롭기 때문에 저축이 필요 없는 복지사회 중 어느 것이다"라고 언급하며 이러한 입장을 뒷받침한다(岡敏弘, 2006). 실제로 인류가 현재 가지고 있는 부를 복지에 사용한다면 더 이상의 성장 없이도 모두가 안정된 삶을 유지할 수 있는 수준이다. 이것은 부탄의 사례에 의해 뒷받침된다. 따라서 복지의 확산을 통해 지구적으로 생산을 줄이거나 적어도 늘리지 않는 것이 필요할 뿐만 아니라 가능하다.

또한 선진국에서도 부가 불평등하게 분배되는 경우 빈곤층과 부유층이 자연을 수탈하는 것을 막을 없게 된다. 부유층은 국가의 친환경적 정책을 통제할 수 있는 너무나 많은 자원을 가지고 있고, 빈곤층은 친환경적 정책에 반대하는 여론을 형성한다. 벡(1997)이 지적했듯이 더 많은 부의 축적을 위하여 자연을 수탈하고 더 많은 위험을 감수해야 하는 '위험'은 자본주의 사회의 필연적 산물이며, 사회 불평등에 따라 정부와 전문가집단이 권력과 정보를 독점함으로써 이러한 위험은 증폭된다. 일본의 원전사태는 이러한 '위험'의 현실성을 적나라하게 보여주고 있다. 따라서 인류의 부를 평등하게 나누어 빈곤에서 헤어나지 못하는 사람을 없애는 만큼 자연 수탈을 줄일 수 있다.

이를 위해서 이 글은 불평등을 확산·고착시키는 재산권의 정당성을 공공성이라는 측면에서 검토하고자 한다. 현대 사회는 평등주의에 기초해서 운영되며 인간의 능력의 차이가 크지 않다는 것에 많은 사람들이 동의하고 있다. 한 사람의 능력이 다른 사람에 비해 10배 이상 클 수는 없다. 하지만 인간의 소득은 수만 배 이상 차이가 나는 경우도 많은데, 이러한 차이는 결국 노동이나 개인적 능력에 의해 생겨나기보다 재산권에 의해 나타나게 된다. 따라서 불평등에는 재산소득과 재산권이 결정적인 역할을 한다고 볼 수 있다. 그리고 이러한 불평등은 사회와 자연으로부터 인간을 배제하고 소외시키는 결과를 낳는다. 인간 활동의 기초를 제공하기 위해서 발전한 재산권이 결국 많은 인간을 생활의 토대인 공동자원으로부터 소외시키는 결과를 낳는 것이다. 따라서 인간을 다양한 공동자원으로부터 배제하고 있는 재산권의 정당성과 그 한계를 공공성 차원에서 다시금 검토하는 것이 필요하다. 공공성을 상실한 재산권을 통제하는 것은 불평등을 해소하는데 있어서뿐만 아니라 인간과 자연이 공존하기 위해서도 필요하다. 이 글은 현재의 재산권 사상이 어떻게 발전해 왔는가를 알아보기 위해 재산권을 옹호하거나 비판하는 주요 사상가들의 입장을 살펴볼 것이다. 그리고 현재 이러한 사상들이 현재 가지는 의미를 비판적으로 검토하고 공동자원의 관리와 소유제도의방향을 모색할 것이다.

Ⅱ. 재산권 사상의 흐름

1. 로크(Johh Locke: 1632~1704)의 재산권 이론

로크(2011)는 정부에 압도되지 않기 위해 개인이 많은 재산을 소유해야 한다고 주장했다. 그리고 재산의 근거는 노동이라고 제시했다. 노동을 근거로 무제한의 사유화를 적극적으로 옹호했다. 또한 무제한의 재산을 보호하기 위해 정부가 필요하다고 주장했다. 로크에 따르면, 인간은 일단 이 세상에 태어나면 자기를 보존해 갈 수 있는 권리(즉 생존의 권리)를 갖게 된다. 따라서 자연이 그들의 생존을 위하여 부여하는 음식물과 같은 것을 사용할 수 있는 권리를 갖는다. 하지만 자연은 원래 인류가 공유하고 있는 것이므로 누군가가 자연의 어떤 것을 사적으로 지배하는 것은 허용되지 않는다. 그러나 신이 사람들이 이용하도록 자연을 만들었으므로, 다른 사람들이 그 자연을 사용하기에 앞서 특정한 개인이 먼저 그것을 자신의 것으로 만드는 방법이 있어야 하는데, 그것이 바로 노동이다. 이것은 이 대지와 인간 이하 모든 피조물은 모든 사람들의 공유물이긴 하지만, 근본적으로 사람은 누구나 자기 자신의 신체에 대한 소유권을 갖고 있기 때문이다. 신체에 대해서는 자기 자신 이외에는 누구도 어떤 권리를 갖지 못한다. 자기 신체(육체)의 노동과 자기 손이 하는 일은 바로 자신의 것이라고 말할 수 있다. 그러므로 있는 그대로의 자연 상태에 있는 것에 무엇이든 간에 자신의 노동을 가했다면, 그것은 무엇인가 자기 자신을 결합한 것이므로 그것을 자기의 소유물로 할 수 있다는 것이다. 공유물인 자연을 노동을 가했다고 다른 사람들의 동의 없이 소유하는 것은 강탈이 아닌가? 라는 질문에 대해 로크는 동의를 구하기 전에 모두 굶어죽을 수밖에 없다는 현실적 이유를 들어 동의를 구할 필요가 없다고 주장한다(로크, 2011: 43-48).

로크는 또한 소유권의 한계에 대해서도 이야기한다. 우리에게 소유권을 부여해 주고 있는 바로 그 동일한 자연법이 소유권의 한계 역시 규정해 주고 있다는 것이다. "적어도 물건이 상하여 못쓰게 되기 전에 생활에 어떤 도움이 되도록 이용될 수 있는 한은 누구도 자기의 노동으로써 그것을 소유할 수 있는 권리를 가질 수 있다. 그러나 그것을 초월하는 것은 모두 그에게 할당된 몫 이상의 것이며, 따라서 이것은 다른 사람의 것으로 된다"고 로크는 주장한다(로크, 2011: 51). 그런데 이미 자연의 산출물이 아니라 자연 그 자체라고 할 수 있는 토지가 주요 소유물이 되고 있는 당시 상황을 반영해서 로크는 토지 소유의 근거와 한계에 대해서도 명확히 한다. 곧 "한 사람의 인간이 밭을 갈고 씨를 심으며 개량하고 재배하며 그 수확물을 이용할 수 있을 정도의 토지의 한도가 바로 그 사람의 재산으로 된다"는 것이다(로크, 2011: 52). 경작하는 노동이 토지 소유에 정당성을 부여하며, 그것이 동시에 토지 소유의 한계를 부여한다는 것이다. 덧붙여 로크는 경작하는 토지의 소유권에 "점유하는 일은 조금도 다른 사람에 대한 어떤 침해로도 되지 않았다. 왜냐하면 아직도 토지를 손에 넣지 못한 자들이라 할지라도 마음껏 이용하고도 남을 만한 정도의 토지가 땅 위에는 아직도 충분하게 그리고 전과 다름없이 양호한 상태로 남아 있기 때문이다"라며 정당성을 부여한다(2011: 53). 하지만 이러한 전제는 현실과 동떨어져 있으며, 로크의 재산권 이론에 중대한 결함으로 남아 있다. 또한 아래에서 좀 더 구체적으로 살펴보겠지만, 토지 소유의 한계도 화폐의 발명을 통해 제거될 수 있다고 본다.

로크는 "화폐 발명은 사람들에게 그들의 소유물의 축적을 지속하게 하는 한편 그것을 증대시킬 수 있는 기회도 부여하게 되었다 … [화폐가] 없는 곳에서는 아무리 기름지고 아무리 자유로이 자기의 것으로 할 수 있는 토지가 있다 할지라도 사람들은 토지라는 소유물을 좀처럼 확대시키려 하지 않을 것이다 … 의식주의 편의를 공급해 주는 것 이상의 토지는 모두 포기되어 또다시 자연의 황폐한(미개간된) 공유 상태로 되돌아가는 것을 우리들은 볼 수 있다 … 금과 은은 식물·의복·차량과 비교해 보면 인간 생활에는 거의 도움도 되지 않으므로, 그것의 가치는 단지 사람들의 동의에 의해서만 얻어진다. … 토지 생산물의 여분을 금과 은으로 바꿈으로써 오직 자기만으로써는 그것으로부터의 생산물을 모두 이용할 수 없을 정도의 토지를 정당하게 소유할 수 있는 방법을 말없이 자발적 동의로써 발견했기 때문이다"라고 적고 있다(2011: 74-6). 바로 토지 소유의 한계를 제시하고 나서 화폐의 등장과 사용에 의해 토지 소유의 한계가 철폐되었다고 보고 있는 것이다. 결국 로크는 노동으로부터 사유 재산권의 정당성을 끌어왔지만, 개인이 경작할 수 있는 범위를 벗어나는 토지의 소유에 관해서는 비현실적이거나 의심스러운 가정을 통해서 그 정당성을 주장했기 때문에 설득력을 상실한다. 이러한 약점을 스스로 파악했던 로크는 결국 화폐의 사용을 통해 사적 소유가 확대되지 않으면 토지의 개간이 줄어들 것이라는 공리주의적 근거를 가지고 사적 소유권의 무한한 확정을 정당화한다. 하지만 인구가 증가해서 개간할 수 있는 토지가 부족한 모든 상황에서 이러한 정당화는 근거를 상실한다.

2. 루소(Jean Jacques Rousseau: 1712~1778)의 재산권 이론

로크가 정당화했고 근세 서구 국가들에서 일반화되었던 무제한한 재산권을 루소는 강력하게 비판했다. 왜냐하면 로크가 제한 없는 재산권을 옹호함으로써 대부분의 사람들이 전혀 재산을 가지지 못하게 됐기 때문이다. 불평등한 사유재산의 도입으로 재산이 없는 사람들을 재산을 가진 사람들의 노예가 되었다. 노예가 된 사람들은 잃은 것을 되찾기 위해서 또는 남보다 더 많은 것을 얻기 위해 싸울 수밖에 없다. 원래 천진난만했던 인간이 만인에 대한 만인의 전쟁 상태에 빠지게 된 것은 이렇게 사유재산이 인간을 불평등하게 만들고 많은 인간을 노예 상태에 빠뜨렸기 때문이라고 루소는 주장한다(루소, 2003).

루소는 〈인간 불평등의 기원과 근거에 대한 논의〉의 '제2부'에서 "과일은 모두의 소유이고 땅은 그 누구의 소유도 아니라는 사실을 잊는다면, 당신들은 파멸할 것이오"라고 외치고 있다(루소, 2003: 95). 그는 이러한 외침이 더 일찍 있었다면 인류를 비참과 공포로부터 더 구제했을 것이라고 주장한다. 루소는 노동이 재산권의 근거라는 주장과 필요를 넘어서는 재산권이 부당하다는 주장을 더욱 철저하게 밀고 간다. 즉, "오직 노동만이 경작자에게 자신이 경작한 토지의 산물에 대한 권리를 적어도 수확기까지 부여하며, 따라서 토지에 대한 권리를 해마다 보유할 수 있게 해준다 … 당신이 자기 몫 이상의 것을 공동의 식량에서 취하여 소유하려면 모든 사람에게서 만장일치의 명백한

동의를 받아야만 한다는 것을 모르는가?"라고 적고 있다(루소, 2003: 109-14). 또 루소는 〈사회계약론〉의 1부의 마지막 장인 '소유권에 관하여'에서 인간은 누구나 태어날 때부터 자신에게 필요한 모든 것에 대한 권리를 가지고 있다고 말한다. 그러나 한 인간을 어떤 물건의 소유자로 만드는 이 원리는 동시에 그 밖의 재산에 대해서는 소유를 금한다. 다시 말해 다른 사람들 역시 자신이 필요한 것에 대해서 권리를 가지고 있기 때문에 필요한 것 이상은 소유해서는 안 된다는 것이다. 따라서 자신에게 필요한 몫이 정해지면 그는 그것에 만족해야 하며, 더 이상 어떠한 권리도 갖지 못한다(루소, 2011: 53). 결국 루소는 소유권의 한계를 명확히 설정한다. 소유권은 다음과 같은 조건들이 충족되어야만 인정될 수 있다는 것이다. 첫째, 해당 토지에 기존 거주자가 없을 것, 둘째로 생존에 필수적인 정도만 소유할 것, 셋째로 토지 소유는 쓸데없는 의식에 의해서가 아니라 노동과 경작에 의해 이루어 질 것. 이러한 조건에 의한 소유는 법률적으로 강제되지 않더라도 타인에 의해 존중 받을 유일한 소유 주장이라는 것이다(루소, 2011: 54).

3. 벤담(Jeremy Bentham: 1748~1832)의 재산권 이론

루소가 자연권에 입각한 재산권론이 어떻게 근대적 재산권에 적대적일 수 있는가를 보여준 후, 벤담은 자연권으로부터 재산권을 정당화하기를 포기했다. 대신 그는 효용성이나 최대다수의 최대행복이라는 기준에 따라 재산권과 불평등을 옹호했다. 벤담은 〈민법원리〉에서 "권리와 의무를 배분할 때 입법자는 사회적 행복을 자신의 목적으로 삼아야 한다. 그 행복이 무엇으로 이루어져 있느냐를 보다 분명하게 탐구하면서, 우리는 여기에 종속되는 네 가지 목적을 발견하게 된다. 그것들은 생계유지·풍요·평등·안전이다"라고 주장한다(벤담, 1996: 63). 그리고 사람의 자유를 그에게 영향을 미치는 특정한 종류의 해악으로부터의 안전이라고 규정한다. 예를 들어 정치적 자유는 정부관리가 범하는 부정의로부터의 안전이라는 것이다(벤담, 1996: 64). 이러한 자유에 대한 정의는 로크의 자유주의적 정의와 유사하다. 그런데 자유라는 말 대신에 안전이라는 말을 사용하는 것은 자유가 자연법에 의해 정당화되는 반면 행복의 구성요소인 안전은 효용에 의해 정당화될 수 있고 또 자유에 비해 재산과 더욱 밀접한 연관을 가지기 때문이다.

행복의 구성 요소들 사이의 관계에 대해서는 생계유지와 안전이 함께 우선적이며, 풍요와 평등은 명백히 이들보다 덜 중요하다고 주장한다. 이러한 주장의 근거는 안전 없이는 평등이 하루도 유지될 수 없고, 생계유지가 없는 풍요는 존재할 수조차 없다는 것이다. 심지어 벤담은 생계유지와 안전은 생명자체이고, 평등과 풍요는 삶의 장식일 뿐이라고까지 주장한다(벤담, 1996: 65). 풍요가 삶의 장식이라는 주장은 합당하지만, 평등이 삶의 장식이라는 주장은 성립될 수 없는데, 왜냐하면 평등 없이 안전이나 자유의 보장은 있을 수 없기 때문이다. 평등에 대해 안전의 우위를 강조하는 것은 논리적이기 보다 재산권을 옹호하기 위한 논리적 장치다. 이것을 뒷받침하듯이 바로 다음에서 벤담은 "정해진 시기에 모든 재산이 평등하게 나뉜다면, 이때에 초래될 확실하고도 명백한 결과는 곧 나눌 아무 재산도 없게 되리라는 것이다. 모든 것은 얼마 가지 않아 파괴될 것이다"라고 적고 있다(벤담, 1996: 66).

하지만 이러한 주장에는 앞에서 언급한 평등과 안전의 관계에 대한 오류 이외에도 2 가지 문제가 제기 된다. 우선 벤담은 평등을 차이가 없는 것으로 간주하고 평등주의를 차이를 없애자는 주장으로 매도한다. 이것은 자신의 주장을 정당화하기 위해 논적을 허수아비로 만드는 심각한 오류를 내포하고 있다. 평등주의는 다양한 인간이 차이 속에서 평등하다고 또는 평등해야 한다고 주장한다. 평등주의자들 중에서 재산이나 소득을 동일하게 해야 한다고 주장하는 경우는 거의 없다. 재산과 소득의 차이를 없앤다고 하더라도 인간은 생김새나 키, 몸무게, 재능과 성격 등에서 차이를 가질 수밖에 없다. 따라서 차이가 평등과 모순된다면 평등은 실현 될 수 없는 것이다. 대부분의 평등주의자들은 인간의 신체적·정신적·문화적 다양성을 인정하고 재산이나 소득의 차이를 받아들인다. 다만 그런 차이가 인간으로서의 존엄성을 해치거나 지배-종속 관계를 형성하지 않도록 하는 것에 초점을 맞춘다.

또 다른 문제는 안전과 생계유지로부터 시작했지만 벤담이 재산권을 옹호하는 근거는 결국 스스로 삶의 장식에 불과한 풍요로 기울게 된다. 최고의 목적으로 보았던 안전마저도 풍요를 위한 수단으로 전락한다. 그는 생계유지를 위해 국가가 직접적으로 할 수 있는 일은 없고 간접적으로 동기를 유발하는 수밖에 없다고 주장한다. 국가는 사람들이 노동하는 동안 그를 보호함으로써, 또 그들의 노동 결실을 확실하게 보장해 줌으로써 간접적으로 생존을 위한 조건을 제공한다는 것이다(벤담, 1996: 67-8). 재산은 노동하는 자를 위한 안전과 노동 결실의 안전과 동일시된다. 하지만 재산이 노동하는 자를 보호한다는 주장은 현실에서 너무나 벗어난 것이며, 노동하는 자를 보호해야 한다는 주장은 결국 재산을 위협할 수 있다. 따라서 결국 재산이 풍요를 가져옴으로써 더 많은 사람들이 생계를 유지할 수 있게 한다며 재산을 옹호한다(벤담, 1996: 81-4). 결국 안전에서 시작했지만 풍요가 재산권의 주요 근거가 된다.

재산권은 사회적 풍요를 위해 평등을 해치더라도 존중되어야 할 것이 된다. 재산이 없을 때 빈곤과 미개상태가 만연했기 때문에 평등이 훼손되더라도 재산권은 유지해야 한다는 것이다. 즉 벤담은 "안전과 평등이 대립할 때에는 한 순간도 머뭇거릴 필요가 없다. 평등이 양보해야 한다. 일차적인 것은 삶의 토대이다. 평등은 오로지 적은 분량의 선(강조 인용자)만을 산출한다 … 완전한 평등의 확립은 망상이다"라고 주장했다(1996: 85-6). 공리주의적 재산권론이 분명하게 드러난다. 공리주의적 재산권론은 형이상학적인 자연법적 재산 개념으로부터 벤담이 벗어날 수 있게 했다. 그는 "자연적 재산과 같은 것은 없으며 그것은 전적으로 법률의 작품이다 … 재산과 법은 함께 태어났으며 함께 죽는다. 법이 만들어지기 이전에 재산이란 존재하지 않았다. 법을 철폐하면, 재산도 사라진다"라고 썼다(벤담, 1996: 77-9). 하지만 자연법으로부터 벗어나는 과정에서 벤담은 자연법이 발전시킨 인간은 사회의 궁극적 목적이며 인간의 노동이 재산권의 토대라는 인류의 보편적 가치를 부정하는 부정적 결과도 가져오게 되었다. 인간의 자리를 효용성이 대신하게 된 것이다.

4. 헤겔(Georg Wihelm Friedrich Hegel: 1770~1831)의 재산권 이론

헤겔은 근대 재산권 이론가 가운데서 소유가 의지의 현실적 존재 가능성의 조건이요, 따라서 인격의 조건이라는 입장을 최초로 체계화시켰던 사람이다. 로크는 자기 신체의 소유권에 근거하여 자기 노동의 소유를 도출하고 자신의 노동을 가함으로써 노동을 통해 변화시킨 대상의 소유를 정당화했다. 헤겔은 로크와 마찬가지로 노동을 가한 대상에 대해 노동한 사람의 소유를 인정하나 노동이 수행하는 역할을 다르게 본다. 헤겔은 노동을 자유로운 인격체로서의 인간의 자기표현이요 자기실현 과정으로 본다. 따라서 헤겔은 노동이 단순히 삶의 수단에 그치는 것이 아니라 삶의 목적으로서의 성격을 가진다고 본다. 따라서 재산도 단순한 욕구충족 수단이라는 성격을 넘어 자유를 실현한 결과라는 보다 형이상학적 성격을 가지게 된다.

좀 더 구체적으로 살펴보면 헤겔은 〈법철학〉에서 인격성을 주관적 제한을 뛰어넘어 스스로 실재성을 띠게 하기 위한 능동적인 활동으로 정의한다. 따라서 인격성은 자연적 존재를 곧 자기 것으로 정립하려는 활동을 통해서만 실현된다는 것이다(헤겔, 2008: 126). 다시 말해 인간은 자연을 마주하면서 의지의 주체가 되지만 그 의지만으로는 주관적 세계에 머물러 있을 뿐이다. 인간이 활동을 통해 이러한 주관적 세계를 뛰어넘어 자연을 자신의 의지에 따라 변화시키고 자신의 주관을 객관화시킬 때 인간은 진정한 인간이 된다는 것이다. 그리고 헤겔은 이러한 인격성을 사유재산과 결합시킨다. 곧 헤겔은 "자기 것으로서의 재산이 이성적인 점은 그것이 욕구를 충족한다는 데 있는 것이 아니라 인격이라는 단순한 주관성이 지양된다는 데 있다. 재산을 소유할 때 인격은 비로소 이성으로서 존재한다"라고 적고 있다(헤겔, 2008: 131).

더 나아가 헤겔은 인격의 개별성을 근거로 사적 소유를 정당화한다. "재산과 더불어 내 의지는 인격적이다. 그러나 인격은 어떤 한 사람의 것이다. 그러므로 재산은 이 한 사람의 의지의 인격체와 같은 것이다. 나는 재산의 소유를 통하여 내 의지가 현재 속에 구현되도록 하는 까닭에, 여기서 재산의 소유 또한 이것, 내 것이라는 규정을 받지 않을 수 없다. 이것은 사유재산의 필연성을 뒷받침하는 중요한 학설이다. … 공동체라는 것은 필경 인격이 소유에 대해 지니는 바와 같은 정도의 권리를 갖지 않는다"라고 주장한다(헤겔, 2008: 139). 헤겔의 이러한 주장은 사실 상 노동의 대상화가 인간 활동의 중심이라는 점을 보여주는 것이기는 하지만 소유를 정당화하는 데는 실패하고 있다. 왜냐하면 재산의 소유를 통해서만 자신의 의지를 구현할 수 있는 조건은 바로 거의 모든 자연에 대해 사적 소유가 정립된 상황이기 때문이다. 소유권이 없거나 공동체 소유가 정립된 상황에서는 모든 인간 또는 공동체 성원이 자연 자원에 접근할 수 있는 권리를 가지고 있기 때문에 사적 소유 없이도 내 의지를 현재 구현할 수 있기 때문이다. 하지만 사적 소유가 일반화된 조건에서 모든 인간에게 자신의 의지를 구현할 수 있는 자신의 몫이 필요하다는 것은 정당한 지적으로 보인다. 그러나 이것은 사적 소유를 정당화하기보다 사적 소유의 제한을 정당화하는 것으로 보인다. 왜냐하면 헤겔의 주장은 사적 소유를 독점하지 못하게 제한해서 사람들이 자연에 접근하고 노동을 통해 자연을 전유할 수 있을 때에만 진정으로 인격을 갖출 수 있다는 주장으로 전환될 수 있기 때문이다.

5. 마르크스(Karl Marx: 1818~1883)의 재산권 이론

마르크스 재산제도와 인간 본성을 역사적 차원에서 보아야 한다고 생각했다. 이 역사적 연구를 통해 마르크스는 그가 따랐던 루소와 다른 사회주의자들보다 역사적 사실에 의해 뒷받침되는 훨씬 강력하고 설득력 있는 주장을 폈다. 마르크스의 『공산당 선언』에서 노동을 통해 획득한 재산권을 옹호하는 로크, 루소, 헤겔의 주장을 긍정하면서도 그들이 노동과 재산권을 추상적이고 비역사적으로 논의함으로써 노동을 통한 소유와 자본주의적 소유를 혼동하고 있다는 점을 지적한다. 즉 자본주의에서 노동을 통해 획득한 재산권은 환상이라는 점을 지적한다. 마르크스는 "노동하여 얻은, (스스로) 벌어들인, 스스로 얻은 소유라고! … 우리는 그러한 소유를 철폐할 필요가 전혀 없다. 공업의 발전이 그것을 철폐하였으며, 또 나날이 철폐하고 있다"라고 주장한다 (마르크스, 1991: 415-6). 이어 마르크스는 타인의 노동에 대해 지배

할 수 있도록 하는 재산권, 즉 자본의 소유권을 철폐해야 한다는 점을 분명히 한다. 마르크스는 다음과 같이 주장한다(마르크스, 1988: 63-5).

"우리는 결코 생명의 재생산에 직접 필요한 노동 생산물의 이 같은 개인적 전유, 즉 타인의 노동에 대한 지배권을 가져다줄 만한 순이익을 전혀 남기지 않는 전유를 폐지하려는 것이 아니다. 우리는 다만 노동자로 하여금 자본의 증식을 위해서만 생존하게 만들며, 지배계급의 이익이 요구하는 한에서만 생존하게 만드는 점유의 비참한 성격을 철폐하려는 것이다. (중략) 공산주의는 그 누구로부터도 사회적 생산물을 점유할 힘을 박탈하지 않는다. 공산주의는 다만 이러한 점유에 의하여 타인의 노동을 자신에게 예속시키는 힘을 박탈할 따름이다."

그리고 사적 소유제도가 근로 의욕을 높이고 생산을 증가시켜 인류를 야만 상태로부터 구했다는 공리주의의 주장에 대해서도 강력하게 비판한다. 자본주의 사회에서 90% 이상의 사람들은 자본을 소유하지 못하고 있다. 자본주의에서 일하는 사람은 재산을 갖지 못하고 재산을 가진 사람은 일 하지 않고 있는데도 자본주의가 붕괴되지 않고 있다는 것이 그러한 주장을 반박하는 생생한 증거라는 것이다. 재산권과 인격을 동일시하는 헤겔에 대해서는 부르주아 이외에는 인격을 인정하지 않는다는 자백이라는 비판을 가한다. 그러나 마르크스는 어디까지 재산권과 시장을 인정할 것인가를 분명하게 설명하지 못했다. 재산권을 인정한다면 어느 정도 시장에서의 거래를 인정해야만 하는데, 시장의 형성은 결국 경제적 불평등과 예속된 노동을 낳게 되기 쉽다. 따라서 재산권 자체를 폐지하지 않으면서 타인의 노동을 예속시키는 힘을 폐지하는 것은 간단한 일이 아니다. 그런데 이 문제는 해결되지 않은 채 남아 있었다. 결국 마르크스 이후의 마르크스주의는 자본의 국가 소유와 계획경제로 기울어졌다. 맥퍼슨(1991)이 지적했듯이 국가 재산은 공동 재산과는 달리 법인격의 재산이다. 따라서 현실 사회주의는 타인의 노동을 예속시키는 힘은 폐지하지 못하고 그것을 자연인에게서 빼앗아 법인에게 넘겨주었을 뿐이다.

6. 밀(John Stuart Mill: 1806~1873)의 재산권 이론

밀은 『공산당 선언』이 출간된 1848년 『정치경제학의 원리』를 출간했다. 그는 마르크스를 알지 못 했지만, 생시몽, 프리에, 오웬 등 다른 사회주의자들이 사적 재산권에 대해 비판했던 내용을 잘 알고 있었다. 그는 그들의 비판을 수용할 것인가 아니면 개선된 사적 재산권의 정당성과 필요성을 지지할 것인가 사이에서 고민하다가 결국 사적 재산권을 지지하는 쪽으로 기울었다. 현 체제의 엄청난 불공평과 불평등은 사유 재산권과 부의 축적이라는 시상 자유의 원칙에 내새하는 어떤 깃이 아니라, 현행 제도를 구성하고 있기는 하지만 제거될 수 있는 우연적인 역사적 특성에 기인할 뿐이라고 그는 주장하였다.

밀은 분배의 문제를 다룬 『정치경제학의 원리』 제2권에서 부의 분배란 사회의 법과 관습에 의존한다고 하면서도 분배의 법칙은 생산의 법칙만큼이나 물리적 법칙의 성격을 갖는다고 말한다. 인간은 자신의 행동을 결정할 수 있지만, 그 결과는 결정할 수 없다는데 이것이 분배 법칙의 객관성을 보여준다는 것이다. 따라서 분배 제도를 인간이 마음대로 정할 수는 있지만, 분배 제도가 가져올 객관적인 결과를 고려해야만 한다는 점을 전제한다. 그리고 이러한 전제 아래 사유재산 제도와 그에 대한 비판으로서 공산주의를 분석한다(밀, 2010: 20-1).

1) 공산주의에 대한 검토

밀은 공산주의를 삶과 즐김을 위한 물질적 수단의 분배를 절대적 평등의 원리에 입각해서 하자는 이념으로, 사회주의를 불평등을 인정하기는 하지만 정의와 전반적 편의에 대한 어떤 원칙이나 가정된 원칙에 입각한 불평등만을 인정하는 이념으로 구분해서 정의한다. 사회주의는 공산주의와는 달리 사유재산을 반드시 완전히 철폐하는 것을 지향하지 않으며, 토지와 생산도구가 개인이 아니라 공동체나 조합 또는 정부의 재산이어야 한다는 생각을 바탕으로 하는 모든 이념체계를 포괄한다는 것이다(밀, 2010: 24-5). 이어 밀은 이성적인 사람이라면 공동 소유 아래서 수천 명의 거주자들이 오늘날 그 사람들을 부양하는 것과 동일한 크기의 토지를 경작하고 협업과 개선된 방법으로 필요한 제품을 생산하는 촌락 공동체가 그들을 편안하게 부양하기에 충분한 양의 생산물을 산출해 낼 수 있다고 평가한다. 또한 일할 수 있는 모든 성원으로부터 이러한 목적에 필요한 노동을 끌어내거나 필요하면 강제할 수 있는 수단을 찾게 되리라는 것을 결코 의심하지 못 할 것이라면서 공산주의가 비현실적이라는 비판에 대해 반론을 편다. 공산주의가 사적 소유를 철폐함으로써 노동의욕을 저하시킬 것이라는 주장에 대해서도 반박한다. 즉 공산주의 아래서의 노동이 자기 소유를 가진 자영농의 노동이나 자신의 이익을 위해 일하는 자영업자의 노동보다 덜 활기 있을지 모르지만, 아마도 자신의 일에 대해 전혀 개인적 관심을 가지지 못하는 임금노동자의 노동보다는 아마도 더 활력 있을 것이라는 것이다. 그런데 자본주의에서 거의 모든 노동은 임금노동자들이 하고 있으므로 자본주의보다 공산주의에서 노동의욕이 낮지는 않다는 것이다(밀, 2010: 26-8).

직업의 안정성이 노동의욕을 떨어뜨린다는 주장도 있지만, 인간이란 자본주의에서 가능하다고 생각하는 것보다 훨씬 더 큰 공공 정신을 가질 수 있다는 점에서 비판한다. 역사의 경험은 거대한 인간 집단이 공공 이익을 자신의 것으로 느끼게끔 성공적으로 훈련받을 수 있다는 것을 입증하고 있다는 것이다. 공산주의는 노동자의 교육에 주력하기 때문에 교육을 통해 노동자들의 공공 정신을 북돋을 수 있으며, 삶의 안정성과 분업에서 협력 관계는 공공 이익을 자신의 것으로 느끼게 하는 좋은 토대가 될 수 있다는 것이다. 교회와 사제의 관계에서 볼 수 있는 공동의 번영과 개인의 번영 사이의 일치가 바로 공산주의에서도 나타날 수 있으며 이것이 공공 정신이 잘 자랄 수 있는 비옥한 토양이라는 것이다. 그리고 공산주의 역시 공동체에 기여함으로써 타인의 인정과 찬사를 얻기 위해 경쟁하는 것을 부정하지 않는다. 따라서 공산주의가 노동의 활력을 없앨 것이라는 비판은 적절한 것이 아니다(밀, 2010: 28-9). 밀은 공산주의에서 노동을 그 구성원들에게 공평히 힐딩하는 문제에 대해서도 지적한다. 그것이 어려운 일이기는 하지만, 나 이런 난점들은 현실적이기는 하지만 극복이 불가능한 것도 아니라고 한다. 각 개인의 힘과 능력에 맞게 일을 배분하는 것, 그것이 가혹하게 적용되는 경우에 대비하여 일반 규칙을 완화하는 일은 인간의 지성이 정의에 대한 감각에 인도되는 경우 해결할 수 있는 문제들이라고 한다. 그리고 평등을 지향하는 체제에서는 이러한 난제들이 뒤엉켜 최악의 사태를 초래한다고 할지라도, 그것은 당시 자본주의가 가져온 보수는 말할 것도 없고 노동의 분배와 관련된 불평등·부정의가 만들어낸 현실에 비해 조족지혈에 지나지 않을 것이라고 지적한다(밀, 2010: 29-31).

그러나 밀은 공산주의에 대한 비판을 조목조목 비판하면서도 비교가 적절하려면, 우리는 최상의 상태에 있는 공산주의와 현재가 아니라 앞으로 가능할 사유재산제를 비교해야 한다고 주장한다. 근대 유럽의 사회제도는 공정한 분배나 근면에 의해 이룩된 성과가 아니라 정복과 폭력의 결과이며 재산의 소유도 이러한 불의의 결과들이었다. 그리고 폭력과 불의가 이룩한 것을 수정하기 위하여 수세기 동안 여러 가지 노력이 있었지만, 과거의 불의는 그 자취들을 여전히 남기고 있다. 그 결과 재산의 소유는 부당하고 그러한 소유로 인한 불평등은 매우 심할 뿐만 아니라 더 큰 불평등과 부정의를 재생산하고 있다. 그러나 만일 우리가 사유재산 원칙의 자연스런 작용으로부터 생겨나는 기회의 불평등을 심화시키는 데 들였던 수고를 오히려 원칙 자체를 파괴하지 않으면서도 그 불평등을 완화하고자 하는데 쏟았다면 사유재산재도는 달라졌을 것이라고 주장한다. 즉 만일 입법을 통해 부의 집중을 추구하는 대신 분산을 촉진하고, 많은 양의 부를 쌓아두려는 대신 그것을 분할했다면, 거의 모든 사회주의 저술가들이 분리될 수 없다고 생각하는 물질적·사회적 악과 사유재산의 원칙이 아무런 필연적 연관도 없음이 판명되었을 것이라고 주장한다(밀 2010: 31-2).

사유재산을 이치에 맞게 옹호하는 모든 이론은 개인들에게 그들 자신의 노동과 절제의 성과를 보장한다는 것에 근거하고 있다. 현재의 사유재산제도를 바람직한 공산주의와 비교해서는 안 되며 형평성의 원리에 역행하는 방향으로 작동하게 만든 요인들을 교정한 사유재산제도를 바람직하고 잘 작동되는 공산주의와 비교해야 한다. 사유재산제도가 나은가 공산주의가 나은가 하는 문제는 두 체제 중 어느 것이 인간 자유와 자발성의 최대치에 부합되는가에 달려 있으며, 이 두 체제 사이의 상대적 장점에 달린 것이라고 밀은 평가한다. 밀에 따르면 공산주의는 현재 인간성을 억누르는 악들에 대한 유일한 도피처가 아니라 이로움을 비교해서 선택해야할 대안들 중의 하나다. 그런데 밀은 생존 수단이 보장된 후, 인간이 개인적으로 강하게 느끼는 욕구는 자유라고 말한다. 그리고 문명이 진보함에 따라 신체적 욕구가 더 온건하고 통제에 잘 따르는 것과는 달리 자유에 대한 욕구는 지성과 윤리적 능력이 진전됨에 따라 그 강도가 줄지 않고 커진다고 주장한다. 밀의 이러한 자유주의적 입장은 그를 공산주의에 대해 궁극적으로 비판적인 결론으로 이끈다. 즉 그는 얼마간의 안락과 풍요를 위해 자신의 행동에 대한 외부 통제권을 받아들이고, 평등을 위해서 자유를 포기할 것을 가르치고 요구하는 교육이나 사회제도는 인간으로부터 인간 본성의 가장 숭고한 특징 중 하나를 빼앗는 것이라고 주장한다. 이어 그는 이같은 특징의 보전이 얼마만큼 공산주의 사회 조직과 양립 가능한 것으로 드러날지가 밝혀져야 할 것으로 남아 있다고 공산주의에 대해 의구심을 표한다(밀, 2010: 32-5).

2) 재산제도에 대한 검토

이어 밀은 재산제도를 검토한다. 우선 임금노동으로부터 자본이 이익을 얻는 것이 정당한가를 평가한다. 그는 모든 것의 기초는 스스로 생산해 낸 것에 대한 생산자의 권리인데, 자본주의에서 스스로 생산하지 않은 사물에 대한 재산권을 개인에게 허용하는 것이 정당한가?라고 질문한다. 그는 타인의 저축을 상속받은 사람들이 조상으로부터 아무 것도 물려받지는 못했으나 근면한 사람보다 부당하게 유리하다고 하면서도 재산을 물려줄 권리를 인정한다. 하지만 이 권리는 최소화되어야 한다고 주장한다. 그러면서도 다시 조상이 축적한 재산은 그것을 물려받은 사람만이 아니라 그것을 이용해 노동하는 노동자에게도 도움이 된다며 재산을 공리주의적 논리로 정당화한다. 다만 현재의 노동과 과거의 노동의 결합이 가져온 결실을 어떻게 나누어 가질 것인가는 협의해야 할 것이라는 단서를 붙이고 있다. 자본가들도 노동 없이는 아무 것도 할 수 없지만, 노동자들도 자본 없이는 아무 것도 할 수 없기 때문에 자본가들의 몫을 인정해야 한다는 것이다(밀, 2010: 43-5).

밀은 이러한 재산권론으로부터 자본가가 노동자의 노동으로부터 이득을 획득하는 것을 정당화한다. 그에 따르면 재산권은 계약에 의한 취득의 자유를 포함하고, 만일 서로의 자유로운 동의에 의해 얻어진 것이라면, 노동자가 생산한 것에 대한 자본가의 권리는 인정된다고 한다. 왜냐하면 생산자인 노동자들은 호의에서 그들이 생산한 것을 주었거나 그들이 등가물로 생각한 것과 그것을 교환했기 때문에, 그렇게 하는 것을 막는 것은 생산자인 노동자들 자신의 근면의 산물에 대한 재산권을 침해하는 것이 될 것이기 때문이다(밀, 2010: 45).

3) 유산 문제의 검토

밀은 유산과 관련해서 유증과 상속을 구분한다. 유증은 사후에 재산을 누구에게 줄 것인지 유언에 명시한 경우를 가리키고 상속은 유언 없이 죽은 사람의 재산이 자녀에게 넘어가는 경우를 말한다. 밀에 따르면 유증의 권리, 즉 사망 후의 증여는 사유재산권 개념의 일부를 이루지만, 유증과 구분되는 상속은 그렇지 않다. 유언 없이 사망한 사람의 자식에게는 사생아의 경우에 주어지는 자기 몸이나 돌볼 수 있는 정도를 주고 나머지는 공동체의 일반적 목적을 위해 몰수하는 것이 옳다는 것이다(밀, 2010: 47-53).

그리고 유증의 경우에도 제한이 따라야 한다고 주장한다. 경제적으로 안락하게 독립할 수 있을 정도의 수준에서 최대치를 정하고 그 이상을 받을 수 없게 해야 한다는 것이다. 물론 이렇게 유증을 해도 근면, 절약, 끈기, 재능의 부족이나 불운으로 경제적인 어려움에 봉착할 수도 있겠지만, 이러한 문제에서 비롯되는 재산의 불평등이나 빈곤은 사유재산의 원리와 분리할 수 없다. 따라서 사유재산의 원리를 받아들인다면 그로인한 결과를 받아들여야 한다는 점에서 유증에 제한을 가하는 것은 정당하다고 밀은 주장한다. 또한 밀은 어떤 사람이 자신의 능력을 발휘하지 않고 단지 다른 사람의 호의에 의해 얻을 수 있는 것에 제한을 가하는 데 반대할 만한 정당한 이유가 없다고 본다. 더 많은 재산을 모으기 원한다면 일해야 한다는 것이다. 이러한 유증의 제한을 통해 소수를 지나치게 부유하게 만드는 데 사용될 수 없을 재산은 공익이 되는 일에 충당되거나 개인들에게 주어지는 경우보다 많은 사람들에게 분배될 수 있다. 과시나 부당한 권력 이외에 어떤 목적에도 도움이 되지 않을 엄청난 양의 재산은 훨씬 줄어들게 될 것이며, 허영심을 제외한 부가 줄 수 있는 모든 실제적 즐거움과 편안한 여가를 누리는 안락한 생활 여건을 가진 사람들의 수는 훨씬 증가하게 된다(밀, 2010: 54-8).

4) 토지 소유의 검토

밀은 모든 사람에게 자기 노동으로 생산하고 절제해서 축적한 것을 보장해 주는 것이 재산권의 핵심적 원리이기 때문에 노동에 의하여 생산되지 않는 토지에는 재산권을 보장할 수 없다고 주장한다. 토지의 생산력이 개인적 노동의 산물이 아니라 전적으로 자연에서 나온 것이라면, 혹은 어디까지가 노동의 결과이고 어디까지가 자연의 선물인지를 구별할 어떤 수단이 있다면, 자연의 선물을 개인들이 독점하도록 하는 것은 필요하지 않을 뿐 아니라 더 없이 부당한 것이라고 밀은 주장한다. 농사를 짓기 위해서 토지는 일정기간 동안 배타적으로 이용할 수 있어야 하지만, 한 계절 동안만 점유하거나 인구가 증가해 감에 따라

정기적으로 재분할되어야 한다고 말한다. 하지만 밀은 토지의 질을 높인 사람에게 토지 소유권을 부여하는 것을 정당화한다. 사유재산에 관한 어떤 이론도 토지소유자가 땅을 이용해서 놀고먹어도 된다고 주장할 수 없다(밀, 2010: 59-61).

'재산권의 신성함'을 이야기할 때, 토지 재산에는 이러한 신성함이 동일한 정도로 담겨 있지 않는데 그것은 어느 누구도 토지를 만들어내지 않았기 때문이다. 토지는 본래 인류 전체에게 남겨진 것이다. 그것을 어떻게 전유하는가는 전적으로 사회일반을 위한 편의의 문제일 뿐이다. 만약 토지에 대한 사유재산권이 사회일반에 편의롭지 못하다면 그것은 부당한 것이다. 토지에 대한 지주들의 권리는 전적으로 국가의 일반 정책에 종속되어야 한다. 재산권의 원리는 지주에게 토지에 대한 어떤 권리도 주지 않고, 국가 정책이 그들로부터 빼앗게 될 토지에 대한 그들의 이익 중 얼마를 보상받을 권리만 부여한다. 하지만 이 보상에 대한 지주의 권리는 국가도 무효화할 수 없다고 밀은 주장한다. 특히 토지뿐만 아니라 어떤 것이든 국가에 의해 재산으로 인정된 것의 소유자는 그것의 가치만큼을 금전으로 보상 받거나 그것으로부터 얻어지는 연간 수입에 해당하는 보상을 받지 않고서 소유물을 박탈당해서는 안 된다고 주장한다(밀, 2010: 64-5).

결론적으로 밀은 토지 재산을 엄격히 해석되어야 한다고 주장하면서, 토지 재산의 정당성이 의심이 가는 모든 경우에 지주의 소유권을 박탈하는 방향으로 선택을 해야 한다고 주장한다. 동산의 경우 한 사람이 자신의 노동을 통해 아무리 많은 양을 취득하더라도 다른 사람들이 그것을 취득하는 데 방해가 되지 않지만, 토지 경우에는 토지의 특성 때문에 한 사람이 토지를 소유하면 바로 다른 사람이 그것을 사용할 수 없도록 만든다. 따라서 토지 소유는 하나의 필요악으로서 그 악을 보상하는 더 큰 이익이 있을 경우에만 정당화될 수 있다는 것이다. 따라서 경작을 목적으로 한 토지가 아니라면 그것이 사유재산이어야 할 어떤 적절한 이유도 없으며, 경작지의 경우라도 대토지 소유는 비록 단 한 사람에게도 허용되어서는 안 된다고 주장한다. 수백만 가운데 단 한 사람이라도 거대한 땅을 소유하고 다른 사람들과 상관없이 마음대로 쓰는 것을 허용해서는 안 되며, 거대 토지를 제멋대로 사용할 수 있다고 생각하는 것 자체가 부당하다고 주장한다. 토지 소유자는 토지를 이용할 때 "자신의 이익과 즐거움을 공공선에 부합되도록 해야 할 도덕적 의무가 있고, 법이 개입해야 할 필요가 생기면 법적의무도 져야 한다"는 것이다(밀, 2010: 69).

7. 그린(Thomas Hill Green: 1836~1882)의 재산권 이론

그린은 공리주의를 거부하고 본질적 인간 능력의 개념에서 재산권의 근거를 찾으려했다. 도덕적 의지를 형성하고 그것에 따라 행동하는 인간의 능력이 인간을 동물과 구분하는 본질적으로 인간적인 성질이기 때문에 모든 인간은 그 같은 의지를 실현시키는 데 필요한 것들에 대한 권리를 가진다. 그리고 재산은 그 같은 의지를 실현시키는데 반드시 필요하기 때문에 본질적인 개인의 권리라는 것이다. 재산은 인격의 필수적 연장인데 이것은 헤겔의 관점과 유사하다. 인간의 본질적 활동으로서 거래나 상속을 통해 재산을 축적할 권리는 제한되어서는 안 된다. 하지만 그린은 여기서 밀이 봉착했던 것과 유사한 문제에 부딪친다. 무제한적 권리가 재산을 전혀 가지지 못하는 계급을 만들어 내면 어떻게 되는가? 그린의 대답은 밀의 대답과 같았다. 그런 결과를 야기한 것은 무한정한 권리가 아니라 약간의 우연한 역사적 상황이다. 결국 그린의 정당화론은 밀의 정당화론과 마찬가지로 만족스럽지 못하다. 하지만 재산권의 어떤 부분이 인권의 일부로 존중되어야 한다는 점을 부각시킴으로써 재산권의 개혁에 있어서 고려해야 할 부분을 제시하고 있다.

1) 재산권의 정당성

그린은 먼저 재산권의 존재 이유를 검토하기 위해 재산권의 기원에 대한 논의를 검토한다. 그는 재산권의 기원에 관한 논의가 서로 연관되어 있지만 구분되어야 할 두 개의 물음이 혼합되어 문제의 해결을 어렵게 한다고 지적한다. 그리고 두 개의 물음을 정식화한다. 첫째는 "사람들이 어떻게 전유하게appropriate 되었는가?"이고 둘째는 "소유에 어떻게 권리의 관념이 연결되게 되었느냐?"라는 것이다. 그런데 이러한 2개의 질문에 답하기 위해서 각각 역사적 접근과 윤리적·도덕적 접근이 가능하다. 하지만 기존에 많이 이루어졌던 역사적 접근은 나름대로 의미가 있지만 이에 대한 도덕적·윤리적 접근을 대신할 수 없다고 그린은 주장한다. 그리고 그린은 재산권의 윤리적·도덕적 근거를 제시하기 위해 노력한다. 그에 따르면, 전유는 인간의 자기 의지의 표현이고, 인간이 자신의 선의 개념에 현실성을 부여하고자 하는 노력이며, 대상을 획득함으로써 실현되는 자기만족을 지향하는 실천이다. 따라서 이것은 단순히 미래의 욕구 충족을 위한 준비라는 동물적 본성과는 달리 인간의 자기실현이라는 인간적 본성에 기인하는 것이다(그린, 1993: 195).

이러한 인간의 자기실현이라는 본성은 모든 사람의 자연적 요구이기 때문에, 자신에게나 타인에게 동일한 가치로 인정될 수 있다. 따라서 재산권은 인간적 본성을 실현하기 위한 조건으로서 윤리적·도덕적 정당성을 갖는다. 사회가 공인한 이해interest가 그 사회의 각 구성원에게 자유로운 삶의 권리를 보장하는데, 이런 방식으로 삶의 도구를 소유하는 사적 소유는 공동선이자 권리의 하나가 된다. 물론 재산권의 토대가 의지에 있으며 재산이 '현실화된 의지'라고 할 때 이러한 의지는 자발적 행동의 순간적 돌출이 아니라, 어떤 형태의 사회에든 자격이 있는 모든 사람들에게 내재하는 지속적 원리다. 이 원리는 삶의 계획을 수행하고 아름다운 생각을 표현하고 자비심 어린 소망을 실현시킨다는 것이며, 재산은 이를 위한 기본적인 수단이다(그린, 1993: 199-203).

재산을 인간의 자기실현이라는 관점에서 정당화한 그린은 재산의 불평등을 정당화한다. 즉 재산이 자유롭고 다양한 재능을 가진 개인들의 노력에 의해 이룩된 자연의 정복을 표현해 주는 것이기 때문에, 또 개인들이 다양한 재능을 통해 사회적 기능을 수행하기 때문에 재산은 불평등해야 한다는 것이다(그린, 1993: 205). 재산권의 오용이나 남용을 근거로 재산권을 비판하는 것에 대해서 그린은 비판을 제기한다. 즉 재산의 소유자가 지속적으로 그것을 자신이나 타인을 부도덕하게 하는 방식으로 사용한다고 해도 우리가 재산을 소유하는 것을 반대하는 타당한 논리가 될 수 없는데, 이는 다른 자유들의 경우에서도 그 같은 오용이 자유 보장에 대한 반론이 될 수 없는 것과 마찬가지라는 것이다(그린, 1993: 203-4).

2) 재산권의 한계

그린은 재산권의 정당성을 제시하면서도 그것의 한계에 대해서도 지적한다. 어떤 사람이 재산을 소유하는 것이 다른 사람이 재산을 소유하는 것을 방해할 경우와, 어떤 사람들에게 그들의 의지를 실현할 수단을 획득하고 유지하도록 하는 재산권이 다른 사람들을 그러한 수단으로부터 실제적으로 배제하는 경우에는 재산권이 그 이념과 부합하지 않게 되기 때문에 그것을 제거해야 한다는 것이다. 그린은 "이런 경우에는 '재산은 도둑질이다.'라고 말하는 것이 참일 수 있다"고 쓰고 있다(1993: 204).

하지만 그린은 밀과 달리 유증이나 상속을 정당화한다. 어떤 사람이 자기 미래를 위해 마련할 재산을 제한할 수 없는 것처럼, 자기 미래의 일부라고 할 수 있는 자녀를 위해 준비할 재산을 제한할 수는 없다는 것이다(그린, 1993: 206). 특히 밀과 달리 그린은 상속이 재산의 분할을 통해 부의 집중을 완화하기 때문에 한 사람에게 부를 집중시킬 가능성이 큰 유증보다 바람직한 것으로 간주한다(그린, 1993: 206-8). 그러나 이러한 문제한의 부의 축적과 유증의 자유가 필연적으로 무산자를 양산함으로써 결국 다른 사람들이 자기 의지를 실현할 수단으로부터 실제적으로 배제하는 경우를 가져오는 것 아닌가?라는 문제를 낳는다. 그런데 그린은 "한 사람의 부의 증가가 당연히 다른 사람의 부의 감소를 의미하지는 않는다. … 따라서 부의 축적에서 어떤 경우에건 다른 사람들의 소유 가능성을 감소시키는 경향은 전혀 없다"는 비현실적인 답변을 하면서 문제를 회피한다(그린, 1993: 208-9). 현실에서 대형마트는 소형마트의 경영을 어렵게 하고 재벌기업이 중소기업을 쥐어짜고 있다. 그린은 자본주의가 노동자들을 하루 벌어 하루 먹고 사는 상태에 묶어 두어야만 하고, 빈부격차가 빈곤층과 그들의 자녀를 책임감의 교육으로부터 배제시킨다는 사실에도 눈을 감는다. 결국 그린은 "최근에 빈곤하고 분별없는 무산자가 급증한 것은 자본의 축적에 그 원인을 돌려서는 안 된다"라고 주장한다(그린, 1993: 209). 그리고 그는 이러한 모든 문제를 자본주의 이전에 힘과 정복에 의한 토지 소유와 그것을 유지하는 정부에게 돌린다.

3) 토지재산권의 문제

19세기의 자유주의자답게 그린은 자본주의적 사적 소유를 정당화하면서도 토지 소유에 대해서는 비판적 입장을 견지한다. 우선 토지 소유는 그 기원에서부터 정당성이 없었다고 그린은 주장한다. 대부분(아마도 거의 모든) 나라들에서 개인들에 의한 토지의 사유화는 원래 노동의 투여나 땅에 대한 노동의 결과에 의해서가 아니라 힘에 의해서 이루어졌다는 것이다. 또한 한 사람이 벌어들인 자본은 다른 사람에게서 탈취한 것이 아니지만, 땅은 다른 사람이 덜 갖지 않고는 어떤 사람이 더 많이 가질 수 없다는 것이다. 따라서 토지에 대한 개인 재산이 허용되려면 공공 이익이 그것의 사용에 어떤 제한들을 부과해야만 한다(그린, 1993: 209-210). 예를 들어 노동이나 자본을 투여하여 생긴 가치와는 달리 땅의 가치로부터 발생하는 소득은 '불로 소득'이므로 국가에 의해 전유되어야 하는데, 이러한 불로 소득의 문제는 거의 무시되어 왔다는 것이다. 하지만 불로 소득의 환수에 대해서도 그린은 불로 소득과 근로 소득 사이의 관계가 대단히 복잡하여 불로 소득을 국가가 전유하는 제도는 개인들이 땅을 가장 유효하게 이용하도록 자극하는 요인을 감소시킴으로써 땅의 사회적 유용성을 저하시킬 것이기 때문에 시행되기가 어려울 것이라는 견해를 표명한다(그린, 1993: 213).

결국 그린은 재산권의 윤리적·도덕적 정당성의 문제를 제기했지만, 노동을 통해 만들어진 재산권과 불로 소득을 가져다주는 재산권을 명확히 구분하지 못 함으로써 다시금 효용성과 도덕적·윤리적 정당성의 문제를 뒤섞어 버리게 된다. 자본과 토지 소유권에 따른 사회적 효용성을 인정한다고 하더라도 그것이 스스로 지적했듯이 다른 사람들이 인간적 삶의 수단을 획득하는 것을 방해하지 못 하도록 하는 제한이 필요함에도 재산권에 대한 집착이 그러한 윤리적·도덕적 요구를 묵살하게 만든 것이다.

8. 토니(R. H. Tawney: 1880~1962)의 재산권 이론

영국의 경제사가인 토니는 다양한 재산권을 같은 것으로 보는 것이 재산권 문제를 올바로 해결할 수 없게 만들었다고 비판하면서 '노동이나 사회적 기여에 의해 형성된 재산권인가? 아니면 소유자가 행한 기여와 무관하게 다른 사람이 행한 일에서 지불받는 사적 세금을 받을 권리에 지나지 않는 재산권인가?'라는 기준에 따라 재산권을 구분했다. 그리고 사유재산이 사회적 기여를 할 때에만 정당성을 갖는다는 일반 이론을 발전시켰다.

1) 재산권 정당성의 역사적 변화

재산권이 생산자에게 스스로 수고해서 얻은 결과를 약탈당하지 않도록 보장하기 때문에 재산권은 단순히 법률상의 권리만이 아니라 도덕적 권리라는 주장이 있다. 하지만 20세기에 와서 이러한 주장은 명백히 잘 못 된 것이라고 토니는 비판한다. 자본주의 초기에는 단순 자본의 소유는 널리 분산되어 있었다. 즉 자본주의 초기에는 농지와 생산수단은 사용하는 이들이 소유하거나 어떻든 확실하고 유효하게 점유하는 것이 토지나 작업장에서의 효과적 작업을 위한 선행 조건이었다. 재산권을 위협했던 요인은 정부의 재정 정책과 몰락해 가는 봉건 잔재였다. 양자의 간여는 유용한 노동을 수행한 자들을 노동하지 않은 자들에게 희생시키는 결과를 가져왔다. 재산권은 대개 두가지 유형 가운데 하나에 관한 것이었는데, 소유자가 생산을 목적으로 사용하는 토지나 도구의 재산권이나, 문명 생활을 영위하기 위한 필수품이나 편리품 등에 대한 재산권이 바로 그 2가지 유형이다. 노동과 직결된 이러한 재산은 사회의 부담이 아니라 오히려 건강하고 효율적인 사회를 위한 조건, 나아가 사회 유지를 위한 조건이었다. 재산권을 보호한다는 것은 사회에 필요한 것을 제공하는 조직을 유지하는 것이었다는 것이다(토니, 1993: 219-21).

하지만 20세기에 재산권에서 도덕적 정당성을 발견하는 것은 불가능하며, 이러한 비도덕성이 재산권을 위태롭게 하고 있다. 소규모 수공업자·소상인·시골 은행 등 최대 규모 이외의 모든 재산을 그 흡수력으로 우협하며 대중을 대리인 밑에서 소유주의 이익을 위해 일하는 프롤레타리아트로 전락시킨 재산권 자체의 지칠 줄 모르는 팽창과 집적이 재산권의 도덕적 정당성을 위협하고 있는 것이다. 20세기 경제에서 재산권은 능동적이지 않고 수동적이고, 오늘날 대부분의 재산 소유자들에게 재산은 노동 수단이 아니라 이익 획득이나 권력 행사의 도구며, 이윤과 공공에 대한 봉사, 권력과 책임 사이의 어떤 관련성에 대한 보장도 없다. 현대 산업사회에서 재산의 대부분은 살림살이와 같은 개인적 생활 용품도 소유자의 노동 도구도 아닌 특허와 지대, 특히 어떤 개인적 서비스도 제공하지 않는 소유자에게 수입을 가져다주는 주식과 같은 다양한 종류의 권리들로 구성되어 있다. 소유와 사용은 분리되어 있는 것이 보통이다(토니, 1993: 222-3).

현대 재산권의 상당 부분은 산업 생산물에 대한 금전상의 선취 특권 혹은 채권으로 변질되어 사회적 기여 없이 지불받을 권리만을 갖는다. 이 권리는 소유주에게 적극적이거나 건설적인 기능을 할 의무를 면제해 준다는 바로 그 점 때문에 특히 값진 것으로 평가된다. 따라서 재산권은 도덕적 정당성을 잃어버리고 홉슨Hobson이 지적했듯이 사실 상 "정당한 재산property(적합한 것 또는 정당하게 얻은 것)"이 아니라 "부당한 재산improperty(부적합한 것 또는 부당하게 얻은 것)"이 되었다. 왜냐하면 이제 재산권은 자기 수고의 산물을 소유주에게 확보해주는 권리가 아니라 남이 수고해서 만들어낸 것을 빼앗을 수 있는 권리가 되었기 때문이다. 이러한 상황이 상식과 대중으로 하여금 재산권에 대해 등 돌리게 했다. 따라서 이제 재산권을 위협하는 것은 과거처럼 전제 군주의 임의적 과세나 유한 귀족이 누리는 특권이 아니라 부도덕하고 부적절한 재산권 그 자체다(토니, 1993: 223-5).

2) 재산의 분류

토니는 재산이라는 개념은 인격체에 의해 그 권리가 행사되고 국가가 이를 강제한다는 점을 제외하면, 아무 것도 공통된 것이라고는 없는 수많은 권리들을 포함하고 있다고 지적한다. 따라서 사유재산 일반을 공격하거나 옹호하는 일은 모두 어리석은 것이라고 비판한다. 왜냐하면 재산이라는 이름 아래 다양한 성격의 이질적인 권리들이 포함되어 있기 때문이다. 재산을 둘러싼 논쟁을 올바로 해결하기 위해서는 결국 본질적으로는 추상화에 지나지 않는 것의 여러 가지 구체적 양태를 구분해 내는 것이 필요하다는 것이다(토니, 1993: 218-219). 특히 재산에는 앞에서 언급했듯이 직업 활동이나 가계 유지를 위한 활동의 결과로 얻어지며 소유자의 적극적 활동에 의해 유지되는 능동적 성격의 다양한 재산과 자신의 직접적 활동과 무관하게 주어졌으며 소유자가 사용하지 않거나 직접적인 관계를 맺지 않지만 소유자에게 취득·착취·지배의 권력을 부여하는 수동적 성격의 다양한 재산을 구분하는 것이 필요하다. 이러한 방식의 구분은 앞으로도 보호해야할 재산과 관련된 권리와 앞으로 사라져야 하거나 사라질 수밖에 없는 재산과 관련된 권리를 파악할 수 있게 해준다는 것이다(토니, 1993: 224-225).

토니는 이러한 특성에 따라 재산을 다음과 같이 9가지로 구분한다.

(1) 개인의 일에 대해 이루어진 보상 형태의 재산
(2) 건강과 안위에 필요한 개인 소유물로서의 재산
(3) 소유주에 의해 사용되는 토지와 도구 등의 재산
(4) 저자와 발명가들에게 귀속되는 저작권·특허권 등의 재산
(5) 많은 농업지대를 포함하는 순수 이자로서의 재산
(6) 행운으로 인해 발생한 '준지대' 성격의 재산
(7) 독점이윤 형태의 재산
(8) 도시의 지대로서의 재산
(9) 특허 사용료에 대한 재산

토니에 따르면 (1)-(4)에 속하는 재산은 분명히 노동을 수반하며, 어떤 의미에서는 이를 조건으로 하고 있다. 반대로 (6)-(9)에 속하는 재산은 분명히 그렇지 않다. 그런 점에서 (1)-(4)의 재산은 적절하다는 의미에서 적절한 것property라고 할 수 있지만, 마지막 4 종류의 재산은 사실 상 부적절한 것improperty이다. 토니는 5에 속하는 순수 이자는 중간적인 성격을 갖는다고 하는데, 왜냐하면 순수 이자는 재산이 보전되는 법률적 장치야 어떻든 반드시 대가물을 산출해야 하는 필요 경제비용이라는 사실에서 (봉급에 해당하는 것이나 필수적 모험에 대한 보상 이외의) 독점이윤이나 도시의 지대와 특허권 사용료 등 (6)-(9)의 재산과 같지 않지만, 동시에 순수 이자는 수취인을 개인적 봉사에서 벗어나게 해준다는 점에서는 (6)-(9)의 재산과 유사하기 때문이라는 것이다. 그리고 그는 만일 (1)-(4)에 속하는 재산이 우위를 점한다면 그런 사회에서는 창조적 노동이 장려되고 나태는 억제될 것이나, (6)-(9)에 속하는 재산이 우위를 점하고 있다면 창조적 노동은 억제되

고 나태는 장려될 것이라고 경고한다(토니, 1993: 225-226).

3) 부적절한 수동적 재산의 통제의 필요성
봉건사회의 경제적 특권의 철폐는 19세기 이래 자본주의로 인해 발생한 여러 가지 불평등의 증가로 그 효과가 대폭 상쇄되었다. 물론 재산권의 상당부분이 아직도 옛 형태로 남아있어서 자영농과 자영업자가 숫자로는 다수라고 하나, 이들이 대표하는 조직이 20세기 이후 자본주의 경제에서 가장 대표적인 조직은 아니다. 재산의 소유와 관리가 분리되는 경향, 재산이 익명의 노동자가 생산한 재화에 대한 요구 권리로 변화되어 온 것은 자본주의 산업이나 도시문명 자체의 성장만큼이나 명백하다고 토니는 평가한다. 그리고 한 계급이 미래에 대해 가지는 힘은 그 계급이 수행하는 기능에 좌우된다고 지적한다. 실제로 노동하는 귀족이 지배하는 사회는 비록 전제적이었다 하더라도 잘 무너지지 않았지만, 기능을 수행하지 않았던 귀족이 지배하는 사회는 거의 몰락했다는 것이다(토니, 1993: 226-228).

토니는 생산적인 역할을 잃어버린 특허 사용료가 대혁명의 공격 대상들인 부당한 세금과 크게 다르지 않다고 지적한다. 독점이윤, 도시의 지대, 특허 사용료 등은 그 기원이 유사하며 본질적으로 노동이 생산해 놓은 부의 증가분에 대해 부과된 일종의 세금이다. 특허권 사용료·지대·독점 이윤과 같은 모든 권리들은 '부적절한 재산권'이다. 이런 권리들에 대한 가장 치명적인 비판은 사회주의자들의 비판이 아니라 통상적으로 재산권을 옹호하기 위해 사용되어 왔던 논거들이다. 만일 노동한 자에게 자기 수고의 결실을 보장함으로써 산업을 촉진한다는 점에서 재산제도가 존재 근거를 가지는 것이라면, 다른 사람이 들인 노력의 결과를 약탈하는 재산권을 척결하는 것이 당연하기 때문이다(토니, 1993: 229-230). 자본주의의 발전은 부적절한 재산권의 확산을 가져왔는데, 이것은 재산권의 정당성에 상식과 모순되며 정의 개념에서 벗어나기 때문에 지속될 수 없을 것이라고 토니는 지적한다. 또한 부적절한 재산권에 의지하고 있는 유산계급은 사회적 기능을 상실한 채 자신의 지위를 공공 비용으로 유지하고 있기 때문에 장기적으로는 존립이 어려울 것이라고 지적한다.

4) 재산권의 개혁 방향

사회적 통합과 유효한 노동을 위해서는 기능을 토대로 하는 사회 조직이 형성되어야 하며 사회적 기여에 따른 부의 분배가 실시되어야 한다고 토니는 주장한다. 그리고 이를 위해서라면 재산이 가져오는 수익보다는 재산이 수행하고 있는 기능에 관심을 집중해야 한다. 재산권의 상당 부분이 수행하는 기능과 관련 없이 수익을 창출해 내고 또한 그 소유자의 역할이나 책임과 관련 없이 수익을 창출해 낸다는 사실은 사회제도의 장점이 아니라 단점이라고 지적한다. 어떤 사람에게는 수행한 노동에 비해 너무나 하찮은 보수가 지불되며 또 어떤 사람에게는 아무런 노동도 하지 않았는데도 보수가 지불된다고 하면 모든 곳에서 불만이 발생하는 등 재산권이 사회적 혼란 야기하고, 이러한 혼란으로부터 법적 권리라는 이름으로 부당한 재산권을 지키려고 하는 것은 모래 위에 집을 짓는 것처럼 위험한 일이라는 것이다. 토니는 경제사가로서 사실 초기 단계에서 재산권 보호는 통상적으로 노동에 대한 보호였으나, 이것은 지난 2세기 동안의 자본주의 발전 이후에 뒤집혔다고 설명한다. 따라서 20세기 이후 실제적인 경제적 분열은 흔히 거론되듯 고용주와 피고용자 사이에서가 아니라 과학자로부터 노동자에 이르는 생산적인 일을 하는 사람들과, 재산권이 생산적이든 아니든 상관없이 현재의 재산권 유지에 혈안이 되어있는 사람들 사이에 존재한다. 아무런 기능 수행도 하지 않는 주주들에게 분배된 배당금의 절반만으로도 모든 아동들이 18세까지 받을 수 있는 훌륭한 교육을 확보할 수 있고, 이를 다시 대학에 기부할 수 있으며, 보다 많은 사람을 고용하면서 더 효율적으로 생산하기 위해 보다 발전된 생산 설비를 갖추게 할 수도 있다. 소유자가 어떤 기능을 하는가와 상관없이 재산권이 절대적이라는 사상이 이러한 모든 것을 방해하고 있다고 토니는 비판한다(토니, 1993: 234-237).

더 나아가 토니는 소유자들을 인간에게 공통적으로 필요한 노동에서 면제시켜 주는 재산권은 불평등을 제도화하며, 사회의 모든 구석구석에 침투하여 사회를 병들도록 만든다고 신랄하게 부적절한 재산권을 비판한다. 그는 악화는 양화를 구축하듯이 기능 없는 재산권이 바로 정당한 재산권을 쇠퇴시킨다고 보며, 그것은 자신을 낳은 사회를 죽이는 기생충이 될 것이라고 생각했다. 비기능적 재산은 사회를 해체시킬 것인데, 왜냐하면 사회를 통합하는 것은 공동의 목적을 위한 봉사라는 유대인데, 비기능적 재산의 본질은 바로 봉사와는 무관한 권리의 유지에 있으므로 이런 유대를 거부하기 때문이다. 따라서 노동과 생활을 위한 재산권과 타인의 노동에 의해 산출된 부에 대한 요구에 지나지 않는 재산권은 엄격히 구분되고 후자는 강력하게 통제해야 한다고 토니는 주장한다(토니, 1993: 238-239). 재산권을 모두 철폐하는 것보다 정당한 재산property과 부당한 재산improperty을 구분하고 후자에 대해 적절하게 통제하는 것이 더 어려운 일일 수도 있겠지만, 토니의 통찰은 재산권 문제를 올바로 해결하는데 많은 시사점을 준다.

Ⅲ. 맺음말: 재산권의 개선 방향

지금까지 우리는 주요 재산권이론을 살펴보았다. 그밖에도 미국의 철학자이자 법학자인 코헨Morris Cohen(1880~1947)과 캐나다 정치이론가인 맥퍼슨Crawford Brough Macpherson(1911~1987)의 이론 역시 재산권 방향을 모색하는데 도움이 된다. 여기서는 지면 관계상 간략하게 언급하겠다. 코헨은 1920년 대 후반 당시에 지배적인 법적 견해에 반하여 재산권이 주권sovereignty이라는 주장을 폈다. 그는 재산이 물건이 아니라 권리라는 입장으로부터 출발한다. 그리고 그는 재산이 기본적으로 물건을 둘러싼 사람들 사이의 권리들의 관계이면서 권력 관계라는 것을 보여준다. 다시 말해 재산권이란 타인에 대한 힘이다. 따라서 그 힘은 정당성을 가져야 하며 그 힘의 보호는 공공의 복리에 부합해야 한다. 그렇기 때문에 국가는 시민의 전체적 복지를 위해서 필요에 따라 재산권에 한계를 정하거나 소유자에게 의무를 부과할 수 있다고 주장한나(코헨, 1993). 코헨의 주장은 재산권을 둘러싼 혼란을 극복하는데 도움이 된다.

맥퍼슨 역시 재산권에 대한 2가지 오해를 지적함으로써 재산권에 대한 학문적 논의를 발전시키는데 기여했다. 2가지 오해란 재산을 권리가 아니라 사물로 생각하는 것과 재산권을 사유재산권과 같은 것으로 생각하는 것이다. 첫 번째 오해에 대한 지적은 코헨의 지적과 기본적으로 같고, 두 번째 오해에 대한 분석은 맥퍼슨이 독창적으로 발전시킨 것으로 특히 현재까지도 재산권과 관련된 또 하나의 혼동을 해결하는데 도움이 된다. 더 나아가 맥퍼슨은 재산권과 민주주의의 관계에 대해서도 심도 깊은 논의를 발전시켰다. 타인을 배제할 권리로 좁게 정의된 사유재산권 개념은 각 개인들의 평등한 자기 발전이라는 근대 민주주의 체제의 기본 기념과 갈등을 일으킨다는 것이다. 개인의 신체와 노동에 대해 "배제할 권리" 개념 위에 성립한 이 개념을 어떤 것의 이용과 수익에서 "배제되지 않을 권리"로 확장시킴으로써 공공성의 문제를 해결할 수 있다고 맥퍼슨은 주장한다(맥퍼슨, 1993).[1]

노직Robert Nozick(1921-2002)처럼 자유지상주의libertarian[2]의 입장을 견지하여 재산권의 절대성을 옹호하면서 재산권에 대한 어떤 제한도 반대하는 입장이 여전히 건재하다. 어떤 사람이 원초적 취득과 이전 및 부정의의 교정 원리에 따라 정당한 절차와 과정에 의해 재화를 획득했다면, 그는 그 재화에 대한 소유자격entitlement을 가진다고 노직은 주장한다. 그리고 소유자격을 가진 소유에 대해서는 어떤 제한도 부당하다는 것이다. 기본적으로 로크의 입장을 계승하고 있는 그의 주장은 로크에게서 이론적으로 충분히 논의되지 않은 자연 상태와 이후 상태 사이의 정당한 재산 소유의 연계 문제를 정의의 원리를 구분하는 두 기준을 도입함으로써 해결하고자 한다. 하지만 이러한 입장은 "아동 노동 금지"나 "최저임금제"를 재산권 침해로 규정하고 "합의된 식인 행위" 또는 "합의된 선거 매수 행위"를 재산권과 계약의 자유를 근거로 정당화한다는 점에서 받아들이기 어렵다(샌델, 2009).

오늘날 불평등 문제나 환경 문제를 해결하고 환경과 정보와 같은

---

1   라인보우(2012)의 대헌장에 대한 역사적 연구는 배제되지 않을 권리라는 개념의 정당성을 뒷받침한다. 그의 연구는 배제되지 않을 권리가 자본주의 이전에 매우 중요하게 다루어졌으며, 공유지(commons)를 법적으로 보호하는 것을 통해 제도화되고 있었다는 것을 보여준다.
2   자유지상주의는 시장의 자유와 재산권을 강조하는 반면 자유주의(liberalism)는 개인의 자유를 강조한다. 자유주의와 자유지상주의의 차이에 관한 상세한 논의는 샌델(2009), 킴릭카(2005)와 폭스(2009)를 참조하시오.

새로운 재산권 영역에서 발생하는 문제들을 해결하는데 도움이 될 만한 개념적 바탕을 마련하기 위해 지금까지의 논의를 정리해서 보면 다음과 같다.

1) 재산은 사물이 아니라 권리다. 그리고 모든 권리는 다른 사람의 평등한 권리를 침해해서는 안 된다는 공공성을 확보해야만 한다.
2) 직업 활동이나 가계 유지를 위한 활동의 결과로 얻어지며 소유자의 적극적 활동에 의해 유지되고 최소수혜자에게 최대의 이익을 가져다주는 재산은 정당성을 갖는다.[3]
3) 재산은 정당성의 수준에 따라 적절한 재산property과 부적절한 재산improperty으로 구분할 수 있다. 특히 생산할 수 있는 다른 사물과 달리 생산할 수 없는 토지 등 자연의 공동자원에 대한 소유는 대부분 부적절하다.
4) 재산권에는 경작권, 이용권, 점유권, 임대권, 거래권, 특허권, 증여권, 상속권 등 다양한 권리의 내용이 포함된다.
5) 재산권은 공동체적 자유와 민주주의를 해치지 않도록 제한되어야 하지만, 제한의 대상은 그 부적절성의 정도에 따라 다양하게 설정되어야 하며, 그 내용 역시 경작권, 이용권을 더욱 폭넓게 인정하고 임대권, 거래권, 특허권과 상속권을 축소하는 등 다양한 방식을 취할 수 있다.

---

[3] 이것은 롤즈(2003)가 정의의 원칙에 부합하는 차등 분배를 위해 제시한 원칙을 활용해 앞서 설명한 토니의 사회적 기능이라는 재산의 정당성 기준을 수정·보완한 것이다. 구조기능주의의 사례에서 알 수 있듯이 사회적 기능이라는 기준은 너무 모호해서 견강부회식으로 사용될 수 있기 때문에 구체화될 필요가 있다.

6) 재산 형태에는 사유재산, 국가재산, 공동재산 등이 있으며 공동재산은 현재 거의 남아 있지 않고 법적으로 보호받기도 어렵지만 자연으로부터 배제되지 않을 권리로서의 인권과 친화적이기 때문에 활성화가 필요하다.

이러한 재산 개념에 따른다면 부유세는 정당화되기 어렵다. 재산을 제한할 때 1차적 기준은 재산의 크기가 아니라 정당성이다. 적절하게 분배되지 않은 상황에서 부자에게 세금을 더 많이 부여하는 것이 완전히 부당한 것은 아니지만, 먼저 상속이나 임대, 투기적 거래로 얻어진 재산에 대해 세금을 늘리는 것이 필요할 것이다.

김상봉(2012)은 17-8세기 루이 14세가 "짐이 곧 국가다"라고 말할 때 국가가 개인인 왕의 재산이라는 것은 상식이었다고 말한다. 하지만 현재 국가는 개인이 소유할 수 없는 것이 되었다. 국가를 개인이 소유하는 것에는 근대적인 정당성을 결여하고 공공성을 침해했기 때문이다. 마찬가지로 현재 개인의 재산으로 간주되는 것들 중 많은 것이 정당성이 없거나 공공성을 침해한다면 1세기나 2세기 후에는 개인이 소유할 수 없는 것이 될 가능성이 크다. 장기적으로는 근대적 혹은 탈근대적 정당성을 가지지 못함으로써 정의와 인권, 공공성을 침해하는 재산권은 시민들의 저항으로 소멸할 것이다. 하지만 공공성을 확보하지 못한 재산은 지속적으로 광범위한 시민들에게 고통을 가져다준다. 따라서 미래의 과제로 마냥 남겨놓을 수만은 없다. 지금부터라도 공공성과 정당성의 기준에 따라 재산권을 엄밀히 세분하고, 어떤 재산권을 보호하고 어떤 재산권을 어떻게 제한해야 하는가를 숙고함으로써 재산권 제도를 하루빨리 개선할 필요가 있다.

참고문헌

그린(Thomas Hill Green). 1993. "재산권과 관련된 국가의 권리."『재산권 사상의 흐름』. 김남두 역. 천지.
김상봉. 2012.『기업은 누구의 것인가』. 꾸리에.
노직(Robert Nozick). 1993. "재산권과 관련된 국가의 권리."『재산권 사상의 흐름』. 김남두 역. 천지.
마르크스 · 엥겔스(Karl Marx & Friedrich Engels). 1988.『마르크스 · 엥겔스 저작선』. 김재기 역. 거름.
마르크스 · 엥겔스(Karl Marx & Friedrich Engels). 1991.『칼 맑스 프리드리히 엥겔스 저작선집』. 김세균 감수. 박종철 출판사.
맥퍼슨(Crawford B. Macpherson). 1993. "재산권의 안전과 평등."『재산권 사상의 흐름』. 김남두 역. 천지.
벤담(Jeremy Bentham). 1993. "재산권의 안전과 평등."『재산권 사상의 흐름』. 김남두 역. 천지.
라인보우(Peter Linebaugh). 2012.『마그나카르타 선언』. 정남영 역. 갈무리.
로크(John Locke). 2011.『시민정부론』. 이극찬 역. 연세대학교 출판부.
롤즈(John Rawls). 2003.『정의론』. 황경식 역. 이학사.
루소(Jean Jacques Rousseau). 2003.『인간 불평등 기원론』. 주경복 · 고봉만 역. 책세상.
루소(Jean Jacques Rousseau). 2011.『사회계약론』. 김중현 역. 펭귄클래식 코리아.
밀(John Stuart Mill). 2010.『정치경제학 원리 2』. 박동천 역. 나남.
샌델(Michael Sandel). 2009.『정의란 무엇인가?』. 이창신 역. 김영사.

아키미치 토모야. 2007. 『자연은 누구의 것인가』. 이선애 역. 새로운 사람들.

오스트롬(Elinor Ostrom). 2010. 『공유의 비극을 넘어』. 윤홍근 역. 랜덤하우스코리아.

코헨(Morris Cohen). 1993. "재산권과 주권." 『재산권 사상의 흐름』. 김남두 역. 천지.

킴릭카(Will Kymlicka). 2005. 『현대 정치철학의 이해』. 장동진 외 역. 동명사.

토니(R. H. Tawney). 1993. "재산권과 주권." 『재산권 사상의 흐름』. 김남두 역. 천지.

폭스(Keith Faulks). 2009. 『시티즌십』. 이병천 외 역. 아르케.

헤겔(Georg Hegel). 2008. 『법철학』. 임석진 역. 한길사.

岡敏弘. 2006. 『環境経済学』. 岩波書店.

제2부
지역 공공성 모색의 현장에서

제4장
학교와 지역 공공성:
제주의 소규모학교 통폐합 정책을 둘러싸고

김선필·정영신

I. 머리말

1982년부터 시작된 정부의 소규모학교 통폐합 정책은 지난 30년간 제주지역 56개교, 전국 5,509개교를 통폐합시키는 결과를 가져왔다(2011년 3월 1일 기준. 교육과학기술부, 2012; 제주특별자치도교육청(이하 도교육청), 2012a). 정부는 통폐합 정책을 통해 복식수업의 해소, 교육과정 운영 정상화, 적정규모 학교 조성으로 학업성취에 대한 동기유발, 사회성 강화 등의 성과를 거두었고, 경제적으로도 약 1.7조원의 예산절감 효과를 거두었다고 평가하였다(이인회, 2013: 348-349). 이러한 평가는 학교의 소규모화가 산업화에 따른 농·어촌 지역의 인구유출로 인해 발생하게 된 필연적인 현상이라는 점을 전제로 하고 있다.

그러나 이러한 평가는 학교와 지역 공동체 간의 관계를 고려하지 않은 것이다. 농·어촌 지역의 학교들은 지역사회의 구심점 역할을 수행해왔기 때문이다(최성류, 2007: 82). 학교는 지역 공동체의 문화공간이자 공동체 화합의 장소로 기능해 왔다. 따라서 정부의 소규모학교 통폐합 정책은 소규모학교의 발생 원인이라고 할 수 있는 농·어촌지역의 인구유출을 더욱 가속화시키는 효과를 발휘함으로써(이혜영 외, 2010: 36, 233), 소규모학교의 존립을 더욱 어렵게 만들 수 있다. 이런 경우 소규모학교 살리기는 지역 공동체에 매우 절박한 과제가 된다. 예컨대, 제주시 애월읍 납읍리 주민들은 납읍초등학교를 살리기 위해 무상임대 공동주택을 짓고 인구유입을 도모하여 학교의 통폐합을 저지하였다(현봉추, 2008). 이와 같은 지역주민들의 노력에도 불구하고 학교운영의 효율성을 도모하기 위한 교육당국의 소규모학교 통폐합 정책은 지속적으로 추진되고 있다. 더불어 소규모학교 통폐합을 추진하려는 교육당국과 이를 저지하려는 지역주민 간의 갈등도 계속되고 있다. 최근 들어 한국사회에서는 마을 만들기와 사회적 경제 등 지역 공동체의 지속가능한 발전(혹은 성장)과 관련된 논의들이 주목받고 있다. 이 시점에서 소규모학교 통폐합과 관련된 논쟁과 갈등의 전개상황과 그것이 의미하는 바를 살펴보는 것은 시의적절하다고 판단된다.

한편 오랜 기간 동안 체계적인 교육은 소수 엘리트들의 전유물이었으나, 근대사회에서는 시민권의 확산과 더불어 교육은 국민의 의무이자 국가가 국민에게 제공해야 할 대표적인 공적 서비스로 인정받아 왔다. 특히, 본 논문에서 다루고 있는 공립학교에 대해서는 그 존폐나 운영의 문제가 공공의 성격을 띠고 있다는데 이견이 존재하지 않는다.

논쟁이나 갈등은 오히려 소규모학교의 유지나 통폐합 문제가 지닌 공적인 성격을 누가 결정할 수 있는지, 그리고 학교가 지니는 공공의 성격이 무엇인지, 통폐합과 관련된 이익이 누구에게 어떻게 분배되어야 하는가를 둘러싸고 전개되고 있는 것으로 보인다.

그러므로 소규모학교 통폐합 정책은 공공성公共性: publicness의 관점에서 재검토하고 평가될 필요가 있다. 소규모학교 통폐합 정책은 학교에서 일상을 보내는 학생과 교사뿐만 아니라 학부모나 지역 주민들, 지역사회에 광범위한 영향을 미치기 때문이다. 하지만 선행연구들은 소규모학교 통폐합 정책의 경제적 효과나 그 실태에 관한 분석에 치중해 왔다.[1] 이 글은 공공성의 관점에서 최근의 소규모학교 통폐합 정책을 분석함으로써 교육의 공적 성격을 재확인하고, 농·어촌 지역 공동체에서 학교가 가진 공익적 성격을 검토함으로써 학교와 지역 공동체의 지속가능성을 모색하려는 시도라고 할 수 있다. 특히, 여기서는 2011년부터 현재까지 지속되고 있는 제주지역의 소규모학교 통폐합

---

1 현재까지의 소규모학교 통폐합과 관련한 선행연구들은 다음과 같은 몇 가지 주제를 포함하고 있다. '규모의 경제' 개념을 이용한 학교의 적정규모 분석(공은배 외, 1984; 박선하, 1997; 백성준 외, 1997; 이승일, 2007; 이혜영 외, 2010), 통폐합과 관련한 경제적 효과 및 비용 분석(박선하, 1997; 교육인적자원부, 2006; 이승일, 2007; 이혜영 외, 2010; 조영옥 외, 2004, 이혜영 외, 2010: 36쪽), 통폐합 된 학교의 실태 분석(최성륜, 2007; 최준렬 외, 2007; 김인숙, 2008; 유경진, 2010; 이혜영 외, 2010), 소규모학교 육성을 위한 방안(나영성, 2003; 황영동, 2012), 소규모학교 통폐합에 대한 찬반논리 분석(조준래, 1994; 이상기, 1994; 우형식, 1999; 김신복 외, 1996; 김성수 외, 1994; 이정선, 2000; 최준렬, 2008a), 소규모학교 통폐합 정책 분석(김기은, 2000; 최준렬, 2008b; 현봉추, 2008) 등이 그것이다. 한편, 이인회의 연구(2013)는 교육거버넌스의 관점에서 제주지역 소규모학교 통폐합문제를 다루고 있다.

정책을 다룰 것이다. 이 시기의 제주지역 소규모학교 통폐합 정책은 짧은 기간임에도 불구하고 지역사회의 지대한 관심을 받았으며, 이를 둘러싼 논의들이 다양하게 개진되어 주목할 만한 결과를 보이고 있기 때문이다.

이를 위해 이 글은 우선 기존 연구에서 나타난 공공성의 개념을 검토하여, 소규모학교 통폐합정책의 추진 과정을 분석할 수 있는 개념적 도구를 구성해 볼 것이다. 특히, 절차적 측면에서 민주적 합의의 형성 과정을 평가할 수 있는 분석틀과 소규모학교의 유지·통폐합을 둘러싼 담론들을 내용적으로 분석할 수 있는 틀을 공공성의 측면에서 구성할 것이다. 그리고 2011년부터 현재까지 지속되고 있는 제주지역의 소규모학교 통폐합 과정을 개괄한 뒤, 이 과정을 공공성의 측면에서 평가해 볼 것이다.

Ⅱ. 공공성(Publicness) 개념의 검토와 재구성

1. 공공성의 개념과 공공성의 두 측면

공공성이라는 개념은 사용하는 논자에 따라 다양한 의미로 이해되고 있다. 우선, 공공성이 가지고 있는 특성을 구분함으로써 공공성의 의미를 밝히려는 연구들이 있다(조한상, 2009; 사이토 준이치, 2009; 조대엽, 2012). 이에 따르면, 공공성은 공적official 주체, 공개성openness, 공공복리public welfare 등의 특성을 가지고 있다.

첫째, 공공성은 '주체적 측면'에서 '공적 주체'를 의미한다. 공공성Publicness은 라틴어 publicus인민의를 어원으로 하고 있는데, publicus는 populus인민라는 명사의 형용사적 표현이다. 로마시대에 populus는 국가 운영에 참여하는 주권자로서의 의미로 사용되었으며, 이런 차원에서 공적주체는 정치적이다. 따라서 공적주체로서의 공공성은 '누가 공적주체에 포함되는가?'에 의해 평가될 수 있다. 둘째, 공공성은 '과정적 측면'에서 '공개성'을 의미한다. 공개성으로서의 공공성은 공적 요소의 선택과 참여 과정이 구성원들에게 열려 있다는 것을 의미한다. 공공성의 독일어 표현인 öffentlichkeit의 어원인 öffentlich는 영어의 open에 해당되며 올바른 것은 누구에게도 감춰질 필요가 없다는 의미가 담겨있다. 따라서 공개성으로서의 공공성은 '공적 요소의 선택과 참여 과정이 구성원들에게 얼마나 개방되어 있는가?'에 의해 평가될 수 있다. 셋째, 공공성은 '결과적 측면'에서 '공공복리'를 의미한다. 공공복리는 공동체 구성원 모두의 복리를 의미한다. 이것은 사적이익과 대립되는 개념으로 특정 이해에 치우치지 않는다는 긍정적인 의미와 공공복리를 위해 개인을 억압한다는 부정적인 의미를 동시에 내포하고 있다. 따라서 공공복리로서의 공공성은 '누구에게 이익이 돌아가는가?'에 의해 평가될 수 있다.

여기서 공공성의 '주체'와 '결과'의 측면들은 공공성이 왜, 어떤 내용으로 구성되는가를 검토하는 작업과 관련되며, '과정'과 '주체'의 측면들은 공공성이 형성되는 과정과 절차의 정당성을 평가하는 작업과 관련된다고 할 수 있다. 이 글에서는 공공성의 다양한 특성들을 그 내용이나 의미 및 과정과 절차의 측면으로 구분하려 하는데, 이것은 공공성의 특성을 두 개의 범주로 구분하는 기존 논의들과 유사하다. 소진영은 공공성의 특성들을 두 가지 범주로 구분하여, 공공성 구현의 주체[2] 또는 방법이나 절차를 규정하는 형식적 특성들(정부관련성, 공동체관련성, 외부의존성, 개방성과 보편적 접근성, 민주주의)과 공공

---

2 이 글에서는 '주체'의 측면이 공공성의 '내용'과도 직결되어 있다고 본다. 어떤 주체들이 공적 논의의 장에 등장하는 문제는 그들의 특정한 의제가 공론화되는 문제와 떼어놓고 생각할 수 없기 때문이다.

성의 내용을 직접적으로 구성하는 실질적 특성들(평등과 정의, 공익성과 공리 혹은 후생, 신뢰와 권위)로 구분하고 있다(소진영, 2008). 한편, 임의영은 공공성을 정치적 차원과 윤리적 차원으로 구분할 수 있다고 본다. 이때, 정치적 차원은 '공동체의 조화'를 위해 토론과 설득을 통한 합의나 참여를 강조하는 민주주의의 측면을, 윤리적 차원은 조직의 운영이나 정책의 형성 및 집행을 통해 실현해야 할 '공익'의 내용으로서 '사회정의'의 측면을 의미한다. 따라서 공공성은 절차로서 민주주의와 내용으로서 사회정의의 변증법적 관계를 본질로 한다(임의영, 2003; 2010: 4). 소규모학교의 통폐합정책과 같은 구체적인 정책의 평가에서도 공공성의 두 측면을 구분하여 검토하는 것이 유용하다.

2. 공공성의 내용·의미의 역사적 변동과 '지방공공성'

위에서 살펴본 공공성의 세 요소들은 역사적·사회적으로 구성되는 것이기 때문에, 공공성의 의미나 내용 역시 불변적인 것은 아니다. 조대엽(2012)은 이러한 공공성의 의미를 공공성의 역사적 구성과 변동에 관한 연구로 진전시켰다. 그에 따르면, 공공성은 현재 위기에 직면해 있으며, 그것은 국가기능의 위축과 시장과 시민사회의 확장이라는 현대성의 전환에 기인한 것이다. 따라서 위기에 직면한 공공성을 재구성하기 위해 공공성의 역사적 구성 과정을 밝힐 필요가 있고, 역사적 분석을 위한 도구로서 공공성의 유형화가 필요하다.[3] 특히, '국가(주의) 공공성'[4]으로부터 '생활공공성'으로의 전환은 현대성의 전환에서 핵심

---

3 조대엽은 공공성의 유형을 체계요소, 사회구성영역, 사회적 범위, 공간적 범위, 역사시기, 강제성 수준, 외재성수준에 따라 다양하게 유형화하고 있다. 자세한 논의는 조대엽(2012: 12) 참조.
4 이 글에서는 특히 거시적인 사회구성 영역별로 공공성을 유형화한 국가공공

에 놓여 있는 역사적 변동이라고 할 수 있다. 이것은 한국에서 교육을 비롯한 다양한 분야에서의 공공성의 구성과 해체, 재구성을 분석할 수 있는 유용한 개념이라고 할 수 있다. 특히, 1990년대 이후 한국사회에서도 공공성의 국가 독점이 해체되면서 시장이나 시민사회의 다양한 주체들이 여러 주제들을 공적 이슈로 제기하고 있으며, 민주화와 지방자치제의 실현에 따라 다양한 생활상의 문제가 공적인 것으로 제기되는 생활공공성과 미시공공성[5]의 영역이 주목을 받고 있다. 소규모학교의 유지·통폐합을 둘러싼 시민사회의 다양한 문제제기 역시 이러한 생활공공성과 미시공공성의 부상을 보여주는 현상이라고 할 수 있다.

그런데 생활공공성과 미시공공성의 확장 현상은 공공성의 분석에서 스케일scale의 문제를 제기한다. 스케일은 지리학과 사회운동론에서 주로 사용되어 온 개념이지만, 공공성의 공간적 범위에 따라 지구공공성, 국가공공성, 지역(지방)공공성, 현장공공성 등을 구분하는 틀로 사용될 수 있다. 이때, 공공성의 스케일 변동은 단순히 분석 범위의 변동을 의미하는 것이 아니라, 공공성의 의미와 내용, 과정이나 절차

성, 시장공공성, 시민사회공공성 유형을 사용한다. '국가공공성'은 공공관리, 공공정책과 관련된 정부영역의 실행적 공공성을 말하는 것으로 정부의 다양한 공적 활동을 포괄하며, '시민사회공공성'은 공적 여론이 형성되는 커뮤니케이션제도, 자발적 결사체, 사회운동, 종교 및 교육제도 등의 공적 의사소통의 범주를 지칭한다(조대엽, 2009: 9-10).

5 정치패러다임으로 보면, 생활공공성은 국가주의정치 패러다임에서 생활정치 패러다임으로의 변동에 조응하는 것으로서, 다양한 시민적 생활의 영역에서 자기실현성과 가치 확장성을 증대시키는데 초점을 맞춘 새로운 공적 질서를 표현하고 있다. 한편, "미시공공성은 제도가 개인의 일상에 맞닿아 있는 영역에서 형성되는 구체적이고 체험적인 공적 질서를 의미한다." 생활공공성은 미시공공성의 실질적 내용이 된다(조대엽, 2012: 20; 36).

가 달라질 수 있음을 함의한다.

특히, 최근에는 대안적 공공성의 모색 과정에서 지역적 공공성이나 로컬 공공성에 대한 논의가 이어지고 있고, 이러한 공공성은 생활공공성의 핵심 내용을 구성하고 있다. 이상봉(2011)은 공공성의 문제가 스케일의 측면에서 친밀권-생활권-국가권-전지구권 등으로 중층화되고 있으며, 기존의 국가공공성에 대한 대안으로서 생활공간으로서의 지역사회에 주목할 것을 강조한다. 주체의 측면에서는 민간(:시장=私)과 관(:국가=公) 사이에 존재하는 시민에, 스케일의 측면에서는 가족私과 국가公의 사이에 존재하는 '생활공간'이 새로운 공공성의 단위로 적합하다는 것이다. 따라서 일상의 생활공간을 공유하는 주민들의 공동성에 근거하여 권력적이지 않은 공공성을 만들어 가는 것이 새로운 공공성의 모색에서 핵심적이라는 주장이다(이상봉, 2011: 34). 특히 지역적 공공성에서는 국가적 공공성과 다른 논리가 작동하는데, 지역적 공간은 이성의 공간인 국가적 공간에 대비하여 감성이 작동하는 공간이며, 따라서 이성적 토의를 바탕으로 한 커뮤니케이션이 아니라 동감(同感)에 기반 한 커뮤니케이션에 의해 공공성이 형성된다. 이때 지역공동체는 '주거의 공동성'으로부터 집합성이 실재하는 공간으로 자리매김 되며, 생활공간은 거주에 관한 문제에서부터 사회시스템의 문제에 이르기까지 모든 문제들이 중층적으로 존재하는 유일한 장소라는 특성 때문에 공적공간과 사적공간이 대립하는 국가적 공공성에서와는 달리 사적공간과 공적공간을 매개하는 제3의 공간으로서의 가능성을 발견할 수 있는 곳으로 인식된다(이상봉, 2011: 34-36).

한편, 하용삼·문재원은 '로컬'을 시공간-인간-사회의 다층적이고 복잡한 양상이 혼재해 있는 곳으로서 일상의 교류와 갈등이 발생하는 현장이자, 생활상의 이익의 문제들이 구체적, 직접적으로 드러나는 영역으로 규정한다(하용삼·문재원, 2011: 436). 이들은 '생활정치'에서는 '아래로부터의 참여'와 공/사 이분법에서 배제되어 온 '일상적이고 생활적인' 과제에 기초한 의제들을 구성하는 것이 가능하다고 본다. 이때 주민의 삶이 뿌리내리고 있는 생활세계의 다양한 문제 해결을 위해, 정책형성 및 집행과정에 대해 주민 스스로가 사회적 책임을 갖고 직접 참여할 수 있는 의사소통 구조나 민주적 소통의 제도적 장치를 마련하는 것이 중요하다. 이를 발판으로 온갖 사적 경험들이 점철된 로컬공간은 '공공성의 공간'으로 전환될 수 있다는 것이다. 여기에서 주의해야 할 점은 로컬 공공성의 확장은 기존 국가공공성의 축소에 따른 단순한 확장이 아니라 공공성의 영역이나 주체, 절차, 이유 등에서 공공성의 재구성을 의미한다는 점이다.

요컨대, 공공성의 문제에서 스케일 변동에 대한 관심은 공공성의 내용에 대한 재구성을 의미한다고 할 수 있다. 따라서 소규모학교의 유지·통폐합의 문제에서 공공성의 의미와 내용이 어떻게 변화하고 있는지를 구체적으로 검토해 봄으로써 위의 연구들이 제기하는 '지방적 공공성'[6]의 가능성을 탐색해 볼 수 있다.

3. 공공성의 과정·절차에 관한 논의와 정당성의 문제

그렇다면 공공성의 과정과 절차에 대한 문제는 어떻게 평가할 수 있을까? 공공성의 과정과 절차에 관한 논의들은 주로 하버마스Jürgen Habermas의 공론장public sphere에 관한 논의를 바탕으로 공공성의 정치과정

---

[6] 이 글에서는 기존 연구들에서 지역적 공공성, 로컬 공공성 등으로 명명되어 온 영역을 '지방공공성' 혹은 '지방적 공공성'으로 명명한다. 이것은 국가 이상의 스케일인 region을 '지역'으로, 국가 이하의 스케일인 local을 '지방'으로 번역해 온 관례에 따른 것이다.

에 대한 분석을 수행해 왔다(홍성태, 2012). 한편, 프레이저Nancy Fraser 는 『지구화시대의 정의』(2010)에서 현대사회가 지구화로 인해 탈국민 국가적 상황으로 변화되고 있으므로 국민국가의 틀 속에서 설정되었 던 정의에 대한 기준이 새롭게 구성되어야 한다고 주장했다. 단, 하버 마스의 공론장 개념은 공론의 의사소통적 생산 공간으로서 민주주의 에 관한 비판이론에 공헌할 수 있기 때문에 사회역사적 상황과는 무관 하게 여전히 유의미한 개념이라고 보았다. 그러나 공론장이 탈국민국 가적 상황 속에서도 지속적으로 영향력을 가지기 위해서는 '규범적 정 당성normative legitimacy'과 '정치적 유효성political efficacy'이라는 공론장 의 본질적이고 필수불가결한 두 요소가 동시에 존재해야 한다고 역설 했다.

첫째, '규범적 정당성'은 공론장이 정당성을 얻기 위해서는 공론 장에 접근할 수 있는 권리가 누구에게나 동등하게 개방되어야 한다는 것을 의미한다. 이것은 분석적으로 구별되는 의사소통 과정의 두 가 지 특징, 즉 포용성inclusiveness의 정도와 동등한 참여participatory parity 를 실현하는 정도의 함수로 표현될 수 있다. '포용성'은 토론이 원칙적 으로 결과와 관련된 모든 사람에게 열려있어야 한다는 것을 의미하며, 동등한 참여는 모든 대화 참여자들은 자신의 견해를 진술하고, 문제를 설정하며, 다른 사람들이 가진 가정들을 문제 삼고, 필요한 경우 논의 의 수준을 바꾸고, 일반적으로 그들의 의견이 공정하게 청취될 수 있 도록 하는데 평등한 기회를 누려야만 한다는 것을 의미한다(프레이저, 2010: 164). 둘째, '정치적 유효성'은 공론장을 통해 결정된 것이 정치 적으로 실현되어야 한다는 것을 의미한다. 이것은 번역translation 조건 과 능력capacity 조건의 함수로 표현될 수 있다. 번역조건은 시민사회 에서 형성된 의사소통 권력이 구속력 있는 법률 및 행정권력으로 번역되어야 한다는 것을 의미하며, 능력 조건은 공적 권력이 토론을 통해서 형성된 의지를 실행할 수 있어야만 한다는 것을 의미한다(프레이저, 2010: 168-169). 이러한 논의는 공공성이 중층화·다양화 되고 있는 오늘날의 현실에도 공공성의 과정과 절차에서 충족되어야 할 요건들을 분별할 수 있게 한다. 이 글에서는 규범적 정당성과 정치적 유효성이라는 공론장의 두 요소를 조합해 공공성의 '과정적 유형'을 다음과 같이 구성한다.

규범적 정당성과 정치적 유효성의 조합을 통해 도출된 공공성의 과정적 유형들은 다음과 같다. 첫째, '배제된 공공성'이다. 이것은 규범적 정당성과 정치적 유효성이 모두 확보되지 못한 상태로서, 소수의 참여자들만이 공론 형성에 참여하면서 그것을 실제로 실현시킬 힘이 없는 경우다. 결과적으로 그들의 공론은 배제될 가능성이 매우 높다. 둘째, '도구적 공공성'이다. 이것은 규범적 정당성이 확보되지 않고 정치적 유효성만 확보된 경우를 말한다. 결정된 사항을 실행할 수 있는 힘 있는 소수의 참여자들이 의사소통 과정을 주도하는 경우에 해당하며, 엘리트주의로 정당화 되거나 독재의 도구로 사용될 가능성도 있다. 따라서 도구적 공공성은 규범적 정당성을 확보해야만 민주주의라는 목표에 다가설 수 있다. 셋째, '비판적 공공성'이다. 규범적 정당성은 확보되었으나 정치적 유효성이 확보되지 않은 상태를 의미한다. 관련된 당사자들 다수가 의사소통 과정에 참여하여 합의사항을 도출할 수 있지만 그것을 실현시킬 힘이 없는 상태를 의미한다. 넷째, '민주적 공공성'[7]이다. 이것은 규범적 정당성과 정치적 유효성이 모두 확보된

---

7   이 용어는 사이토 준이치(2009)에게서 빌려온 개념이다. 사이토 준이치는 위르겐 하버마스와 한나 아렌트의 논의를 토대로 이루어지고 있는데, 그에게 민주적 공공성은 당사자의 목소리가 적극 반영되는 공공성을 의미한다.

경우로서, 다수 구성원들이 의사소통 과정에 동등하게 참여하고 거기서 결정된 합의 사항이 실제로 법제화 되며, 행정권력에 의해 수행되는 상태를 의미한다. 민주적 공공성은 공공성의 목표인 민주주의를 실현한다는 의미에서 공공성이라는 개념의 이상형에 부합되는 유형이라고 할 수 있다. 여기에서 앞의 세 유형 가운데, 도구적 공공성은 기존의 국가공공성과, 그리고 비판적 공공성은 시민사회 공공성과 유사한 측면이 있지만, 각각이 독자적인 공공성의 유형을 의미하는 것은 아니다. 세 유형 모두 공공성 자체의 유형이라기보다는 공공성 형성의 과정과 절차를 분석하기 위한 잠정적인 이념형상의 유형에 불과하며, 민주적 공공성에 도달할 수 있는 여러 단계와 경로를 보여주는 개념적 도구일 따름이다.

Ⅲ. 제주의 소규모학교 통폐합 정책 분석

이 장에서는 우선, 1982년부터 시행된 제주 지역에서 소규모학교 통폐합 정책의 추진 과정을 일별한 후, 특히 2011년부터 현재까지 추진되고 있는 정책 추진과 논쟁의 과정을 표1의 분석틀에 근거하여 평가하고, 소규모학교의 유지·통폐합을 둘러싼 논쟁이 대안적인 공공성의 모색에 주는 함의를 지방적 공공성의 재구성이라는 측면에서 검토하고자 한다.

표1 공공성의 과정적 유형

정치적 유효성	규범적 정당성	
	낮음	높음
높음	도구적 공공성	민주적 공공성
낮음	배제된 공공성	비판적 공공성

1. 1982년~2011년까지의 소규모학교 통폐합 정책

제주도에서 소규모학교를 통폐합하려는 움직임은 도시화경향에 따른 농어촌지역의 인구감소와 맞물리는 1980년대로 거슬러 올라간다. 표2를 통해 확인할 수 있듯이, 소규모학교 통폐합은 크게 네 시기에 걸쳐 추진되어왔다(도교육청, 2012a). 첫 번째 시기는 1982년부터 1993년 사이에 추진된 것으로 19개의 학교가 통폐합되었으며, 이때의 통폐합 기준은 180명 이하였다. 두 번째 시기에는 1994년부터 2005년으로 23개교가 통폐합 되었으며, 통폐합 기준은 100명 이하였다. 2006년부터 2010년까지의 세 번째 시기에는 분교장 두 곳이 폐지되었으며, 이때의 기준은 본교는 60명 이하, 분교장은 20명 이하였다. 따라서 지난 시기 동안 제주도에서 통폐합된 학교는 총 56개교에 달한다. 한편 2013년 현재의 통폐합 추진계획은 '2012~2016 적정규모학교 육성 계획'이라는 제목 하에 기획된 것으로, 직전의 기준을 적용하여 본교 17개

표2 소규모학교 통폐합 기준 및 실적   (2011. 03. 01 현재)

구분		통폐합 기준	통폐합 학교 (전국)	통폐합 학교 (제주)
제1차[8]	'82~'93년	180명 이하	2,013개교	19개교
제2차	'94~'05년	100명 이하	3,045개교	35개교
제3차	'06~'10년	60명 이하 본교, 20명 이하 분교장	398개교	2개교
제4차	'11~현재	60명 이하 본교, 20명 이하 분교장, 도서지역 30명 이하 본교 분교장 개편	53개교	0개교
총계			5,509개교	56개교

출처: 교육과학기술부(2012), 도교육청(2012a)

---

8 차수의 구분은 인용자가 임의적으로 명명한 것이다.

교와 분교 2개교를 통폐합 대상에 올려놓고 있다. 이것은 역대 통폐합 규모 가운데 단 기간 내에 이루어지는 것으로는 가장 큰 규모이다(도교육청, 2012a).

2. 제4차 소규모학교 통폐합을 둘러싼 공공성의 과정과 절차

2011년부터 현재까지의 소규모학교 통폐합 계획의 추진 과정은 다음의 몇 가지 주요 국면으로 나누어 살펴볼 수 있다.

1) 제1국면: 도교육청의 소규모학교 통폐합 정책 추진 발표

과거부터 현재까지 소규모학교 통폐합 정책의 주도적인 추진 주체는 도교육청이다. 도교육청은 2011년 9월 16일, 홈페이지를 통해 '12~16 소규모학교의 적정 규모화를 위한 육성 추진 계획'을 게재함으로써, 기존에 진행되어오던 소규모학교 통폐합 과정을 지속적으로 추진할 의사를 공식적으로 발표하였다.[9] 그리고 11월 10일에는 이러한 내용을 담은 『도립학교설치조례일부개정조례안』을 입법예고하였다.

제1국면은 의제 형성의 단계라고 할 수 있으며, 유일한 행위자인 도교육청은 법적 근거와 행정적 연속성에 따라 합법적 정당성(베버, 1997: 414)을 보이려 했고, 공론의 형성에서 주도성을 확보했다. 하지만 의제 형성 과정에서 다양한 교육주체들은 드러나지 않으며, 도교육청이 협치에 근거한 의사수렴과 토의를 진행했다는 정황도 드러나지 않는다.

---

9   도교육청 홈페이지/알림마당/제주교육소식(2011.09.16) http://www.jje.go.kr

2) 제2국면: 도교육청과 지역주민 간의 갈등

도교육청이 마련한 소규모학교 통폐합 공론장에 즉각적으로 참여한 당사자는 2013년 통폐합 대상으로 선정된 학교의 지역주민들이었다. 풍천초등학교, 수산초등학교, 가파초등학교의 이름이 명시된 개정조례안이 도교육청으로부터 입법예고 되자, 해당지역의 주민들은 학교의 현행 유지와 농어촌 소규모학교에 대한 지역적 특성 고려 및 지역주민 설득을 위한 통폐합 유예기간을 설정해줄 것을 골자로 한 의견을 도교육청에 제출하였다. 그러나 주민들의 의견은 학생 수 확보 개선여부가 불투명하다는 이유로 반영되지 않았으며, 개정조례안은 원안 그대로 추진되었다(표3 참조).

표3 제주특별자치도 도립학교 설치조례 일부 개정조례안 입법 예고 결과

의견제출 내용		의견반영여부	
제출자	제출내용	여부	사유
성산읍 이장협의회장 김영선외 마을이장 13명	-수산초, 풍천초, 수산초병설유치원, 풍천초 병설유치원 현행 유지 -농어촌 소규모학교에 대한 지역적 특성 고려 및 지역주민 설득을 위한 통폐합 유예기간 설정 등 정책적 배려 필요	미반영	-유예기간을 두어도 본교 유지가능한 학생수 확보 불투명함 -'12~'14년 적정규모 학교육성 추진계획을 변경할 특별한 사유 없음으로 정상 추진
성산읍 수산1리장 김석범외 마을주민 297명	-수산초, 수산초병설유치원 현행 유지 -농어촌 소규모학교에 대한 지역적 특성 고려 및 지역주민 설득을 위한 통폐합 유예기간 설정 등 정책적 배려 필요		
-풍천초등학교 학부모회장 신태범외 25명 -성산읍 신천리 마을회 이장 이창복외 70명 -성산읍 신풍리 마을회 이장 김영선외 115명	-풍천초, 풍천초병설유치원 현행 유지 -소규모학교의 지역적 특수성 고려 및 지역주민 설득을 위한 통폐합 유예기간 필요 -풍천초등학교 통폐합 및 분교화 절차 철회와 소규모학교 활성화를 위한 정책적 배려		

출처: 『제주특별자치도 도립학교 설치조례 일부 개정조례안』(2011.12.08 제안)

이 과정을 통해서 도교육청은 소규모학교 통폐합과 '관련된 모든 당사자'들의 의견을 수렴했다는 명분을 쌓은 것으로 보인다. 즉, 도교육청은 개정조례안을 관련된 모든 당사자들에게 공개하고 공론장 참여하도록 함으로써 규범적 정당성 가운데 '포용성'을 확보했다고 주장할 수 있게 되었다.

그러나 2011년 12월 4~5일 양일간 풍천초등학교와 수산초등학교 주민을 대상으로 개최된 주민설명회는 주민들의 보이콧으로 파행을 빚게 되었다. 주민들이 도교육청의 결정에 반발하고 나선 것이다. 지역주민들은 도교육청에 제출한 공문을 통해 "교육청은 적정규모 육성 방안을 추진하면서 통폐합 지원이 아닌, 학교 살리기 지원으로 방향을 전환해야 한다"며 "이에 대한 농어촌지역 교육개선을 위한 지원방안 및 농어촌 학교 강점을 살릴 수 있는 교육복지 정책을 추진해야 한다"고 요구했다(조승원, 2011).

사실 학교와 교육의 공공성과 관련하여 국가주의적 시각을 가진 도교육청과 시민사회의 참여와 협치를 요구하는 지역주민 사이의 충돌은 어느 정도 예고된 사건이라고 볼 수 있다. 고도의 합리성을 추구하는 관료제(베버, 1997)인 국가(정부)는 획일화된 기준을 적용한 정책을 수립 및 시행하는 경향이 있기 때문에, 소규모 학교 통폐합 정책 역시 지역의 특수성이 고려되기 보다는 중앙 차원의 판단 기준에 따라 수립된 것이었다. 그리고 '설명회'라는 형식 또한 교육청과 주민들의 주장을 함께 의제에 올려놓고 토의하는 장이라기보다는 교육청의 정책에 대한 일방적인 설명과 질의응답에 불과했다. 따라서 주민들은 설명회가 단순한 요식행위에 불과할 뿐, 의견수렴을 위한 적절한 통로라고 인식하지 않았던 것이다. 요컨대, 공론장을 주도한 도교육청이 보여준 포용성은 매우 제한적이었고, 동등한 참여를 보장할 의사도 없었던 것으로 보인다. 이것은 표3에 나타난 것처럼, 도교육청이 주민들의 의견에 대해 '특별한 사유' 없음이라고 잘라 말했던 태도에서 잘 드러난다.[10]

3) 제3국면: 도의회와 시민단체 및 도청의 개입

지역주민들의 강력한 반발에도 불구하고 도교육청은 2011년 12월 8일 도의회에 개정조례안 제출을 강행하였다. 이에 따라 도의회 역시 소규모학교 통폐합 공론장에 참여하게 되었다. 도의회는 개정조례안을 심사하면서 소규모학교 통폐합을 신중하게 추진할 것을 도교육청에 요청하였다. 그러나 개정조례안은 교육위원회에 상정됨과 동시에 처리되고(2011년 12월 22일), 제주도의회 제289회 제2차 본회의에 상정되어 수정·가결 되었다(2011년 12월 27일). 이때 도의회는 2012년도에 통폐합 추진계획에 포함되어있던 풍천초등학교, 수산초등학교, 가파초등학교의 유효기간을 1년 유예하여, 2013년 3월 1일부로 해당 학교가 폐지됨과 동시에 분교장화될 수 있도록 허락했다.[11] 이것은 도교육청에 의해 묵살되었던 지역주민들의 의견이 도의회에 의해 일부 '번역'된 결과였다. 도교육청은 도의회의 결정에 따라 통폐합 시기를 늦추었으나, 2012년 5월 22일에 발표한 보도자료를 통해 세 학교의 통폐합을 확정하였다고 공표하였다. 이로 인해 소규모학교 통폐합 정책은 '도구적' 단계에 머물고 말았다. 이로써 지역주민과 도교육청의

---

10 한편, '특별한 사유' 없음이라는 도교육청의 답변은 시민사회, 즉 지역주민들에게 자신들의 의견을 정책화 할 수 있는 '번역' 및 '능력' 조건이 결여되어 있는 상태를 보여주고 있다.

11 도의회 제289회 제2차 본회의 의사 회의록(2011년 12월 27일) http://record.council.jeju.kr; 제주특별자치도(2012: 부칙 제2조).

갈등은 점점 커져갔다.[12]

그런데 개정조례안의 내용을 모두 삭제하는 것을 골자로 한 개정조례안이 발의되면서(2012년 7월 18일) 소규모학교 통폐합 논란은 새로운 국면을 맞게 된다. 이는 풍천초등학교와 수산초등학교가 위치한 성산이 지역구인 한영호 의원이 주도한 것으로, 초등학교 통폐합에 대한 지역주민들의 반발을 수렴한 결과라고 볼 수 있다. 그러나 이 조례안은 제299회 교육위원회에서 더 많은 논의가 필요하다는 의견을 달고 보류 처리되었는데, 이것은 주민들의 '번역' 능력이 매우 제한적이었음을 보여준다.[13]

한편, 제주지역에서는 개발로 인해 피해를 받게 될 주민들과 지역 시민단체들이 연대하여 운동을 전개하는 개발반대 주민운동이 활성화되어 왔다(조성윤 외, 2000; 조성윤, 2003). 이와 유사하게, 소규모학교 통폐합 반대운동 또한 지역 시민단체들이 합세하는 경향을 보이기 시작했다. 2012년 9월 24일 성산읍지역주민들과 교원단체, 시민단체가 연대하여 '성산읍작은학교살리기추진위원회'를 결성했고, 소규모학교 통폐합과 관련된 정보들을 공개 및 공유함으로써 지역주민들과 시민단체가 연대하는 모습을 갖추게 되었다(성산읍작은학교살리기추진위원회활동연대, 2012). 이처럼 지역주민에 국한되었던 소규모학교 통폐합 정책 반대 논의는 일부 도의원들과 시민단체 등의 참여로 점차 힘을 얻어갔다.

---

12 도교육청 홈페이지/알림마당/제주교육소식(2012년 5월 22일) http://www.jje.go.kr
13 도의회 제299회 제2차 교육위원회 의사 회의록(2012년 9월 25일) http://record.council.jeju.kr, 이를 통해 도의원들 사이에 다양한 의견이 존재했음을 알 수 있다.

이러한 지역주민, 일부 도의원, 시민단체 등의 반대의견에도 불구하고, 도교육청은 세 학교의 분교장화를 구체적으로 실현할 목적으로 『도립학교실치조례일부개정소례안』을 새롭게 입법예고함으로써 통폐합 정책을 지속적으로 추진할 뜻을 굽히지 않았다(2012년 10월 5일). 하지만 지역주민 역시 학교 통폐합을 반대하는 지역주민 2,407명의 반대서명을 도교육청에 제출함으로써 이에 대응하였다(2012년 10월 24일).

그 후, 일부 도의원들과 지역주민, 학부모, 총동창회, 시민단체 등이 연대하는 '작은학교희망만들기제주연대'가 출범하였다(작은학교희망만들기제주연대, 2012). 이들은 통학시간의 증가와 이에 따른 여러 변수들, 학교의 폐지로 인한 농어촌지역 주민의 평생교육 기회의 박탈, 마을의 공동화 및 주민간의 분열 조장 등의 폐해가 나타날 것이라는 것이라고 주장했다(작은학교살리기추진위원회, 2012). 그리고 통폐합 정책에 대해 별다른 논평을 보이지 않던 도정이 반대 입상을 보이면서 소규모학교 통폐합 정책 공론장에 합류하였다.[14] 도청이 소규모학교 통폐합 반대 입장을 지지함으로써, 통폐합 반대 진영은 세력을 더욱 확장시킬 수 있었다.

정리해보면, 소규모학교 통폐합 정책의 추진 과정에서 도교육청은 국가의 하위 기관으로서 배타적인 주도권을 놓지 않으려 했고, 이러한 주도권은 법적 정당성에서 기인하는 것이었다. 『지방교육자치에 관한 법률』에 따르면, 학교의 설립과 폐지는 지역교육청의 고유권한으로 규정되어 있다(대한민국정부, 2013: 제20조 5항). 그러나 당시 도교육청

---

14 도의회 제301회 제3차 본회의 의사회의록(2012년 11월 27일) http://record.council.jeju.kr

의 행보는 지역주민이나 시민사회뿐만 아니라 도의회나 도청마저 제동을 걸만큼 일방적인 모습으로 나타났다. 따라서 도교육청이 주도하는 공론장에는 '동등한 참여'가 보장되지 않았고 '포용성' 역시 형식적인 것에 불과했다고 해석할 수 있다. 반면, 이 과정에서 소규모학교의 유지와 관련하여 자신들의 공론을 '번역'할 수 있는 지역주민들의 능력은 매우 제한적이었고, 그것은 일부 도의원들의 참여를 통해 보완되는 수준이었다. 종합해보면, 이 국면에서 도교육청이 주도한 공론장은 여전히 '도구적' 수준에 머물러 있었고, 시민사회의 '비판적' 공론이 공공성의 형성에 있어서 대안적인 것으로 모습을 드러내는 과정이었다고 할 수 있다.

4) 제4국면: 소규모학교 통폐합 정책의 새로운 국면
제4국면은 공공성의 형성 과정에서 국가(=도교육청)의 주도권이 더욱 약화되고 시민사회가 공공성 형성의 과정에 더욱 적극적으로 개입하는 시기였다.

도의회 교육위원회는 2013년 3월로 예정되었던 세 학교 즉, 수산초등학교, 풍천초등학교, 가파초등학교의 통폐합 시기를 2015년 3월로 유예하고, 그 시기 동안 수산초등학교의 학생 수가 31명, 풍천초등학교의 학생 수가 29명, 가파초등학교의 학생 수가 5명 이하로 줄어들 경우 자동적으로 통폐합이 이루어지도록 하는 내용의 개정조례안을 본회의에 상정하였다(2012년 12월 4일). 이 개정조례안이 도의회 본회의를 통과하면서 국면의 변화 조짐이 나타나기 시작했다(2012년 12월 14일)(제주특별자치도, 2013a). 결국, 2013년 3월부로 세 학교를 통폐합하려던 도교육청의 시도는 물거품이 되었으며, 그 결과는 다시 2015년 3월이 되어야 확인할 수 있게 된 것이다.

한편, 2013년 2월 초, 제주도개발공사가 소규모학교 소재 지역에 임대주택을 건설하는 사업을 지원하기로 결정했다는 소식이 들려왔다(김성진, 2013a). 임대주택 건축은 지역 인구 증가를 통한 소규모학교 살리기의 대표적인 운동으로써 제주도내에서 이미 긍정적인 효과를 낸 경험이 있었던 사업이었다(현봉추, 2008). 5월에는 마을주민들의 자구책을 지원하기 위해 올해부터 제주도에서 농어촌 소규모학교 마을을 대상으로 규모에 따라 공동주택건립사업비를 최대 5억 원까지 지원키로 했다는 발표가 있었다(김성진, 2013b). 이러한 공론장의 활성화·확장에 발맞추어 교육당국에도 변화의 조짐이 보이기 시작했다. 이것은 도교육청의 산하기관인 서귀포시교육지원청(이하 서귀포교육청)이 발표한 '2013년도 서귀포시교육 주요업무계획'(2013년 3월 13일)에서도 확인되고 있다. 서귀포교육청은 '소규모학교 교육력 강화'를 주요시책으로 설정하고, 소규모학교의 교육력 향상을 위한 지역사회 협의체를 구성하고, 다양한 교육 프로그램 운영을 위해 예산을 지원하기로 했으며, 교원 근무여건을 개선하기로 결정하였다(서귀포교육청, 2013: 32-33).

또한 한영호·김영심·이석문 도의원은 2013년 2월 19일자로 『제주특별자치도교육청 조례 제정 및 개폐 청구에 관한 조례안』(제주특별자치도, 2013b)을 발의하였다. 이 조례안에 따르면, 제주도민 19세 이상 총수의 200분의 1이 서명한다면 도교육감에게 조례를 제정하고나 개정 또는 폐기하도록 요구할 수 있게 된다. 이 조례안에는 도교육청이 '관련된 모든 당사자'들의 의견을 폭넓게 수렴해서 정책을 결정하도록 강제하려는 의미가 담겨있다. 이를 통해 지역사회의 '번역' 능력이 강화될 수 있는 제도적 조건을 마련하려는 것이었다. 이러한 변화들이 민주적 공공성으로 귀결되기 위해서는 지방 교육정책의 수립

과 집행, 평가 과정에서 민주적인 협치 모델을 구축할 필요가 있을 것이다(이인회, 2013).[15]

3. 제4차 소규모학교 통폐합을 둘러싼 공공성의 내용

앞에서 살펴본 것처럼, 공공성의 의미와 내용은 역사적으로 구성되는 것으로서, 주로 공론장에 참여하는 주체들의 범위와 성격, 그리고 그들이 해당 주제를 공적인 것으로 규정하는 이유public reason와 공익의 내용 등을 통해 파악할 수 있다.

1) 도교육청의 소규모학교 통폐합의 논리: 국가공공성

소규모학교 통폐합 정책이 담고 있는 내용을 살펴보려면, 도교육청의

---

[15] 이후 2014년 7월 1일, '작은(소규모) 학교 살리기'를 공약으로 제시한 이석문 도의원이 제주특별자치도 교육감에 취임하였다. 이후 도교육청은 '작은 학교 살리기' 공약이행을 위해, 여러 사업들을 추진하고 있다. 사업들을 자세히 살펴보면, 2014년 7월부터 2018년 6월까지 '특색 있는 방과후학교 운영 지원' 사업에 95개교 16,907,600원, '혁신학교 지정 운영'사업에 18개교 1,440,000원, '작은 학교 학교운영비 증액 지원' 사업에 60개교 2,570,443원, '건강생태학교 육성' 사업에 6개교 220,000,000원이 투입되고 있다. 도청 역시 2015년 사업으로 '읍·면지역 고교 육성사업'에 10개교 700,000,000원, '소규모학교 육성지원사업(공동주택(2개소) 건립 및 빈집정비사업)'에 1,150,000,000원을 투입하였다. 도의회는 『제주특별자치도 작은학교 지원에 관한 조례』를 제정(제주특별자치도, 2015)하여, 도교육감과 도지사에게 소규모학교를 지원해야할 법적 의무를 부과하였다. 이렇듯 국가(지방정부)와 도의회가 소규모학교를 지속·육성하려는 정책을 적극적으로 펼치기 시작하면서, 제주지역 소규모학교 통폐합 논란은 소규모학교를 살리는 방향으로 의견이 모이는 양상을 보이고 있다.

소규모학교 통폐합 정책 추진 배경을 분석할 필요가 있다. 도교육청은 크게 네 가지 논리를 내세웠다(도교육청, 2012a).

첫째, '학생 수 감소로 인한 소규모학교 수의 지속적 증가'이다. 이러한 현상은 여러 연구자들을 통해 분석되어온 것(남궁윤, 2006; 임연기 외, 2005; 이혜영 외, 2010)이며, 소규모학교의 양적 증대는 통폐합 정책 추진의 구조적인 압력 요인이라고 할 수 있다. 그러나 이 논리는 '중앙', 곧 '국가'의 논리이며 획일적인 논리라는 점에서 한계가 있다. 왜냐하면, 각각의 지방에서 소규모학교가 차지하는 의미와 역할이 다를 수 있음에도 불구하고, 지방사회에서 학교가 차지하는 사회적 맥락을 무시하고 재정적 효율성만을 중시하기 때문이다. 즉, 국가적 효율성에 입각한 학교통폐합(=국가공공성)의 논리는 학교의 지방사회적 맥락을 강조하는 논리를 체계적으로 배제하고 있다.

둘째, '복식학급[16] 운영 등으로 소규모학교에서는 정상적인 교육과정을 운영하기 곤란'하다는 이유다. 도교육청은 복식학급의 운영으로는 양질의 교육을 학생들에게 제공할 수 없다고 주장한다. 도교육청은 소규모학교의 학생들이 기초학력은 제대로 갖춰져 있을지 모르나, 심화학습에 대해서는 큰 학교의 학생들을 따라잡기 어려울 것이라고 주장한다. 즉, 보다 많은 학생과 경쟁할수록 학업능력이 보다 신장될 것이라고 보는 것이다. 그러나 도교육청은 제주지역에서 이를 증명할만한 아무런 증거도 제출하지 못했다(KBS제주, 2012a; 이용언, 2012a)[17]. 즉, 이 주장은 공론장에서의 정당성 요구를 충족시키지 못

---

16 복식수업은 한 교실에서 여러 학년이 함께 수업을 듣는 수업 형태를 말한다.
17 이 자료들에서 현장의 교사들은 복식수업에서 다양한 형태의 수업을 전개하기 힘들다는 단점이 존재하지만, 학생들 간의 친밀한 관계의 형성이나 개

했다. 이와는 반대로 도교육청이 발표한 '2011년도 모다들엉 학력향상제 우수학교 명단'을 보면, 4개의 최우수학교 가운데 풍천초등학교가, 그리고 28개의 우수학교 가운데 송당, 가마, 신례, 창천, 홍산초등학교 등 통폐합 대상학교들이 선정되어 있다.[18]

셋째, '교육여건 악화로 인한 도·농간 학력격차 등 심화로 적정규모학교를 육성할 필요성'을 제기한다. 하지만 도농간 학력격차가 곧바로 규모의 문제를 의미하는 것인지는 명확하지 않다. 더구나 위에서 본 것처럼, 소규모학교 학생들의 학업성취도가 높다면 통폐합이 학력격차를 줄일 수 있다는 논리 역시 성립하지 않을 것이다.

넷째, '학급편제, 교직원 인사·배치, 업무분장 등 학교경영상 애로 및 소규모학교 교원의 업무 부담이 가중'된다는 것이다. 소규모학교 교원 1인이 맡게 되는 업무량은 대규모학교의 교원 1인이 맡게 되는

별지도가 가능한 점 등 장점도 존재한다고 밝히고 있다. 또 학원에서 교육을 받을 기회가 전혀 없어서, 순수하게 공교육만을 받음에도 불구하고 학업성취도가 오히려 높게 나온다고 주장하고 있다. 선행연구들 가운데는 통폐합의 효과와 관련하여 부정적 요인들을 강조하는 연구(최성륜, 2007; 최준렬·김대중, 2007)와 긍정적 효과를 강조하는 연구(김인숙, 2008; 유경진, 2010)가 공존하고 있다. 통폐합 학교를 전국단위로 조사한 이혜영 외(2010)의 연구는 학업성취도와 교육과정, 수업, 교육시설에 대한 평가는 좋게 나타나지만, 통학에 따른 학업의 지장, 학생증가로 인한 교사의 개별지도 축소 등의 부정적 측면도 존재함을 지적한다.

18 도교육청의 주장을 반박하는 경험적 연구로는 미국의 학교를 대상으로 했던 퍼트넘의 연구가 있다. 그는 교사 1인당 학생 수가 적은 소규모 학교의 학생들이 그렇지 못한 큰 학교의 학생들보다 학업성취도가 높다고 주장한다. 미국 학교의 경우에, 교사와 학생이 친밀한 관계를 맺고 있는 학교일수록 그렇지 않은 학교보다 교육적 성과가 높다는 것이다(퍼트넘, 2009: 493-505).

업무량보다 훨씬 많아지게 되어 업무 부담이 가중되며, 이것은 곧 교육행정 업무의 비효율성을 의미한다. 또 행정업무의 비효율성은 교육예산 운영의 비효율성과 직결된다. 도교육청이 작성한 2012학년도 재정분석보고서에 따르면, "적정규모 학교 육성 및 비효율적 인력배치의 억제를 통해 조직 운영의 효율성을 제고하고, 지방교육 재정의 낭비요인을 사전에 방지할 필요성이 있"다는 점과 "면지역, 도서지역, 벽지지역 등에 과소 규모의 본교가 많을 경우, 인력 배치가 적정하게 이루어지지 못하고 있는 것으로 해석할 수 있"다는 점을 학교규모 관리의 적절성 지표로 명시하고 있다. 즉, 경제적 효율성의 제고가 소규모학교 통폐합의 주요 이유 가운데 하나라는 점을 확인할 수 있다(도교육청, 2012b: 61). 또한 교육행정에서의 '공익'을 주로 직접적 관련자인 학생과 교사의 이익으로 사고하고 있다는 점도 확인할 수 있다.

위와 같은 도교육청의 논리를 종합해서 살펴보면, 국가공공성이 전형적인 논리를 따르고 있음을 알 수 있다. 국가공공성 패러다임은 국가의 배타적 독점 혹은 주도성 하에서 공적인 것이 규정되며, 역으로 국가의 공적인 통지행위를 사회 전체의 공익을 위한 것으로 사고하는 것이다. 도교육청은 학부모들이나 주민들의 의견을 청취하려는 노력을 하였지만, 그들의 의견을 학교의 미래와 관련하여 논의할 가치가 있는 의제로 인정하지 않았다. 이것은 지난 2012년 10월 25일 도의회에서 열린 의정질의 과정에서, '3년의 유예기간'에 대한 의미를 둘러싼 논쟁에서 명확히 드러난 바 있다. 도교육청은 '3년의 유예기간'을 학부모들에게 주었고, 학생수가 늘어나는지의 여부에 따라 통폐합을 추진한다는 입장이었고, 일부 의원들은 '3년의 유예기간' 동안 학교를 살리기 위해 도교육청이 추진한 정책이 전혀 없었음을 질타했다. 요컨대, 도교육청은 3년동안 학교살리기 노력을 학부모와 지역주민들에게 떠넘겼고, 중앙으로부터 제시된 통폐합 지침 이외의 지역의 요구에 기반해 형성된 대안적 의제들을 공론장에서 다루려 하지 않았던 것이다. 더 나아가, 소규모학교 학부모들의 만족도가 높고 학교가 지역사회에서 차지하는 비중이 크다는 지적에 대해, 도교육청의 책임자는 "지역주민이 반대하고 학부모가 반대한다고 해서 우리 아이들의 교육정책을 거기에만 매달려서 할 수많은 없는 부분이 있다"고 말하고 있다(KBS제주, 2012a). 이러한 발언은 교육문제의 판단에서 국가의 교육 관료나 전문가들이 유일한 진리의 담지자라는 자기인식을 보여주는 것이라고 할 수 있다. 그러나 서구와 마찬가지로 한국에서도 1990년대 후반 이후, 공공성을 규정하는 국가의 배타적 독점이나 주도성은 해체되고 있고, 교육현장에서 국가공공성 패러다임만을 고집하는 것은 시대적 변화에 역행하는 것이라고 할 수 있다.

2) 지역사회의 논리: 생활공공성과 지방공공성

통폐합정책을 일관되게 추진한 도교육청과 달리 지역사회의 의견은 행위자들 속에서 다양하게 전개되어 그 전모를 파악하기가 쉽지 않다. 여기에서는 주로 지역사회에서 제출한 성명서나 공문, 방송이나 신문과의 인터뷰 등을 토대로 그 논리를 재구성하여 공공성의 의미를 짚어보고자 한다.

우선, 학부모와 주민, 도의원들은 교육행정을 추진하는 과정에서 도교육청의 일방적인 결정과 추진을 비판하면서, 학교의 유지와 통폐합 과정에서 지역주민들의 목소리를 경청해 줄 것과 주민동의에 기반한 행정의 결정과 추진을 요구하고 있다. 주민들은 도교육청의 계획에는 "'작은 학교 아이들'에 대한 고려"가 없고 "오로지 정부의 시책을 따라 시도교육청평가를 잘 받아보겠다는 도교육청의 계획만이 있을 뿐"

이라고 지적한다. 또 다른 도교육청의 경우 지역 여론을 수렴하여 추진하되 학부모의 동의가 없을 시에는 추진하지 않는다는 점도 강조하고 있다(전국농민회총연맹제주도연맹·전국여성농민회총연합 제주도연합·참교육제주학부모회·전국교직원노동조합제주지부, 2012). 즉, 교육행정의 결정과 추진에서 지역주민들과의 협치를 요청하고 있는 것이며, 그런 의미에서 민주적 공공성의 실현을 요구한다고 할 수 있다. 실제로 교육 현장에서 지역주민들과 행정당국간의 협치를 실현하고 있는 사례는 많이 발견할 수 있다. 소규모학교 통폐합의 사례만 보더라도, 다른 도교육청의 경우에 절반 정도는 주민동의를 필수 조건으로 삼고 있다.[19] 예컨대, 대전시는 폐교시 학부모의 75%, 경상북도는 50%의 동의를 받도록 하고 있고, 전라북도는 100%의 찬성을 기준으로 삼고 있다. 학부모와 지역주민들을 결정권자로 인정한 것이다.

나아가, 지역주민들은 학부모뿐만 아니라 지역의 '주민'들도 교육행정의 주체로서 인정해야 한다고 주장한다. 이것은 학교를 매일 이용하는 교사와 학생들뿐만 아니라 지역주민들에게도 학교의 사용권과 교육행정의 결정권이 있으며, 학교의 유지가 지역주민들의 공익과 직결된다는 논리다. 이러한 주장은 사실 교육당국에서도 일부 인정하고 있는 부분이다. 예컨대, 전라북도교육청은 지역 주민을 '잠재적 학부모'로 보고, 지역주민의 분위기나 지역의 장래 발전가능성까지 고려하여 학교의 유지·통폐합문제를 수립하고 있다(KBS제주, 2012a). 또 최근에는 도의회에서도 제주의 귀농인구가 전국 1위 지역임을 감안하여 귀농인들에게 양육기회를 제공해야 하며, 시내권의 과대·과

---

19 도의회 제300회 제2차 본회의회의록(2012년 10월 25일) http://record.council.jeju.kr; 이용언(2012b).

밀학교의 문제와 함께 고민해야 한다는 지적이 제기되고 있다(홍석준, 2013). 이 문제는 학교의 유지나 통폐합을 둘러싼 논쟁에서 학교의 공적 성격을 어떻게 규정하는가의 문제와 직결된다.

우선 농어촌과 같은 지방으로 내려갈수록 학교는 주민들의 손으로 만들어져서 학교의 역사가 곧 마을의 역사와 직결된 곳이 많다는 점이 지적될 수 있다. 예컨대, 서귀포시 성산읍 수산리의 주민들은 학교의 대부분 시설들은 주민들의 노력과 자원으로 만들어진 것이라고 주장한다. "작은 학교는 그 지역의 문화적 소산이며 그 마을이 지금까지 존재하는 이유이자 다시 돌아갈 수 있는 내 고향과도 같은 존재"라는 것이다(고기봉, 2011). 즉, 지역주민들에게 학교는 교육을 위한 국가의 하위기관이라기보다 마을의 일부이며 공동자산으로 인식되고 있는 것이다. 따라서 학교의 존폐는 마을공동체의 해체로 여겨지고 있다. 가파초등학교와 관련하여 진명환 가파도 이장은 "통폐합은 학교문제 같지만 마을의 존립문제"라고 밝히고 있다. 이런 이유로 지역주민들은 자체의 모금이나 지원을 통해 학교살리기를 위해 다양한 방안을 모색하고 있다. 앞에서 언급한 애월읍 납읍리뿐만 아니라 구좌읍 한동리에서도 학교를 살리기 위해 초등학교 전·입학 가족에게 무료로 주택을 임대해 주고 있다. 해마다 학교살리기를 위해서 마을발전기금과 자체 예산으로 2천 여 만원을 지출하고 있는 것이다(KBS제주, 2012b).

또한 학교는 지역에서 공공의 문화센터로서의 기능을 수행하고 있다. 다양한 마을행사들이 학교에서 진행되기도 하고, 학교의 운동회가 마을잔치를 겸하는 경우도 많다. 말하자면, 학교는 주민들에게 공공의 공간을 제공함으로써 마을에 활력을 가져오고 세대 간의 교류와 화합을 확산시키는 역할을 수행하는 것이다. 따라서 교육당국 역시 이러한 점을 주목하고 있다. 예컨대, 광주광역시교육청은 "학교는 그 학교만이 가지고 있는 특수성, 그 지역을 대변하는 지역중심센터로서의 기능이 분명히 있는데, 그것을 통폐합이라는 명분으로 없애버린다면, 그 주민이나 학생에게는 그런 공간, 문화센터를 잃어버린 것"이라는 인식 속에서, 주민들에게도 결정권을 준 이유에 대해 "학생을 행복하게 해주기 위해서는 (학교가) 학생의 가까이에 있어야 한다는 것이 가장 큰 이유"라고 밝히고 있다(KBS제주, 2012b).

이처럼, 학부모와 지역주민들을 교육행정 결정과 추진의 주체로 인정하는 문제는 학교를 국가의 하위교육기관이 아니라 지역주민들의 '공동재'이자 공공의 공간으로 인정하는 문제와 결부되어 있으며, 소규모학교 살리기가 마을공동체를 활성화함으로써 도농간격차를 줄이고 지역주민들의 삶을 안정화한다는 인식에 기반하고 있다. 즉, 학교 살리기 운동은 학교와 관계를 맺고 있는 다양한 주체들과 공동체의 이익이라는 점에서 공익을 구성하고 있는 것이다.

이러한 지역사회의 주장은 학교가 공공의 공간으로서 지역사회에서 공익적 역할을 수행해 왔다는 기존 연구들을 통해서도 증명되고 있다. 이재우(2001)는 학교와 농촌의 지역사회공동체의 유지가 상호 밀접한 관계를 맺고 있으며, 학교가 농촌지역사회의 센터의 역할을 수행함으로써 지역사회의 발전에 큰 역할을 담당하고 있다고 주장한다. 최성륜(2007: 82) 역시 자녀의 교육문제를 이촌향도 현상의 한 원인으로 지목하면서 농어촌지역사회에서 학교는 단순한 교육기관이 아닌 지역사회의 구심점 역할을 하고 있음을 밝히고 있다. 김인숙(2008: 16-17) 또한 비슷한 논지를 전개해나가는데, 그는 농어촌의 소규모 학교가 지역사회 아동의 생활공간이자 지역주민의 행사가 이루어지는 지역주민 전체의 중심공간으로써, 이런 행사를 통해 지역사회공동체 의식이 생기며, 농어촌학교는 도시에 비해 소외되고 있는 농어촌 주민의 사회·문화적 욕구를 충족시키는 장으로써 지역사회의 교육을 담당하는 평생학습센터로서의 역할을 수행하고 있다고 주장한다. 이는 학교가 협동의 습관, 우정, 연대성 등 사회자본을 쌓는 독특한 장소임을 확인한 퍼트넘의 연구(퍼트넘, 2009: 600)와 의견을 같이하는 것이다. 나아가, 박종탁(2011: 11-12)은 농어촌지역 소재 학교가 유치원 및 탁아소의 역할을 하기도 하고, 교사는 지역사회의 두뇌역할을 수행하기도 하는 것으로 파악하고 있다. 요컨대, 지역사회의 주장이나 일부 교육당국의 변화, 그리고 학교가 지역사회에서 차지하는 독특한 역할과 기능에 주목한 기존 연구들은 공통적으로 다음과 같은 사실을 보여주고 있다고 생각된다. 즉, 학교는 국가의 교육서비스를 수행하는 지방 단위의 하위기관으로만 파악되어서는 안되며, 학생과 학부모, 지역주민들의 생활상의 다양한 욕구를 충족시켜주는 공공의 공간(=생활공공성)이자, 지역사회 속에 깊이 배태되어 오면서 공동체의 유지와 지속에 필수적인 공동자원 혹은 공통자본(=지방공공성)으로 인식될 필요가 있다는 점이다.

Ⅳ. 맺음말

이 글은 제주도의 소규모학교 통폐합정책의 추진을 둘러싼 논쟁을 공공성의 관점에서 재검토하는 것을 목적으로 하였고, 이를 위해서 두 가지 분석을 시도하였다. 먼저, 공공성의 절차와 과정이라는 측면에서, 소규모학교 통폐합정책의 결정·추진과정이 '규범적 정당성'과 '정치적 유효성'을 얼마나 획득하고 있는지를 검토해 보았다. 도교육청의 '소규모학교의 적정규모화를 위한 육성추진계획' 발표에 따라 시작된 통폐합정책은 도교육청과 다른 행위자들(학부모, 주민, 도의회, 제주도청 등) 사이의 이견과 논쟁이 뚜렷해지는 방향으로 전개되어 왔다. 이 과정에서 도교육청은 학교통폐합 정책에 정당성을 부여할만한 뚜렷한 근거를 제시하지 못했고, 그럼에도 불구하고 학교살리기를 위한 지역공동체의 의제를 공론장에서 배제하였다. 따라서 소규모학교를 둘러싸고 도교육청이 주도한 공적 토론은 '도구적' 성격을 넘어서지 못했다.

둘째, 공공성의 의미와 내용이라는 측면에서, 공적 토의의 장에 등장한 '주체'와 '공익'의 의미에 대해 살펴보았다. 도교육청은 소규모학교 통폐합의 문제가 주민동의를 필요로 하는 일이라고 인정하지 않았고, 법령에 따라 도교육청이 독자적으로 결정할 수 있는 사안이라고 보았다. 그러나 이러한 도교육청의 태도는 다른 시도교육청에서 학부모나 주민동의를 전제조건으로 삼고 있다는 점이 밝혀지면서 지역사회와 도의회 내에서도 강한 반발을 불러일으켰다. 지역의 '주민'들까지 학교의 유지·통폐합 문제의 결정권자로 인정하는 '주체'의 문제는 학교의 '공익적' 성격을 어떻게 규정하는가의 문제와도 직결된다. 학교에 대해 국가가 국민들을 대상으로 수행하는 공적서비스의 실행기관이라는 측면에서 접근하는 입장을 국가공공성의 패러다임으로 이해한다면, 학교를 지역사회의 생존과 유지·발전에 필수적인 공동자원으로 이해하고 지역공동체가 다양한 문화생활을 향유할 수 있는 공공의 공간으로 인식하는 입장을 지방공공성 및 생활공공성이라고 규정할 수 있을 것이다. 도교육청은 학교의 유지·통폐합의 문제를 국가공공성의 측면에서 접근한 반면, 지역주민들의 논리는 지방공공성이나 생활공공성의 측면에서 이해할 수 있다. 요컨대, 소규모학교 통폐합을 둘러싼 논쟁은 학교가 가지는 공익적 성격이 무엇이며, 그것을 누가 결정할 수 있는가를 둘러싼 논쟁, 즉 기존의 국가공공성을 관습적으로 적용하려는 입장과 지방공공성이나 생활공공성의 측면에서 학교의 공공적 성격을 재규정하려는 입장 사이의 논쟁과 갈등이었다고 해석할 수 있다.

마지막으로, 위와 같은 분석이 함의하는 이론적 측면들을 간략히 정리해 보고자 한다. 이 글에서는 학교를 교육이라는 기능을 수행하는 공공기관일 뿐만 아니라, 지역주민들에게 사회·문화적인 공공의 공간을 제공하는 역할을 수행하며, 더 나아가 지역 공동체의 유지와 발전에 필요한 지역 커먼즈local commons로 인식하는 지역사회의 논리를 '생활공공성', '지방공공성'이라는 측면에서 적극적으로 해석해 보았다. '공유지의 비극'을 다룬 하딘Garrett Hardin의 논문을 비판한 오스트롬Elinor Ostrom은 자신의 저서 『공유의 비극을 넘어』(2010)에서 역사적으로 존재해 온 커먼즈를 경제학의 재화 분류 방식에 따라 '감소성'과 '비배제성'을 특징으로 하는 공동자원common pool resources으로 파악하고, 이에 대한 공동체적 관리의 필요성을 제기한 바 있다. 이 '공동자원'와 관련하여 사람들이 사용하는 것을 막을 수 없는(=비배제성) 이유에 대해 기존 논의들은 기술적 어려움으로 인한 '비용'의 문제로 파악해 왔다. '공동자원'에 대한 최근의 논의는 배제의 사회적·윤리적 정당성의 측면을 강조하면서, 다수의 사람들에게 그 사용권을 박탈하거나 배제하는 것이 정당하지 못한 것으로 인식되는 자원을 '공동자원'로 파악하여 그 개념의 범위를 확장하고 있다(최현, 2013a; 2013b; 김선필, 2013; 2014; 최현·김선필, 2014). 즉, 사람들의 생계·생존과 직접 관련된 자원이나 자연의 혜택으로 주어지는 자원들에 대한 배타적인 독점은 정당화하기 어렵다는 것이다. 하딘에서부터 오스트롬을 거쳐 최근까지 진행되는 논의들에서 주로 분석의 대상이 되었던 것은 개별적 인간들의 '생계·생존'의 문제와 직결된 '자연'자원을 공공의 목적에 맞게 관리하는 문제였다. 우리는 이러한 연구관심이 현대사회의 문제들을 해결하는데 유용성을 발휘하기 위해서는 개념을 보다 확장할 필요가 있다고 본다. 즉, "일정한 시공간적 범위 내에 존재하는 인간공동체가 집합적으로 유지되거나 지속가능한 공동의 삶을 향유하기 위해 필요한 자연자원이나 사회적 자원·제도들"을 커먼즈나 공동자원 개념으로 분석하는 작업이 필요하다는 것이다. 이 지속가능한 공동의 삶에는 협동적이며 민주적인 사회적 관계의 형성·유지뿐만 아니라 인간과 자연 사이의 지속가능한 순환적 관계를 형성·유지하는데 필요한 여러 가지 필수 요건들도 포함된다. 이러한 요건들은 선험적으로 규정되기 보다는 일정한 사회역사적 시공간 속에서 살고 있는 인간들의 삶의 수준이나 지향, 능력에 따라 구성된다고 할 수 있다.

소규모학교 통폐합과 관련된 논쟁에서 학교를 분교장화하거나 폐교하는 정책에 지역 공동체가 크게 반발한 이유에는 도교육청의 일방적인 행정에 대한 불만도 있고, 학교의 부재가 지역경제를 위축시키거나 생계를 위협할 것이라는 우려도 존재한다. 하지만 더 큰 이유는 지역 공동체에 이미 깊게 배태되어 있는 학교를 없앨 경우에, 그것이 지역 공동체의 안정적이며 협동적인 삶의 양식이나 사회적 관계들을 파괴할지 모른다는 불안이 자리 잡고 있었다. 바로 이런 이유들 때문에 지역사회는 학교통폐합의 문제를 공적 토의의 장에서 진지하게 재검토할 것을 요청했던 것이다. 따라서 지방 스케일에서의 공공성 논의는 지역사회의 유지나 지속가능한 삶의 양식의 문제에 보다 민감하게 반응할 필요가 있으며, 거기에 필요한 '지역의 커먼즈'나 '공동자원'의 내용과 범위를 공적으로 토의하는 규범적 과정으로서 지방공공성의 고유한 성격을 생각해 볼 수 있을 것이다.

참고문헌

고기봉. 2011. "성산고살리기추진위 기고문: '소규모학교 통폐합 정책'을 '작은 학교 살리는 정책'으로 전환하길 기대하며."『미디어제주』, 2012년 11월 11일.

공은배·한만길·이혜영. 1984.『학교·학급의 적정규모』. 한국교육개발원.

교육과학기술부. 2012.『초·중등학교 교육여건 개선을 위한 적정규모 학교 육성 계획』.

교육인적자원부. 2006.『농산어촌 소규모 학교 통폐합과 적정 규모 학교 육성 계획』.

김선필. 2013. "제주 지하수의 공공적 관리와 공동자원 개념의 도입: 먹는 샘물용 지하수 증산 논란을 중심으로."『ECO』17(2).

김선필. 2014. "공유지 복원을 위한 이론적 검토: 르페브르의 공간이론을 통한 공유지 비극 모델의 재해석."『마르크스주의 연구』11(3).

김성수·박종락. 1994. "농촌사회의 변화와 소규모학교 문제."『한국농업교육학회지』26(3).

김성진. 2013a. "제주도, 소규모학교 공동주택건축 최대 5억 지원."『제주의소리』, 2013년 5월 6일.

김성진. 2013b. "제주개발공사, '소규모학교 살리기' 주택건립 지원."『제주의소리』, 2013년 3월 7일.

김신복 외. 1996.『초·중·고등학교 규모의 변화와 정책과제』. 한국교원단체총연합회.

김용현. 2016. "도내 50개 학교 태양광발전기 무상 설치."『제민일보』,

2016년 4월 3일.

김인숙. 2012.『농산어촌 학교 발전 방안 연구-경상북도교육청 초등학교를 중심으로-』. 한국교원대학교 석사학위논문.

나영성. 2003.『농촌 초등학교의 소규모화에 따른 교육주체들의 학교 유지 발전 사례 연구』. 전북대학교 석사학위논문.

남궁윤. 2006. "농어촌 소규모학교 통폐합 정채 연구: 전북지역을 중심으로."『미래교육연구』13(5).

대한민국정부. 2013.『지방교육자치에 관한 법률』. 법률 제11690호 (2013년 3월 23일. 타법개정).

박선하. 1997. "소규모학교의 통·폐합 관련 요인 분석."『지방교육경영』2.

박종탁. 2011.『농촌지역 소규모 통폐합학교 운영 효율화 방안 연구: 전라북도교육청 소재 통폐합학교(초등학교)를 대상으로』. 한국교원대학교 석사학위논문.

백성준·황인성. 1996.『학교·학급규모 적정화 재정대책』. 한국교육개발원.

베버, 막스. 1997.『경제와 사회1』. 박성환 역. 문학과지성사.

사이토 준이치. 2009.『민주적 공공성: 하버마스와 아렌트를 넘어서』. 윤대석·류수연·윤미란 역. 이음.

서귀포시교육지원청. 2013.『2013 주요업무계획』.

성산읍작은학교살리기추진위원회활동연대. 2012. "기자회견문-농어촌마을과 작은학교를 살리자!"(2012년 9월 24일).

소영진. 2008. "공공성의 개념적 접근."『새로운 시대의 공공성 연구』. 윤수재·이민호·채종헌 편. 법문사.

우자와 히로후미. 2008.『사회적 공통자본: 진보적 공공경제학의 모색』. 이병천 역. 필맥.

우형식. 1999. "떠나는 농촌에서 돌아오는 농어촌으로(과소규모 학교 통폐합 추진방향)."『교육마당』 21.

유경진. 2010. 『농어촌 지역 소규모 학교 통폐합에 관한 연구』. 경북대학교 석사학위논문.

이상기. 1994. 『충청북도 소규모초등학교 운영의 효율화방안에 관한 연구』. 충북대학교 석사학위논문.

이상봉. 2011. "대안적 공공공간과 민주적 공공성의 모색 – 지역적 공공성과 생활정치의 가능성을 중심으로."『대한정치학회보』 19(1).

이석문. 2012. "KBS제주 인터뷰요청 답변자료"(2012년 10월 2일).

이승일. 2007. 『소규모학교 통폐합의 효과·비용 분석과 대안모색-전라북도 농산어촌 초등학교 중심으로-』. 한국교원대학교 석사학위논문.

이용언. 2012a. "제주교육청 '복식수업이 문제?' 검증된 근거 있나."『뉴스제주』, 2012년 10월 28일.

이용언. 2012b. "제주도, '소규모학교 살리기 정책' 있나: 제주도 '소규모 학교 통폐합' 이대로 좋은가③."『뉴스제주』, 2012년 10월 30일.

이인회. 2013. "교육거버넌스 관점에서 본 소규모학교 통폐합 정책 분석."『탐라문화』 42.

이재우. 2001. "농촌지역사회발전을 위한 학교 재조직화에 관한 연구."『중앙대학교국제여성연구소 연구논총』 10.

이정선. 2000. "소규모 학교 통폐합의 부당성 – 문제제기와 논의."『비교교육연구』 10(1).

이혜영·김지하·마상진. 2010. 『농산어촌 소규모 학교 통폐합 효과 분석』. 한국교육개발원.

임연기·이진철. 2005. 『한국의 농어촌 학교 정책 연구』. 공주대학교교육연구소.

임의영. 2003. "공공성의 개념, 위기, 활성화 조건." 『정부학연구』 9(1).

임의영. 2010. "공공성의 유형화." 『한국행정학보』 44(2).

작은학교살리기추진위원회. 2012. "소규모학교 통폐합 반대 선언문"(2012년 8월 9일).

작은학교희망만들기제주연대. 2012. "작은학교 희망만들기 제주연대 출범 선언문"(2012년 11월 9일).

전국농민회총연맹제주도연맹·전국여성농민회총연합 제주도연합·참교육제주학부모회·전국교직원노동조합제주지부. 2012. "성산읍작은학교살리기추진위원회 활동 연대 기자회견문 - 농어촌마을과 작은학교를 살리자!"(2012년 9월 24일).

제주특별자치도. 2012. 『제주특별자치도 도립학교 설치 조례』. 제주특별자치도조례 제866호(2012년 1월 11일 일부개정).

제주특별자치도. 2013a. 『제주특별자치도 도립학교 설치 조례』. 제주특별자치도조례 제977호(2013년 1월 7일 일부개정).

제주특별자치도. 2013b. 『제주특별자치도교육청 조례 제정 및 개폐 청구에 관한 조례(안)』. 2013년 2월 19일.

제주특별자치도. 2015. 『제주특별자치도 작은학교 지원에 관한 조례』. 제주특별자치도조례 제1267호(2015년 4월 1일 제정).

제주특별자치도교육청. 2012a. 『2012~2016 적정규모학교 육성 계획』.

제주특별자치도교육청. 2012b. 『2012년도 지방교육재정 분석 보고서』.

제주특별자치도교육청. 2012c.『학교회계재정분석보고서』.

조대엽. 2008. "'시장 실용주의'와 공공성의 위기."『환경과 생명』 55.

조대엽. 2009. "공공성의 재구성과 시민사회의 공공성: 공공성의 범주화와 공공성 프로젝트의 전망."『한국사회학연구』 1.

조대엽. 2012. "현대성의 전환과 사회 구성적 공공성의 재구성-사회 구성적 공공성의 논리와 미시공공성의 구조-."『한국사회』 13(1).

조성윤. 2003. "제주도 지역개발정책과 주민 운동의 전망."『전환기 제주도 지역개발정책의 성찰과 방향』. 도서출판 각.

조성윤·문형만. 2000. "제주 모슬포 지역 군사기지 반대 운동의 전개 과정과 성격."『사회발전연구』 16.

조승원. 2011. "통폐합 설명회 또 '파행'… 교육청은 추진 '강행'."『헤드라인제주』, 2011년 12월 6일.

조영옥 외. 2004.『농어촌 교육 활성화를 위한 단기 과제 및 특별법 제정 방안 연구』. 대통령 자문 교육혁신위원회.

조준래. 1994. "농어촌 소규모학교의 현주소와 진단."『교육개발』 9월호.

조한상. 2009.『공공성이란 무엇인가』. 책세상.

최성륜. 2007.『농어촌지역 소규모 초등학교 통폐합에 관한 연구』. 전남대학교교육대학원석사학위논문.

최준렬. 2008a.『농산어촌 소규모학교 통폐합 실태 분석』. 교육인적자원부.

최준렬. 2008b. "농산어촌 소규모학교 정책 분석."『지방교육경영』 13.

최준렬·김대중. 2007.『농산어촌 소규모 학교 통폐합 실태 분석과 개선 방안』. 교육인적자원부.

최현. 2013a. "공동자원 개념과 제주의 공동목장: 공동자원으로서의 특징."『경제와 사회』98.

최현. 2013b. "제주의 토지와 지하수: 공동자원으로서의 공통점과 차이점."『ECO』17.

최현·김선필. 2014. "제주의 바람: 공동자원론적 관리 방식."『탐라문화』46.

퍼트넘, 로버트. 2009.『나 홀로 볼링: 볼링 얼론-사회적 커뮤니티의 붕괴와 소생』. 정승현 역. 페이퍼로드.

프레이저, 낸시. 2010.『지구화 시대의 정의: 정치적 공간에 대한 새로운 상상』. 김원식 역. 그린비.

하용삼·문재원. 2011. "공공성과 로컬리티의 재구성 - 공적영역으로서 주민도서관을 중심으로."『철학논총』66.

현봉추. 2008.『저출산 시대 제주특별자치도 소규모 초등학교 학생수용 정책 모색』. 한국교원대학교 석사학위논문.

홍석준. 2013. "소규모학교 통폐합, 제주시내 과대·과밀 학교 양산 부추겨."『미디어제주』, 2013년 4월 17일.

홍성태. 2012. "공공성의 사회적 구성과 정치과정의 동학: 공론장, 의사소통, 토의정치."『한국사회학회사회학대회논문집』. 한국사회학회.

황영동. 2012.『남한산초 폐교의 위기에서 살아난 공교육의 모델로, 작은학교 희망 만들기』.

KBS제주. 2012a. "위기 속 작은 학교 이대로 사라지나."『시사파일 제주』, 2012년 10월 11일.

KBS제주. 2012b. "시사파일 제주, 계속되는 논란 위기 속 작은 학교."『시사파일 제주』, 2012년 11월 1일.

제5장
영리병원과 의료 공공성:
제주 녹지병원의 사례를 중심으로

김미량

Ⅰ. 머리말

2015년 의료와 관련하여 한국은 두 가지 뉴스로 시끄러웠다. 먼저 의료 민영화의 일환으로 추진되는 제주 녹지병원의 설립 허가와 관련된 영리법인병원 문제가 있었고, 이어 한국 사회를 거의 마비시켰던 서아시아의 호흡기감염증 '메르스'의 급속한 확산 사태가 있었다. 이 두 가지 이슈는 한국 사회에서 의료를 어떻게 이해해야 하는지, 또한 의료서비스는 어떤 것이어야 하는지에 대한 사회적 논의를 요구하는 듯하다.

국민건강보험 제도라는 공공의 의료서비스 제도를 갖추고 있는 한국의 의료는 현재 위기 상황에 처해 있다. 1977년 이후 공공의 의료보험을 중심으로 의료서비스를 유지해 온 한국 사회에서 의료 관광과 의료 산업의 활성화, 병원의 경영 적자와 질 높은 의료서비스를 내세워 의료에 영리 개념을 도입하려는 움직임이 강해지고 있다. 아직까지 의료의 공공성을 유지하고 있는 의료 부문에 시장 원리를 도입하고 보건의료에 보다 서비스산업적 관점으로 접근하려는 것이다.

IMF 이후 신자유주의 흐름에 맞춰 환자를 '소비자'로 바꾸려는 이러한 주장은 의료서비스를 인간다운 삶을 위해 국민 개개인이 누려야 하는 시민권적 권리로 보지 않는다. 이런 정부의 정책 추진과 의료서비스를 산업화·시장화하려는 대기업의 영향력은 기존의 의료 제도와 갈등을 예고할 수밖에 없다. 이에 영리병원과 의료 민영화에 비판적인 시민운동이 적극적으로 전개되어 왔으며, 어느 정도 성과를 내왔다고 말할 수 있다.

한편으로 신종 전염병은 교통과 통신의 발달로 이제 과거와는 다르게 전 세계로 엄청나게 빠른 속도로 퍼져 나길 수 있으며, 쉽게 변종이 나타날 수도 있다. 2014년에 서아프리카에서 발생한 에볼라 사태에서 알 수 있듯이 풍토병은 이제 엄청나게 빠른 속도로 인접하지 않은 다른 나라들로도 퍼질 수 있다. 2016년 초부터 한국 뉴스에서는 브라질에 확산된 지카바이러스의 대유행을 우려하고 있다.

그림1은 서아프리카에서 발생한 에볼라가 확산된 국가들을 보여준다. 세계보건기구WHO는 국제적인 공공 건강권의 위기를 선언하였으며, 전체 환자 가운데 3명이 서아프리카 밖에서 감염되었다고 보고되었다.[1] 작년 한국에서 메르스의 급속한 확산은 새로운 바이러스가 들

---

[1] "In all but three cases the patient was infected with Ebola while in West Africa. Infection outside Africa has been restricted to health workers in

그림1   서아프리카 외의 에볼라 발생지역

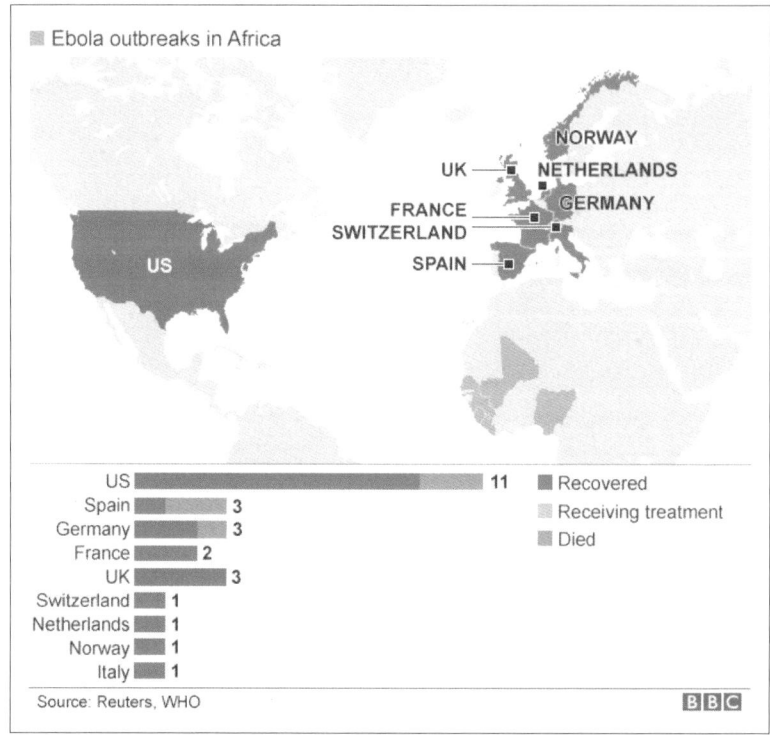

출처: "Ebola: Mapping the outbreak" BBC News

어왔을 때, 기업논리의 중심에 있는 병원이 아무리 초일류와 최고를 내세우더라도 얼마나 간단히 신종 전염병의 확산 진원지가 될 수 있는지를 알려주었다.[2]

Madrid and in Dallas. DR Congo also reported a separate outbreak of an unrelated strain of Ebola."("Ebola: Mapping the outbreak", BBC News, 19 June 2015, http://www.bbc.com/news/world-africa-28755033)

2 "메르스, 기업사회의 위험성 전파", 경향신문, 2015년 6월 15일, http://news.khan.co.kr/kh_news/khan_art_view.html?artid=201506201645081&code=940100

유행병의 폭발에도 불구하고 삼성은 2007년 태안반도의 기름 유출 사태 때와 마찬가지로 공공성과 환경과 같이 비용을 외부화할 수 있는 영역에 대해서 책임을 다하려고 하지 않고 있다. 기업의 위기커뮤니케이션 전략에 따라 삼성-허베이스피릿호 기름유출사고가 아니라 태안 기름유출사고로 사건의 이름이 바뀌었듯이(나현정·민영, 2010), '위험'은 정치와 대기업의 전략에 따라 얼마든지 이용될 가능성이 있다.

벡Beck이 이야기하듯 위험사회에서 위험은 정상적인 것으로 인식되고 전문가에 대한 종속을 심화시킨다(벡, 1998). 그러므로 이제 국가와 시장이 '위기'를 제대로 혹은 충분히 통제할 수 있는가라는 질문으로는 불충분하다. 현대 사회에서 과학과 정책의 실패는 단 한 번만으로도 후쿠시마 원자력발전소 사고와 같이 돌이킬 수 없는 파국적인 위험이 될 수 있기 때문이다.

또한 윌킨슨Wilkinson은 소득 불평등이 사회적 관계의 질에 강력한 영향을 미치며, 사회적 관계의 질이 나빠지면 건상이 악화된다는 것을 보여주었다(윌킨슨, 2008). 부자들은 일정 수준의 소득의 변화에 별로 민감하게 반응하지 않지만 빈민들에게는 작은 돈도 매우 큰 의미를 갖는다. 이런 상황은 의료비의 변화에서도 마찬가지일 것이다. 의료비의 격차는 사회적 자본을 파괴시키는 소득 불평등이 될 수 있다.

따라서 의료의 공공성과 보건의료 문제는 진지한 사회적 쟁점이 되어야만 하며, 공공성의 개혁이라는 명분을 내세워 국가나 기업의 주도로 시민의 건강권을 위협하는 의료 민영화가 이루어져서는 안 될 것이다. 세계화의 흐름 속에서 한국 사회는 가시적인 갈등과 거센 저항에도 불구하고 빠르게 공적 의료보험 체계에서 민간 의료보험 체계로 가기 위해 움직이고 있다. 이에 여기서는 제주도의 녹지병원 설립 허가와 이를 둘러싼 시민사회의 반대를 살펴보고 우리가 의료를 어떻게 이해하고 어떤 의료서비스를 구축해야 하는지, 또한 의료의 공공성을 어떻게 담보할 것인지에 대해 살펴볼 것이다.

Ⅱ. 제주도 영리법인병원 설립 논쟁

1. 제주도의 영리법인병원 설립 추진 과정

한국의 민간병원들이 진정한 의미에서 '비영리법인'인가는 의문이 있지만, 지난 40년 가까이 한국에서 유지해 온 보건의료체계의 기본 구조는 공공의료보험을 중심으로 한 보편적 의료서비스에의 접근이라 할 수 있을 것이다. 헌법 제34조 2항과 35조 1항은 국민의 건강을 생존권적 기본권으로 보장하고 있으며, 의료서비스는 인간다운 삶을 위해 국민 개개인이 누려야 할 기본적 권리로 여기고 있다(김정화·이경원, 2009).

영리의료법인 설립허용, 민간의료보험 활성화, 건강보험 당연지정제 폐지 문제가 정책 의제로 등장하기 시작한 것은 1995년 세계무역기구WTO가 출범한 뒤부터이다. WTO는 도하개발아젠다Doha Development Agenda를 통해서 본격적으로 의료 분야를 포함한 서비스 분야의 시장개방 협상 내용과 형식에 대해서 합의를 보았고, 이때부터 의료시장 개방은 막을 수 없는 것으로 간주되기 시작하였다. 여기에 의료관광을 통한 국부 창출론, 의료산업 육성을 통한 일자리 창출과 내수 활성화론, 의료계 일각에서 제기한 당연지정제 폐지를 통한 수가 협상력 제고 주장이 합세하면서, 영리의료법인 제도화와 민간의료보험 활성화 문제가 의료분야 주요 정책의제로 부각되었다(박형근, 2012).

제주특별자치도에서 내국인 영리법인병원 설립과 의료 민영화 문제는 노무현 정부였던 2005년부터 불거지기 시작하였다. '제주특별자치도 기본계획(안)'에 포함된 3대 핵심산업(관광, 교육, 의료) 가운데

교육과 의료 분야에는 공공성을 약화시킬 수 있는 조항이 들어 있었다. 의료와 관련된 제주도특별자치도의 기본계획(안)의 주요 내용은 다음과 같다. 국내외 영리법인병원 설립 허용, 외국인 의사의 외국면허 인정, 사의료보험 도입(건강보험 당연지정제 폐지), 광고규제 완화 및 부대사업 허용, 비필수 의료관광 도입이다.

이에 2005년 9월 7일 제주 지역의 시민사회단체는 제주특별자치도 공공성 강화를 위한 공동대책위원회를 구성하였다. 토론회, 다섯 차례의 대규모 도민결의대회와 촛불집회, 도청 앞 천막농성, 도청 점거농성 등을 통해서 기본계획(안)의 폐지를 요구하였다. 강력한 반대 여론으로 국회의 법안심사 과정에서 위의 문제 조항은 삭제되었고 특별법은 통과되었다. 제주도는 다시 2006년 11월에 내국인 영리법인병원 설립 허용을 주요 내용으로 하는 2단계 제도 개선안을 제출하지만 정부가 수용불가방침을 밝히면서 무산되었다.

다음 이명박 정부의 의료관광 활성화 및 경제득구 영리의료법인 법제화 추진 경과는 크게 세 단계로 나눌 수 있을 것이다.[3] 제1기는 인수위 시기부터 2008년 말까지로, 미국산 쇠고기 수입 허용으로 촉발된 2008년 촛불정국을 거치면서 대통령이 건강보험 민영화는 없다는 입장을 공식적으로 밝혔다. 그러나 이해 6월 제주도에 내국인 영리의료법인 설립 허용과 의료시장 개방을 주요 내용으로 하는 제주특별자치도법 개정안이 추진되었다. 하지만 예상과는 다르게 제주도민 여론조사 결과, 반대가 높아서 개정을 유보할 수밖에 없었다.

제2기는 서비스산업선진화 정책을 밀어붙였던 시기로 2009년 초부터 2010년 말까지였다. 의료법 개정을 통해 전국적인 범위에서 전

---

3   이명박 정부의 의료 민영화 과정의 세 시기 구분은 박형근(2012)을 따랐다.

면적인 영리의료법인 제도화를 추진하였다. 그러나 시민사회와 진보 진영만이 아니라 정부 내에서의 반대로 의회에 법안이 제출되지 못하였다. 하지만 제주도에 내국인 영리의료법인을 법제화하는 것을 주요 내용으로 하는 제주특별자치도법 개정안이 정부 입법으로 국회에 제출되었다. 2010년 6·2 지방선거에서 영리병원에 반대하는 입장을 표명한 시도지사가 당선되면서 영리의료법인 법제화 흐름이 주춤해졌다.

제3기는 다시 제주특별자치도와 경제자유구역에서 내외국인 영리법인병원의 설립을 합법화하려고 하였던 2011년 초부터 이명박 정부 마지막까지였다. 국회 여야 간 의견조율의 실패, 시민사회와 의료계의 반대로 국회 법 통과 과정이 지연되다가 오세훈 서울시장이 무상급식 문제로 사퇴하고 박원순 시장이 당선되면서 대통령 선거 전까지 영리의료법인 법제화를 강행하지 못하였다.

2. 영리법인병원 논쟁

지난 10여 년간 한국은 의료 민영화와 영리의료법인의 법제화를 둘러싸고 정부, 시장, 시민사회 간의 치열한 논쟁을 벌여왔다. 제주에서 영리법인병원을 설립해야 한다고 주장하는 측은 제주의료의 발전과 의료관광을 통한 지역경제 활성화를 그 근거로 제시한다. 영리병원의 설립을 반대하는 측은 무엇보다 영리병원의 설립 법제화가 결국 전면적인 의료 민영화로 이어질 것이라고 비판한다.

의료 민영화를 둘러싼 논쟁을 간략하게 정리하면 표1과 같다.

의료 민영화는 '국가의료제도의 민영화' 또는 '국가의료제도의 자본주도 시장화'를 의미하는데, 미국의 경우가 정확하게 이 개념에 부합하는 국가의료제도를 갖추고 있다. 국민의 기본권을 보장하기 위한 의료의 공공성과 국가의 책임은 줄어들고, 시장의 영역에서 투자자본

표1 의료 민영화 편익에 대한 정부 주장과 시민단체의 반론

민영화의 편익에 대한 정부 주요주장	정부주장에 대한 비판과 반론
의료서비스 국제경쟁력 강화 해외환자 유치를 통한 부의 창출	해외분만건수에 대한 추정액 오류 해외분만목적은 시민권 획득이므로 국내서비스의 경쟁력 강화와 무관 해외환자 유치로 인한 부의 창출 효과 적음 영리화로 인한 진료비 증가 등의 폐해가 더 큼
의료서비스 산업고용창출	일부 있으나, 민간보다 공공영역의 서비스 창출효과가 더 큼
유동자금의 투자처 제공	투기적 자금의 유입은 의료비를 상승시킬 것이고 의료비의 상승은 다양한 부작용을 낳을 것임
서비스 질 향상	영리병원의 질이 더 좋다는 증거 없음 또는 그 반대결과가 많음
경쟁을 통한 의료비용 감소	의료비절감 전례가 없음 미국의 의료비는 구매력을 보정하고도 약 5배에 달함
	영리법인병원 허용, 민간보험의 활성화 등의 조치는 의료비를 상승하고, 건강보험 보험료 부담에 대한 의욕과 능력을 저하시키며, 이는 건강 보험의 보장성 수준을 낮추어 궁극적으로는 건강보험의 축소로 이어질 것임. 이 경우 의료의 양극화 문제가 발생함

출처: 신영전(2010: 77)

의 운영과 자본의 영리 추구가 제도적으로 보장된다.

    삼성생명의 내부 전략보고서를 통해서 알려진 것처럼, 영리법인병원의 도입을 가장 원하는 측은 보험업계로 '정부보험을 대체하는 포괄적 보험'을 민간의료보험의 최종적인 목표로 제시하고 치밀한 준비를 하고 있다. 한국의 의료제도는 의료제공체계가 압도적으로 민간 우위이며 시장과 경쟁의 과잉이 존재함에도 불구하고, '의료민영화체계'로 간주되지 않는다. 이는 보편적 국민건강보험이 민간 중심의 의료공급체계를 효과적으로 통제하고 있기 때문이다(이상이, 2012).

    영리병원의 허용은 결국 민간의료보험의 위헌 소송으로 건강보험 당연지정제도의 폐지를 이끌 수밖에 없으며, 또한 의료비 급등과 의료 양극화가 일어날 것이다. 따라서 영리병원이 현재 한국 의료체계가 가

지고 있는 문제를 악화시키고 전체 국민의 건강권을 위협하게 될 것이라는 반론은 타당해 보인다. 이런 비판은 지난 여론조사에서 나타나듯 제주 도민에게도 상당히 수용되고 있는 것 같다.

영리의료법인의 도입으로 기대되는 '양질의 의료서비스 제공'이나 '지역경제 활성화' 등은 도민들에게 구체적이고 확정적인 이익으로 다가오지 않은 반면, 새로운 제도의 도입으로 발생할 수도 있을 피해는 도민들에게 직접적으로 다가올 수 있는 현실적인 문제로 느껴지고 있는 것이다. 많은 사람들이 지역경제 활성화를 내세운 규제 완화가 의료의 공공성을 훼손할 여지가 있음을 인식하고 있다(김성준·민기, 2011). 여기에서 '공공성'은 중요한 개념으로 이를 어떻게 이해할지는 복잡한 문제이므로 아래에서 다루도록 하겠다.

한편으로 제주도에서 국내 영리법인병원 설립 허용 추진계획의 유보는 시민사회의 성과로 평가할 수 있다. 의료민영화 및 국내영리병원 저지 제주대책위원회는 저지운동이 성공한 이유를 다음과 같이 들고 있다. ① 미국식 의료 제도의 폐해를 적나라하게 보여준 마이클 무어의 영화 〈식코〉의 흥행, ② 미국 소고기 수입에 반대하여 촛불의 힘을 보여준 '현명한 대중의 등장'[4], ③ (특히 병원 노동자 중심의) 공공서비스 노조의 헌신적 활동, ④ 제주 언론의 이슈화, ⑤ 대책위 활동가의 노력이다(오한정, 2008).

그러나 영리병원 허용과 의료 민영화를 향한 움직임은 여기서 끝나지 않았다. 제주특별자치도는 지속적인 법 개정을 통해 경제자유구

---

4 "행정의 막강한 공세에도 불구하고 내국인 영리법인병원 도입에 대한 반대의견이 더욱 높았던 것은, 2008년 5월과 6월을 기점으로 논의되기 시작한 '현명한 대중의 등장'에 절대적으로 기인한다고 해도 과언이 아니다"(김아현, 2008: 46).

역에서 허용된 외국영리병원의 설립에서 더 나아가 내국인에 의한 영리병원의 설립을 추진하고 있다. 2013년에 4차 투자활성화 대책은 영리자회사 허용과 부대사업 전면 확대, 의료법인간 합병 허용 계획 등을 포함하고 있다. 박근혜 정부는 외형적으로는 기존의 비영리법인 병원을 유지하되 실질적으로는 영리법인 병원으로 전환하려고 한다..(박형근, 2013).

2014년 8월에 추가 발표된 '6차 투자활성화 대책'은 병원 내 호텔(메디텔) 및 의원 입점 허용, 영리병원 규제 완화, 대학병원 영리자회사 허용, 부대사업 범위 확대, 임상실험 규제완화 등을 담고 있었다. 거기에 싼얼병원의 설립 허가와 관련된 갈등은 정부가 의료법조차 위반하면서까지 의료 민영화를 밀어붙이고 있음을 잘 보여주고 있다(참여연대사회복지위원회, 2014).

Ⅲ. 녹지병원 설립 허용과 시민사회의 대응

1. 녹지병원 설립 추진 과정

2014년 9월 중국 텐진화업그룹이 투자해 제주도 서귀포에 설립하려던 싼얼병원은 사기투자 논란으로 설립 허가가 취소되었다. 이어 2015년 2월에 녹지그룹 측이 영리병원을 설립할 것을 제주도에 요청하였다. 제주도는 수정 보완할 사항을 업자 측에 재요청하였고, 3월 31일 중국 녹지그룹의 자회사 그린랜드헬케어(주)가 영리병원의 사전 심사를 제주도에 요청하였다. 4월 2일 제주도가 '녹지국제병원'(이하 녹지병원) 사업계획서를 보건복지부에 제출하면서 두 번째로 제주도 영리병원 설립이 시도되었다.

추진하는 측은 이번 투자자인 '녹지그룹'이 싼얼병원의 경우와는 다르게 자본력을 갖춘 중국국영기업이라는 점을 내세웠으나, 의료민영화저지 범국본은 녹지병원이 국내에서 가장 규모가 큰 성형병원 'BK성형외과'와 중국 땅투기 기업의 영리병원 설립 시도라고 비판하고 있다. 결국 제주 녹지병원은 외국영리병원이 아니라 국내 개인병원들이 외국 자본과 합작하여 내국인 영리병원을 세우려는 시도라는 것이다. 녹지병원은 내국인병원들이 비영리법인 규제를 피하여 세우려는 내국인 영리병원으로 보인다.

제주도는 4월 2일자 보도자료에서 녹지병원은 "중국 녹지그룹에서 전액 투자하였다"고 밝혔지만 언론 기사를 보면 이는 사실과 달랐다. '국제녹지병원 사업계획서'에 따르면, 녹지병원의 제2 투자자는 '북경연합리거의료투자유한공사'(이하 북경연합리거)였다.[5] 그런데 북경연합리거 소속 최대 규모의 병원은 바로 BK성형외과가 설립해 운영하는 '서울리거首尔丽格'(전 '세인트바움') 성형 영리병원이었다. 홍석범 BK 성형외과 원장은 2004년부터 제주도에 영리 성형타운을 만들고자 여러 차례 시도한 바 있으며, 언론을 통해 이런 계획을 밝혀왔다.[6]

서울리거 병원은 표면적으로는 북경연합리거 소속 16개 병원 중 하나이지만 전체 소속 의사 43명 중 13명이 서울리거 병원에 있으며, 나머지 소속 병원들은 대부분 소규모였다. 즉, 중국 서울리거 병원이 제주 영리병원의 설계와 운영을 전담하게 된다. 2014년 서울리거 병원은 자신의 목표가 '녹지그룹이 개발하는 제주 헬스케어타운에 들어

---

5   그린랜드헬스케어주식회사(녹지국제병원 모회사)의 주요 투자자는 다음과 같다. 녹지그룹 92.6%, 북경연합리거의료투자유한공사 5.6%, 주식회사IDEA 1.8%이다(녹지국제병원 사업계획서 참조).

6   "돈줄 막혀…'제주 성형타운' 꿈 접은 홍성범 원장", 『중앙일보』, 2011년 7월 12일, http://healthcare.joins.com/master/healthmaster_article.asp?Total_ID=5773994

설 항노화전문병원의 설계부터 병원 운영까지를 전담'하는 것이라고 밝히기도 하였다.[7]

이 같은 사실은 한국보건산업진흥원의 출장보고서를 통해서도 확인할 수 있다. 복지부 산하 정부연구기관인 한국보건산업진흥원은 이 병원의 개원식 참여를 공식 일정으로 삼았으며 당시 정호원 보건복지부 해외의료진출지원과장, 김재윤 국회의원, 김춘진 국회 보건복지위원장, 이재홍 제주도청 서울본부장 등이 여기에 참여하였다. 이들은 세인트바움 병원 개원식 바로 다음날 녹지그룹을 방문하여 '세인트바움 수출 계획'을 논의하였다.[8] 결국 국내법인이 외국인을 내세워서 우회적으로 영리병원을 역수입하는 계획을 세운 것이다.

또한 서울리거 병원이 녹지그룹의 제주 헬스케어타운 합작 파트너임이 보도되었으며, 이 같은 사실은 중국어로 홍보하는 서울리거 병원 홈페이지에도 게재되어 있었다. 4월 16일 제주도의회 임시회 본회의에서 원희룡 지사는 영리병원을 반대하는 시민사회단체의 '녹지그룹은 병원 운영 경험이 없다'는 지적에 대해 "실제적 병원운영 경험이 있는 중국과 일본의 2개 회사와 업무협약을 맺어서 공동으로 운영할 계획"이라고 밝혔다.

---

7   "제주출신 의사 중국에 첫 한국성형병원 설립—홍성범씨 지난 18일 상하이에 세인트바움 개원식 가져",『제주일보』, 2014년 7월 21일, http://www.jejunews.com/news/articleView.html?idxno=1740371; "한국 자본의 상해성형병원 개원—2020년 중국증시 상장 목표",『디지털의사신문』, 2014년 7월 21일, http://www.doctorstimes.com/news/articleView.html?idxno=162239

8   보건산업진흥원 국제의료본부 의료수출지원실, "한·중(동북33성) 출장결과 보고—한·중(흑룡강성 위계위) MOU 체결 및 보건의료협력포럼 개최", 2014년 7월 16~19일.

그러나 제주 헬스케어타운의 '헬스'를 담당하는 '중국 회사'는 사실상 서울리거 병원이다. 다시 말해 BK성형외과가 녹지병원의 설계 및 운영주체이며, 녹지병원은 중국자본 기반의 BK성형외과의 제주 영리병원지부라고 볼 수 있을 것이다. 서울리거 병원은 "한국의료와 한국자본이 주도해 설립한 해외진출병원이고 보건복지부 산하 한국의료수출협회가 공인한 의료수출 제1호 병원"이기 때문이다.[9]

녹지그룹의 사업계획서에 따르면, 녹지국제병원은 서귀포시 토평동 제주헬스케어타운에 778억 원을 들여 2만8163m^2 부지에 지상 3층, 지하 1층 규모로 건립된다. 성형외과·피부과·내과·가정의학과 등 4개 진료과목에 의사(9명)·간호사(28명)·약사(1명), 의료기사(4명), 사무직원(92명) 등 134명의 인력을 갖춰 2017년 3월 개원할 예정이다.[10]

2. 시민사회의 대응

제주도가 보건복지부에 녹지병원의 영리병원 사업계획서 보낸 이후 시민사회는 아래와 같이 녹지병원의 반대 움직임을 보여 왔다.

우선 의료민영화·영리화 저지와 의료공공성 강화를 위한 범국민운동본부(이하 의료민영화저지범국본), 보건의료노조 보건의료단체연합 그리고 의료민영화 저지 제주대책위가 영리병원 설립에 반대 입장을 밝혔다. 2015년 4월 14일 제주도의회 도민의 방에서 의료민영화

---

9 "국내 의료수출 제1호…글로벌 미용 성형분야 '우뚝' 2014—메디컬코리아 대상 글로벌 의료한류 대상 서울리거", 『한국경제』, 2014년 12월 18일, http://ent.hankyung.com/news/app/newsview.php?aid=2014121798071

10 보건복지부 보도자료, "제주도가 요청한 외국의료기관 (녹지국제병원) 사업계획서 검토 결과 승인요건 적합 통보 예정", 2015년 12월 18일.

저지범국본, 제주대책위가 공동 기자회견 통해 영리병원 저지라는 입장을 재확인하였다. 이번에는 과거에 영리병원 도입에 찬성 입장을 밝혔던 제주도의사회도 반대 입장을 표명하였다.[11] 동아일보[12]와 제주의 언론사들, 의학전문 신문 등 언론들도 녹지병원과 관련하여 비판적으로 보도하였다.

항의는 중국 정부를 향해서도 이루어졌다. 의료민영화저지범국본은 4월 14일 서울 명동 소재 주한 중국대사관 앞에서 제주 녹지국제병원 설립 중단을 촉구하는 기자회견을 개최하였다.[13] 중화인민공화국 주제주총영사관, 녹지그룹 제주지사, 제주도청 앞에서 영리병원에 반대하는 1인 시위를 펼쳐온 의료연대 제주지역본부는 7월 15일 중국총영사관의 요청으로 주제주총영사관에 도민 74.7%가 반대하는 '제주도민 영리병원 여론조사 보고서'를 제출하였다.[14]

시민사회는 의료 민영화에 반대하는 여러 세력들을 결집해 내국인 영리병원 설립 추진에 대한 반대 흐름을 형성하고 영리병원 문제섬을 공론화하였다. 제주도의회에 따르면 6월 25일부터 7월 6일까지 도민

---

11 "달라진 제주 보건의료계 '영리병원 반대' 한목소리", 『제주의 소리』, 2015년 5월 1일, http://www.jejusori.net/?mod=news&act=articleView&idxno=161535

12 "'제주 외국인 영리병원' 설립 놓고 논란 거세…핵심 쟁점은?", 『동아일보』, 2015년 5월 14일, http://news.donga.com/3/all/20150514/71241994/1

13 "녹지병원 설립 '중국 정부가 막아야'─중국 국유 기업…국제적 항의 운동 경고", 『의학신문』, 2015년 5월 14일, http://www.newsmp.com/news/articleView.html?idxno=136262

14 "의료연대 제주지역본부, 영리병원 반대한다", 『제주광장』, 2015년 7월 15일, http://www.jejuopens.com/news/articleView.html?idxno=2631

성인 남녀 1,000명과 전문가 200명, 공무원 425명을 대상으로 설문조사를 한 결과, 외국영리병원의 설립에 대해 제주 도민의 57.3%와 전문가의 52.0%가 반대의견이었다. 7월 14일에는 제주도의회 도민의 방에서 '제주 영리병원, 이대로 좋은가?'라는 주제로 정책토론회가 열렸고, 고병수 제주대안연구공동체 이사장이 '영리병원의 문제점과 지역 의료 공공성 확충 방안'에 대해 주제 발표하였다.[15]

전국보건의료산업노동조합은 제주지역 일간지 등에 영리병원을 추진하는 원희룡 도지사를 강하게 규탄하는 광고를 게재하였고, 반대단체들은 영리병원의 문제점 등을 담은 전단지 10만장을 제작해 배포하였으며 정의당, 녹색당, 노동당은 영리병원 반대 펼침막을 제주 곳곳에 부착하였다.[16] 9월 22일에는 의료영리화 저지와 의료공공성 강화를 위한 제주도민운동본부가 녹지그룹 제주사무소 앞에서 영리병원 추진 철회를 촉구하는 기자회견을 연 뒤 제주도청까지 삼보일배를 하였다.[17]

시민사회의 대응에 보건복지부는 5월 20일 제주도로부터 외국의료기관 사업계획서 승인에 대한 철회 신청이 접수되었다고 밝혀 제주 영리병원 설립은 다시금 유보되는 것 같았다. 그러나 발표 시점을 전후로 녹지그룹은 서귀포의료원 및 제주대병원과 MOU를 체결하였

---

15 제주도의회, 『제주의정소식』 10, 2015년 8월, http://www.council.jeju.kr/data/vol/vol10/vol10.pdf

16 "국내 영리병원 1호 녹지국제병원 반대운동 재점화", 『제주투데이』, 2015년 8월 15일, http://www.ijeju today.com/news/articleView.html?idxno=189876

17 "제주 시민단체 '영리병원 반대' 삼보일배", 『한겨레신문』, 2015년 9월 22일, http://www.hani.co.kr/arti/society/area/710052.html

고,[18] 보건복지부는 12월 17일 녹지그룹의 투자개방형 외국병원 '녹지국제병원'의 설립을 승인하겠다고 발표하였다. 제주도가 보건의료정책심의위원회의 심의를 거쳐 개설 허가 여부를 최종 결정할 것이다.[19]

보건복지부는 녹지병원의 사업계획서의 검토 결과, "내국인 또는 국내법인을 통한 우회투자 가능성은 있지 않는 것으로 판단"하였고 "내국인의 국민건강보험이 적용되지 않고, 병상규모·의료인·지리적 제한(제주도) 등을 감안할 때 국내 보건의료체계에 미치는 영향은 크지 않을 것으로 예상"된다고 밝히고 있다. 그리고 이번 승인 통보와 관련하여 "의료공공성 강화 방안 등도 함께 고려하여 결정하였으며, 국민건강보험제도를 견고히 유지하고, 건강보험 보장성을 확대하는 등 의료의 공공성 강화도 지속적으로 추진해 나갈 계획임을 거듭 확인하였다"고 한다.[20]

하지만 녹지국제병원의 승인에 반대하는 제주 지역 시민단체와 보건의료노조 등이 청와대 앞에서 12월 21일 규탄기자회견을 가졌다.[21]

---

18 "녹지국제병원 사업계획 철회 발표 직전 MOU, '짜고 치는 고스톱'—제주도민운동본부, 원희룡 제주도정에 영리병원 물타기 중단 요구", 『미디어제주』, 2015년 6월 3일, http://www.mediajeju.com/news/articleView.html?idxno=173685

19 "국내 첫 외국계 영리병원 승인…중국 '녹지국제병원'(종합)", 『연합뉴스』, 2015년 12월 18일, http://www.yonhapnews.co.kr/bulletin/2015/12/18/0200000000AKR20151218066051017.HTML

20 위의 보건복지부 보도자료.

21 "녹지병원 설립 인가, 입원료 인상 용납안된다—제주시민단체·보건의료노조 등 청와대 앞 기자회견", 『제주일보』, 2015년 12월 21일, http://www.jejuilbo.net/news/articleView.html?idxno=3846

제주 영리병원 문제는 의료 민영화만이 아니라 제주도의 중국자본에 의한 투자 광풍과도 복잡하게 얽혀 있다.[22] 녹지병원 문제는 지방정부의 시각이 의료의 서비스산업적 관점에 편향되어 있으며, 결국에는 투자 유치의 수단으로 보고 있음을 보여준다(김정화·이경원, 2009). 이명박 정부에서 영리병원을 전략적으로 '투자개방형 병원'이라고 부르기도 하였던 것처럼, 박근혜 정부에서도 영리의료법인의 설립은 지역개발의 관점에서 득이 되는 전략인지의 여부가 우선순위에 있음을 알 수 있다.

이러한 흐름은 보건복지부가 2016년 3월 10일 발표한 '제1차 (2016~2020년) 공공보건의료 기본계획'에서 지속되고 있다. 이 기본계획은 저성장, 고령화, 양극화 사회로 빠르게 변해가는 한국 사회의 공공보건의료에 대한 실질적인 내용없이 추상적이고 생색내기 식의 파편적인 내용만을 제시하고 있다(김동근, 2016). 20대 총선에 출마한 제주 지역 여당 국회의원 후보자들은 의료민영화저지와 무상의료실현을 위한 운동본부가 보낸 영리병원 문제와 관련한 보건의료정책 질의에 대해 무응답하거나 답변을 유보하였다.[23]

---

22 "제주도는 중국 자본의 시험대가 아니다—제주대학교 의과대학 의료관리학교실 박형근 부교수 인터뷰", 『건치신문』, 2015년 5월 29일, http://www.gunchinews.com/news/articleView.html?idxno=30167

23 의료영리화저지와 의료공공성강화를위한 제주도민 운동본부 보도자료, "제20대 국회의원 후보자에 대한 보건의료정책질의 결과발표", 2016년 4월 9일; 공공운수노조 의료연대본부 제주지역지부 성명서, "영리병원 찬성하는 양치석, 부상일 후보도민의 건강권은 안중에도 없나??", 2016년 4월 9일.

Ⅳ. 의료의 공공성

세계화와 신자유주의 흐름은 이전에는 시장 영역이 아니었던 부분들까지 시장으로 끌어들이려고 하고 있으며, 공공 의료보험을 중심으로 하는 한국의 의료 영역이 여기에 포함된다. 그리고 공공성의 성격이 강한 의료 영역을 시장으로 편입시키려는 움직임은 한국만이 아니라 전 세계적으로 이루어지고 있다. 위키리크스가 폭로한 환태평양경제동반자협정TPP과 관련된 비밀서류에서 TPP를 통해 공공 의료에 대한 기업의 통제가 증가하고, 뉴질랜드의 경우 기존의 국가적 공공 의료가 붕괴될 것이라는 점이 드러났다.[24] 의료는 점점 더 커져가는 시장의 압력 속에서 바람 앞의 등불처럼 위기에 처해 있다.

이런 현실에서 의료 문제를 추상적이고 관념적인 경제적·사회적 분석이 아니라 현실의 의료관계자와 그리고 의료수요자의 입장에서 보다 신중하게 접근할 필요성이 있다. 의료는 시장 경제적 논리와 공공성의 논리가 교차하는 영역이나 한국에서 의료 정책은 (이유가 어찌되었든) 지금까지 영리와 효율성보다는 분배와 형평성을 중시해 왔다고 할 수 있다. 영리법인에게 의료기관 개설을 허용하지 않은 헌법재판소의 판례에서는 국민의 건강보호라는 공익을 위해서라고 이유를 들고 있다.

---

24 "Backlash Against TPP Grows as Leaked Text Reveals Increased Corporate Control of Public Health", Democracy Now!, JUNE 11, 2015, http://www.democracynow.org/2015/6/11/backlash_against_tpp_grows_as_leaked); "Wikileaks: NZ health system could be 'crippl -ed' by TPP", Stuff.co.nz, June 11, 2015, http://www.stuff.co.nz/national/politics/6928761 4/wikileaks-nz-health-system-could-be-crippled-by-tpp

"즉 영리법인으로서 개설된 의료법인은 영리추구를 우선하여 환자의 무리한 유치, 1차 진료 또는 의료보험 급여 진료보다는 비급여 진료에 치중하는 진료왜곡, 수요가 적은 전문진료 과목의 미개설 또는 과소 공급, 과잉진료로 인한 의료비과소비, 의료설비와 시설에 대한 과대투자로 장기적인 의료자원 수급계획의 왜곡, 의학 교육·연구 등 사회적 필요에 따른 요청의 경시, 소규모 개인 소유 의료기관의 폐업 등으로 건전한 의료질서를 어지럽히는 등 부작용을 초래할 우려가 있다는 것이다"(신은주, 2014: 13).

인간의 생명을 대상으로 하기에 의료서비스는 의료수요자 및 사회 전체의 이익을 위한 것이어야만 한다. 질 높은 의료서비스를 보장하고 싶다면 경제 논리가 아니라 의료계의 현실적 요구를 수용해야 할 것이다. 그러나 한국의 의료시장은 이미 극심한 경쟁으로 대형병원의 시장 독과점이 커지고 있으며, 병원에서 일하는 의료인들은 인력부족으로 인해 강한 노동강도와 긴 노동시간이 시달리고 있다(박형근, 2013). 게다가 11년째 29.1명이라는 OECD 국가 가운데 가장 높은 자살 사망률을 기록하고 있는 한국 사회는 결코 건강하지 못하다. 한국 사회는 빈곤과 스트레스, 우울증, 노령화를 겪고 있으며 불안과 불안정한 상태에 빠져 있다.[25]

이러한 현실 속에서 지금 한국 사회에 필요한 것은 국익과 일자리를 창출할 것이라고 낙관되는 의료의 산업화가 아니다. 그보다 최적의 의료서비스와 시민의 건강을 어떻게 보장할지 의료 공공성에 대한 논의가 시급하다. 더 나은 의료서비스는 경제적 논리가 아니라 취약한 사회적 자본을 어떻게 형성하고 증진시킬 수 있는가 하는 질문에서 접

---

25 "노인층 빈곤율과 자살률 세계 1위", 『한겨레신문』, 2015년 5월 12일, http://www.hani.co.kr/arti/society/ rights/690818.html

근해야 한다.

그렇다면 우리는 의료의 공공성을 어떻게 이해해야 하는가. 우선 '공공성'을 어떻게 정의 내려야 하는가가 문제가 될 것이다. 신영전(2010)은 의료의 공공성을 한국의 역사적 맥락에서 파악하고자 하며, 논의에 따라 폭넓게 해석하는 방식으로 '공공성'이란 개념을 사용하고 있다.

> '공공성'이란 (1) 단순히 대중(Public)을 대상으로 하는 것을 의미하기도 하고, (2) 공공부문 즉, 특별히 국가에 의해 제공되거나 관리되는 것을 의미하기도 하며(official, managed by government), (3) 개인의 편익보다 사회적 편익을 우선으로 하는 정신(public spirit, sense of public duty)을 의미하기도 한다(신영전, 2001). 마지막으로 언급된 공공성은 다시 (1) 단순히 결과적으로 사회적 편익을 우선하는 협의의 공공성과 (2) 국민/구성원의 동의와 참여를 전제로 하는 '민주적 공공성'의 의미를 포함하는 광의의 공공성으로 나눌 수 있다. 이 '민주적 공공성'의 개념은 '민주적 정통성(democratic legitimacy)' 및 '민주적 통제(democratic control)'라는 두 가지 측면에서 민주주의와 관련을 가진다(齊藤純一, 2000)"(신영진, 2010: 8~49 각주 4).

위의 글에서 알 수 있듯이 공공성에 대한 논의는 결국 민주주의의 숙고와 관련될 수밖에 없다. 의료에 대한 연구는 아니지만 지식의 공공성과 관련하여 장훈교와 조희연은 다음과 같이 설명한다. 공동자원 Commons[26]이란

"우리 모두에게 상속되었거나 혹은 우리 모두가 함께 만들어낸 모든 선물"

---

26 원 논문에서는 Commons를 '공통자원'으로 번역하였다.

을 말한다. 공통자원은 물, 공기, 숲, 강, 바다와 같이 우리 모두에게 상속된 자연의 창조물뿐만 아니라 우리 모두가 함께 만들어낸 사회의 창조물을 포괄한다. 언어와 문화, 이야기, 지식, 음악과 예술, 방송, 대학, 의료서비스, 도시, 농업, 기술, 학문, 토지, 거리, 광장 등 우리 모두에게 상속된 창조성을 기반으로 우리 모두가 함께 만들어낸 모든 대상은 공통자원으로 정의할 수 있다. 자연과 사회의 모든 공통자원은 우리 공통의 실천을 통해 만들어지고 재생산되기 때문에 특정 개인이나 집단의 소유일 수 없다. 바로 이 때문에 공통자원은 '상품(商品)'이 아닌 '선물(膳物)'로 주어져야만 한다. 다시 말해 공통자원은 사고 팔 수 없으며, 어느 누구도 공통자원을 통해 이윤을 획득해서는 안 된다. 동시에 공통자원은 공동체 구성원 모두에게 주어진 선물이기 때문에, 이 선물을 필요로 하는 공동체의 미래세대 또한 이 선물을 향유할 수 있어야만 한다. 즉 우리는 공통자원을 파괴할 권리가 없다"(장훈교·조희연, 2013: 146-147).

경제 논리로 공공성에 접근해서 안 된다는 시각은 일본의 경제학자 우자와 히로후미宇沢弘文와 유사하다. 그는 의료가 '사회적 공통자본'이어야 하며 따라서 두 가지 요건을 충족해야만 한다고 주장한다(宇沢弘文·鴨下重彦, 2009: 1).

첫째는 사회를 구성하는 모든 사람들이 남녀노소를 불문하고, 또한 각각이 놓인 경제적·사회적 조건에 관계없이 그때 사회가 제공하는 최고의 의료 서비스를 받을 수 있는 것과 같은 제도적·사회적·경제적 조건이 준비되어 있는 것이다.

둘째는 히포크라테스 선서가 맹세하는 길을 뜻하는 의사가 의사로서 또한 사람으로서 그 삶의 방식을 다할 수 있도록 제도적·사회적·경제적 환경이 갖추어져 있는 것이다. 이 두 가지 요건이 충족되도록 경제적·제도적 조건을 명확히 하는 것은 경제학자에 있어서 가장 무겁고 중요한 과제이다.

이어서 우자와 히로후미는 사회적 공통자본을 사람들 사이의 신뢰 관계를 포함한 넓은 의미에서의 사회적 인프라로 정의하고 있다.[27] 이 '신뢰'는 시장 원리가 가장 배제하기 쉬운 선good으로, 사회적 공통자본으로서의 의료에 대한 논의는 의료 공공성을 중요한 사회적 의제로 재설정하려는 시도로 볼 수 있다. 의료 민영화는 선진화 혹은 개혁, 양질의 서비스라는 명목으로 결국 영리와 효율성을 통해 '아픈 사람'들을 치료한다는 의료의 본질을 훼손하게 될 것이다(Hoppe, 2007).

대처Thatcher의 신자유주의 개혁 이후 영국 국민의료보험NHS의 붕괴는 이러한 사실을 잘 보여주는 역사적 사례일 것이다. 사망비율Death-Ratio 즉, 환자 한 사람이 죽음에 이르기까지 의료비를 최소화함으로써 의료비를 억제하려고 한 개혁의 결과, 뜻이 있는 영국의 많은 의사들이 해외로 이주해 버렸다. 의사의 부족으로 영국의 의료서비스는 무너져 버렸고 지금까지도 회복되지 않고 있다. 이 사례를 통해 가격 경쟁을 통해시는 결코 질 높은 의료서비스를 제공할 수 없음을 알 수 있다(宇沢弘文, 2009; 우자와 히로후미, 2015). 현재 영국 국민의료보험은 예산 삭감을 통해 계속해서 민영화되어가고 있으며, 가디언지는 위기에 처한 NHS를 돕기 위한 프로젝트를 펼치고 있다.[28]

---

27 "사회적 인프라는 일본에서 공통사회자본이라고 불리는 것이다. 도로, 교량, 철도, 상하수도, 전력·가스, 우편·통신 등으로 구성되어 있다. 그러나 영어로 Social Capital이라고 할 때, 일본어의 사회자본과 전혀 다른 의미로 사용된다. Social Capital은 사람들 사이의 신뢰 관계라든지 역사적 또는 관행적으로 유지되어온 제도라든지, 관습을 의미한다. 또한 언어, 문화와 사람들 사이의 의사소통을 용이하게 하고 심화하는 것을 의미한다"(宇沢弘文, 2009: 5).

28 "This is the nhs", The Guardian, http://www.theguardian.com/society/series/this-is-the-nhs

그렇다면 시민들에게 최적의 의료서비스를 제공하는 것을 책임질 주체는 누구여야 하는가? 의료기관 개설 규제에 관한 헌법소의 결정은 '의료행위의 주체는 의료인'이어야 한다고 밝히고 있다(김성준·민기, 2011: 147). 한편으로 우자와 히로후미는 전문가와 더불어 관료가 아닌 '정부'에 개개인들에 최적의 의료를 제공할 책임이 있다고 주장한다(宇沢弘文, 2009; 우자와 히로후미, 2008). 의료의 주체 또는 책임자를 누구로 볼 것인가는 의료의 공공성을 이해하기 위한 또 다른 중요한 문제이겠지만 이는 별도의 논의를 필요로 하는 주제일 것이다.

V. 맺음말

지난 20세 후반에 이룬 한국 사회의 건강 증진은 의료 정책과 경제 성장의 효과로 볼 수 있을 것이다. 그러나 IMF 이후 한국 사회의 건강 상태는 무엇보다 엄청난 자살 사망률에서 보이듯이 적신호가 켜졌다. 또한 한국 사회가 한 세대 동안 유지해온 건강의료보험을 중심으로 한 공공의 의료서비스는 붕괴될 위기에 처해 있다. 병원의 경영 문제, 국민의료보험의 적자, 질 높은 의료서비스를 앞세워 정부와 기업이 의료에 시장 원리를 도입하려는 움직임은 점점 더 강해지고 있다.

의료민영화의 시발점은 바로 국제자유도시를 목표로 하는 제주이다. 제주 영리의료법인의 도입을 둘러싸고 정부, 시장, 시민 간의 갈등이 심각하다. 제주는 한국에서 시민운동이 효과적으로 이루어지고 있는 지역으로 2005년 이후 지속적으로 추진되고 있는 의료 민영화 흐름을 10년간 성공적으로 저지해 왔다. 그러나 2015년 12월 17일 보건복지부는 제주 헬스타운에 녹지국제병원의 설립을 승인하였다. 제주특별자치도에 영리법인병원이 설립되면 전국적인 수준에서 의료 민영화가 이루어지게 될 것이며, 의료 영역이 시장화되면 교육과 복지 등의 다른 공공 분야들도 쉽사리 시장에 식민화될 것이다.

하지만 에볼라, 메르스와 같은 풍토병과 신종 전염병의 급속한 확산, 지카바이러스에 대한 우려는 현대 위험사회에서 의료의 공공성과 중요성을 재확인시켜주고 있다. 따라서 경제적 논리로 의료를 개혁하기보다는 의료가 무엇이며 의료서비스가 어떤 것이어야 하는지에 대한 사회적 논의가 필요하며, 의료의 공공성을 어떻게 담보해야 하는가에 대한 정치적 이슈화 역시 요구된다. 시장성에 맞서 의료 공공성를 사회적 의제로 설정해야 할 필요성이 더욱 커지고 있다. 개방과 유연화를 내세우는 현실의 추세와는 다르게 경제 논리가 더 나은 의료서비스를 보장할지에 대한 판단은 결코 시장에서 이루어질 수 없다. 이 문제는 정치의 영역에서 공적 담론과 숙고를 통해 사회적 합의를 거쳐야만 한다(손경복, 2013).

그러나 공공성을 내세우며 여론과 '불통'하는 정부의 태도는 한국 사회가 가진 또 다른 문제를 보여준다.[29] 신영전(2010)의 주장처럼 한국의 "의료 민영화 정책을 둘러싼 한국보건의료체계의 분열적 양상은 해방, 분단, 미군정, 개발독재, 그리고 신자유주의의 만연과 1997년 체제라는 역사적 산물"일 것이다. 또한 "의료 민영화 정책이 이러한 역사적 기원을 갖는 관제적 공공성, 취약한 공공보건의료체계, 비합리적

---

29 "영리병원 압도적 반대 이유, 도민들이 잘 몰라서?", 『헤드라인제주』, 2015년 7월 13일, http://www.hea dlinejeju.co.kr/?mod=news&act=articleView&idxno=246672; "'영리병원 왜 반대?' 김무성 대표 발언에 시민사회단체 반발", 『경향신문』, 2015년 8월 10일, http://news.khan.co.kr/kh_news/khan_ art_view.html?artid=201508101116291; "원희룡, 영리병원 정면돌파? 시민사회에 '침소봉대 말라'", 『제주의소리』, 2015년 8월 15일, http://www.jejusori.net/?mod=news&act=articleView&idxno= 166315

의료공급체계, 그리고 이에 반해 강력한 시장 거버넌스의 영향력 하에 진행되고 있음을 고려"하여야 할 것이다. "다시 말해 '보건의료부문의 왜곡된 공공성'은 '공공성의 실패'를 낳고 이러한 공공성의 실패가 전격적인 의료민영화의 실시로 이어지고 있는 것이다"(신영전, 2010: 60).

따라서 공공성을 사회운동의 변화와 관련짓는 조희연의 분석은 현재의 의료 민영화 흐름을 고찰하는 데에도 유효할 것이다. "공공 부문의 비합리성은 신자유주의가 보수'혁명'의 성격을 갖게 하는 이유가 된다. 국가는 관료과 공적기구라는 성격을 갖는데, 한국에서 국가에 대한 신자유주의적 공세는 '관치주의 극복'이라는 의제를 설정하였다. 그러나 민영화·시장화를 통한 개혁이냐, 공공성을 유지하는 바탕 위에서의 개혁이냐(이에 대한 진보세력의 대안이 취약한 것도 사실이지만 원칙적인 수준에서)를 두고 선택"(조희연, 2007: 62)의 기로에 우리는 서 있다.

그럼에도 한국에서 관료로서의 정부와 독점 대기업, 민주화를 이끈 사회운동 진영 그리고 개개인 모두가 세계화와 신자유주의 높은 파도에 휩쓸려가는 '사회'에 패배하지 않기 위해 위협을 무릅 쓰고 변화하기보다는 소극적으로(그러나 의식적으로) 불변의 상태를 고수하는 것처럼 보이기도 한다. '반미친북세력', '색깔론', '선진화', '경제발전', '이념 논쟁'이 한국 사회에서 효과적인 만큼이나 거꾸로 사회운동 진영은 공공성을 당위라는 낡은 방식으로 해석하고 거시적 패러다임으로 분석하고 있다. 따라서 의료의 공공성 이슈가 정치적인 어젠다가 되지 못하는 것은 단지 공공의 논의를 억누르는 신엘리티즘의 힘 때문만도 아니고, 민주주의 사회에 대한 새로운 비전을 제시하지 못하는 진보 진영의 실패 때문만도 아닐 것이다.

참고문헌

기든스(A. Giddens)·벡(U. Beck)·래쉬(S. Lash). 1998. 『성찰적 근대화』. 임현진·정일준 역. 한울.
김동근. 2016. "영리병원과 의료공공성 강화." 2016 'pre'제주사회포럼 '제주사회 평가와 과제' 발제문.
심성순·민기. 2011. "지방정부의 규제완화 정책에 대한 주민의 수용요인 분석: 제주도 영리의료법인 도입 추진 사례." 『지방정부연구』 15(1).
김아현. 2008. "제주 영리법인병원 사태가 우리에게 남긴 것." 『월간복지동향』 119.
김정화, 이경원. 2009. "권력의 두 얼굴: 이명박 정부의 영리병원 허용 논쟁을 중심으로." 『경제와사회』 82.
나현정, 민영. 2010. "상징적 이름짓기의 프레이밍 효과: '태안' vs '삼성-허베이스피릿호' 기름유출사고." 『한국언론학보』 54(4).
박형근. 2012. "의료관광과 경제특구를 중심으로 한 영리의료법인의 제도화." 『의료정책포럼』 10(4).
박형근. 2013. "영리법인 의료기관 허용, 고용증대 가능한가?" 『의료정책포럼』 11(4).
손경복. 2013. "영리병원에 대한 이론적 고찰." 『보건학논집』 50(2).
신영전. 2010. "'의료민영화'정책과 이에 대한 사회적 대응의 역사적 맥락과 전개." 『비판사회정책』 29.
신은주. 2014. "의료법인의 영리 자법인 설립에 관한 법적 고찰." 『한국의료법학회지』 22(2).
오한정. 2008. "제주도 영리법인병원 저지운동의 전개과정과 성과." 제

1회 비판과 대안을 위한 보건복지연합 학술대회.

우자와 히로후미. 2008. 『사회적 공통자본: 진보적 공공경제학의 모색』. 이병천 역. 필맥.

우자와 히로후미. 2015. 『경제학이 사람을 행복하게 할 수 있을까?』. 차경숙 역. 파라북스.

의료민영화 및 국내영리병원 저지 제주대책위원회. 2012. 『영리병원 투쟁백서 2008-2012』.

윌킨스(R. Wilkinson). 2008. 『평등해야 건강하다―불평등은 어떻게 사회를 병들게 하는가』. 김홍수영 역. 후마니타스.

이상이. 2012. "제주특별자치도 내국인 영리법인 병원 문제에 관한 검토." 한국의료법학회 학술대회.

장훈교, 조희연. 2013. "4세대 대항학술운동: 공통자원 기반 급진민주주의 프로젝트." 『역사비평』 104.

조희연. 2007. "새로운 사회운동적 화두, 공공성의 성격과 위상." 『시민과세계』 11.

참여연대사회복지위원회. 2014. "기자회견 싼얼병원 사태에도 영리병원 추진, 병원 부대사업 확대 강행, 위험한 원격의료 강행 중단 촉구." 『월간 복지동향』 192.

Hoppe, JD. 2007. "Liberal Practice, Not Outside Control." JMAJ 50(5).

宇沢弘文. 2009. "社会的共通資本としての医療." 日本医師会 平成21年度 医療政策シンポジウム 特別講演 参考資料.

제3부
공간의 담론, 공간의 재생

제6장
추상적 공간과 구체적 공간의 갈등
: 제주의 공간이용과 공간구조의 변화

서영표

Ⅰ. 머리말

최근 공간이론의 경향은 공간space을 이미 주어진 텅 빈 장소로 생각하지 않는다. 공간은 서로 갈등하는 공간적 실천에 의해 구성되는 것이다. '제주'라는 공간도 바다, 산, 바람, 물처럼 제주인의 해석 이전에 존재하는 고정된 것이 아니다. '제주'(또는 탐라)는 다양한 사람들과 집단들의 실천과 해석이 충돌하면서 끊임없이 재구성된다. 하지만 공간은 인간들의 구성행위의 결과로서만 존재하지 않는다. 공간을 행위와 실천의 결과만으로 이해하는 것은 극단적 사회구성주의social constructionist 또는 현상학적phenomenological 입장으로 치우칠 수 있다. 이런 입장은 공간이 가지는 인과적 힘causal powers을 분석할 수 없다. 공간은 텅 비어 있지 않기 때문에 언제나 행위, 관계, 상호작용의 산물이지만 그러한 공간은 행위, 관계, 상호작용에 인과적 영향을 끼친다(Soja, 1986: 98-99, Urry, 1986: 24-25). 이런 맥락에서 제주의 공간으로 인지되고 체험되는 자연 환경과 사회 환경은 '언제나 이미' 제주인들의 행위 또는 실천의 전제이지만 (인과적 힘을 갖지만) 그 행위와 실천을 통해 지속적으로 재구성될 수밖에 없다.

아래에서는 역사-구조적 조건과 의미구성의 실천을 분석하기 위해 앙리 르페브르Henri Lefebvre로부터 연원하는 공간이론을 적극 수용한다. 고전적 사회과학은 시간적 차원, 즉 역사적 발전에 초점을 맞추면서 사회를 설명하는 데서 공간이 가지는 중요성에 주목하지 않았다. 르페브르는 농촌에서 시작하여 도시로, 그리고 공간 그 자체에 대해서 천착하면서 80년대부터 등장하기 시작하는 공간적 사회이론에 이론적 토대를 제공했다. 그의 주저『공간의 생산The Production of the Space』에서 절정에 이른 공간이론은 '공간 물신론'이라는 비판에 직면하기도 했지만(Castells, 1977) 사회구조와 행위, 그리고 그것들 사이의 관계를 설명하는데서 공간이 얼마나 중요한 변수인지 일깨워 주었다.[1]

르페브르를 계기로 시작된 공간에 대한 이론적 논의에서 출발하여 제주인들이 역사적으로 어떻게 자연환경과 사회환경을 인식했는가, 즉 어떻게 그들의 공간을 구성하고 실천했는가에 대해서 살펴보는 것이 이 글의 목표이다. 육지와의 관계에서 주변periphery일수밖에 없었던 지정학적 조건과 주변적 위치로부터 강요된 지배-착취의 질서는 제주만의 독특한 공간-구조를 낳았고 그러한 지배-착취 질서 안에서

---

1 카스텔의 비판을 수용한 르페브르의 재해석에 대해서는 서영표(2012a)를 보라.

살아갔던 각 사회집단들은 독특한 공간 전략을 통해 공간-구조에 적응하거나 저항했다. 여기에서 공간 전략은 그들의 삶의 터전인 바다와 산을 어떻게 인식했으며 재현representation하는가의 문제였다.

공간-구조는 그 내부의 집합적 주체들의 실천을 통해 변형되기도 하지만 외부적 충격에 의해 근본적 변동을 경험하기도 한다. 제주인들에게는 근대화, 특히 1970년대 시작된 관광산업을 중심으로 한 근대화 프로젝트가 이러한 충격을 가져다주었다. 외적 충격은 시간적 격차를 보이면서 제주인의 삶의 양식과 의식을 변화시킨다. 이러한 변화과정은 공간-구조 안의 갈등하는 집합적 주체들 사이의 모순을 고조시킴으로써 지배-피지배 관계를 재편한다. 주체들의 공간 전략이 외부적 변수와 결합되면서 복잡한 양상으로 전개되지만 공간-구조가 가지는 인과적 힘은 사라지지 않고 그러한 인과적 힘에 적응/저항하는 주체들의 새로운 공간 전략이 출현하는 조건이 된다.

Ⅱ. 공간의 의미구성에 대한 이론적 논의

1. 시간 중심의 세계인식

전통적으로 사회과학은 시간적 차원에 천착했다. 사회과학의 인접학문인 동시에 그 일부를 이루는 (서양)철학은 유대-기독교적 전통으로부터 연원하는 목적론적teleological 세계관을 가지고 있었다. 헤겔에서 그 정점에 이르는, 그리고 마르크스에게도 강한 흔적을 남겼던 역사발전의 법칙은 근대학문의 토대를 이룬다. 계몽주의 철학자들에게 중요한 것은 어둠 속에 갇혀 있는 인간의 이성에 빛을 비추어 사회를 앞으로 나가게 하는 것이었다. 그들은 이것을 역사의 진보라고 생각했다 (Soja, 1989).

사회과학의 창시자들은 자연과학의 방법을 '과학적' 것으로 받아들인다. 그들이 '과학적'이라고 찬양했던 새로운 패러다임은 물리학에서 시작해 천문학에서 꽃을 피웠고 생물학 분야에도 충격을 가하고 있었다. 이것의 핵심은 인간의 역사는 지구의 탄생에서부터 무수한 파국과 단절에도 불구하고 지속되어온 진화의 결과라는 것이었다. 계몽주의자들의 진보progress는 자연과학의 눈부신 발전 위에 세워져 진화라는 새로운 패러다임에서 추진력을 얻게 되는 것이다(Keat & Urry, 1982: 76-80).

따라서 초기의 사회과학은 '진화'라는 생물학적 비유를 선호한다. 근대화modernization와 합리화rationalization는 사회라는 유기체organism의 진화로 설명된다. 하지만 이 유기체는 근대화가 가져온 충격의 두드러진 부분들을 결합해 만든 추상적 구성물이었다. 추상화는 여기서 멈추지 않았다. 소위 이념형ideal type이라는 이름 아래 진화의 시간선 위에 존재하는 근대와 그것과 대조되는 전근대(전통적) 사회라는 이분법적 도식이 등장하고 이 두 유형 사이의 특징 비교와 후자에서 전자로의 이행이라는 역사발전이 사회과학적 분석의 주요 대상이 된다.[2]

고전적 사회과학이 공간적 차원을 완전히 무시한 것은 아니다. 근대화의 주된 양상으로서의 도시화urbanization는 공간적 차원을 내포하고 있었으며, 도시적 삶과 농촌적 삶의 비교 또한 공간-지리적 변수를 포함하고 있었다(Saunders, 1986: 13). 하지만 사회 이론에서 시간은 지배적 위치를 차지하고 있었으며 그 시간 안에서 드러난 주요한 설명변수는 추상화된 사회유형과 각각의 사회유형이 표상하는 시대

---

2 이러한 단선적 역사관에 대한 강력한 비판은 포스트구조주의로부터 제기된다. Foucault(1984: 88)를 보라. 마르크스주의로부터의 비판은 Althusser(1977)와 Althusser & Balibar(1979)를 참고하라.

적 정신을 구현하는 '주체', 더 정확하게는 '주체'를 통해 드러나는 '의식'의 시간적 연속성에 있었을 뿐이었다. 여기서 의식은 이성의 이름으로 근대에 이르러 완성되어야 하는 것이었다. 사회과학이 시간중심, 의식 중심의 패러다임에서 벗어나는 길은 초월적 규범의 세계로 도피하거나 모순적이고 갈등적인 현실 그 자체와 대결하는 것이었다. 전자가 관념론적인 이론으로의 도피였다면 후자는 모순과 갈등이 드러나는 공간에 주목하는 현실과의 유물론적 대결이었다.

사회이론이 공간적 차원에 주목하는 것은 곧 일상과 인간 주체의 구체적 경험에 천착하는 것이다. 시대적으로 주어진 규범을 중심으로 이데올로기적으로 구성된 주체성을 전제하고, 그러한 집합적 주체성의 변화를 시간적 차원에서 설명하는 길은 구체적인 공간-구조 안에서 다양한 공간 전략을 통해 삶을 영위해 나가는 사람들의 흔적을 추적할 수 없다. 이론이 추상abstraction을 포기할 수는 없다. 이론적 추상 없이 할 수 있는 일은 복잡한 실재complicated reality를 묘사하는 것 이상일 수 없으며 이러한 묘사는 공간-구조 안에 존재하는 모순과 그 모순 안에 잠재되어 있는 역사발전의 방향을 분석할 수 없기 때문이다 (Sayer, 1994: 3장). 구체적 대상이 가지는 특성을 기술하는 것에 머문다면 현상태status quo를 받아들이고 그것에 안주할 수밖에 없다는 것이다. 그러나 추상은 최종목적지가 아니다. 추상은 다시 구체적 실재와 대면해서 또 다른 실천과 공간-전략을 통해 삶으로 되돌아갈 수 있는 경로를 가질 때에만 진정한 의미에서 이론일 수 있다. 이론적 실천theoretical practice은 이론가들이 만든 그들만의 비밀암호를 통한 논쟁이 아니라 경험적empirical 세계와 대면하는 것을 의미한다. 사회이론이 경험적 구체와 대면하기 위해서는 행위 주체들이 위치한 장소place를 중심으로 배열되는 공간-구조가 도입될 수밖에 없다는 것이다 (르페브르, 2011: 145-148 이하 번역본 쪽수만 표시).

2. 르페브르의 공간이론-공간의 생산

르페브르의 공간이론은 앞 절에서 살펴본 시간중심의 사회이론, 공간이 결핍된 사회이론을 정면으로 비판한다. 르페브르는 공간에게 자리를 되찾아 복권시키기 위해 노력한다. 그의 주장의 핵심은 (시간과 함께) 공간을 생산물로 이해하는 것이다(소자, 1996). 르페브르는 생산물이 "관계의 집합"을 의미한다고 주장한다. 그에게 공간은 "수동적이고 비어 있는 것"이 아니며 "생산물로서 소비되며 사라지는 것"도 아니다. 관계로서의 공간은 "생산 자체에 개입"하기 때문이다(르페브르, 27).

르페브르는 공간의 세 가지 계기를 통해 공간이 어떻게 생산되는지 보여주려 한다. 이 세 가지 계기는 공간적 실천spatial practice, 공간의 재현representation of space, 재현의 공간representational space이다. 책 전체를 통해 이 세 가지 계기 사이의 변증법적 상호작용이 명확하게 드러나는 것은 아니다. 하지만 반복적인 설명과 묘사로부터 그가 주장하고자 하는 바의 윤곽은 파악할 수 있다.[3] 우선 공간적 실천은 공간을 만들어 낸다. 시대마다 서로 다른 공간적 실천이 독특한 공간을 만들어 낸다. "공간적 실천은 공간을 지배하면서, 또 전유하면서, 느리지만 확실하게 공간을 생산한다"(86-87). 하지만 이러한 공간적 실천의 서로 다른 형식이 각 시대의 지배적 질서를 획일적으로 관철시키는 것은 아니다. "어느 정도의 응집성을 지녀야 마땅하지만, 그 응집성이 반드시 일관성을 의미하지는" 않기 때문이다(87). 특정한 생산양식의 규

---

3   요약된 설명은 Merrifield(2000)을 보라.

정으로부터 생겨나는 (모순과 갈등으로부터 예외적이지 않은) 공간적 실천은 공간의 재현으로도 재현의 공간으로도 드러날 수 있다.

공간의 재현은 고안된conceived 공간과 관련되며 "학자들이나 계획 수립자들, 도시계획가들, 공간을 '구획 짓고' '배열하는' 기술관료들, 체험된 것과 지각된 것을 인지된 것과 동일시"(87)하는 전문가들의 추상화된 공간을 의미한다. 이렇게 만들어진 추상공간이 근대사회를 지배하게 된다는 것이 르페브르의 생각이다. 권력-지식의 공모관계를 폭로하고자 했던 푸코Michel Foucault와 공명하고 있는 지점이기도 하다. 하지만 르페브르는 푸코의 '보여주기'에 머물지 않고 공간이 담고 있는 모순과 그로부터 생겨나는 저항적 공간 전략에 대해서 이야기 한다. 재현의 공간이 바로 그것이다.[4]

재현의 공간은 주체들의 의해 체험된 공간lived space으로 공간 재현의 지배가 강요하는 추상공간으로부터 벗어난 몸의 구체적 경험에서 비롯되는 저항적 실천을 의미한다. 공간의 재현이 제시하는 순수하고, 평면적이며, 균일한 공간은 언제나 행위 주체들에 의해 '노동'과 '놀이'

---

[4] 푸코는 우리가 가지고 있는 상식을 괄호침(bracketing)으로써 권력의 효과 아래 묶여 있는 실천들을 놓아준다. 여기서 그의 방법은 괄호치기를 통한 보여주기(showing)이며, 이러한 보여주기는 '기원'(origin)과 '총체적 구조'(total structure)로부터의 거리두기(distancing)였다. 역사는 무수히 많은 시작들(beginnings)로 채워져 있으며 이는 항상 열려진 형성(becoming) 과정일 뿐이라는 것이다. 하지만 이러한 거리두기를 통한 보여주기는 권력의 양상을 보여주는 데는 매우 효과적이었지만 여기로부터 투쟁과 실천을 끌어내는 데는 무력했다(NcNay, 1992: 38) 르페브르는 구조와 권력의 효과에 의해 만들어진 지배적 공간 안에 잠재된 저항의 공간을 읽어내려 하고 있다. 지배적 질서 내에 잠재된 저항의 계기에 대해서는 Soja(1996)와 Merrifield(2013)를 보라.

로 체험되며 이러한 체험은 공간이 품고 있는 모순을 담고 있기에 저항을 내포할 수 있는 것이다. 따라서 재현의 공간은 "개인 또는 집단이 거주하며 삶을 영위하는 공간을 성찰 대상"으로 바라보게 한다(289). 공간의 재현은 재현의 공간 안의 구체적 주체들의 실천에 의해 일관성을 의심받게 된다. 그것의 결과는 공간의 재현에 도전하는 "사회적, 정치적 실천"의 출현이다(91). 하지만 도전하는 실천이 항상 성공적인 것은 아니다. 고안된 공간(공간의 재현)을 넘쳐흐르는 공간적 실천(재현의 공간)은 "체험된 것보다 인지된 것(고안된 것)을 우월하게 생각하는" 지배적 이데올로기에 의해서 추상적이고 평면적인 공간으로 되돌아가는 경향이 있기 때문이다(82). 지배적 구조의 힘과 여기에 동반되는 이데올로기적 효과가 단속적이고 부분적인 저항을 고립시켜 체계 안으로 되돌려 넣는다는 것이다(서영표, 2013: 333). 지금까지의 논의를 요약하면 표1과 같다.

표1   르페브르의 공간생산론

	정의	내용
공간적 실천	특징시기의 공간적 생산을 가능하게 지배적 양식	공간적 실천은 공간생산을 둘러싼 갈등을 완전히 배제하지 못하고 항상 모순을 내포
공간의 재현 (공간재현)	고안된 공간, 또는 인지된 공간으로 추상적 공간을 생산하는 원리	학자, 계획 수립자, 도시 계획가, 기술관료 등 전문가들의 담론으로 권력의 이데올로기
재현의 공간 (재현공간)	체험된 공간으로 저항적 실천이 생겨나는 구체적 공간	구체적 실천의 공간 또는 대안의 공간으로 공간재현에 저항하는 실험이 출현하는 공간(들)

우리는 르페브르를 통해 자본주의 생산양식 아래에서의 '추상적 공간'은 어떤 것인지에 대해 성찰할 수 있는 기회를 얻게 된다. 우선 르페브르의 이야기를 들어보자.

"추상공간은 사물과 기호의 총집합체로서 형식적인 관계, 이를테면 유리와 돌, 시멘트와 철강, 각도와 곡선, 가득함과 텅 빔 등의 관계 속에서 '대상적으로' 기능한다. 이처럼 형식적이고 계량화된 공간은 자연과 시간(역사)에서 비롯된 차이는 물론 신체나 나이, 성별, 부족 등에서 비롯된 차이도 부정한다. 이와 같은 총체의 의미작용은 사실상 의미를 벗어나는 상부 의미작용, 즉 괄목할 만하게 눈에 띄면서도 뒤에 감추어져 있는 자본주의의 기능으로 이어진다"(102).

"추상공간은 예전의 주체, 즉 마을과 도시 등을 모두 포함함으로써 이들을 해체시키며, 스스로가 이들 주체를 대체한다. 추상 공간은 권력의 공간이 되며, 이렇게 되면 그 안에서 발생하는 갈등(모순)으로 인하여 스스로 해체될 (잠재적) 가능성도 있다. 따라서 비인칭의 의사 주체, 추상적 주체, 즉 현대적인 사회적 공간이 등장하게 된다. 진짜 주체인 국가권력(정치권력)은 그 안에서, 환상에 불과한 투명성으로 은밀하게 몸을 감추고 숨어 있다. 이 공간에서는 모든 것이 말하여지고 글로 쓰인다. 그렇지만 실제로 이곳에서는 할 말이 없고, 체험할 거리도 별로 없다. 체험된 것은 짓밟혀 버린다. 인지된 [고안된-필자] 것이 승승장구한다"(104).

르페브르가 통찰한 것처럼 자본의 공간 전략은 공간을 평면화하고 교환 가능한 조각들로 만드는 것이다. 공간, 특히 도시 공간이 가지는 작품성과 상징과 의미를 거세하고 단순한 생산물로 만들어 버리는 것이다(13, 136-137). 이러한 추상 공간은 폭력적이다(118). 차이와 다양성을 추상화를 통해 "공통점으로 축소"하고 그럼으로써 사회적 공간이 가지는 "다양성, 이들의 역사적 발생 기원"을 무시한다는 점에서 폭력적이다(227).

공간적 실천, 공간의 재현, 재현의 공간 사이의 관계를 변증법적이라고 부르는 이유는 공간적 실천을 중심으로 공간의 재현이 우세하지만 그 안에 이미 재현의 공간을 통한 저항이 잠재적으로 잉태되어 있다는 것에 있다. 새로운 실천과 공간의 재구성은 언제나-이미 잠재적 형태로 존재하고 있는 것이다. 비변증법적 인식은 이러한 잠재성을 실재로부터 읽어내지 못한다. 하지만 지배적인 논리, 지배적인 계급은 "실천적·감각적인 것, 몸, 실천적·사회적·공간적인 것"을 추상적인 공간으로 완전히 환원하지 못한다. 추상적 공간과 몸의 구체적 경험 사이의 간극으로부터 생겨나는 모순이 체계의 취약함을 드러낼 수밖에 없기 때문이다(120).[5] 결국 우리의 일상은 체계의 취약함을 드러내는 모순과 그 모순으로부터 발생하는 저항을 일상으로 되돌려 넣는 지배적 이데올로기 효과 사이의 갈등으로 가득 차 있다고 할 수 있다.

지금까지 살펴본 르페브르의 공간 생산이론을 통해 제주의 자연환경과 문화환경의 구성과 변형에 대해서 생각해 볼 수 있을 것이다.

Ⅲ. 제주의 자연-문화 환경의 변화와 공간적 실천-르페브르적 해석

1. 신화를 통해 구성된 재현의 공간

전통시대 제주인들에게 자연환경은 아름다움이 아닌 두려움과 경외의 대상이었다. 동시에 자연환경은 생존의 터전이며 노동의 공간이었다. 현대의 환경주의자들이 자신들의 관점을 과거에 투영해서 해석하듯이 자연과의 아름다운 공존과는 거리가 멀었다는 것이다. 하지만 전

---

[5] 깁슨과 그래함은 주체화(subjection)는 열려져 있으며 그래서 지배적인 권력관계를 벗어날 수 있는 가능성(possibilities)을 갖는다고 주장한다(Gibson-Graham, 2006: 23-24) 이러한 주장은 앞에서 언급된 Soja(1996), Merrifield(2013), 서영표(2012a)의 주장과 닿아 있다.

통시대 사람들은 자연에 대한 경외감과 두려움을 가지고 있기도 했다. 그들은 이러한 경외감과 두려움의 대상을 신화를 통해 공존의 대상으로 전환한다. 따라서 자연환경은 고통스러운 노동의 현장이지만 효용을 가져다주는 고마운 대상이고, 두려움과 공포의 대상이지만 아름다움과 조화로움을 표상하는 대상이기도 했다. 신화는 삶을 살아갈 수 있는 위안과 더불어 "인간의 생로병사와 생산과 안전을 주재하는 신의 내력을 통해 묘한 자긍심"까지 느끼게 했던 것이다(허남춘, 2011: 32). 제주의 신들이 육지의 신들처럼 하늘로부터 내려오지 않고 평범한 인간으로 고통을 견디어 내고 신의 경지에 이르게 되는 것은 이러한 자긍심이 표현된 것이라고 볼 수 있다(허남춘, 2011: 121-122, 양영수, 2011: 188).

이렇듯 일면 상반되어 보이고 중첩된 자연환경에 대한 해석이 제주인들의 문화적 환경을 생산했다고 할 수 있다. 제주인의 공간은 기원과 제의, 그리고 놀이가 함께 어우러진 '굿'을 통해 생산되었으며 그 공간에는 지극히 평범한 인간의 모습을 한 수많은 신들이 함께 깃들어 현실의 고통스러운 삶을 완화시켜주는 역할을 했던 것이다(허남춘, 2011: 25). 그래서 제주의 신들은 인간들 위에 군림하면서 경배의 대상이 되려 하지 않았다. 제주의 '본풀이'는 절박감에서 신당을 찾는 사람들의 공감을 얻어야 했고 그 공감을 통해 위안을 주어야 했다. 제주의 신들은 "보살피는 신"들이었던 것이다(양영수, 2011: 74, 89).

이와 같은 전통시대 제주인의 공간인식은 '자연과 사회의 미분화'로 요약할 수 있다. 그들은 현실의 고통스러운 삶을 신화 속의 '조화'와 '공존'을 통해 견디어 내려 했다(양영수, 2011: 109-110). 그럴 수밖에 없었던 이유는 전근대 시대에는 '백성'들이 기본적인 필요와 욕구 충족을 요구할 제도적 통로가 없었다는 데 있었다. 근대적인 민주적 제도와 인권 개념이 출현하기 전까지 '민초'들은 생존을 위한 권리를 요구할 수 있는 제도적 근거를 가지지 못했다는 것이다. 다른 한편 전통시대 제주인들은 자연을 인과적으로 설명할 수 없었고 자신들이 당하는 고통과 착취의 구조적 원인을 분석할 수도 없었다. 따라서 설명되지 않는 자연의 힘은 신들을 통해 삶의 곁으로 당겨져야 했고, 신화적으로 구성된 공간에서의 삶은 현실의 정치적 억압을 잠시나마 잊게 해 주는 위안이어야 했다(양영수, 2011: 230). 르페브르의 용어를 빌자면 신화가 사람들의 재현의 공간으로 작동하게 되었던 것이다. 전통시대 제주인들이 삶의 체험을 실재로 받아들이는 것, 즉 현실을 직시하는 것은 참기 어려운 고통이었을 것이다. 그래서 제주인들은 삶의 장소 곳곳에, 즉 대문과 장독, 부엌에 신이 있다고 생각했다. 360여 개의 오름 뿐만 아니라 화장실에까지 신들이 깃들어 자신들을 보살펴주고 있다고 여긴 것이다(양영수, 2011: 81-82, 허남춘, 2011: 27). 그래서 제주의 신들은 천상으로부터 내려와 권력의 정통성을 부여하는 신들이 아니라 곁에서 사람들에게 복을 내려주는 대상이어야 했다(양영수, 2011: 246-247). 제주인들은 이렇듯 힘든 사회적 조건을 신화 속에서 치유 받으려 함과 동시에 낮은 생산성을 극복하는 방법으로 독특한 공동체 문화를 발전시킨다(이상철, 2000: 66-67, 이창기, 1995). 이러한 공동체 문화와 신화의 세계는 분리 불가능한 상태로 뒤엉켜 있었다고 할 수 있다.[6]

---

6 환상과 상상력을 신화의 근원으로 생각한다면 마르쿠제의 다음과 같은 언급은 우리의 주장을 뒷받침할 수 있는 철학적 논거를 제시한다.
"근본적이고 독립적인 정신과정으로서 환상은 자신의 경험에 일치하는, 즉 적대적인 인간의 현실을 극복하는 자신의 진리가치를 소유한다. 상상력은 개인과 전체, 욕망과 실현, 행복과 이성의 화해를 마음속에 그린다. 이러한 조화

하지만 여기에서도 공간의 재현은 존재했다. 지배적인 이데올로기가 추구하는 공간의 재현이 있었고 이것은 유교적 이념에 근거한 추상공간을 구체적 장소에 실현하려는 시도로 드러났다. 특히 조선후기에 들어서면 무속서사로 남아 있는 제주의 신화를 배격하고 유교적 이념을 보편적인 것으로 받아들이게 하려는 흐름이 강화된다(허남춘, 2011: 23). 그리고 유교적 이념에 의해 강요된 추상공간, 공간의 재현은 "제주도민들의 경제능력을 넘어선 지나친 관의 각종 부역과 진상품 요구와 지방 토호와 관리들의 횡포"를 정당화하는 것이었다(조성윤, 2013: 84). 이것은 민초들의 공간-시간감각, 즉 재현의 공간과는 동떨어져 있었다. 이러한 간극은 모순과 갈등을 초래할 수밖에 없었다. 그리고 지배적 공간의 재현과는 상대적으로 독립적인 재현의 공간인 무속과 신화의 세계를 근절시킬 수 없었다(허남춘, 2011: 24). 따라서 제주의 신화는 육지와의 거리에 의해 집권층에 의한 변형을 견디어 내고 민초들의 시간과 공간 의식을 유지힐 수 있었다(양영수, 2011: 182). 위로부터 주어진 공간의 재현과 아래로부터 형성된 재현의 공간은 조화될 수 없는 것이었다.

는 기존의 현실원칙에 의해서 유토피아로 추방되었지만, 환상은 그러한 조화가 현실이 되어야 하고, 현실이 될 수 있으며, 환상의 배후에는 지식이 있다고 주장한다. 환상이 형식을 갖출 때, 환상이 지각과 이해의 우주―주관적이면서 동시에 객관적인 우주를 창조할 때 상상력의 진리는 비로소 실현된다. 이것은 예술 안에서 일어난다. 환상의 인식능력을 분석하는 것은 아름다움의 과학인 미학(美學)에 이르게 된다. 미학적 형식의 배후에는 감각과 이성의 억압적 조화―지배의 논리에 의한 삶의 조직에 대한 영원한 반항, 수행원칙 비판이 있다"(Marcuse, 1956: 172-173, 쪽수는 번역본).
신화는 미학적 형식의 배후에서 추상적 공간에 의해 강요된 수행원칙을 비판하면서 억압된 쾌락원칙을 되살려 내려는 시도로 읽혀질 수 있다.

제주인들은 몸을 통해 제주의 자연(바다, 바람, 한라산, 오름, 올레, 곶자왈, 구럼비 등)을 체험했다. 이러한 자연은 체험을 통해 삶의 공간 즉 사회적 공간을 생산해냈다. 그들에게 체험된 공간은 고단한 삶의 공간이었지만 그 안에서 삶을 영위하기 위해 자연과 공존해야했던 공간이기도 했다. 그들의 체험은 지배적인 공간의 재현이 추상적으로 그려내고 배열한 공간과 갈등관계에 있었다. 지배적인 공간의 재현은 곧 착취와 억압의 공간이었고 폭력을 동반했기 때문이다. 제주의 민초들이 지배적인 공간 재현으로부터 벗어난 재현의 공간으로 선택한 것은 신화의 공간이었다. 신화 속에서 자연과 인간은 신화적 질서를 통해 조화와 균형을 이룰 수 있었다. 푸코의 분석처럼 전근대적 권력은 삶의 곳곳에 권력의 모세혈관을 뻗칠 수 없었기 때문에(Foucault, 1979) 이러한 재현의 공간은 지배적인 공간의 재현과는 상대적으로 독립적인 삶의 영역을 유지할 수 있었을 것이다. 그리고 이렇게 상대적으로 독립적인 삶의 영역은 민초들이 삶을 해석하는 인식틀을 마련해 주었을 것이고, 때때로 저항을 뒷받침하는 사상적 기반이 되었을 것이다.[7]

---

[7] '민중성'에 대한 강조가 과거에 존재했던 신화적 의식을 낭만화 하는 것은 아니다. 전통시대와 근대시대 모두 일상의 민중적 의식은 지배적 이데올로기에 의해 영향 받지만 그 자체로 독자적인 문화를 형성한다. 이렇게 상대적으로 자율적인 민중적 문화는 견디기 어려운 착취와 억압과 접합될 때 저항의 이데올로기적 기반이 될 수 있다. 역사학자 E. P. 톰슨이 주장하는 민중 문화의 독자성을 통해 제주인들의 의식세계를 들어다 볼 수도 있을 것이다(Thompson, 1991[1963]). 톰슨의 주장이 가지는 이론적-정치적 의미에 대해서는 서영표(2008)를 참고하라. 톰슨을 통해 제주인의 의식세계를 들여다보는 작업은 체계적인 역사문헌분석이 필요한 방대한 작업이다.

2. 근대화의 충격-관광산업 중심의 근대화

근대화는 보통 합리화 과정과 동일시된다. 미신과 신화의 세계로부터 벗어나 이성에 기초한 추론과 계산에 의해 사회가 운영되기 시작한다. 그러나 '신화로부터 벗어나기'는 새로운 공간의 재현을 불러온다.[8] 더욱 더 추상화된 공간 개념이 지배하게 되는 것이다. 신화의 세계는 비록 비합리적이었지만 삶의 두께를 껴안을 수 있었다. 하지만 차가운 현금계산의 논리, 목적 달성만을 생각하는 도구적 합리성은 삶의 두께를 두드려 평평한 동질적인 면을 만들어 버린다. 근대화가 본격화되면 평면으로 축소된 공간은 상품이 되어 판매될 수 있도록 분절되고 파편화된다. 제주인은 신화의 세계 속에서 자연과 공존했다. 그 신화는 과학의 이름으로 공격받았고 자연의 정복과 개발을 정당화하는 합리적 근대화로 나가게 된다. 하지만 이것은 또 다른 신화, 즉 성장의 신화, 자연정복의 신화로 귀결된다.[9]

> 1970년대 본격화 되는 제주의 경제발전은 중앙정부로부터 강요받은 관광산업 중심의 개발 전략에 의해 추진되었다(이상철, 2000: 72, 1995: 282-289). 이 과정에서 제주인들이 가지는 공간의식과 중앙정부로터 강요받은

---

8   전근대적인 공간의 재현이 근대적인 공간의 재현으로 선형적으로 교체되는 것은 아니다. 이행의 과정은 다양한 공간적 실천 사이의 갈등으로 가득 차 있었을 것이며 당연히 저항적 재현 공간이 중요한 역할을 수행했을 것이다. 이러한 저항적 재현공간은 상품화폐의 논리에 의해 추상화된 자본주의적 공간의 재현 아래에서도 다양한 공간적 실천을 매개로 사회 곳곳에 존재할 수밖에 없다. 르페브르가 변증법적 분석을 통해 주목하고자 했던 저항의 근거가 여기에 있다.
9   근대과학기술 문명이 또 다른 신화가 되어 가는 과정에 대한 철학적 통찰은 Adorno & Horkheimer(1967)와 Marcuse(1964)를 보라.

공간해석은 충돌할 수밖에 없었다. 관광단지 개발과 도시개발, 골프장 건설을 통해 드러난 서로 다른 공간적 의미의 충돌을 피할 수 없었다는 것이다. 이러한 충돌의 한 측면은 공유로서의 자연 환경이 상품으로 인식되고, 그 결과로서 문화적 환경이 중대한 변화를 겪게 되는 것이다. 이제 바다, 산, 바람은 완전히 다른 의미를 부여받는다. 상호 연관된 총체로서의 공간이 구성요소로 분해되고 각각이 가지는 상품적 가치를 극대화하는 방식으로 개발되어야 하는 대상이 되어버린다(조성윤, 1995: 460-465, 조성윤, 1998). 그리고 척박한 제주의 자연환경을 견디어내기 위해 만들어졌던 공동체 문화는 침식된다. 대표적인 사례로 "섬이 가진 고립성과 협소성의 제한 속에서 목장을 마을 공유지로 운영하며 자원이용의 기회를 균등하게 나누어가질 수 있도록" 했던 마을 공동목장이 골프장 건설과 각종 개발 사업으로 사라져 가게 된다(윤순진, 2006: 59).

제주의 근대화과정을 르페브르의 시각을 통해 재조명할 수 있다. 르페브르는 불균등 발전이라는 개념을 통해 지중해가 휴양공간이 되어 가는 추세를 분석한다. 그가 보기에 지중해 연안은 "여가, 즉 어느 의미로는 비노동(휴가는 물론 회복기, 휴양, 은퇴 등)의 공간"으로 노동의 사회적 분업에 참여하게 된다. 그는 이러한 분업을 "신식민주의"로 파악한다. 경제적, 사회적, 건축적, 도시계획적 의미에서 휴양지로서의 지중해는 유럽의 산업화된 지역에 종속될 수밖에 없기 때문이었다. 르페브르는 지중해의 휴양공간은 태양과 바다처럼 양으로 환원될 수 없는 질을 가지는 공간이기에 자본주의적 추상화의 직접적 지배로부터 벗어나는 것처럼 보일 수도 있다고 언급한다. "순수하게 양적인 가치가 중요시되는 대규모 산업 중심지와 비교해볼 때 질적으로 특수성을 지니고 있다"는 것이다. 하지만 역설적으로 이러한 질조차도 상품화시킬 수 있는 것이 자본주의의 힘이다. 르페브르는 지중해의 휴양공간이 "비생산적인 소비의 공간, 거대한 낭비의 공간, 사물과 상징,

넘치는 에너지 등이 밀도 있게 희생되는 공간"이 되었다고 지적한다. "공간의 소비, 태양과 바다의 소비, 자발적 혹은 인위적 에로티시즘, 휴가라고 하는 축제 등에 이르는 시간적 연속성의 사슬 끝에서 낭비와 소비가 자리하고 있는" 것이다. 더 나아가 "비생산적인 소비는 치밀하게 조직된다." 르페브르는 관광과 휴양산업이 비생산적인 소비로서 "관광 여행업자들과 은행, 런던, 함부르크 등지에 진을 친 부동산 개발업자들의 이익을 위해 봉사한다"고 비판한다. 르페브르의 개념을 적용하면 자본주의적 공간적 실천과 소비와 낭비의 공간 재현이 지중해라는 구체적 공간을 통해 드러나는 것이다(114-115).

지중해가 그랬던 것처럼 제주는 고도로 산업화된 육지와 대조되는 관광과 휴양공간으로 한국의 주변부에 위치한 '신식민지'가 되었다고 할 수 있다. "지역의 발전보다 한국의 산업화와 자본축적의 보완수단으로서 관광을 중심으로" 개발되기 시작한 것이다(이상철, 1998: 106). 이러한 주변성은 2차 산업이 부족하고 관광산업뿐만 아니라 농업마저도 육지부 시장에 의존하는 산업적 농업으로 변화시킴으로서 자율적 재생산구조를 저해하게 된다(이상철, 1998: 116). 역시 르페브르의 통찰처럼 제주를 찾는 사람들은 제주의 자연과 문화 환경으로부터 구체적인 질("공간의 질")을 원하지만(504) 상품화된 관광은 제주를 소비와 낭비의 공간으로 만들고 제주가 가지는 질을 양화quantification시킨다. 자본주의의 고도화는 관광객이 열망하는 '질'마저도 상품화시킬 수 있는 것이다.

근대적 산업화 초기 단계에서 제주인들이 바라보는 제주의 공간과 관광객이 바라보는 제주는 같지 않았다. 앞에서 지적했듯이 제주인들에게 제주는 삶의 공간이자 고통의 공간이었다. 하지만 그들의 삶은 제주라는 구체적 장소와 분리될 수 없는 것이었다. 이러한 귀속감은 제주를 떠난 제주인들에게도 기억의 흔적으로 남아 고향에 대한 강한 애착을 갖게 했다. 반면에 관광객에게 제주는 잠시 스쳐 지나가면서 소비하는 대상이었을 뿐이다. 물론 그들이 화폐를 지불하고 구매하기 원했던 소비의 대상은 '질을 가진' 구체적 공간이었을 것이다. 하지만 그들의 가질 수 있었던 것은 여행대행사가 이미 만들어 놓은 상품으로서의 관광과 여가였을 뿐이다.

이식된 자본의 논리 그리고 공간의 재현과 제주인들의 공동체 의식 사이의 간극은 급속한 개발 과정 속에서 약화된다. 관광을 중심으로 한 산업화가 제주의 공간적 질서에 외부적 충격을 가하면서 제주인들 스스로 합리성의 이름으로 토지를 상업적으로 이용하기 시작한다. 삶의 공간과 노동의 공간으로서 두께를 가지고 있었던 공간을 밀어버리고(평평하게 만들어 버리고) 그 위에 도시계획가와 건설업자가 재현해 낸 공간이 들어서게 되는 것이다. 두께가 없어지고 평면화 되었기 때문에 공간은 부분으로 나누어 거래가능하게 된다.[10] 새롭게 건설된 아파트와 상가는 '평당 얼마'라는 교환 가능한 부분들로 나누어지게 된다. 이러한 외부적 충격은 새로운 공간적 실천의 양식을 불러오고 이러한 실천은 서서히 사람들의 의식을 침식한다. 한편으로 여전히 강한 장소귀속감과 공동체적 정신이 남아 있지만 이러한 의식이 발휘되는 것은 추상적 수준에서 제주라는 공동체를 염두에 둘 때뿐이다. 삶의 공간으로 내려오면 사람들은 공동체와 상징, 기억, 체험

---

10 두께를 상실하고 평면화 된다는 것이 공간이 모두 균질화 된다는 것을 의미하지는 않는다. 앞서도 설명했듯이 공간적 실천은 언제나 재현의 공간과 공간의 재현의 모순적 결합으로 드러난다. 여기서 지적하는 '평면화'는 지배적인 자본의 논리가 관철되는 양상을 은유적으로 표현한 것이며 이것을 견디지 못하는 몸의 구체적 경험을 부정하는 것은 아니다.

의 혼재된 두께가 있는 공간을 생각하기보다는 거래 가능한 상품으로서의 공간을 우선적으로 고려하게 된다.[11] '송악산군사기지설치반대운동'(1988)이 성공적으로 기지설치를 막아냈지만 그 후 송악산을 관광지구로 개발하겠다는 계획이 발표되었을 때 지역주민의 의견이 양분되었다는 사실이 이러한 의식의 진동을 보여준다(조성윤·문형만, 2005: 26). 이제 사람들은 서서히 구체적 공간(자연과 공존하는 삶의 공간)보다는 추상적 공간(개발에 따른 이기적 이익이 고려되는 공간)에 치우친다.[12]

---

11 공동체 전체에 속할 때와 개인일 때의 가치판단이 일치하지 않는 것은 당연한 일이다. 하지만 한국사회에서 그 간극은 대단히 크다. 공동체 전체의 수준에서는 강한 평등주의적 열망을 표출하지만 개인적 수준에서는 지극히 이기적인 모습을 드러낸다. 제주의 경우 여전히 강하게 남아 있는 공동체 문화가 더해져 의식의 진폭을 더욱 크게 한다. 개인적 수준의 욕망은 직접적이고 적극적으로 표출되지만 개발에 반대하는 공동체의 대의에 대해서는 매우 수동적으로 반응하는 것도 이러한 진동의 일면이라고 할 수 있다. 개발반대 운동의 방어적 성격에 대해서는 이상철(1998: 130)을 보라. 이러한 현상을 계급분화의 지체로 설명할 수도 있다. 조직화된 노동계급의 비중이 작고 소위 농촌 쁘띠 부르주아의 비중이 높은 조건의 반영이라는 것이다. 따라서 사회일반의 민주적 요구에 대해서는 진보적 견해를 표현하지만 상대적으로 둔감하고 개인의 직접적인 이해관계를 강하게 표출한다는 것이다(이상철, 2000: 80).

12 이글의 목적은 제주도 개발사를 체계적으로 정리하는 것에 있지 않고, 르페브르의 통찰로부터 발전시킨 비판적-공간-사회이론에 근거해서 제주사회 분석을 위한 '이론적 서설'을 제시하는 것에 있다. 체계적인 개발사는 부만근(2012)을 참고할 수 있다.

Ⅳ. 자본주의적 공간적 실천과 재현

1. 지배적 공간 재현과 도시화

이제 제주의 근대화가 가져온 공간 변화에 대해서 조금 더 자세하게 생각해 보도록 하자. 르페브르가 언급하고 있듯이 지배적 공간 재현에 근거한 공간 지배는 기존의 공간을 "직선적이거나 사각형인 형태(그물무늬, 바둑판무늬)"로 재편한다. 도로는 낯익은 친근한 삶의 공간을 "날선 칼처럼 절단"한다. 르페브르는 이렇듯 "지배받는 공간은 일반적으로 닫혀 있고 살균처리되어 있다"고 말한다(258). 앞에서도 지적했듯이 이것은 일종의 폭력이다. 그러나 폭력이라고 인식되지 않는다. 국가가 독점하는 권력으로 정당화된 폭력이며 합리성으로 정당화되는 폭력이기 때문이다. 르페브르는 이러한 폭력이 "영토나 사람들이 지닌 원래의 가치와는 어울리지 않는 법칙과 행정구획, 정치적 원칙 등을 강요함으로써 모든 자연에 폭력을 가한다"고 비판한다(409). 공간의 지배와 착취와 관련하여 이러한 폭력은 "외부로부터, 두드리고 자르며 분할하고 목적을 달성할 때까지 공격을 반복하는 도구에 의해 발현"된다(421).

자본주의적인 공간 재현에 기초한 폭력은 하나의 장소로서 제주가

그림1 입춘굿놀이(20세기 초)   그림2 집회 모습(20세기 초)

출처: 제주도(1996)   출처: 제주도(1996)

가지는 중심성과 상징을 무너뜨렸다. 제주시를 예로 중심성과 상징의 파괴를 추적해 볼 수 있다. 제주구도심에는 관덕정과 관아를 중심으로 제주성의 흔적이 남아 있다. 관덕정은 군사훈련장으로 건축

그림3 오일장(20세기 초)

출처: 제주도(1996)

되었지만 역사적으로 중요한 사건들의 무대였으며 사람들이 모이고 만나고 이야기하는 상징성 또는 중심성을 가지고 있었다. 그림1~3은 관덕정 주위의 도심이 가지고 있었던 중심성을 잘 보여준다. 사진들에서 볼 수 있는 것처럼 관덕정은 사람들이 모이고 이야기하고 말 건넬 수 있는 어우러짐의 공간이었던 것이다.

하지만 근대적 개발은 도시의 중심을 '날선 칼'과 같은 도로로 절단했다. 사람의 시선, 감각, 속도감이 아닌 자동차의 동선과 속도에 맞추어진 도심은 모이는 공간이 아니라 스쳐 지나가는 공간일 뿐이다. 많은 사람이 관덕정을 바라보고 지나치지만 그 앞에 모여 이야기하고 토론하지 않는다. 몸의 감각과 인간들 사이의 상호작용의 끈은 끊어지고 도로와 주차공간으로 격리된, 자동차라는 이름의 철갑으로 '보호되어'

그림4 관덕정(70년대)

출처: 제주도(1996)

그림5 관덕정(현재-1)

출처: 직접촬영(2014년 2월 23일)

그림6   관덕정(현재-2)

출처: 직접촬영(2014년 2월 23일)

철저하게 개인화된 인간들이 도시 안에 공존하고 있을 뿐이다(Urry, 2004: 30-31). 그림5에서 볼 수 있는 것처럼 관덕정은 대로에 의해서 절단되었다. 그림6에 드러난 것처럼 관덕정 주변의 도로를 관광버스와 차들이 점거함으로써 사람들은 중심적 공간을 상실한다. 이제 사람들이 도시 안에서 자동차를 세워두고 모이는 공간은 대형 쇼핑센터이다. 쇼핑센터 그 자체가 자동차 접근성을 높이는 방향으로 설계되고 건설된다. 하지만 쇼핑센터에 모인 사람들은 여전히 철저하게 고립된 개인들일 뿐이다. 그곳에서 그들은 소비하는 기계에 불과하고 우리의 소비주의적 욕망을 일깨우도록 배치된 동선을 따라가면서 구매행위를 할 뿐이다.

자동차 운전자에게 도시는 스쳐지나가는 자동차의 동선이기에 지극히 평면적이다. 앞에서 지적했던 공간의 압축과 평면화는 운전석 앞에 놓인 네비게이션을 통해 완성된다. 네비게이션이 보여주는 공간은 평면적이고 직선적이다. 지도는 자동차가 진행하는 경로를 중심으로 운전자의 시각으로부터 펼쳐진다. 자동차가 움직이는 도로에 비해 건물과 거리, 사람들은 부차적이다. 전근대 시대의 지도는 정확도가 떨어지고 상상에 의해 제작되었지만 그 지도 위에 펼쳐진 악마와 천사, 천국과 지옥의 모습, 그리고 과장과 왜곡은 전통사회의 재현공간이 가진 삶의 두께를 보여주었다. 하지만 우리 앞에 놓인 지도는 그 깊이를 상실한 것이다. 지도뿐만 아니라 우리의 삶 자체가 부피와 질량을 잃고 파편화되어 버린 것이다.

그림7 신제주(신도심) 지역의 공간적 배치

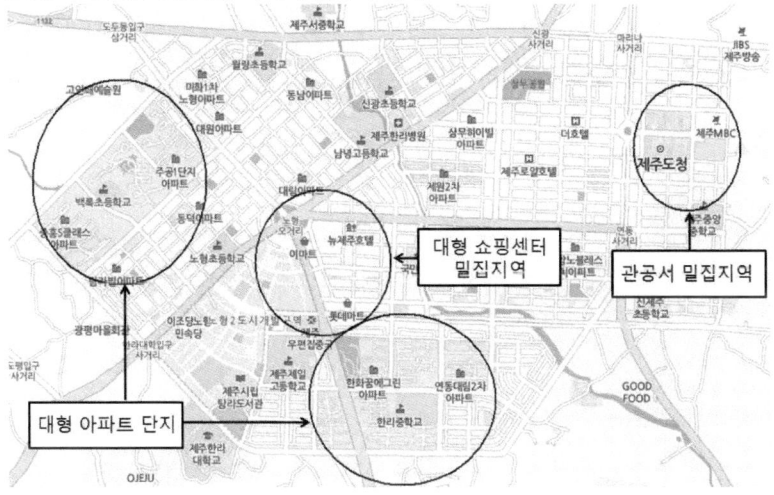

출처: 네이버 지도(map.naver.com) 편집

　중심의 상실과 상품으로의 공간의 타락이 극명하게 드러나는 것이 1970년대 계획도시로 생겨난 신제주다. 신도심은 처음부터 상징과 중심성을 가지지 않았다. 평면화 된 대지 위에 세워진 대형쇼핑센터와 아파트는 생산물과 상품에 불과하기 때문에 작품으로서의 도시, 역사와 문화, 사람들의 흔적과 기억이 공존하는 공간일 수 없었다. 도로는 직선으로 주택가와 상가를 가로지른다. 위의 지도(그림7)에서 나타난 것처럼 신도심의 중심은 쇼핑센터, 아파트단지, 관공서이며 각각은 대로에 의해 격자처럼 구획되어 절단되어 있다. 사람들은 이 구체적인 장소에 대한 애착을 가지고 주변 경관을 바라보지 않는다. 그들은 지역주민 또는 시민으로서 공간을 해석하고 생산하지 않는다는 것이다. 단지 소비자로서 공간을 구매하고 소비한다. 신도심의 랜드마크가 두 개의 대형 쇼핑센터인 것은 우연이 아닌 것이다. 도청과 도의회 등 관공서가 밀집된 장소 또한 상징과 중심이 되지 못한다. 사람들의 동선과 시선으로부터 격리된, 삶과 유리된 정치엘리트 집단들만의 장소일

그림8   탑동 매립 전(50년대)   그림9   탑동 매립 후(현재)

출처: 제주시(2009)   출처: 제주의소리(www.jejusori.net)

그림10   탑동광장(현재)   그림11   제주시청 앞 집회 모습

출처: 직접 촬영(2014년 2월 27일)   출처: 시사제주(www.sisajeju.com)

뿐이다. 가시적이지 않다는 것이다.[13]

 이제 사람들은 모이고 이야기하고 토론할 일이 있으면 매립지 위에 조성된, 콘크리트와 아스팔트로 만들어진 탑동광장을 찾는다(그림 10) 매립은 제주가 가지는 상징물 중의 하나였던 먹돌바위를 개발과

---

13 르페브르는 "보는 사람, 볼 줄만 아는 사람, 그리는 백지에 선을 그릴 줄만 아는 사람, 왕래하는 사람, 자동차로 왕래할 줄만 아는 사람들은 조각으로 잘라진 공간의 절단에 일조한다"고 말한다. 이들에게 "공간은 축소된 모습으로만 보이게 된다. 부피는 넓이에게 자리를 내주고, 전체는 고정된 경로를 따라가 설치되며 이미 설계에 반영된 시각적 기호 앞에서 자취를 감춘다"(451-452).

성장의 이름으로 파괴했다(그림8~9 비교해 보라.) 제주인들에게 남겨진 것은 생명력을 잃은 콘크리트 덩어리와 그것과 교감할 수 없는 스쳐 지나갈 뿐인 상품구매자로서의 관광객들일 뿐이다. 그리고 그 곁에 인공적으로 조성된 광장만이 모일 수 있는 장소로 허용된다. 하지만 먹돌바위를 부수고 그 위에 세워진 콘크리트 덩어리는 그 어떤 상징적 의미도 가질 수 없다. 공간은 사람들로 하여금 '우리'의 감정을 갖게 하는 공통의 경험을 가져다 줄 수 있어야 한다. 할인행사를 앞둔 백화점 앞에 줄 선 사람들은 결코 공통의 경험과 감정을 가진 사람들이 아니다. 그들은 철저하게 고립되어 있는 자본주의적 인간이다. 제주의 공간이 간직해 왔던 것, 제주 사람들의 삶의 경험을 통해 재생산해왔던 신뢰와 연대의 끈은 이제 실낱같이 얇아져 버렸다. 일상에서 확인되는 신뢰와 연대뿐만 아니라 권력과 지배에 대한 저항의 무대가 되었고 사람들의 모임을 가능하게 했던 제주의 중심성과 상징성마저도 도로에 잘려 귀퉁이로 밀려났다. 그림11에서 볼 수 있듯이 이제 저항을 위한 모임은 시청 귀퉁이에 '허락된' 절단된 공간에서만 가능하다. 주변을 지나는 사람들에게 저항의 몸짓과 목소리는 커피전문점과 식당과 다르지 않은 그저 단순한 풍광일 뿐이다. 그리고 그 끝은 역시 칼날 같은 도로가 절단하여 저항의 몸짓과 목소리가 물결을 일으키는 것을 막고 있는 것이다.

2. 분열증적 정체성-자본의 논리와 몸의 저항

자본주의적 근대화의 충격과 그에 따른 공간의 변화는 새로운 공간적 실천 양식을 통해 사람들의 내면을 파고든다. 하지만 자본주의적 공간적 실천이 분비하는 상품-화폐의 논리, 교환가치의 논리가 사람들의 의식을 완전히 장악할 수는 없는 노릇이다. 제주의 공간에는 여전히 공동체성, 자연에 대한 경외감과 자연과의 공존으로 표현될 수 있는 과거로부터의 유산이 깊은 흔적을 남기고 있다. 다른 한편 자본주의적 공간적 실천 그 자체가 불러오는 공간의 파편화와 그로 인해 생겨나는 공간적 모순과 갈등은 지배적인 공간재현에 저항하는 재현공간을 출현하게 한다. 자본주의적 논리, 과거의 흔적, 새로운 저항이 제주의 현재를 사는 사람들의 의식에 함께 작용하고 있는 것이다. 한편에는 전통적으로 지켜온 생활윤리와 규범이 있다. 그리고 화폐로 표현되는 이기적 이해관계가 있다. 여기에 자본주의적 질서가 가져온 불평등을 비판하게 하는 민주주의와 정의, 그리고 인권의 담론이 더해진다. 몸의 체험은 지금과 같은 공간적 실천을 따라가지 못한다. 그러나 우리의 습관은 자본과 상품의 논리에 순응하도록 길들여져 있다. 이러한 순응은 교과서를 통해 교육받은 민주주의와 정의의 논리로 정당화된다. 몸의 경험이 만들어 내는 제주의 시공간은 이미 "경계가 허물어져 뒤섞인(혼종) 복합적인 문제"가 되어 버린다(김치완, 2011: 180).

하지만 일상은 교과서의 가르침과 현실이 일치하지 않는다는 것을 가르친다. 불평등한 현실과 원리로서의 민주주의 사이의 괴리가 몸이 체험하는 불만과 만날 때 저항이 생겨난다. 몸의 체험과 불만이 마주칠 때, 사람들은 구체적인 공간에서의 몸의 체험을 비합리적인 것으로 몰아내는 지배적인 추상적 공간을 의심하게 되는 것이다(배윤기, 2012: 6). 그리고 그 저항이 흔적처럼 남아 있는 공동체성과 장소에 대한 귀속감과 마주칠 때 고립된 저항은 새로운 정치로 거듭날 수 있다. 하지만 이러한 마주침은 좀처럼 생겨나지 않는다. 그래서 개인은 몸과 습관, 의식, 사회적 관계에서 서로 충돌하는 의식을 가지며 그 결과는 분열증schizophrenia일 수밖에 없다.

우리는 우리 몸에 감각의 흔적을 지우고 그 위에 욕망의 지도를 그린다. 평당 얼마로 분절화 된 토지와 아파트에 대한 욕망의 주입된다. 애초에 공간은 화폐적 가치로 환원될 수 없는 감각, 기억, 상징으로 가득 차 있으며, 그 중 일부를 잘라서 팔 수 있는 것이 아니다. 잘라서 팔기 위해서는 그 안에 있는 감각, 기억, 상징을 씻어내고 서로 교환 가능한 부분들을 절단해야 한다.[14] 하지만 절단은 공간의 절단으로 끝나지 않는다. 공간은 우리가 태어나고, 살아가고, 다음세대를 생산하고 죽음을 향해가는 모든 것들이 촘촘히 뒤엉켜 있는 덩어리이다. 결국 공간의 절단은 우리의 삶을 절단하는 것이다. 화폐적 논리와 이에 저항하는 몸의 감각과 흔적은 제주해군기지 건설을 둘러싼 충돌에서도 드러난다.

> "현존하는 관계 위에서 말하는 사람들에게 '바다'와 '구럼비 바위'는 현재를 떠받치는 살아 있는 현재들의 축적인 과거로서 대체 불가능한 반면, 법적인 관계 위에서 '그것들'은 다수한 합법적 권리의 대상으로 양도, 판매, 대체 가능한, 그래서 새로운 생산물을 위한 재료로서 개조 가능한 상품이 되어 버린다"(배윤기, 2012: 25).[15]

상품화폐의 논리가 공동체 문화를 침식하고 추상적 공간이 구체적

---

14 르페브르는 다음과 같이 이야기 한다.
    "편협하고 무미건조한 합리성은 공간의 토대와 기초, 즉 완전한 몸, 뇌와 몸짓 등을 송두리째 제거해버린다. 이러한 합리성은 공간이 지적인 재현의 투사, 즉 독해 가능하며 보이는 것이기에 앞서, 무엇보다도 먼저 소리 듣기와 움직이기(몸짓과 물리적인 이동)로 이루어져 있음을 망각한다"(302).

15 "주민들에게 구럼비는 하나의 살아 있는 친구 같은 존재라는 이야기들을 현장에서 공통적으로 들을 수 있다. 주민들에게 구럼비는 하나의 사물로서 대상, 즉 내용적으로 관찰되고 파악되며 그래서 어떤 다른 것과 대체 가능한 것이 아니다"(배윤기, 2012: 33).

공간을, 교환가치가 사용가치를 무력화시키고 있는 지금에도 제주인들은 제주의 자연 환경과 문화 환경의 공공성을 마음속에 간직하고 있다. 이러한 공공의식의 발로가 지하수를 사유화하는 것에 반대하는 제주도의 민심이다. 제주도민은 지하수를 '공수' 개념을 통해 보호해야 한다는 것에 절대적 지지를 보내고 있는 것이다(김선필, 2013: 48-49, 최현, 2013: 92-99). 더 나아가 풍력자원 또한 공공자원으로 관리해야 한다는 목소리가 높다. 생태환경에 대한 면밀한 검토 없이 제주도민의 이익과는 무관하게 대기업에게 풍력발전단지를 허가해 주고 있는 문제가 발생하고 있지만 2011년에 개정된 제주특별법은 "도지사는 제주자치도의 풍력자원을 공공의 자원으로 관리해야 한다"고 규정함으로써 풍력자원의 공공적 관리를 법률로 정하고 있다. 이러한 법률 제정은 제주도민의 전폭적인 지지가 없었다면 불가능했을 것이다(김동주, 2012: 193).[16]

이렇듯 절단과 분절화가 우리 몸의 경험과 기억을 모두 지울 수는 없다. 우리는 소비하는 기계, 생산하는 기계, 영혼 없는 사이보그가 될 수 없기 때문이다. 우리 몸은 그 어떤 추상적 지식으로도 완전히 설명할 수 없는 리듬을 통해 욕구와 필요를 표현한다.[17] 그리고 그러한 욕

---

16 공공적 자원 관리의 주체를 도지사의 판단에 맡긴 것은 제고해야 한다. 도지사가 친개발, 친자본적일 경우 이를 제어할 수 있는 민주적 절차가 없기 때문이다. 제주에서 벌어지고 있는 개발과 환경파괴 논란은 '제왕적' 도지사의 권한 탓이 크다.
17 이에 대해 르페브르는 다음과 같이 주장한다.
"물리적인 공간, 실천적·감각적 공간은 이렇듯 후천적인 지적 지식의 투사에 대항해서, 지식에 의한 축소에 대항해서, 스스로를 재현하며 재구성한다. 절대적인 참, 지고지순의 명쾌함이 지배하는 공간에 대항해서 지하세계의

구와 필요는 오랫동안의 동료인간들과의 상호작용을 통해 매개되었으며 이러한 상호작용은 문화적 무의식으로 우리의 기억 속에 가라앉아 있다. 절단된 공간과 추상화된 지식, 상품소비를 통해 부과된 평면적 정체성의 빈틈을 비집고 몸의 리듬과 집합적 기억이 솟구쳐 오른다. 추상적 지식과 지배적 이데올로기가 당연한 것으로 만들어 놓은 것과 그 이면에 가라앉아 있는 기억과 감각은 일상을 사는 개인들의 의식 속에서 충돌한다. 주변화 된 제주의 지리적 위치가 생산한 구체적 공간의 실천은 이러한 충돌의 양상을 더욱 첨예하게 만들고 공간의 재현을 넘어설 수 있는 "비판적 주변성"의 잠재된 힘을 담고 있다(배윤기, 2012: 11).

Ⅴ. 담론적 실천(discursive practices)—몸의 체험과 도심재생

"사용자의 공간은 재현된(인지된) 공간이 아니라 체험된 공간이다. 전문가늘(건축가, 도시계획가, 기획인안가)의 추상 공간에 비해서, 사용자들이 일상적으로 성취하는 수행적 공간은 구체적 공간이다. 다시 말해서 주관직인 공간이다. 계산의 공간, 재현의 공간이 아닌 '주체들'의 공간은 시련과, 습득, 결핍으로 점철된 어린 시절을 그 근원으로 삼는다. 회피할 수 없는 성숙과정, 지루하고 힘든 그 성숙 과정과 애초의 자원과 비축을 고스란히 간직하는 미숙 사이의 갈등이 체험된 공간을 특징짓는다"(516).

1. 경쟁하는 담론—개발, 관리, 보존
제주 발전 과정에서 발생한 자연적 환경과 문화적 환경의 의미를 둘러

> 것, 측면적인, 부수적인 것, 미로처럼 복잡한 것, 어쩌면 자궁적인 것, 여성적인 것을 복권시키는 것이다. 비-육체의 기호에 대항해서 육체의 기호를 내세운다. '말기에 들어선 서양에서 몸의 역사는 다름 아닌 몸의 반항의 역사이다'"(302).

싼 갈등은 그 자체로서 제주의 공간을 형성하고 또 다른 공간적 실천의 조건을 형성한다. 이러한 조건에서 지배적으로 드러나는 것은 교환가치(상품적 가치)를 극대화하는 방식의 개발전략이다. 비록 갈등적이지만 교환가치의 논리는 추상적 공간을 통해 제주인의 의식 속에 깊이 뿌리내렸다. 하지만 구체적이고 체험적인 공간은 제주인들로 하여금 여전히 교환가치보다는 사용가치가 더 중요하다고 생각하도록 한다. 이렇듯 상반된 의식이 제주의 미래를 둘러싸고 첨예하게 대립하고 있다. 개발업자와 도외자본은 제주의 공간과 환경을 '개발'의 시각에서 바라본다. 의식적인 지역주민과 시민운동은 '보존'의 논리로 이에 맞선다. 도청과 정부는 이 두 입장 사이에서 환경과 공간의 합리적 '관리'를 주장한다. 현실에서 '관리'는 노골적인 '개발'을 정당화하는 논리로 작동한다.

'개발'의 논리는 제주의 공간과 환경이 가지는 화폐적 가치를 극대화하려 한다. 제주의 자연과 문화적 환경은 오랜 지질학적 시대와 역사시대를 거쳐 만들어진 그래서 사적으로 소유될 수 없는 공통의 자산이다(Harvey, 2012: 73). 그런데 공존과 보존을 고려하지 않는 '개발'의 논리는 제주가 가지는 교환가치의 근거마저도 파괴하고 있다는 역설적인 상황이 출현한다. '개발'의 논리는 곧 '이윤'의 논리이며 이윤만을 추구하며 공통의 자산을 사적으로 이용하는 개발업자는 절단된 공간으로부터 단기적으로 극대의 이윤을 뽑아내려하기 때문에 이윤의 근거가 되는 자연과 공간의 독특성을 마모시킨다. 시간이 갈수록 관광객을 유인하는 제주만의 독특함은 사라질 수 밖에 없는 것이다(Harvey, 2012: 104-105). 한마디로 지속가능하지 않다는 것이다. 오코너 James O'Connor의 주장처럼 자본은 스스로의 축적 기반을 허물게 되는 것이다(O'Connor, 1998: 164-166).

역시 오코너가 지적한 것처럼 이런 경향은 국가의 개입을 불러온다(O'Connor, 1998: 168). 국가(정부)가 '관리'의 논리를 들고 나오는 이유가 여기에 있다. 하지만 관리담론은 제주라는 공간이 담고 있는 자연적, 문화적 깊이를 고려하지 않은 개발을 정당화는 립서비스에 불과한 것이 현실이다. 현 우근민도정은 '선보전 후개발' 원칙을 무색하게 할 정도로 생태적으로 중요한 중산간과 곶자왈에 개발허가를 내주고 있는 것이다. 2013년 11월의 행정심판에서 '적법하지 않다'는 판결을 받은 '무수천유원지 개발사업', 무산되긴 했지만 해발 850m 한라산 입구인 관음사 앞 '힐링인라이프' 휴양시설 개발 논란, 제주국제자유도시개발센터JDC가 추진하고 있는 '신화역사공원' 건립의 호텔과 리조트 사업으로의 전략과 곶자왈 파괴 등 도청은 '관리'의 허울 아래 개발주의전략을 추진하고 있는 것이다. 결국 도정의 방향으로 제시되는 '녹색' 전망과 개별적으로 추진되는 개발사업 사이에 심각한 모순이 생겨난다. 도청이 내세우는 '관리'는 사극이 반환경적인 정책을 녹색담론으로 포장하는 녹색분칠green wash의 대표적 사례인 것이다(Dryzek, 2005). '세계환경수도 유치'와 '탄소 없는 섬'이 제주도정의 핵심 목표로 제시되고 있지만 생태적으로 보존해야만 하는 중산간과 곶자왈이 개발사업에 의해 파괴되것이 묵인되고 있는 것이다. 여기에 장기적인 계획이 부재한 주먹구구식 도심 개발과 도로 건설이 제주 곳곳을 파헤치고 있다.

'보존'의 논리는 이러한 공모(개발동맹)에 효과적으로 대응하지 못하고 있다. '보존'의 논리는 구체적 공간을 살아가는 사람들의 체험-감각과 유리된 규범적 추상공간에 머물고 있기 때문이다. 앞에서도 지적했듯이 '보존'의 논리는 전통시대의 구체적 체험과 재현의 공간조차도 현재의 시각을 투영하여 낭만적으로 이해하는 경향이 강하다(구도완, 2006; 서영표, 2014). 깁슨과 그래함이 지적하고 있듯이 이러한 경향은 기존질서를 넘어서고자 하는 급진파들이 갖고 있는 멜랑콜리아 melancholia일 수도 있다. 미래를 향한 동원, 동맹, 변형의 가능성보다는 과거에 집착하는 것이다. 여기에 덧붙여 순수한 도덕주의에 집착하는 것도 심각한 문제를 불러 온다. 급진주의자들은 상처, 실패, 피해자 됨victimhood에 호소한다(Gibson-Graham, 2006: 4-5).

정치적 좌파는 기존 질서에 대해 비판적이고 그 안에서 착취 받고 억압받는 사람들을 대변한다. 하지만 그 사람들이 착취와 억압을 유지하는 체제 재생산의 주체들이라는 역설에 직면하게 된다. 이러한 역설은 현실분석과 현실을 극복한 자본주의 이후 사회의 '청사진' 사이의 커다란 간극으로 나타난다. 비판사회이론은 이 분리를 다시 연결하려 하면서 종종 이상주의적이거나 본질주의적인 유혹에 빠지게 된다. 해방의 근거로서 인간의 본성과 같은 초월적이고 초역사적인 준거점에 기대려 하게 되는 것이다. 비판의 근거를 구체적 사회적 조건에서 변증법적으로 찾으려는 시도로부터 이미 고정된 초월적 근거 또는 이념에서 '해방'의 가능성을 찾으려는 시도로 이끌릴 수 있다는 것이다(서영표, 2012b: 199-200).

'보존'담론은 과거, 도덕, 이념으로 경도되는 그만큼 '지금-여기'를 사는 사람들의 경험과 체험으로부터 유리될 수밖에 없다. '보존'의 논리는 이미 상품-화폐의 논리를 내면화한 소비주의적 주체에게는 실현 불가능한 규범적이고 이상적인 담론에 불과한 것이다. 결국 '보존'의 논리는 낭만적으로 과거를 불러내거나 현실과 동떨어진 아름다운 이상에 기댈 수밖에 없는 것이다.

2. 제주의 구도심 재생

제주에서 논란이 되고 있는 구도심 재생을 통해 '관리'와 '개발'의 공모를 비판하면서 '보존'의 논리가 갖는 이상주의를 넘어설 수 있는 방향에 대해서 생각해 볼 수 있다. 건설업자의 개발 논리는 구도심이 그나마 간직하고 있는 기억, 상징, 중심의 흔적을 완전히 지워버리고 그곳에 아무런 의미도, 기억도, 상징도 없는 콘크리트 덩어리를 조성하는 것이다. 이것은 재생이 아니라 파괴이며 르페브르의 지적처럼 추상적 공간의 폭력일 뿐이다. 추상적 공간의 폭력은 합리성과 편리함으로 무장한다. 반대편 '보존'의 논리는 낭만적이고 비합리적이며, 불편함의 인내를 호소하는 것처럼 보인다. 여기서 중요한 것은 '개발'에 반대하는 논리는 사람들에게 공간과 환경을 위해 편리와 복지를 희생하라고 요구하는 것이 아니어야 한다는 것이다. 오히려 추상적 공간의 폭력이 편리와 복지의 명목 하에 강탈하고 있는 '행복'과 '즐거움'에 대해 이야기하는 것이 중요하다. 이것은 추상적 공간의 폭력 아래 겪고 있는 우리 몸의 고통을 보여주고 그것으로부터 벗어나는 것은 불편함의 인내가 아니라 보다 크고 지속적인 즐거움의 향유라는 것을 주장하는 것이다.

자동차 이용을 통해 얻는 편리함과 그것을 통해 잃고 있는 즐거움을 비교해 볼 수 있다. 우리의 몸은 공간을 체험한다. 몸은 자동차의 속도로 움직일 때 공간으로부터 분리된다. 우리의 몸은 보행자의 속도, 리듬, 시선으로 움직일 때 안정감을 얻을 수 있고 공간과 그 공간 안에 배치된 건조환경을 느끼고 감상하고 즐길 수 있다. 그럴 때에만 동료인간들과 소통하고 교감할 수 있다. 보행자의 속도, 리듬, 시선을 우선적으로 고려했을 때 평면화 된 공간에 부피를 되돌려줌으로써 공간의 부피를 복원할 수 있다는 것이다.[18] 이러한 방식으로 도시를 재생하는 것은 단순한 과거로의 회귀가 아니다. 과거에 존재했던 장소에 귀속된 정체성은 폐쇄적 공동체를 만들었고 그만큼 보수적이었다. 몸의 감각과 보행자의 속도, 리듬, 시선으로 복원된 공간은 전통적 장소성이 가지는 폐쇄가 아니라 개방과 소통을 가능하게 할 수 있다. 근대적 합리화는 도구적인 방향으로 치우치면서 부정적 효과를 극대화시켰지만 동시에 폐쇄를 넘어선 개방, 획일성이 아닌 다양성, 위계가 아닌 소통을 가능하게 할 수 있는 조건을 창출했기 때문이다. 이제 복원된 공간의 깊이는 사람들로 하여금 모험을 두려워하지 않고 창조적 행위에 적극 참여하게 할 수 있다. 노동의 공간은 놀이와 축제의 공간과 분리되지 않을 것이다. 이것은 마주침encounter의 열린 공간이며, 이러한 마주침은 그 자체로 새로운 실천을 파생시키면서 삶의 공간을 차이와 연대로 가득 채울 수 있을 것이다. 이제 사람들은 지속가능한 방식으로 자동차 중심의 도시에서 잃고 있는 행복을 되찾게 되는 것이다.

이런 맥락에서 재생된 도심은 역사적 흔적과 기억(성터, 박물관 등), 기념물, 공원과 쉼터, 동네 상점과 주택가가 골목으로 연결된 모습을 하고 있어야 한다. 차를 위한 도로로 절단되지 않고 서로 뒤엉켜 있어야 한다는 것이다. 제이콥스Jane Jacobs가 오래전에 호소했듯이 이렇게 뒤엉켜 있는 거리와 골목은 아이들의 놀이터이며 이 아이들은 서로를 잘 알고 있는 어른들의 시선아래 보호된다(Jacobs, 1961: 118-119). 물건을 사는 사람들은 욕망을 만들어내는 상품전시에 수동적으

---

18 몸과 리듬에 대한 르페브르의 주장은 Lefebvre(2004)를 참고하라. 르페브르는 감각적인 것을 복원함으로써 부르주아적인 객관성의 좁은 틀을 벗어나라고 요구한다(Lefebvre, 2004: 102-103, 117).

로 끌려가는 것이 아니라 거리를 거닐고, 사람들과 이야기하고 문화와 역사를 공감하면서 능동적으로 소비한다. 물건사기는 사람들과 만나고 인사하고, 말을 건네는 행위와 분리되지 않게 되는 것이다. 쇼핑센터는 오직 소비하는 행위를 위해 만들어진 추상적으로 계획된 공간이지만 재생된 거리에는 쇼핑센터에서는 할 수 없는 말 건넴과 홍정이 있다. 이미 정해진 것이 아닌 상호작용을 통한 새로운 관계가 만들어질 수 있는 것이다. 이렇듯 현재의 추상적 공간 속에서 상실한 즐거움을 회복하는 것은 소퍼Kate Soper가 주장하는 대안적 쾌락주의alternative hedonism를 추구하는 것이다(Soper, 2008, 서영표, 2009).

현재 제주시에서 구도심재생전략의 일환으로 추진되고 있는 '탐라문화광장조성사업'은 자동차 없는 거리와 원도심 도보관광 코스를 포함하고 있다는 점에서 위에서 제시된 마주침과 말건넴과 홍정이 있는 도심복원의 일면을 담고 있다. 여기에는 제주목관아지, 관덕정, 삼성혈, 민속자연사박물관, 오현단을 연계하는 테마관광 코스가 포함되어 있다. 하지만 '탐라문화광장조성사업'은 여전히 제주가 벗어나야할 개발주의에 묶여 있다. 사업의 목적은 관광객을 유치하는데 맞추어져 있고 전면에 내세운 역사와 문화의 결합은 '관광 상품'으로만 간주된다. 산책로와 쇼핑가가 인위적으로 만들어지고 테크놀로지 분수쇼와 레이저 멀티미디어 쇼가 제공될 계획이다(강세나, 2013). 문화와 역사는 구체적인 장소에 살아 숨 쉬는 것이지만 개발주의는 콘크리트로 만들어진 제한된 공간에 가공된 문화와 역사를 강제로 넣으려 한다. 역사와 문화가 간직하고 있는 주름과 패임은 펴지고 지워져서 '전시'된다. 내용은 사라진 껍데기만 남게 되는 것이다(그림12 참조).[19]

---

19 제주개발공사에서 발간된 제주구도심재생전략에 관한 연구는 "역사문화자

그림12   탐라문화광장 조감도

출처: 제주도정뉴스(news.jeju.go.kr)

    구도심의 재생은 그곳에 사는 사람들의 삶, 몸의 체험을 가장 우선하여 추진되어야 한다. 그럴 때에만 공간의 두께가 복원되고 역사와 문화의 숨결이 돌아오며 발에 차이는 돌멩이 하나, 길가의 나무 한 그루, 오랜 세월을 견뎌온 담장 하나 조차도 관광의 자원이 될 수 있는 것이다. 그리고 그럴 때에만 '탐라사람'들이 오랜 세월 동안 가꾸어온

원을 활용한 재생프로그램", "도심관광 및 인프라 구축", "대중교통 접근성 개선", "상권 활성화"등을 제안하고 있지만(엄상근, 2013: 58-59) 2013년 제정된 '도시재생 활성화 및 지원에 관한 특별법'에 근거하여 기존에 개발된 도심쇠퇴에 대한 양적측정에 초점을 맞춤으로서 이 글에서 제시하고 있는 구체적 삶의 공간의 복원에는 미치지 못하고 있다. 이 연구는 '인구사회', '물리환경', '산업경제'의 세 영역을 점수화하여 제주시의 19개 동지역을 비교하고 있다.

삶의 양식과 신화의 세계가 우리 삶의 곁으로 되돌아와 끊임없이 재해석되고 가꾸어질 수 있을 것이다. 하지만 제주도가 지금 추진하고 있는 도심 재생은 떼를 지어 이동하는 쇼핑하는 무리에 맞추어져 있다. 그리고 이 무리들이 이동하는 수단인 자동차를 위한 주차공간에 맞추어져 있다. 제주문화, 탐라 사람들의 삶의 독특함은 자연, 사람, 신화의 어우러짐이다. 이것이 문화적 자원이다. 하지만 탐라문화광장에는 그러한 어우러짐이 없다. 구체적인 장소들에서 분리된 조각들을 콘크리트 위에 엉성하게 짜 맞추면서 본래의 의미는 사라지게 되는 것이다. 나폴리는 나폴리만의 풍광을 가진다. 파리에서는 파리만이 가질 수 있는 역사의 향기가 난다. 프라하는 구도심과 신도심이 어우러져 합스부르크왕가의 문화적 수도의 위용을 자랑한다. 하지만 제주의 건물, 거리, 광장에서 제주의 향기를 느낄 수 없다. 탐라문화광장사업은 제주의 제주다움, 탐라다움을 지우고 전세계 어디에서나 볼 수 있는 쇼핑센터, 공원, 숙박시설과 음식점들에 전혀 '제주답지 않은' 박제된 문화를 덧씌우는 것이 될 가능성이 높다.

관광객 유치를 목적으로 한 개발은 도심을 살려내지 못한다. 우리 몸의 저 깊은 곳에서부터 올라오는 체험과 감각에의 호소는 자본주의적 상품과 화폐의 논리를 거부하고 있다. 도심의 재생은 이러한 몸의 저항에 원래의 리듬감을 되돌려 주는 것이어야 한다. 이러한 몸의 저항은 소비사회의 욕망으로 완전히 지울 수 없는 몸 그 자체에 각인되어 있는 인간의 생물학적-문화적 특징이라고 할 수 있다.[20] 그런데 우

---

20 "공간, 나의 공간이라고 하는 것은 내가 직조의 일부가 되어 형성된 맥락이 아니다. 나의 공간은 우선 나의 몸이며, 나의 몸을 그림자처럼, 반사된 상처럼 따라다니는 나의 몸의 타자이기도 하다. 다시 말해서 나의 공간은 나의 몸을 건드리는 나의 몸에 닿으며 나의 몸을 위협하거나 선호하는 것과 다른

리가 들고 있는 도심재생은 몸이 저항하고 있는 상품-화폐의 논리를 더욱 강화하는 것에 맞추어져 있다. 그리고 이러한 녹색과 문화의 외피를 쓴 개발주의의 이면에는 토건사업을 통해 이익을 얻는 '개발동맹'이 있다(Harvey, 2012: 100-101, 최병두, 2012: 103).

3. 몸의 체험과 탈자본주의적 공간

몸의 감각과 체험에의 호소는 '개발'과 '관리' 사이의 동맹을 비판하고 공간의 깊이를 회복하는 길은 일상의 정치화일 수밖에 없다는 것을 일깨운다. 구체적 공간에서의 구체적 몸짓, 몸의 경험은 그 어떤 기준으로도 측정될 수 없는 다채로운 모습으로 드러난다. 지금까지는 이러한 차이와 다양성을 화폐라는 단일한 기준으로 환원하여 측정하려고 했다. 이것은 처음부터 불가능한 것이었다. 그래서 몸의 체험과 공간의 깊이를 회복하는 것은 '차이의 공간'을 창출하는 것이다. 르페브르는 차이의 공간을 '차이의 권리'로 확장한다. 그는 "차이에 대한 권리, 다를 권리는 분명하게 실천적인 행위와 행동, 궁극적으로는 투쟁으로 얻어지는 것, 즉 구체적인 차이를 가리킨다"고 주장한다. 차이에 대한 권리는 "자본주의 생산양식에서 정상으로 간주되는 관계의 코드가 내포하는 원칙적인 소유권과는 달리 오직 그 내용에 따라서만 가치를 지닌다"고 덧붙인다(560).

차이에 대한 권리는 형식적으로만 주어진 민주주의를 넘어선다.

모든 사이에 놓인, 움직이는 중간지대이다. 그러므로 앞에서 이미 사용한 용어를 사용하자면, 거기에는 거리감과 긴장감, 접촉, 단절이 있다. 하지만 공간은 이 같이 다양한 의미 효과들을 통해서 복제와 메아리, 반향, 중복 등으로 구성되어 희한한 차이를 만들어내며, 그 차이로 인해서 생겨나는 깊이 속에서 체험된다"(281).

차이와 몸의 경험은 가격신호에 의해 효과적으로 표현될 수 없는 것만큼 투표소에서 싱겁게 끝나버리는 민주주의에 의해서도 드러날 수 없다. 민주주의는 몸의 감각으로부터 시작해서 그것을 표현할 수 있는 차이에 대한 권리로 보장되어야 하며 차이에 대한 권리는 삶의 현장, 일상과 관련된 정치적 쟁점에 대한 참여, 대화, 소통, 토론을 통해서만 실현될 수 있는 것이다. 이렇게 말해 보자. 민주주의는 '형식'으로 끝나는 것이 아니라 몸, 몸이 경험하는 '내용'이 표현될 수 있게 할 수 있어야 하며, 몸이 느끼는 다양한 형태의 쾌락과 행복이 온전히 표현되고 소통될 수 있는 통로를 만들 수 있어야 한다고. 몸의 체험이 가지는 다양성과 차이는 민주주의를 고정된 형태로 놓아두지 않고 끝없는 수정에 열어두는 공간적 실천의 새로운 양식을 창출할 것이다.

이러한 다양한 몸의 체험은 필요needs 개념을 통해 표현될 수 있다. 구체적 공간을 살아가고 있는 사람들은 다양한 입장과 위치로부터 몸이 경험하고 문화적으로 해석하는 필요를 가진다. 민주주의는 이렇게 다른 위치와 문화로부터 인식된 필요들이 논의되고 사회정책에 반영될 수 있게 하는 것이어야 한다.[21] 사람들에 의해서 경험되는 필요가 상품-화폐-시장의 고리에 엮이어 들어가게 되면 필요가 경험되고 인식되는 공통의 공간적 실천은 사라지고 상품-화폐-시장의 논리에 의해 만들어진 개별화되고 경쟁적인 욕망의 사슬만이 남게 된다. 따라서 필요에 기반 한 민주주의는 상품-화폐-시장의 논리에 길들여진 사람들의 의식을 몸의 구체적 체험에 근거해 탈자본주의적으로 변화시키는 실천을 의미한다. 이것은 탈자본주의적인 역능capacities을 만들어가

---

21   계획과 참여민주주의의 결합에 대해서는 Devine(2002, 2010)과 Elson(1988, 2000)을 참조하라.

는 과정이기도 하다.[22]

Ⅵ. 맺음말

현대 자본주의를 지탱하는 거대자본의 총수들과 정치인들은 입을 모아 지금과 같은 방식의 시장경제는 더 이상 지탱하기 어렵다고 말하기 시작했다. 그들이 1년에 한 번씩 모이는 다보스포럼에서 조차 자성의 목소리가 들려오고 있다(매일경제세계지식포럼 사무국, 2012). 물론 그들은 더 나은 축적양식을 고민한다. 하지만 한국은 여전히 개발주의의 망령에 사로잡혀 있다. 개발독재는 이미 오래전에 사라졌지만 개발주의는 아직도 건재하다. 개발주의는 우리가 오랫동안 살아왔던 삶터를 불도저로 밀어버리고 그 위에 '욕망'과 '소비'말고는 아무것도 없는 건축물들을 올리고 있다. 이것은 관성이고 습관이며 토건자본의 숙명이다. 거스를 수 없는 거대한 구조적 힘인 것처럼 보인다. 댐으로 강줄기를 막았고 강변을 콘크리트로 발라 직강화 했다. 강이 숨 쉴 수 있는 공간을 모조리 잘라내어 강에 기대어 사는 수많은 생명체들이 오랜 세월 동안 이루어 온 균형을 무참히 파괴했다. 사람들도 그렇게 파괴된 균형 위에 사회를 만들고 문화를 만들어 왔다. 골목이 있고 사람 냄새가 났던 마을들은 뭉개져 고층 아파트로 거듭나고 있다. 거기에는 몸의 감각과 체험은 없다. 그저 아파트를 열망하는 소비하는 기계들이 있을 뿐이다. 이제 이런 자본과 소비의 논리가 전국 방방곡곡을 공사장으로 만들고 있다. 아름다운 경관을 간직한 구석진 곳까지 리조트와 휴양지가 건설된다.

22　필요개념과 민주주의에 대한 보다 자세한 논의는 서영표(2012a: 83-93)와 서영표(2009a: 10-11장)를 참고하라.

우리는 이러한 흐름을 거스를 수 없는 것일까? 이글의 목적은 이 질문에 대답하는 것이다. 하지만 답을 제시하는 것이 아니라 우리의 현실을 되돌아볼 수 있는 이론적 출발점을 찾으려는 시도였다. 주변이기 때문에 자본과 소비의 논리가 준 충격이 더욱 크게 느껴지지만, 주변이기 때문에 더 많이 간직하고, 기억하고 있는 몸의 체험과 감각, 비록 신화 속에서였지만 인식하고 있었던 조화와 공존, 그리고 힘겨운 삶 속에서 형성된 끈끈한 공동체의 흔적을 간직하고 있는 제주는 그러한 노력이 시작할 수 있는 적합한 장소일 수 있다. 일면 추상적 공간은 엄청난 힘을 가진 것처럼 보인다. 하지만 추상적 공간은 폭력적이고 일방적이기에 우리 몸의 한계와 자연의 한계를 고려하지 못한다. 그것은 저항을 동반할 수밖에 없다. 그 저항은 르페브르의 말처럼 "차이점을 강조함으로써만이 존재감을 인정"받으려는 몸짓일 수 있다(106). 전통-근대-탈근대라는 비동시대적인 것이 동시적으로 존재하는 제주는 이러한 차이의 공간을 찾으려는 원초적인 몸짓과 웅얼거림으로 가득 차 있다. 과거의 흔적, 현재에도 살아 있는 기억, 현재를 살아가면서 경험하는 체험과 감각, 그리고 미래를 향한 열망이 동시적으로 어깨를 짓누르기에 고통스럽지만 '비동시대적인 것의 공존'은 희망의 근거가 될 수 있다.

참고문헌

강세나. "새로운 관광 인프라 조성-'탐라문화광장'." 대한지방행정공제회. 『지방행정』 62.

구도완. 2006. "한국 환경운동의 담론-낭만주의와 합리주의." 『경제와 사회』 69.

김동주. 2012. "제주도 바람의 사회적 변형과 그 함의-자원화와 공유화." 『환경사회학연구ECO』 16(1).

김선필. 2013. "주 지하수의 공공적 관리와 공동자원 개념의 도입-먹는 샘물용 지하수 증산 논란을 중심으로." 『환경사회학연구 ECO』 17(2).

김치완. 2011. "제주에서 철학하기 시론: 로컬리티 담론과 제주학 연구 현황 검토를 중심으로." 『탐라문화』 39.

매일경제 세계지식포럼 사무국. 2012. 『다보스 포럼, 자본주의를 버리다』. 매일경제신문사

배윤기. 2012. "제주해군기지 건설에 대한 로컬―기반의 이해와 로컬리티의 정치." 『한국민족문화』 43.

부만근. 2012. 『제주지역개발사』. 제주발전연구원

서영표. 2008. "영국 신좌파 논쟁의 재해석-헤게모니개념에 대한 상이한 해석." 『경제와 사회』 80.

서영표. 2009a. 『런던코뮌-지방사회주의의 실험과 좌파 정치학의 재구성』. 이매진

서영표. 2009b. "소비주의 비판과 대안적 쾌락주의-비자본주의적 주체성 구성을 위하여." 『공간과 사회』 32.

서영표. 2012a. "도시적인 것, 그리고 인권?―'도시에 대한 권리' 논의

에 대한 비판적 개입." 『마르크스주의연구』 9.

서영표. 2012b. "사회비판의 급진성과 학문적 주체성-급진민주주의론의 옹호를 위한 자기비판." 『경제와 사회』 96.

서영표. 2013. "사회운동이론 다시 생각하기: 유물론적 분석과 지식구성의 정치." 『민주주의의 인권』 13(2).

서영표. 2014. "민주주의의 생태적 확장과 녹색사회로의 전환." 『계간 민주』 10.

엄상근. 2013. 『제주시 원도심 도지재생 전략 연구』. 제주발전연구원.

양영수. 2011. 『세계 속의 제주신화』. 제주대학교 탐라문화연구소.

윤순진. 2006. "제주도 마을 공동목장의 해체과정과 사회·생태적 함의." 『농촌사회』 16(2).

이상철. 1995. "제주사회변동론 서설-개발정책과 산업구조의 변화를 중심으로." 『제주사회론』. 한울아카데미.

이상철. 1998. "제주도 개발정책과 도민 태도의 변화." 『제주사회론2』. 한울아카데미.

이창기. 1995. "제주도의 사회문화적 특성과 환경-도전·적응·초월의 메커니즘." 『제주사회론』. 한울아카데미.

제주도. 1996. 『제주100년』. 제주도.

제주시. 2009. "(문화광장)사진으로 보는 제주 옛모습." 『(열린)제주시』 31.

조성윤. 1995. "개발과 환경, 그리고 농촌공동체의 붕괴-제주도의 골프장 건설 반대운동을 중심으로." 『제주사회론』. 한울아카데미.

조성윤. 1998. "개발과 지역주민운동-제주시 탑동 개발반대운동을 중심으로." 『제주사회론2』. 한울아카데미.

조성윤. 2013. "제주도 해양문화 전통의 단절과 계승." 『탐라문화』 42.

조성윤·문형만. 2005. "지역 주민 운동의 논리와 근대화 이데올로기." 『현상과 인식』 97.

최병두. 2012. 『자본의 도시-신자유주의적 도시화와 도시정책』. 한울아카데미.

최현. 2013. "제주의 토지와 지하수-공동자원으로서의 공통점과 차이점." 『환경사회학연구ECO』 17(2).

허남춘. 2011. 『제주도 본풀이와 주변신화』. 제주대학교 탐라문화연구소.

Adorno, Theodore. W & Max Horkheimer. 1969. *Dialectic of Enlightenment*. New York: Seabury Press.

Althusser, L. 1977. *For Marx*. London: NLB.

Althusser, L. & E. Balibar. 1979. *Reading Capital*. London: Verso.

Castells, M. 1977. *The Urban Question*. London: Edward Arnold.

Devine, P. 2002. "Participatory Planning through Negotiated Co-ordination." *Science and Society* 66(1).

Devine, P. 2010. Democracy and Economic Planning. Cambridge: Polity Press.

Dryzek, J. S. 2005. *The Politics of the Earth*. 2nd Edition. Oxford: Oxford University Press (정승진 역. 2005. 『지구환경정치학 담론』. 에코리브르).

Foucault, M. 1979. *Discipline and Punish: The Birth of the Prison*. New York: Vintage Books.

Foucault, M. 1984. "Nietzsche, Genealogy, History." Paul Rabinow ed. *The Foucault Reader*. New York: Pantheon Books.

Foucault, M. 1998. *The Will to Knowledge: The History of Sexuality* Ⅰ. Harmondsworth: Penguin Books.

Gibson-Graham, J.K. *A Postcapitalist Politics*. Minneapolis & London: Minneapolis University Press.

Harvey, D. 2000. *Spaces of Hope*, Berkeley & Los Angeles: University of California (최병두 역. 2009.『희망의 공간』. 한울아카데미).

Harvey, D. 2012. *Rebel Cities: From the Right to the City to the Urban Revolution*. London & New York: Verso.

Jacobs, J. 1961. *The Death and Life of Great American Cities*. Harmondsworth: Penguin Press (유강은 역. 2010.『미국 대도시의 죽음과 삶』. 그린비.

Keat, R. and J. Urry. *Social Theory As Science*. London: Routledge & Kegan Paul.

Lefebvre, H. 1991. *The Production of Space*. Oxford: Blackwell (양영란 역. 2011.『공간의 생산』. 에코리브르).

Lefebvre, H. 2004. *Rhythmanalysis: Space, Time and Everyday Life*, London & New York: Continuum (정기헌 역. 2013.『리듬분석: 공간, 시간, 그리고 도시의 일상생활』. 갈무리).

McNay, L. 1992. *Foucault and Feminism: Power, Gender and the Self*. Cambridge: Polity Press.

Marcuse, H. 1956. *Eros and Civilization-A Philosophical Inquiry into Freud*. London: Routledge & Kegan Paul(김인환 역. 2004.『에로스와 문명-프로이트 이론의 철학적 연구』. 나

남).

Marcuse, H. 1964. *One Dimensional Man-Studies in the Ideology of Advanced Industrial Society*. London: Routledge & Kegan Paul.

Merrifield, A. 2000. "Henri Lefebvre: A Socialist in Space." M. Crang & N. Thrift eds. *Thinking Space*. London & New York: Routledge.

Merrifield, A. 2013. *The Politics of the Encounter: Urban Theory and Protest under Planetary Urbanization*. Athens, Georgia: The Georgia University Press.

O'Connor, J. 1998. *Natural Causes*. London & New York: Guilford Press.

Saunders, P. 1986. *Social Theory and the Urban Question*. 2nd edition. London: Hutchinson.

Soja, E. W. 1985. "The Spatiality of Social Life: Towards a Transformative Retheorization." D. Gregory & J. Urry eds. *Social Relations and Spatial Structures*. London: Macmillan.

Soja, E. W. 1989. *Postmodern Geographies: The Reassertion of Space in Critical Social Theory*. London & New York: Verso (이무용 역. 1997. 『공간과 비판사회이론』. 시각과 언어).

Soja, E. W. 1996. *Thirdspace*. Oxford: Blackwell.

Soper, K. 2008. "Alternative Hedonism, Cultural Theory and the Role of Aesthetic Revisioning", *Cultural Studies* 22(5).

Thompson, E. P. 1991[1963]. *The Making of the English Working Class*, London: Penguin

Urry, J. 1985. "Social Relations, Space and Time." Derek Gregory & John Urry eds. *Social Relations and Spatial Structures*. London: Macmillan

Urry, J. 2004. "The 'System' of Automobility." *Theory, Culture, Society*. 21(4/5).

제7장
유학의 공간담론과 문화공간의 재생

김치완

Ⅰ. 머리말

지난 2014년 7월 1일 원희룡 제37대 제주도지사가 취임하면서 "더 큰 제주, 새로운 성장으로 세계의 중심이 되는 제주를 만들어내겠다."라는 취임 포부를 밝힌 일이 있다. 취임사에서는 "제주가 지닌 사람과 문화, 자연의 가치를 제대로 키운다면 우리의 꿈은 현실이 될 것"이라면서 "수많은 역경을 딛고 변방의 섬 작은 제주를, 세계의 보물로 만들어온 도민 모두가 꿈을 현실로 만들어낼 주인공"이라고 강조했다.[1] 취임

---

1 『제민일보』, 2014년 7월 1일. 기사(http://www.jemin.com/news/articleView.html?idxno=337791) 참조.

직전인 6월에는 인수위원회격인 새도정준비위원회에서 "문화협치를 통한 도민문화시대", "문화생태계 조성을 통한 '문화예술의 섬' 구현", "제주문화 정체성 확립을 통한 창조시대 발판 마련", "문화예술로 풍요롭고 행복한 제주 창조", "문화재생을 통한 지속가능한 마을과 도시의 공존 모색", "한류, K-Pop 등 공연사업육성을 통한 문화산업시대 진입" 등을 문화분야 도정과제로 제시하기도 했다.[2] 그런데 원희룡 도지사의 취임사에서 무엇보다도 눈길을 끄는 것은 이러한 과제들을 이른바 '협치', 곧 거버넌스Governance를 통해 추진하겠다고 밝힌 부분이다.

2014년 6월 4일에 실시된 전국지방선거를 전후하여 '국내에서 처음 시도되는 새로운 정치 발전모델'이라는 점에서 주목 받았던 '협치'는 당시에도 문제 제기된 바 있듯이 그 개념적 정의가 사실상 모호하다.[3] '협치'로 번역된 'Governance'라는 개념은 학문분야나 학자들의 관점, 또는 지역에 따라서 다양한 의미로 사용되고 있기 때문이다. 물론 용례들이 공통적으로 내포하고 있는 의미를 추적해 들어가면, "과거의 일방적인 정부 주도적 경향에서 벗어나, '정부, 기업, NGO 등 다양한 행위자가 공동의 관심사에 관한 네트워크를 구축하여 문제를 해결하는 새로운 정부 운영의 방식'이라고 정의"할 수 있고, 이는 "기존의 시민참여의 개념보다는 좀 더 적극적으로 민간부문이 협력과 참여로서 공공문제를 해결해 나가는 방식"을 가리킨다. 이렇게 긍정적인 의미에도 불구하고 다른 한편에서는 정부와 시장이 실패했던 것처럼

---

2 "새도정준비위원회 123개 도정 정책과제 도출 내용", 『제이티뉴스』, 2014년 6월 29일. 기사(http://www.jtnews.or.kr/news/articleView.html?idxno=46034#) 참조.

3 "인수위, '협치'의 定義부터 정립하라", 『제주매일』, 2014년 6월 13일. 사설 (http://www.jejumaeil.net/news/articleView.html?idxno=117062) 참조.

거버넌스도 실패할 것이라는 우려도 제기되고 있다.⁴

로컬 공간을 '문화공간'으로 구축하기 위해 로컬 거버넌스라는 '정치공간'을 구축하겠다는 제주도정의 야심찬 선언은 그 미래가 불투명하다. 그 이유를 알려면 우선 서구자유주의의 변천과정을 '통치성governmentality'이란 개념으로 설명한 푸코의 이른바 생명정치학에 주목해야 한다. 푸코는 '통치'를 '행위의 관리conduct of conduct'로 정의하면서, 본래 인간의 '행위'에 대한 통제를 뜻하던 통치가 오늘날에는 인간을 포함한 '생명체 전반'을 대상으로 하게 되었다는 점을 우려했다(이진경, 2007: 73-75, 98-101 참조). 인류학자인 아이와 옹Aihwa Ong은 아감벤Giorgio Agamben의 용어를 빌려 이러한 우려를 좀 더 구체화 한다.⁵ 그는 권력이 정부를 통해 지시되고 명령되는 수준(통치)에 그치

---

4 오승은(2006: 51, 69-70)은 거버넌스를 인용문과 같이 정리하면서 국정운영에 참여하는 행위자의 다양성, 계층제적 기구 존재 여부, 공적 영역과 사적 영역의 구분, 권력의 집중과 분산, 문제의 수준 등에서 전통적인 국정운영방식인 '통치(government)'와 비교된다고 주장했다. 그리고 제숍(Jessop)의 주장을 빌려 우연적 필연성, 사회의 복잡성, 구조적인 모순, 전략적 딜레마, 모호한 목표들의 공존이라는 다섯 가지 원인 때문에 거버넌스가 실패할 수 있음을 주지시켰다. 네트워크를 유지하기 위한 다소의 중심핵(core)으로서 이른바 정부가 중심역할을 담당하는 메타 거버넌스의 필요성과 역할을 소개하면서, '그럼에도 불구하고, 거버넌스는 분명 공공부문의 성과를 높일 수 있는 하나의 도구'이며, '그 자체가 목적이며, 상반된 이해와 가치가 정책과 사업의 운영지침과 소유권으로 전환하는 과정이며 결과'라는 점을 강조했다.

5 아감벤은 그리이스어에서 '생명'을 뜻하는 두 단어 조에(ζωη)와 비오스(βιος)가 가리키는 것이 다르다는 점에 착안하여 이를 구분하는 것으로부터 생명정치학을 전개해나갔다. 물론 그의 생명정치학을 두고 인간이 동물처럼 다루어지는 사태에 집중하다보니 생명권력이나 생명정치의 본질적 문제를 이해하지 못했다고 비판하는 경우도 있다. 하지만 아감벤이 정치공간을 사적 생명

지 않고, 오히려 '통치'를 통해 권력이 우리의 일상과 행동방식, 그리고 궁극적으로는 생명활동에로 들어와 있다고 주장한다. 그리고 오늘날 신자유주의가 시장과 이익창출을 위해 우리의 행동과 사고방식, 그리고 생명을 총체적으로 관리하는 지배적인 '통치 테크놀로지governing technology'가 되었다고 주장한다. 그래서 아이와 옹은 신자유주의의 문제점을 '예외/배제exception', 곧 '배제로서의 신자유주의'와 '신자유주의로부터의 예외'라는 이중통치 구조를 가진다는 데서 찾는다.[6]

아이와 옹의 이러한 분석은 로컬 거버넌스Local Governance 실험이 이루어지는 현장에서도 여전히 정부 주도의 '창조'가 그대로 재진술되고 있는 우리의 상황을 고려할 때 시사하는 바가 크다. 앞서 살펴본 민선 6기 제주도정의 문화정책과제들은 '협치'를 이상적 방법론으로 제시된 것이지만, 그 목표는 그동안 '신자유주의에서 배제되었던 제주'를 '경쟁력을 갖춘 예외 상태'로 올려놓겠다는 데 머무르고 있다. 그러면서도 그 성패가 이른바 '협치'라는 정치 공간의 재생 또는 조성 여부에 따라 결정된다는 인상을 주고 있다. 그러다 보니 정책과제 속에 여러 번 등장하는 '창조'의 책임은 '협치' 때문에 도정道政이 아닌 도민島

공간(οἶκος)과 공적 생명 공간(πόλις)으로 구분한 것에 착안하여 『중용』과 『대학』의 담론공간을 분석해보고자 한다.

6 이 글은 아이와 옹의 『예외로서의 신자유주의: 시민권과 주권의 변이들』(Aihwa Ong. 2006. *Neoliberalism as Exception: mutations in citizenship and sovereignty*. Duke University Press.)의 서문인 "예외로서의 신자유주의, 신자유주의에 대한 예외(Neoliberalism as Exception, Exception to Neoliberalism)"를 『사회운동』 통권74호에 실은 것이다. 본문의 서술 내용은 이 서문과 http://blog.naver.com/PostView.nhn?blogId=caujun&logNo=60102922512의 내용을 참조한 것임을 밝혀둔다.

民들에게로 떠넘겨졌고, 정책과제 전면에 내세운 '문화'는 현재의 제주 도민의 삶과는 별개로 이익과 가치를 창출해낼 수 있는 '상품'이 되어 버린 모양새다. 이런 상황에서는 협치 실험이 성공하더라도 통치 테크놀로지가 성공적으로 작용한 것에 지나지 않을뿐더러, 제주도민들도 성공한 몇몇을 제외하고는 신자유주의로부터 배제당한 상태를 벗어나지 못할 것이라는 우려가 제기될 수밖에 없다.

Ⅱ. 사적私的 공간과 일상성의 긍정

주자를 포함한 송대 유학자들은 정치精緻한 형이상학적 체계를 지니고 있던 불교와 도교의 도전을 받고 있었으므로 공자와 맹자의 심성론心性論을 어떤 방식으로든 확장해야만 했다. 이런 위기의식은 『중용장구中庸章句』의 서문에서도 가감 없이 드러난다.

> 그가 『중용』에서 말하는 천명(天命)과 솔성(率性)은 도심(道心)을 일컬은 것이고, '택선고집(擇善固執)'이라고 말한 것은 유정유일(惟精惟一)을 일컬은 것이며, '군자시중(君子時中)'이라고 말한 것은 '집중(執中)'을 일컬은 것이다.[7]

주자는 『중용』을 신유학 체계의 핵심 주제에 짜 맞추지만, 정작 그 내용은 공자와 맹자의 심성론과는 거리가 있다. 공자는 주周 문화 체제와 인간성 회복을 동일선상에서 이해했고, 맹자는 그 이론적 근거를 성선설性善說에서 찾았다. 공자와 맹자가 대상으로 삼은 것은 천지자연

---

[7] 朱熹, 中庸章句 "序": "其曰 天命率性則道心之謂也 其曰 擇善固執 則精一之謂也 其曰 君子時中 則執中之謂也."

天地自然을 포괄하는 것이 아니라, 인간 삶에로 국한된 것이었다. 그러므로 공자와 맹자가 말한 성性이란 인성人性에 국한된 것이지, 존재 일반의 본질로 확장될 수 있는 것이 아니다. 그런데 『중용』에서는 전체 내용을 포괄하는 첫 머리에서 천명天命과 성性을 동일한 것天命之謂性으로 선언함으로써 공자와 맹자의 담론 공간을 존재 일반으로 확장시킨다. 이 지점에서 『중용』이 다루고 있는 의제는 선진유가의 범주를 넘어선다. 하지만 바로 그 지점에서 『중용』은 송대 유학자들에게 주목받게 된 것이다.

존재 일반으로 확장된 『중용』의 담론공간에서 다루어지는 '인간 생명, 그리고 그것이 영위하는 공간'은 아감벤 식으로 말하자면 '사적 생명私的 生命, ζωή과 그 공간οἶκος'이 된다. 『중용』의 첫 머리에서 인간 생명의 본질을 존재 일반의 본질과 무차별적인 것으로 선언하지만, 바로 이 선언 덕분에 생명 활동을 하는 '인간 개체'가 부각되기 때문이다. 『중용』이 '하나의 이치가 잘게 나누어진다理一分殊', '인간 종이 타고난 특성도 존재 원리다性卽理'라는 등의 역설을 통해서 자연철학에 기반을 둔 형이상적 체계를 구축하게 되는 것도 바로 이 지점에서이다. 세계 내 존재 일반이 갖춘 원리가 인간에게도 적용된다는 선언은 인간 일반, 곧 인류의 원리가 개체 생명인 한 인간에게서 출발하는 것이라는 선언을 포섭한다. 뒤집어 말하면 개인이 일상의 삶 속에서 구현하고 있는 생명의 원리가 존재 일반의 원리로 확장되는 것이므로, 개인에게 세계 내 존재 일반과 차별화된 특별한 의무나 희생을 강제할 수 없다.

> 군자의 길[道]은 크지만 감추어져 있다. 평범한 사람들의 어리석음으로도 함께 알 수 있는 것이지만 지극함에 이르러서는 성인(聖人)이라고 하더라도 알지 못하는 바가 있다. 평범한 사람들도 못남으로도 잘할 수 있지만 지극함에 이르러서는 성인이라고 하더라도 잘할 수 없는 바가 있다. 세상

[天地]이 크다 해도 사람들은 오히려 불안한 것이 있다. 그러므로 군자가 큰 것을 말하면 세상에 다 실을 수 없고, 군자가 작은 것을 말하면 세상을 쪼갤 수 없다. 『시경』에서 "솔개는 하늘을 날고 물고기는 못에 뛰논다."라고 하였으니, 위아래를 살펴 말한 것이다. 군자의 길은 평범한 사람들에게서 출발하지만, 지극함에 이르러서는 세상에서 살피는 것이다.[8]

「비이은費而隱」 장으로 알려진 『중용』 12장에서는 "세상의 큰 바탕天下之大本"[9]이라는 중中과 '어리석음' 또는 '오래 유지하다'를 뜻하는 용庸이 함께 쓰이는 까닭이 구체적으로 드러나 있다. 세상의 이치中를 깨닫는 일은 평범함庸, 곧 솔개가 하늘을 날고 물고기가 못에서 뛰노는 것과 같이 당연한 생명활동에서부터 출발하지만, 그 원리를 제대로 깨닫고 구현하는 일은 성인聖人이라고 하더라도 쉽게 해내지 못한다和는 것이다. 이것은 중용中庸이 추구하는 바가 천天과 귀신을 모시는 사천학事天學이 아니라, '일상성日常性의 긍정'에 있다는 것을 의미한다.[10]

---

8   朱熹, 中庸章句 12장: "君子之道費而隱 夫婦之愚 可以與知焉 及其至也 雖聖人 亦有所不知焉. 夫婦之不肖 可以能行焉 及其至也 雖聖人亦有所不能焉. 天地之大也 人猶有所憾 故君子語大 天下莫能載焉. 語小 天下莫能破焉 詩雲 鳶飛戾天 魚躍於淵 言其上下察也 君子之道 造端乎夫婦 及其至也 察乎天地."

9   朱熹, 中庸章句 1장: "中也者 天下之大本也."

10 李澤龍(2013: 5-38)은 "그동안 『중용』은 주희의 영향으로 주로 수덕론(修德論), 보다 구체적으로는 '도덕적 형이상학'에 초점을 맞추어 독해되어 왔다. 그러나 『중용』의 세계관은 수덕론에 근거한 왕위론[聖人帝王論] 역시 강하게 내포하고 있다. 『중용』의 최종 방점은 이것에 있을 수 있다. 『중용』에 대한 열린 독법이 요구된다."라고 주장하였는데, 열린 독법에 대한 취지에는 공감하지만 성인제왕론이 선진유가의 전통과 맞아떨어진다고 하더라도 주희가 『중용』을 표장한 까닭에 대해 좀 더 주의할 필요가 있다.

'일상성의 긍정'은 12장뿐만이 아니라 『중용』 곳곳에서 선진유학의 의제를 보완하는 형태로 드러난다. 예컨대 1장에서는 아직 일상의 삶이 구현되기 전과 후를 중中과 화和로 구분하고 있는데, 그에 앞서 일상의 삶 속에서도 생명의 원리를 벗어날 수 없음을 "길道이란 잠깐이라도 벗어날 수 없다. 벗어날 수 있다면 그것은 길이 아니다. 그러므로 군자는 보이지 않은 것에 경계하고 삼가며, 들리지 않는 것에 두려워하고 우려한다."라는 말로 풀어내었다. 이렇게 생명의 원리가 일상의 삶에서 구현되고 있다는 사실은 "숨어 있는 것과 자질구레한 것보다 잘 보이고 분명한 것은 없다."라는 말에 이은 "그래서 군자는 혼자 있음을 삼가야 한다."는 말에서도 분명히 제시되고 있다.[11] 신독愼獨은 일상의 삶이 영위되는 사적私的 공간에서도 존재 일반이 공유하는 생명의 원리가 적용된다는 점을 깨달아서 '분명히 드러나지 않는 일상의 삶'에도 경계하고 삼가며, 두려워하고 우려해야 함'을 뜻하기 때문이다.

일상의 삶이 영위되는 사적 공간에서도 생명 공통의 원리가 적용되기 때문에, 자질구레한 일상의 것들에 관심을 기울여야 한다는 선언은 '생물학적 삶을 영위하는 공간인 오이코스οἶκος가 정치적 삶을 영위하는 공간인 폴리스πόλις보다 원초적인 것'이라고 전제하는 아감벤의 논리를 넘어서고 있다. 아감벤은 사적 생명 공간을 권력이 침투되지 않아야 할 곳으로 전제하고, 현대의 권력이 이 사적 생명 공간에까지도 관심을 가지고 통제하는 것을 부정적으로 평가했다. 하지만 계신공구戒愼恐懼가 대상으로 하는 사적 공간은 '절대 권력이 벌거벗은 생

---

11 朱熹, 中庸章句 1장: "道也者 不可須臾離也 可離非道也 是故君子戒慎乎其所不睹 恐懼乎其所不聞 莫見乎隱 莫顯乎微 故君子慎其獨也 喜怒哀樂之未發謂之中 發而皆中節 謂之和."

명(命)을 두려움에 떨게 하는 곳'이라기보다는 오히려 '쉼 없이 생겨나는 곳生生不已'이다. 물론 여기에도 신자유주의와 같은 '통치 테크놀로지governing technology'가 침입해 들어갈 수는 있다. 왜냐하면 '인간의 삶은 본래 부조화不調和와 불연속不連續, 부중절不中節의 연속이며, 갈등이 상존'해있기 때문이다(朴商煥·安營攝, 2011: 308 참조). 하지만 존재 일반으로 확장된 이 공간에서는 신자유주의와 같은 통치 테크놀로지도 포섭하여 무화無化시킬 수 있는 생명 원리가 끊임없이 작용한다.

한편, 『중용』의 생명 원리는 그 자체로 원리誠이면서 구체적인 실천 방법誠之이라는 데 그 특징이 있다. 생명의 원리는 살아있는 지점에서 적용되는 원리로서 거짓이 있을 수 없기 때문에, '삶' 그 자체의 원리는 그 자체로 참된 것誠이다. 그 원리는 존덕성尊德性과 도문학道問學, 신독愼獨과 시중時中, 충서忠恕와 택선고집擇善固執, 치중화致中和 등 각각의 삶의 국면에 적용되고, '적용된 바로 그 곳'에서 실제적으로 발휘된다. 곧 원리와 실천 방법으로서의 성誠을 관통하는 것은 '인간의 순선한 본성의 발로인 생명에 대한 쉼 없는 의지에 대한 긍정'이므로, 결과적으로 '생명 원리의 긍정'이 된다. 이러한 낙관적 자세는 인간 존재를 존재 일반의 네트워크 속에서 파악하는 데서 비롯된 것이다. 이 존재 일반의 네트워크는 인륜적 질서의 의지와 도덕적 가치를 추구하여 물리적이고 타율적인 '예禮'를 강요할 수 없는 생명의 질서로 이루어져 있다(朴商煥·安營攝, 2011: 309-316 참조). 그렇기 때문에 그 자체로 공존 공생하지 않는 '예외'나 '배제'가 존재할 수 없다.

『중용』은 "천명지위성天命之謂性"의 선언으로부터 출발하여 『시경』 「대아大雅」 문왕지십文王之什을 인용한 "상천지재上天之載 무성무취無聲無臭 지의至矣"에 이르기까지 얼핏 보면 천天을 앞세워 형이상학적 체계를 구축하려고 한 것처럼 보인다. 하지만 여기에서 말하고 있는 천天을

'존재 일반을 포괄하는 세계, 또는 그 원리'로 이해하면, 평범한 일상의 삶 속에서 구현되고, 구현되어야 하는 삶의 원리를 의제로 삼고 있다. 이 원리는 인간에게만 적용되는 것이 아닐뿐더러, 사실상 인간의 도움을 필요로 하지 않지만, 이러한 원리가 있다는 것은 개체로서의 인간이 살아가는 일상의 삶에서 확인된다. 곧 존재일반인 천天이 참된 것誠者이라는 선언은 그것을 구현해내는誠之者 개인에게서 확인되기 때문에, 일상의 구체적인 삶에서 출발해야 한다는 역설이 적용될 수 있다. 유가나 근대주의를 비판하는 쪽에서는 『중용』의 세계, 곧 쉼 없이 삶을 이어가고 있는 사적 생명의 공간을 '물아일체物我一體의 전일적全一的 세계'라는 거대담론으로 오해하기도 한다. 하지만 이러한 관점은 탈맥락적이다. 왜냐하면 중용의 사적 공간이야말로 이러한 거대담론을 '생생불이生生不已'하는 시스템 속에서 무화無化시키는 보편적이면서도 구체적인 삶의 공간이기 때문이다.

Ⅲ. 공적共的 공간과 관계성의 긍정

앞서 언급하였듯이 송나라 때의 지식인들은 불교와 도교에 대한 비판적 대응, 인간이 우주 내에서 갖는 도덕적 주체성에 대한 새로운 인식, 송대 정치 환경의 변화에 따른 중앙집권체제의 강화 등이라는 시대적 여건과 마주하고 있었다. 그래서 신유학자들은 이전과는 다른 새로운 가치 기준을 가지게 되었는데, 가치 관념의 근원이 인간 존재의 본질에 있으므로 성선설이 올바른 인성론일 수밖에 없고, 공부를 통해서 도덕을 보편적으로 실현할 수 있으며, 개인적인 삶은 물론 사회적 삶에서도 유학이 실학화實學化 되어야 한다는 점 등이 그것이다. 이 가운데서 가장 근원적이고 집요한 가치 기준으로 들 수 있는 것이 '유학의 실학화'이다. 신유학자들의 견해에 따르면 송대 이전의 유학은 소수 전문 지식인이나 정치 담당자들의 전유물이었고, 그 밖의 사회 구성원들에게는 '혜택을 받는' 것으로 인식되었을 뿐이다. 신유학자들은 유학을 '누구에게나 개방되어 그것에 참여할 수 있는 확실한 근거로서 의의를 갖는 학문'으로 재정립하려고 했다(김기현, 2001: 229-237 참조).

 신유학자들의 이러한 가치관이 출발하는 지점이 『대학』이다. 그래서 주자도 사서四書를 읽는 순서를 『대학』, 『논어』, 『맹자』, 『중용』 순으로 제시한 바 있다.[12] 경전의 난이도를 고려한 학습의 효용성 때문이었겠지만, 송대 신유학자들의 가치 기준을 적용한다면 『대학』이야말로 "'나'의 도덕 실천과 사대부로서 국가 사회의 운용에 직접 참여하는 사회 참여의 실천"을 하는 실학實學으로서의 유학 체계를 일목요연하게 잘 드러내고 있기 때문이었던 것이다. 『중용』은 오늘날까지도 형이상학적 이념을 담고 있는 고원한 철학서 또는 동양적 환경, 생명철학적 요소를 담고 있는 것으로 여겨진다. 그래서 유학 전반에 대한 이해가 부족한 상태에서 『중용』을 읽는다면, "거의 이해를 못하거나, 실이 없이 고원高遠한 문구를 희롱하고 다닐 위험성"이 있다(김기현, 2001: 237-240 참조). 그런데 『대학』은 윤리·철학·정치 이론 가운데 어디에 주안점을 두느냐에 따라 다양하게 해석될 수 있지만, 그 담론 공간은 인간의 공적 생명과 그것이 영위되는 사회로 제한되어 있다.

 '인간의 공적 생명, 그리고 그것이 영위되는 사회'로 제한된 『대학』의 담론공간은 아감벤의 구분에 따르면 '공적 생명公的 生命, βίος과 그 공간πόλις'이 된다. 물론 주자가 분류한 삼강령과 팔조목 체제를 인정

12　朱熹, 朱子語類 권14: "某要人先讀大學 以定其規模 次讀論語 以立其根本 次讀孟子 以觀其發越 次讀中庸 以求古人之微妙處."

하지 않거나, 같은 맥락에서 『대학』이 옛날 태학에서 사람을 가르치는 법으로서 대인大人의 학문이라는 주자의 해설을 반대하는 이들도 있다(임옥균, 2010: 307-314 참조). 그런데 이들도 『대학』이 인간의 사회적 삶으로 그 담론공간을 제한한다는 점에는 동의한다. 『대학』의 목표가 주자의 『대학장구大學章句』「서序」에서 언급된 '성인聖人에 의한 인간 본성 회복'이라는 데는 논란이 없다는 말이다.

> 『대학(大學)』이라는 책은 그것으로 옛날 대학(大學)에서 사람을 가르치던 법이다. 대개 하늘이 백성을 내려 보냄으로부터 이미 인의예지(仁義禮智)의 성(性)을 부여해주지 않음이 없었지만, 그 기질(氣質)의 품부됨이 꼭 같을 수가 없는 경우가 있기 때문에, 모두가 그 성(性)이 지닌 바를 알고 그것을 온전히 할 수 있는 것은 아니다. 총명예지를 가지고 그 성(性)을 다할 수 있는 사람이 그 사이에서 한 사람이라도 나오기만 하면, 하늘은 반드시 그에게 명하여 억조의 군사(軍師)로 삼아 그로 하여금 그들을 다스리고 가르쳐서 그 성(性)을 회복시키도록 하였다.[13]

여기서 말하는 성性은 세계 내 존재 일반에게 부여된 원리가 아니라 '백성을 내려 보낼 때의 성性', 곧 인간 존재의 원리인 인성人性이다. 신유학적 표현에 따르면 '인간 존재에게 주어진 천명지성天命之性'이지만, 그것은 사실상 인간 존재만이 부여받은 기질지성氣質之性, 곧 인류라는 종의 특성이다. 그렇기 때문에 인간 개체의 사적인 생명과 그 삶을 영위하는 생물학적 공간을 대상으로 하는 것이 아니라 공적인 생명

---

[13] 朱熹, 大學章句 "序": "大學之書 古之大學所以教人之法也 蓋自天降生民 則既莫不與之以仁義禮智之性矣. 然其氣質之禀或不能齊 是以不能皆有以知其性之所有而全之也. 一有聰明睿智能盡其性者出於其間 則天必命之以爲億兆之君師 使之治而教之 以復其性."

과 그것이 구현되는 사회적 공간을 대상으로 한다. 그러므로 여기에서는 인간이 존재 일반과 달리 특별하게 구현해내어야 하는 의무 또는 희생이 강조될 수밖에 없다.

큰 배움의 길[道]은 밝은 덕을 밝히는 데 있고, 백성을 새로이 하는 데 있으며, 지극한 선(善)에 머무름에 있다. 머무를 데를 안 뒤에 정(定)하는 것이 있고, 정(定)해야 고요하며, 고요해야 편안할 수 있고, 편안해야 생각할 수 있고, 생각해야 얻을 수 있다. 만물에는 근본과 말단이 있고, 일에는 끝과 시작이 있으니, 먼저 할 것과 나중에 할 것을 알면 길에 가까워진다. 그 옛날, 세상에 밝은 덕을 밝히려고 하는 사람은 먼저 그 나라를 다스리고, 그 나라를 다스리려고 하는 사람은 먼저 그 집안을 가지런히 하며, 그 집안을 가지런하게 하려고 하는 사람은 먼저 그 몸을 닦고, 그 몸을 닦으려고 하는 사람은 먼저 그 마음을 바르게 하며, 그 마음을 바르게 하려고 하는 사람은 먼저 그 뜻을 참되게 하고, 그 뜻을 참되게 하려는 사람은 그 뜻을 참되게 하려는 사람은 먼저 그 앎을 이루려고 하였으니, 앎을 이루려고 함은 만물을 대함에 있다. 만물을 대하여야 앎에 이르고, 앎에 이르러야 뜻이 참되며, 뜻이 참되어야 마음이 바르게 되고, 마음이 바르게 되어야 몸이 닦이며, 몸이 닦여야 집안이 가지런해지고, 집안이 가지런해져야 나라가 다스려지며, 나라가 다스려져야 세상이 바로 잡히는 것이다. 천자(天子)부터 서민에 이르기까지 하나같이 모두 몸을 닦는 것을 바탕으로 삼아야 한다. 그 바탕이 어지러운데도 말단이 다스려지지는 않고, 그 두텁게 여겨야 될 것이 엷게 여겨지고, 그 엷게 여겨야 될 것이 두텁게 여겨지는 경우는 없다.[14]

---

14 朱熹, 大學章句 "經" 1章: "大學之道 在明明德 在新民 在止於至善. 知止而後 有定 定而後能靜 靜而後能安 安而後能慮 慮而後能得. 物有本末 事有終始. 知所先後 則近道矣. 古之欲明明德於天下者 先治其國. 欲治其國者 先齊其家 欲齊其家者 先修其身. 欲修其身者 先正其心. 欲正其心者 先誠其意. 欲誠其

「경經」 1장은 '밝은 덕을 밝히고明明德, 백성을 새로이 하며新民, 지극한 선善에 머문다至於至善'라는 이른바 세 가지 강령三綱領과 '격물格物, 치지致知, 성의誠意, 정심正心, 수신修身, 제가諸家, 치국治國, 평천하平天下' 등 여덟 가지 조목八條目이 수렴되면서 되짚어 발산되는 중층적 구조로 이루어져 있다. 우선 삼강령에서는 인간 존재라면 누구나 타고난 명덕明德을 밝히고, 백성들과 가까이 지내어서 올바른 상태, 곧 명명덕과 친민을 잘 해내는 상태에까지 이르게 되어야 함을 선언한다. 오늘날의 표현을 빌리자면 사회적 존재로서 인간에게 주어진 능력을 잘 발휘하여 사회화 과정을 잘 거쳐 공적 생명을 잘 이루어내는 상태에 이르는 것을 선언적으로 드러낸 것이다. 주자가 '백성을 가까이 함親民'을 '백성을 새롭게 함新民'으로 고친 것도 사적 생명을 공적 생명으로 사회화 함, 곧 교화敎化에 초점을 맞추었기 때문이다(丁海王, 2012: 171-203).

팔조목에서는 삼강령의 이상인 사회화의 과정이 사회적 욕구의 발산과 그것의 수렴적 실현이라는 쌍방향으로 좀 더 구체화되어 있다. 곧 세상을 바로 잡으려고 하는 욕구를 가지고 있다면 그보다 개별화된 국가를 다스리는 데로 수렴되어야 하고, 국가를 다스리려고 하는 욕구를 가지고 있다면 그보다 개별화된 가정家庭을 가지런히 하는 데로 수렴되어야 한다는 식으로 개별화, 또는 수렴되는 과정이 제시되고 있다. 그리하여 개인이 본래 얻어 가진 원리를 함께 하고 있는 존재 일반

意者 先致其知. 致知在格物. 物格而後知至. 知至而後意誠. 意誠而後心正. 心正而後身修. 身修而後家齊. 家齊而後國治. 國治而後天下平. 自天子以至於庶人. 壹是皆以修身為本. 其本亂而末治者 否矣. 其所厚者薄 而其所薄者厚 未之有也." 이 가운데 '親民'은 본래『大學章句』에서 주자가 '新民'으로 고쳤다. 이 연구의 맥락으로는 '親民'이 거버넌스와 가까우나, 삼강령과 팔조목의 구조를 유지하기 위해 주자의 설을 따랐다.

의 층위로 완전히 수렴되면 거꾸로 하위수준에서부터 상위수준으로 발산되는 일반화의 과정이 되짚어 진다. 또한, 각각의 층위에서는 본말本末의 연쇄관계가 설정되어 있기 때문에 정치 지도자에서부터 일반 서민에 이르기까지 인간이라면 누구나가 각각의 층위에서 구현해내어야 하는 이른바 수신修身이 다시 한 번 강조된다.

공적 영역의 출발점인 사적 영역, 곧 수신修身의 밑바탕에 만물의 원리를 깔아두고 각각의 수준별로 중층적이고 연쇄적으로 오르내리는 『대학』의 구조는 「전傳」 10장의 "기준을 맞추는 법絜矩之道", 곧 「전傳」 9장의 '헤아림恕'을 구체화한 데서도 그 특징을 드러내고 있다. 인간 사회는 본래 주체와 타자의 관계를 전제로 한다. "나의 길은 하나로 꿰뚫었다."라고 선언한 공자의 말에 증자가 "선생님의 길은 정성을 다해 헤아리는 것일 뿐이다."라고 부연한 것을 떠 올리면, 『대학』의 삼강령과 팔조목은 사회적 삶을 영위하는 데 필요한 한 가지의 원리를 말하는 데 목적을 둔 것이다.[15] 사회적 생명을 유지해가기 위해서는 내가 바라는 바를 기준으로 하여 타자의 욕구를 헤아리고, 개별적 사태로부터 일반화 해가며, 일반적 원리를 개별적 수준에서 구현해 나가야 한다는 것, 곧 서恕이다. 「경」 1장에서 수신修身이 재차 강조된 까닭도 우리의 사회적 삶은 주체와 타자의 관계성을 전제로 할 수밖에 없다는 것과 이때 도덕 의무는 그것을 구현해나가야 하는 자신에게 부여된다는 것을 강조하기 위한 것으로 보아야 한다. 이렇게 본다면 『대학』에서 다루고 있는 인간 생명은 사회적 관계의 구축과 헤아림의 원리를 실현하는 책임을 가진 존재로 정의될 수 있다. 따라서 『대학』이 겨냥하는 것

---

15 孔子, 論語 "里人": "子曰 參乎 吾道一以貫之. 曾子曰 唯. 子出 門人問曰 何謂也. 曾子曰 夫子之道 忠恕而已矣."

은 "관계 원리의 강조"라고 할 수 있다.

Ⅳ. 문화공간의 재생과 공공성의 회복

동·서양할 것 없이 인간 존재는 이념과 현실 두 가지로 균열, 갈등을 겪는 모순적 생명이라고 이해되어왔다. 이상을 꿈꾸지만 녹록치 않은 현실을 경험할 수밖에 없는 탓이다. 하지만 더 모순적인 것은 이러한 균열과 갈등이 사실상 '자기'라는 하나의 존재에서 진행된다는 점이다. 인식을 중시하는 전통에서 말하면 "단순히 이성만의 주장이 아닌 감정적 육체적 몸의 만남이 있고 그 만남의 소통장소가 몸이란 전제에서 몸속의 '자기', 이성과 정서, 의식과 무의식, 이론과 실천이 분열된 것이 아닌 몸을 가진 개인에서 진행되는 일들이고 나아가 그것이 사회로 국가로 확대"됨을 우리는 이미 자각하고 있다(이영수, 2009: 340). 실천을 중시하는 전통에서 말하면 인간은 인욕人欲과 천리天理의 대립항 사이에서 어슬렁거리는 존재이기 때문에 '천리의 본바탕을 지키고存天理之本然 싹트려고 하는 인욕을 막는遏人欲於將萌 것'[16]이야말로 참된 인간이 되는 길道임을 우리는 이미 자각하고 있다. 그래서 우리는 신과 악마, 영혼과 육신 등과 같은 한 쌍의 대립적 추상 개념을 만들어내었고, 이 대립항의 가운데를 방황하는 존재로 자신을 인식해왔다.

이런 자각은 인류 역사만큼이나 오래되었지만, 특히 서양의 근대近代, 그리고 동양의 송대宋代에 이르러 구체화·체계화되었다는 점에 주목해볼 수 있다. 이 시기에는 인간 존재가 스스로를 도덕 주체로 재인식할 수 있는 여러 가지 시대적 여건이 성숙되었다. 그래서 니체와 신

---

16 朱子, 朱子語類 권62: "問 不睹不聞與愼獨何別. 曰 上一節說存天理之本然 下一節說遏人欲於將萌."

유학자들의 인간 존재에 대한 이해는 교차지점을 가지고 있는 것처럼 보이는 것이다. 물론, 서양의 근대주의와 송대 신유학은 인간 존재 자체의 모순과 균열이 해소될 수 있어야 함을 강조하는 계몽적 성격 때문에 오늘날 비판받기도 한다. 하지만 오늘날은 그나마 인간적 한계를 넘어서 인간성을 극대화한 초인超人 또는 성인聖人을 추구할 수 있다는 근대의 소박한 기대가 무너진 지 오래되었을 뿐 아니라, 또 다른 의미에서의 비인간화非人間化가 촉진되고 있다. 아감벤의 문제의식을 빌리지 않더라도, 우리는 인간의 대립항에 동물적 생명이 아닌 기계적 비생명이 놓이고 있음을 절감하고 있다. 그러므로 오늘날 우리는 생명의 회복, 재생, 그리고 조성 등을 다양한 방식으로 논의하고 있는 것이다.

민선 6기에 들어선 제주도정은 앞서 살펴보았듯이 그동안 자연환경에 주목해왔던 한계를 극복하려고 문화생태적 공간을 구축하고, 도민이 삶을 영위해온 역사문화적 공간을 되살리겠다고 천명했다. 이러한 의지야말로 『중용』과 『대학』에서 공통적으로 주장하고 있는 "뜻을 참되게 함"이고, 여기서부터 참된 인간의 삶이 실현된다는 점에는 이견이 없다. 하지만 거버넌스를 통해 이렇게 원대한 기획을 성취하겠다는 전략과 함께 제시된 정책과제들을 보면서 한 가지 우려되는 것은 "인문학적 성찰의 부재不在"이다. 사실 오늘날 우리가 비인간화되고 있는 까닭은 이념이 부족해서가 아니라, 오히려 이념이 넘쳐나기 때문이다. 그리고 그 이념의 홍수 속에서 불안해하고 있는 생명을 도탑게 해줄 낙관적 태도가 부족하다는 것이 더 큰 문제이다. 사정이 이러므로 통치를 넘어선 협치라는 좋은 의미의 거버넌스조차도 오히려 신자유주의적 배제를 정당화하는 이른바 '떠넘기기'에 불과하다는 우려마저 든다.

국내 굴지의 엔터테인먼트 그룹은 물론, 정치권과 대학에 이르기까지 "문화가 경쟁력입니다."라는 구호에 함몰되어 있는 것이 오늘날 우리의 현실이다. 이제 문화는 사적인 생명 활동과 공적인 사회 활동의 결과가 교직交織된 후형질이 아니라, 부가가치를 창출해내는 상품이 되어버렸다. 변기가 뒤샹을 만나 '샘'이라는 작품이 된 것을 보면서 오늘날 우리는 제주의 "통시"를 도민의 일상적 삶에서 떼어서 관람상품으로 만들려는 '음모'를 꾸미고 있다. 그러나 개인적 삶의 공간에서 떼 내어 박제·전시된 문화는 아감벤이 지적하였던 것처럼 '개개인의 생명 공간조차도 대상화함으로써 비인간화하는 권력'에 의해 만들어진 가짜에 불과하다. 같은 의미에서 문화나 도시공간의 재생, 또는 복원 문제가 이제는 사라진 예전 삶의 공간을 회복한다는 행위 자체에만 함몰되면 안 된다. 그것이 되살려졌을 때, 그것을 실제적인 삶의 공간에서 어떻게 활용될 수 있는지가 먼저 고려되어야 한다. 그렇게 할 때 비로소 삶의 공간에서 배제나 예외를 허용하지 않는 것으로서 문화의 생명력과 본질적 가치를 확보할 수 있기 때문이다.

"천혜의 자연경관"이 더 이상 매력 넘치는 상품이 못 된다는 자각에 대해서는 공감한다. 그동안 배제된 대한민국의 1%로서 제주가 생명을 유지하려면 그동안 이런 것도 상품이 될 수 있었나 싶었던 것들까지도 팔아야 한다는 위기의식에 대해서도 공감한다. 배제 당한 이들의 "같이 먹고 살자."라는 말은 이념이라기보다는 차라리 절규이기 때문이다. 그런데 이러한 절규에 대한 대답이 듣는 도민들은 물론 답하는 쪽에서조차도 분명히 이해하지도 규정하지도 못하는 구호로서의 문화, 상품으로서의 문화, 이념으로서의 문화라면 그것은 오래 지속될 수 없다. 공유되지 않는 이념은 허상에 불과하다는 말이다. '문화협치, 도민문화, 문화생태계, 문화예술의 섬, 제주문화 정체성, 창조시대, 문화재생 등' 구체성을 상실한 개념의 범람도 문제지만, '한류, K-Pop 등 공연사업육성을 통한 문화산업시대'는 민선 5기 도정이 지난 2013년 12월 관광객 1,000만 시대 개막을 기념하기 위해 제주월드컵경기장에서 개최한 '케이팝 인 제주K-POP in Jeju' 공연의 결과에서도 확인되듯이 관광객이 아닌 도민들의 얄팍한 주머니를 터는 결과를 낳는다.[17]

문화는 인간의 사적이면서도 공적인 생명 활동의 흔적이다. 『중용』에서 살펴보았듯이 인간 생명은 존재 일반의 생명원리를 공유하지만, 그렇기 때문에 개개인의 삶의 현장에서는 우주적 생명 원리가 끊임없이 스스로를 재생해내고 있다. 비록 그것이 본 모습을 상실했다고 하더라도 실낱같은 생명력이라도 유지하는 한에 있어서는 되살아낼 뿐 아니라, 상처받은 흔적까지도 다음 순간의 원형질로 포섭한다. 따라서 우리는 이 개별적 생명 공간에서 작용되고 있는 생명원리를 긍정해야 한다. "솔개가 하늘을 날고 물고기는 못에 뛰노는" 풍경에 공감하고 낙관하듯이, 도민들이 각자 삶의 현장에서 실현해내고 있는 생명원리를 공감하고 낙관하면 된다. 이런 맥락에서 본다면 원도심 재생을 포함한 제주문화공간의 재생은 과거 어느 한 시점의 형태를 복원해내는 것이 아니라, 지금 여기에 삶의 터전을 잡은 이들이 일상의 삶을 잘 영위할 수 있도록 하는 데 초점을 맞추어야 한다. 책상 위에 펼쳐놓은 도면에 줄긋기 방식으로 추진되어서는 안 될 일이라는 것이다. 골목 어귀 1960년대 개발독재시절에 지어져 이제는 허름하다 못해 생뚱맞기까지 한 담배 가게 한 귀퉁이에서도 지난 시절의 제주와 오늘의 제주가 뿜어내는 생명력이 이어질 수 있도록 하는 것이 제주문화공간의 재생에 필요한 전제이다.

17　"제주 '문화융성시대' 졸속·부실 우려", 『한라일보』, 2014년 10월 10일. 기사 (http://www.ihalla.com/read.php3?aid=1412866800477244073) 참조.

한편, 문화는 주문화周文化나 탐라문화耽羅文化라고 불릴 때처럼 특정 시대의 가치를 반영하기도 한다. 인간은 존재일반이 가진 생명의 원리를 공유하면서도 인간만이 가진 독특한 생명의 원리를 구현해내어야 할 의무를 가진 존재이기 때문이다.『대학』의 기준尺이 필요한 것은 이 지점이다. 이 지점에서는 인간 존재가 존재일반과는 다른 의무를 지닌 존재라는 점이 강조되기 때문에 역설적이지만 '나'를 기준으로 하여 '남'을 헤아리는 보편성이 요구된다. 그러한 보편성이야말로 '거버넌스'의 성공에 필요한 전제조건이다. 공적인 생명의 원리는 일반화와 개별화, 수렴과 발산이 중층적으로, 연쇄적으로 긴밀하게 실현될 때 제대로 기능한다. 그러므로 이른바 문화협치체계와 그것을 통한 문화의 섬 조성은 상향식 또는 하향식으로 구상되어 어느 한 방향으로 제시되거나 떠넘기는 것이 아니라, 쌍방향으로 치열하게 소통하는 과정의 산물이 되어야 한다. 문서 한 장으로 고지되는 정책이나 등 떼밀려 추진되는 정책이 되어서는 안 될 일이라는 것이다. 도민은 물론, 소길댁으로 불리는 한류스타도, 육지를 떠돌다 정착한 문화이주민도, 제주를 찾은 관광객도 모두 '이것이야말로 제주적인 것'이라고 공감할 수 있는 보편적인 것이야말로 역설적으로 제주만이 가진 독특한 문화일 것이기 때문이다.

Ⅴ. 맺음말

지금까지 민선6기 제주도정이 내건 '문화 협치를 통한 문화융성 정책과제' 가운데서도 특히 제주 공간을 재생 또는 조성하는 데 고려되어야 할 것들을 유학의 공간 담론 분석을 기초로 검토해보았다. 흔히 신유학 이전의 유가는 우주 본체론적 주제에 관심을 보이지 않았기 때문에 공간의 재생 또는 조성과 관련하여 논의할 것이 없다고 생각하지만, 공간을 네트워크로 파악하는 오늘날의 관점에서 출발하면 유가의 세계관이야말로 삶의 공간에 대한 깊은 성찰을 주요 내용으로 삼고 있다고 할 수 있다. 이러한 점에 착안하여 유학의 공간담론에서는 인간의 생명과 천지자연의 생명이 따로 또 같이 논의된다고 전제하였다. 그리고 오늘날 주목받고 있는 '협치Governance'를 유학의 공간담론에서 논의되고 있는 정치적 공간이라고 전제하였다. 이 두 가지 전제를 통해서 오늘날 재생되어야만 하고 재생될 수 있다고 믿어지는 '삶의 공간(생명 공간)'으로서 제주를 지속 가능한 삶의 공간으로 만드는 데 필요한 인문학적 전제를 도출하고자 하였다.

유학의 공간 담론, 곧 세계관 가운데서 『중용』이 겨냥하고 있는 것은 고대유학에서는 관심을 두지 않았던 존재론적 세계이다. 바로 이 때문에 오늘날에는 『중용』이 한대 이후의 저작이라고 보지만, 『예기』의 한 편에 지나지 않았던 『중용』을 다시 편집한 주자와 송대의 성리학자들은 『중용』에 주목할 수밖에 없었다. 오늘날 우리가 영위하고 있는 삶의 공간을 지속가능한 것으로 구축하려고 인간 아닌 것에로 관심을 확장하는 것과 같은 이유에서이다. 이들은 『중용』의 첫 머리에서 "모든 존재는 '본래 가지고 있는天命' 것이 있으므로, 그 어떤 존재도 배제되어서는 안 된다."라고 선언한 것에 주목했다. 이 선언은 인간 존재에게 집중된 담론을 존재 일반으로 확장하는 것이었지만, 오히려 그 때문에 인간 종 전체가 아닌 개인의 삶을 긍정하는 결과를 낳았다.

개인의 삶이 영위되는 공간은 '일상성의 공간'이다. 『중용』에서는 이 일상성의 공간을 "솔개는 하늘을 날고 물고기는 못에 뛰논다."라는 『시경』의 구절을 빌려 표현한다. 우리의 삶을 관통하고 있는 원리로서 중中이란 사실상 평범한 일상에서 이루어지는 용庸의 다른 표현에 지나지 않기 때문이다. 일상성의 긍정은 존재 일반이 동일한 원리를 가지고 있다는 보편성의 긍정이면서, 동시에 한 개체가 그러한 보편적 원리를 가지고 있을 뿐 아니라 사실상 보편적 원리란 한 개체의 원리에서부터 확장되어 나가는 것이라는 점을 긍정하는 것이다. 그러므로 이 개인적 공간은 절대 권력이 벌거벗은 생명을 두려움에 떨게 하는 공간이라기보다는 쉼 없이 생겨나서生生不已 모든 억압과 강제, 그리고 배제를 무화無化시킬 수 있는 공간이다. 현실의 공간이 본래 부조화하고 불연속하며 부중절할 수밖에 없어서 갈등을 일으킬 수밖에 없는 곳이라고 하더라도 그러한 것들은 일상성을 긍정하는 순간 삶의 원리誠에 포섭되어버린다.

한편, 세상을 구제해야 한다는 우환의식憂患意識을 공유하고 있던 신유학자들은 유학사상의 전체규모에 입각한 실천 강령을 『대학』에서부터 찾았다. 신유학자들은 스스로를 내성외왕內聖外王과 수기치인修己治人하는 실학實學의 전승자로 자처했기 때문에 구체적인 현실상황에 대해 염려하고 실천 방안을 모색하는 이른바 '우환의식憂患意識'을 가지고 있었다. 이들이 염려한 것은 인간의 손길이 미치지 않을 뿐 아니라 미칠 수 없는 존재 일반의 세계가 아니라, 지식인들의 손길이 미치면 즉각적으로 효과를 볼 수 있는 현실 사회였다. 그러므로 『대학』이라는 책에서 겨냥하고 있는 대상은 그 옛날 대학이라는 교육기관에서 리더십을 함양하던 차세대 정치지도자로 국한되었다. 그리고 이렇게 국한한 덕분에 대학의 담론 공간에서 다루어지는 인간은 개인이 아니라 세계 내 존재와는 차별되는 전체 인간으로 확장되었고, 이들 사이의 관계성을 긍정하는 결과를 낳았다.

사회적 삶이 영위되는 공간은 '관계성의 공간'이다. 『대학』에서는 이 관계성의 공간의 구조를 삼강령과 팔조목이라는 이중 구조로 도식화한다. 그리고 이 둘은 물론 각각 서로 연쇄적이고, 중층적인 구조로

되어 있다고 선언한다. 인간만이 타고난 능력을 잘 실현하는 것明明德, 그러한 존재가 되는 것新民, 그러한 것들이 잘 이루어지는 상태를 지속하는 것止於至善이라는 삼강령은 각각 서로의 근거이면서 결과가 되는 것으로서, 다른 한편으로는 그것들을 실현하는 방법이면서, 바로 삼강령이라는 전제 때문에 실현될 수 있는 팔조목八條目: 格物, 窮理, 誠意, 正心, 修身, 齊家, 治國, 平天下과 쌍방향으로 구성되어 있다. 곧, 삼강령 내부적으로도 서로 중층적으로 도식화되어 있을 뿐 아니라, 팔조목과의 관계 속에서도 중층적으로 구성되어 있다. 그뿐만 아니라 팔조목도 격물에서부터 평천하에 이르는 발산적 방식과 평천하에 이르기 위해 각각 전단계를 필요로 하는 수렴적 방식이 중층적으로 이루어져 있다. 이렇게 본다면 『대학』은 그 전체가 '관계 원리'의 중요성을 드러내고 있는 것이다.

이상의 내용을 오늘날 제주공간의 재생, 특히 문화적 공간으로서의 제주 공간의 재생과 연결하여 본다면 우선 일상성의 원리에서부터 출발해야 한다는 당위當爲에 귀결된다. 문화란 본디 일상적인 삶의 후형질이다. 구체적인 현장과 유리된 구호나 박제 전시되어 관람을 기다리는 것들은 문화가 아니라, 문화라는 이름으로 포장된 상품에 불과하다. 상품은 소비자의 기호에 따라 언제든 변할 수 있을 뿐 아니라, 사실상 변하여야 하며, 유통기한 때문에라도 새롭게 되어야 한다. 그러나 문화는 외부의 조건이나 유통기한 때문에 변할 필요가 없다. 바로 일상성의 원리 덕분에 문화는 언제나 늘 새롭게 생겨나고 그만큼의 깊이를 더하기 때문이다. 아울러 문화적인 공간의 재생 혹은 조성은 관官과 민民, 원주민과 이주민, 과거와 미래 양 편이 중층적으로, 연쇄적으로 시도될 때 비로소 실현될 수 있다. 관계성의 원리란 의무의 행위자로서 자신을 규정해주는 타자他者의 존재를 인정하는 것이고, '우리'라는 개념이 성립될 수 있는 출발점이 되기 때문이다.

참고문헌

四書五經 上中下. 1987. 北京市中國書店.
朱熹, 黎靖德輯. 民國75. 朱子語類, 文津出版社.
Aihwa Ong. 2007. "예외로서의 신자유주의, 신자유주의의 예외." 『사회운동』 74(Aihwa Ong. 2006. *Neoliberalism as Exception: mutations in citizenship and sovereignty*. Duke University Press).
김기현. 2001. "『대학』의 주석 및 이해와 송명 신유학의 가치 설정간의 관계에 관한 해석학적 연구-주자학과 양명학을 중심으로." 『東洋哲學硏究』 26.
김진성. 2006. "『大學』의 經典 解釋學的 硏究." 『儒敎思想硏究』 25.
朴商煥, 安營攉. 2011. "『中庸』에 나타난 物我 一體의 世界觀" 『艮齋學論叢』 11.
오승은. 2006. "거버넌스론에 관한 제 접근." 『연세행정논총』 29.
이영수. 2009. "니체의 "위버멘쉬"(초인)에 대한 원형(元型) 탐색." 『철학논총』 58.
이진경. 2007. "근대적 생명정치의 계보학적 계기들-생명복제시대의 생명정치학을 위하여." 『시대와 철학』 18(4).
李澤龍. 2013. "『中庸』의 世界觀-'천(天)·귀신(鬼神)·명(命)'에 대한 관점을 중심으로." 『儒敎思想文化硏究』 51.
임옥균. 2010. "주자와 일본 고학파의 『대학』 해석." 『동양철학연구』 61.
임헌규. 2014. "朱子의 『中庸』해석에 관한 고찰." 『東洋古典硏究』 55.
丁海王. 2012. "朱熹의 三綱領·八條目의 의미와 문제." 『한국민족문

화』45.

"더 큰 제주 세계 중심의 제주 만들겠다."『제민일보』, 2014년 7월 1일.

"'협치'에 매몰된 도정…민심 냉랭",『제민일보』, 2014년 10월 17일.

"새도정준비위원회 123개 도정 정책과제 도출 내용",『제이티뉴스』, 2014년 6월 29일.

"인수위, '협치'의 定義부터 정립하라",『제주매일』, 2014년 6월 13일.

"제주 '문화융성시대' 졸속·부실 우려",『한라일보』, 2014년 10월 10일.

제4부
제주 개발의 현장에서

제8장
공동자원 사유화에 기댄 제주국제자유도시 발전모델

조성찬

I. 누구를 위한 제주국제자유도시 발전인가?

날랑 죽거던 뻘에나 묻엉 / 묻어서 숭어 생성(생선) 몸에나 가랴 /
서울 양반 반상(밥상)에 올랑 / 무남제(산호젓가락)로 갈리여 보게.

위 노래는 김현장(1979: 59)의 글에서 인용한 것으로, 성산포 어느 아낙네가 고구마 밭에서 김을 매며 부르던 노래다. 이 노래의 유래나 기원에 대해서는 알 수 없으나, 아낙네가 이 노래를 부르던 시점은 외지 사람들이 제주 토지를 대규모로 매입하던 때로, 외지 토지소유자 내지 자본가에 대한 제주도민의 반감을 여과 없이 드러내고 있다. 이 노래는 본 장의 핵심 문제의식과 맞닿아 있다. 왜냐하면 제주 도민을 위한다는 제주국제자유도시 발전모델이 토지와 자연자원 등과 같은 제주 공동자원의 사유화에 기초하면서 오히려 도민들을 배제하고 있는 것은 아닌가 하는 의문이 들기 때문이다.

제주도가 국제자유도시로 지정되기 전인 1990년대 초에 정부가 추진했던 제주도개발특별법 및 종합개발계획은 도민들의 열망과는 거리가 멀었다. 1991년 11월 7일, 양용찬 열사가 특별법과 종합개발계획을 반대하며 분신했을 당시 도민들이 문제제기 한 주된 이유는 정부의 토지수용권과 지역개발사업 도민 배제 두 가지였다. 사실 두 이유는 '주민들의 토지소유권을 수용방식으로 취득하여 지역개발사업에 대한 주민 참여를 막고, 동시에 사업에서 발생하는 개발이익을 주민들에게 배분하지 않는 것'으로 집약된다.

제1차 및 제2차 제주국제자유도시 종합계획이 추진된 이후에도 양상이 크게 달라지지 않았다. 제주를 관광산업 중심의 국제자유도시로 육성하려는 결과, 관광객과 국내외 자본 투자는 크게 증가했지만 정작 개발의 열매는 국내외 토지 소유자 및 자본 투자자에게 집중되는 불평등한 경제구조가 심화되었다. 제주국제자유도시 추진 이전부터 이미 국내 대자본이 제주도에 진출하여 목초지와 주요 관광지를 사유화했으며, 추진 이후에는 국내 자본은 물론 해외(특히 중국) 자본이 유입하면서 토지소유가 증가했다. 그로 인해 국내외 개인 소유자들은 토지가격 상승에 따른 매매차익을 도모하고 있으며, 국내외 자본 투자자들은 관광시설 중심의 대규모 부동산 건설을 진행하여 분양수익 등을 도모하고 있다. 특히 최근에는 예래휴양형주거단지 개발사업을 비롯하여, 카지노가 결합된 대규모 복합 리조트를 건설하고자 하는 화교 자본의 압력 또한 심각한 상황이다. 그 결과, 지가 및 주택가격 급등, 자연환경 파괴 등으로 오히려 제주도의 지역공동체가 파괴될 위험에 직면했다.

　필자가 볼 때, 제주도에서 나타나는 이러한 불평등한 경제구조의 핵심 이유는, 제주국제자유도시 발전모델이 토지와 자연자원, 수자원 등 '천연' 공동자원과 화폐와 같은 '인공' 공동자원의 사유화를 허용하여 상품화하는 식으로 이윤을 추구하는 발전모델 자체의 구조적 한계 때문이다. 제주 공동자원이 사유화되어 소유권을 상실하게 되면 제주 지역 주민이 이익 배분에서 배제된다. 또한 제2차 종합계획에 따르면 역외금융센터와 카지노 복합리조트도 추진될 계획인데, 공동자원 성격이 강한 화폐가 두 곳에서 상품화되어 천연 공동자원의 사유화·상품화 구조에 결합되면 그 폐해는 더욱 심각해질 것이다.

　이러한 관점에서, 본 장에서는 '공동자원 사유화 모델'을 이론적으로 정립한 후, 실제로 제주도가 추진한 종합계획 및 그로 인한 문제점들을 통해 제주국제자유도시 발전모델을 비판적으로 검토하고자 한다.

Ⅱ. 제주국제자유도시 '공동자원 사유화 모델'이란

1. 두 차원으로 '영역화'되는 국제자유도시

제주국제자유도시 특별법에 따르면, 국제자유도시란 "사람·상품·자본의 국제적 이동과 기업활동의 편의가 최대한 보장되도록 규제의 완화 및 국제적 기준이 적용되는 지역적 단위"이다(제2조). 이는 국제자유도시를 경제적인 관점에서 파악한 것이다. 그런데, 국제자유도시 및 이와 유사한 개념에서 발견되는 '도시' 내지 '지역'이라는 용어에서 알 수 있듯이, 국제자유도시의 공간적 속성을 규명하지 않고서는 국제자유도시를 정확하게 이해할 수 없다. 이러한 필요에 따라 국제자유도시를 '영역화'라는 정치지리학적 관점에서 살펴보고자 한다.

정치지리학에서 정의하는 '영역'이란 "특정의 개인, 집단 혹은 기관에 의해 점유된 지리적 공간이 가시적이거나 혹은 비가시적인 경계와 울타리를 바탕으로 내부와 외부를 차별화하고, 배제와 포섭의 권력적 통제를 표출하는 장소"이다. 여기서 '경계 만들기', '그 경계를 중심으로 안과 바깥을 구분하기', '내부로의 포섭 및 외부로의 배제 행위'라는 세 가지 요소가 영역의 형성에서 매우 중요하다(Delaney, 2013).

영역은 다양한 특성을 갖는데, 그 중에서 중요한 것으로 영역의 이중성 및 이동성을 들 수 있다. 먼저, 영역은 이중성을 갖는다. 박배균은 평화와 안전, 질서를 가져다준다고 정당화되는 영역화 과정은 실제로는 영역을 통제함으로써 권력관계를 유지하고자 하는 정치적 기획의 산물일 가능성이 크다고 지적한다. '영역성'에는 배타성 내지 심지어 폭력성이 내재되어 있다는 것이다(Delaney, 2013: 역자 서문).

다음으로, Delaney(2013)는 영역의 '이중성'에서 더 나아가 영역의 '이동성'을 강조한다. 정보통신 및 교통의 발달과, 국가 행위의 변화로 영역성에 큰 변화가 생겼다는 것이다. 특히 국경 너머로 사람은 물론이고 물자와 정보 등이 끊임없이 이동하고 있는 것이 단적인 예다. 이러한 변화는 다시 국가 권력을 약화시키는 경향을 갖는다(Delaney, 2013: 47).

앞서 살펴본 영역의 성격에 비추어 보아, 제주국제자유도시는 두 가지 차원에서 '영역화'되었다는 점이 주목할 만하다. 첫째 차원은 '정부에 의한 주권공간의 영역화'이다. 둘째 차원은 '자본에 의한 공동자원의 영역화'이다.

전자인 '정부에 의한 주권공간의 영역화'를 논하면, 한국은 1997년 외환위기를 겪으며 IMF의 여러 요구조건을 받아들여야 했다. 그 중 하나가 무역 및 자본의 자유화 조건이었다. 이를 위해 김대중 정부는 특별히 제주도를 국제자유도시로 지정하고 경제적 '자유'를 허용한 것이다. 그런데 문제는, 그 자유가 누구를 위한 자유인가 하는 점이다. 이러한 점에서 Delaney가 지적한 것처럼 이동이 자유로워진 영역이 역설적으로 이중성 즉 배타성과 폭력성을 지닌다는 점은 숙고할 만하다.

제주도에 특별한 자유를 허용했다는 점에서 영역화된 제주국제자유도시는 예외성을 띤다. Aihwa Ong(2006)은 제주국제자유도시와 같이 '구역화 기술Zoning technology'에 의해 특별한 공간이 형성되고, 그 결과 낮은 차원의 주권이 적용되는 공간을 '예외공간'으로 파악했다. 옹은, 이러한 예외공간에서 기존의 중앙 집중적인 국가권력의 속성이 특별구역으로 이전되면서 권력적 혼란이 야기된다고 보았다.

후자인 '자본에 의한 공동자원의 영역화'는 '공동자원의 사유화'를 의미한다. '공동자원의 사유화'는 이윤 창출 수단이 되는 '상품화'의 기초가 된다. 전자인 '정부에 의한 주권공간의 영역화'는 후자인 '자본에 의한 공동자원의 영역화'에 제도적·공간적 기초를 제공한다. 제주국제자유도시의 특성상, 두 영역화 사이의 관계는 상보적인 성격이 강하다. 둘째 차원의 영역화는 본 장의 핵심 분석 대상으로서, 절을 달리하여 살펴본다.

2. 자본에 의한 공동자원 영역화는 '공동자원 사유화'

1) 공동자원의 요체는 토지 및 지대

국가 주권의 강한 지배를 받는 자본이 구획화 기술을 사용하여 국제자유도시라는 예외공간을 설정하는 것은 월권행위에 가까워, 추진이 거의 불가능하다. 그러나 국가가 설정한 '정책적인 예외공간'에서 얼마든지 자신의 이해관계에 맞는 영역화 전략을 구사할 수 있다. 자본이 추진하는 영역화 전략은 '공동자원'에 집중된다. 자본에 의한 공동자원의 영역화를 달리 표현하면 '공동자원의 사유화'라고 부를 수 있다.

제주도라는 섬 내부의 토지와 자연자원, 수자원, 바람은 천연 공동자원에 속한다. 그리고 공항, 항만, 도로, 산업단지 등 흔히 공공재라 불리는 이러한 것들은 인공 공동자원에 속한다. 여기서 쟁점은 이미 개인과 사기업에 사유화되어 있는 토지를 공동자원의 범주 안에 포함시킬 수 있는지 여부다. Left-libertarian의 재산권 철학에서 볼 때, 사적인 경제 주체가 소유하고 있는 토지는 원론적으로 공동자원에 포함된다. 프루동이 잘 논증하고 있듯이, 최초에 강탈 등으로 토지가 사유화되기 시작했기 때문이다. 사유재산권 철학을 정립한 존 로크는 토지 사유화를 단지 머릿속 상상에 기초하여 논리적으로 정당화했을 뿐이다.

그럼에도 백 번 양보해서, 실정법상 사유화된 토지는 공동자원에 속하지 않는다는 것을 인정한다 하더라도, 자연이 비옥도 및 입지 형태로 부여했으며, 이에 더해 인구증가, 기반시설의 설치 및 도시화 등 사회 전체의 노력에 의해 상승하는 토지가치인 지대는 경제 이론상 개인의 소유가 될 수 없다(George, 1997). 그 사회의 구성원이 함께 누려야 한다는 논리적 성격을 갖는 지대는 토지라는 공동자원의 요체이다. 토지를 누가 소유하고 있느냐는 중요하지 않다.

2) 화폐 역시 '인공' 공동자원의 성격을 강하게 내포

그동안 공동자원 논의에서 화폐는 제외되어 왔다. Ostrom이 인공자원으로 분류한 관개 수로, 교량, 차고 등에도 화폐는 포함되지 않았다. 흔히 '돈'이라 불리는 화폐를 사적 재산으로 보는 견해가 지배적이기 때문이다. 그런데 자본이 천연 공동자원을 사유화하여 이윤추구를 도모할 때 최종 결과물이 화폐라는 점, 그리고 제주국제자유도시가 추진하려는 역외금융센터와 카지노 복합리조트가 화폐라는 상품을 취급한

다는 점을 고려하면 화폐의 성격을 규명하는 것이 중요하다.

자기 수중에 있는 돈이야 당연히 사적 재산, 즉 사유재임을 부정할 수는 없다. 그런데 정말 그렇기만 할까? 본 필자는 다음과 같은 이유로 화폐가 '인공' 공동자원의 성격을 강하게 갖는다고 본다.

첫째, 정부에 의해 최초의 화폐인 본원통화가 만들어지고 시장에 유통된다는 점,
둘째, 화폐는 끊임없이 시장거래를 통해 여러 주체들 사이에서 유통된다는 점,
셋째, 화폐의 기초인 신용은 사회적 성격을 지니고 있다는 점,
넷째, 사회적 가치인 토지 지대가 자본화되어 지가를 형성한 후 부동산담보대출을 통해 신용화폐로 창조된다는 점,
다섯째, 토지 외의 다른 자연자원에서 획득된 경제 지대 역시 화폐화된다는 점,
여섯째, 화폐 형태를 띠는 막대한 정부 예산은 명백히 공동자원이라는 점.

화폐가 공동자원 성격을 강하게 갖는다는 것을 인정하게 되면 경제 시스템을 바라보는 우리의 인식에 큰 변화가 생긴다. Harvey(2014)는 화폐의 공동자원 성격을 다른 접근 논리로 지지하고 있다. 화폐가 "사회적 가치의 비물질성의 상징이자 재현일 뿐 아니라 만질 수 있는 외형"이기 때문에 노동의 사회적 가치를 재현한다는 것이다(Harvey, 2014: 62-63). 그런데 Harvey도 말했듯이(2014: 101), 화폐가 사회적 가치를 재현함에도 불구하고 태생적으로 개인이 전유할 수 있는 형태여서 개인에 의한 화폐의 축적과 집중이 발생하는 것

을 피할 수 없다.

정리하면, 인공 공동자원의 범주에 사회적 가치를 재현하는 화폐를 포함하게 되면, 경제 전반에서 나타나는 영역화 즉 공동자원 사유화 메커니즘을 보다 분명하게 파악할 수 있다. 사유제에 기초하는 자본주의 시장경제는 구조적으로, 경제의 최하층에서 사용가치를 갖는 토지, 자연자원, 수자원, 바람 등 '천연 공동자원'이 사유화 및 상품화하여 교환가치가 발생하게 되면, 경제의 최상층에서 화폐 시스템이 이러한 교환가치를 지배하는 구조이기 때문이다(김윤상·조성찬 외, 2012). 이러한 분석틀은 뒤에서 살펴볼 천연 공동자원의 사유화 현상은 물론이고, 제2차 제주국제자유도시 종합계획이 추진하려는 역외금융센터와 카지노 복합리조트의 본질을 드러내는데 기초가 된다.

3. 공동자원이 사유화되어 자본순환 체계에 편입

Eisenstein은 인간의 영역이 확장되는 대신 자연이 점점 자원, 상품, 자산 결국에는 돈으로 변하면서, 인간과 자연이 서로 분리되고 있다고 보았다(2015: 20). 그리고 수세기를 거치며 모든 것이 점진적으로 상품과 돈으로 전환되어 온 과정을 분석했다. 여기서 그는 프루동과 마찬가지로, 최초의 사유화 과정에서 강탈로 인해 '우리 것' 혹은 '신의 것'의 영역에서 '내 것'의 영역으로 전환이 이루어졌다는 관점을 강조했다(Eisenstein, 2015: 77).

자연이 상품과 돈으로 전환되는 과정을 중시한 Eisenstein과 달리, 『자본론』을 쓴 마르크스는 화폐(M) → 상품(C) → 증폭된 화폐(M')의 자본순환 관계를 설명하면서 화폐를 중심에 놓았다. 금융산업이나 카지노산업의 경우는 화폐 자체가 상품이 되어 곧바로 화폐(M) → 증폭된 화폐(M')의 관계가 형성된다. Harvey도 화폐를 화폐자본으로 매매할 수 있다고 했는데(2014: 65), 이 때 화폐의 중심성은 극대화된다. 이들의 논의를 종합하면 천연 공동자원이 자본순환 체계에 편입(사유화)된 후 상품화를 거쳐 화폐화가 된 후, 화폐 그 자체가 상품이 됨을 알 수 있다.

그런데 원초적으로 강탈에 의해 형성된 재산 소유권은 강력한 법적 보호를 받게 되었다. 그 완성은 로마 시대에서 이루어졌다. 로마 시대에 '도미니움dominium'이라 하면, "그 뒤에 더 이상 아무 권리도 없는 최종적 권리, 그 자체는 합법화될 필요가 없으면서 다른 모든 것을 합법화하는 권리, (…) 쓰고 즐기고 남용할 권리"를 의미하는데, 토지는 로마 시대에 처음으로 도미니움에 속하게 되었다(Avila, *Ownership*, 20; Eisenstein, 2015: 78쪽에서 재인용). 토지 재산권은 오늘날에도 여전히 강력한 법률의 보호 하에 있다.

4. 자본이 공동자원을 사유화하는 이유

자본이 전략적으로 공동자원을 사유화하는 이유는, 첫째, 사유화를 통해 상품화의 기초를 형성하기 위함이다. 사유화를 통해 양도할 수 있는 배타적인 소유권 즉, 사유재산권 체제를 형성해야 자본의 작동에 법적 기초를 제공할 수 있기 때문이다. 따라서 공동자원 사유화는 필수조건이다. 그리고 사유재산권은 영구적인 보유가 가능한데, 이러한 성격 때문에 사유재산권과 화폐 사이에는 내적인 관계가 있다(Harvey, 2014: 80-106).

둘째, 상품화를 통해 화폐로 표현되는 이유을 극대화하기 위해서다. Harvey는 이를 불로소득계급Rentier Class이 토지시장에서 자본을 축적하고 부를 추출하기 위해서라고 했는데(2014: 106), 이 말을 이해하기 위해서는 동일한 현상을 "지대추구"라고 설명한 조지프 스티글리츠의 설명에 귀 기울일 필요가 있다. 스티글리츠는 그의 책『불평등의 대가』에서, 경제현상에서 일어나는 독점에 의한 지대추구 행위를 구체적으로 분석했다. 그런데 스티글리츠가 사용한 지대추구 개념의 기초에는, 토지소유권을 가지고 있다는 이유로 노동투입 없이 독점 소득을 누리도록 하는 지대 개념이 자리하고 있다(스티글리츠, 2013: 130).

"이 셋 중 그 어떤 것도 판매를 위해 생산되지 않는다. 노동, 토지, 화폐가 상품이라는 묘사는 전적으로 허구"라는 폴라니의 지적에도 불구하고, "만물은 원칙적으로 그리고 기술적으로 가능하기만 하면, 어디서든 사유화, 상품화, 화폐화된다"(Harvey, 2014: 107). 그리고 이러한 변화 과정의 궁극적인 목적인 이윤 극대화는, 사실 스티글리츠가 분석했듯이, 불로소득 계급이 도모하는 지대추구에 다름 아니다.

5. '공동자원 사유화'를 추진한 결과

한 경제체가 '공동자원 사유화'를 추진한 결과는 참담하다. 폴라니는, 토지와 화폐 등 공동자원이 무한한 성공을 가져다주는 상품이라는 허구를 허용할 경우, "사회의 궤멸이 초래된다"고 단언한다(Harvey, 2014: 103쪽에서 재인용). 지대추구라는 용어로 설명한 스티글리츠 역시 지대추구와 금융화, 규제 완화는 경제를 왜곡시키며, 자원 낭비를 초래해 오히려 경제를 허약하게 만든다고 보았다. 독점과 특정 이익에 대한 세금 우대 조치는 바로 이런 효과를 낸다는 것이다. 스티글리츠는 미국의 불평등이 심화된 원인을 지대추구에서 찾았다(스티글리츠, 2014: 206).

그런데 지대추구 행위가 초래하는 또 다른 심각한 문제가 있다. 바로 민주주의의 위기다. 스티글리츠는 미국 사회의 불평등은 국가적 정체성의 훼손과 경제 약화 외에도 민주주의의 위기라는 또 다른 손실을 낳는다고 했으며(2013: 232), George 역시 그의 저서『사회문제의 경제학』(2013 번역)에서 빈부격차 심화로 인해 민주주의가 위기를 맞이해 결국 문명 후퇴를 경험하게 된다고 논증했다.

스티글리츠의 관찰에 따르면, 풍부한 천연자원을 가진 나라들에서 지대추구 행위가 극심했다. 이런 나라들에서 부자가 되기 위해서는 건강한 투자를 통해 부를 창출하는 것보다 오히려 특혜 조건으로 자원 접근권을 획득하는 것이 훨씬 쉬웠기 때문이다(2013: 130-131). 이러한 우려가 풍부한 문화자원, 자연자원과 관광자원을 갖고 있는 제주국제자유도시를 비켜갈 수 있을지 의문이다. 제주도에서도 자본의 공동자원 독점 및 불평등이 심화되면 제주특별자치도라는 민주주의 실험역시 무위로 끝날 가능성이 커진다.

6. 제주국제자유도시 공동자원 사유화 모델의 개념

본 장에서 필자가 정의하는 제주국제자유도시 '공동자원 사유화 모델'은 국제자유도시의 추진 주체가 자본으로 하여금 토지와 자연자원, 수자원 등 '천연' 공동자원을 사유화하도록 허용하고, 규제 완화, 조세 및 부담금 완화 등의 혜택을 제공해 상품화를 유도하여, 최종적으로 화폐 형태로 이윤 극대화가 가능하도록 하는 지대추구형 개발방식을 의미한다.

중앙 및 지방정부가 국제자유도시를 성공적으로 추진하기 위해서는 핵심 주체인 자본의 요구를 수용해야 한다. 자본이 요구하는 핵심은 지대추구가 가능하도록 하는 '공동자원의 사유화'이다. 따라서 중앙 및 지방정부는 거의 선택의 여지없이 국제자유도시의 발전전략으로 '공동자원 사유화 모델'을 채택하게 된다. '공동자원 사유화 모델'을 제주국제자유도시 사례에 적용하여 하나의 틀로 정리하면 그림1과 같다.

그림1   제주국제자유도시 '공동자원 사유화 모델' 개념도

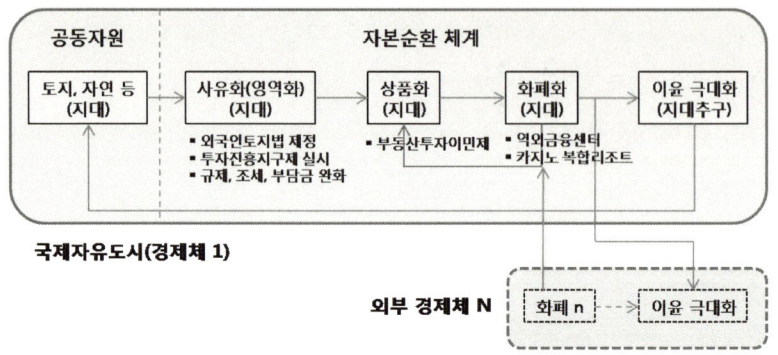

Ⅲ. '공동자원 사유화 모델'에 기댄 제주국제자유도시 〈종합계획〉

1. '공동자원 사유화 모델'에 뿌리를 둔 제주국제자유도시 지정

2002년에 제주국제자유도시가 지정되기까지 1961년 5.16 쿠테타로 정권을 획득한 박정희 군사정부가 제주자유지역(1963)을 제안한 이래 전두환 및 김대중 정부를 거치며 상당히 긴 시간이 소요되었다. 한 가지 특징적인 점은 전두환 정부가 벡텔 등 민간 컨설팅 회사에 발전계획을 위탁하여 복합국제자유지역을 추진했던 시기부터 자본의 이해관계가 보다 극명하게 반영되기 시작했다는 점이다.

40여 년 동안 4번에 걸친 국제자유도시 건설 논의를 통해 제주도는 기본적으로 관광의 국제화, 국제회의센터의 조성, 국제교육 및 연구기능 지원을 위한 간접자본 등 제반 여건조성과 이를 통한 국제화 및 개방화에 노력하는 것이 바람직하다는 '장기 합의'에 도달했다(김진호, 2009). 국제자유도시의 핵심 기능인 국제적인 수준의 제조·가공, 물류, 무역 및 금융 자유화가 빠진 것이다.

여기서 한 가지 중요한 질문은, 왜 군사정부 시절에도 국제자유도시 지정이 실패했던 제주도가 문민정부 시절인 김대중 정부시기에는

표1 국제자유도시를 제안한 역대 정부의 전략 비교

시기 비교	박정희 정부 (1961-1979)		전두환 정부 (1981-1988)		김대중 정부 (1998-2003)
명칭	제주자유지역 (1963)	제주자유항 (1975)	제주자유항 (1980)	복합국제자유지역 (1983)	제주국제자유도시 (1998-2002)
목적	외국인과 제주 출신 재외동포로부터 투자 유치	무역, 관광, 원자로, 저장시설 및 수출가공 부문 자유항 설립	관광기반 시설이 조성되면서 효과 확산	극동 및 환태평양 지역 국가들과 연결하는 중심지로 개발 가능성 검토	■중앙정부: IMF 요구에 따른 금융·자본시장 조기개방, 자본 및 부동산 시장개방 확대 ■제주도: 지역경제 활성화 전략 모색
제안 주체	제주지역개발 위원회	건설부	경제과학심의 위원회	백텐 등 컨소시엄	Jones Lang Lasalle 등 컨소시엄
검토 결과	■홍콩 경쟁력 우위, 국가안보 위협, 자유화 이익 불확실. ■관광부문만 자유화 제안	기초조사 미비로 개발계획 입안 안 됨	■많은 비용 소요, 이익 불확실 ■올림픽 개최 후 추진 ■용수 공급 추가 연구 필요	■홍콩, 싱가폴에 비교열위 ■민간 자본투자 유치 불확실 ■국제자유무역지역 개발 가능성 불확실	■관광의 국제화, 국제회의센터의 조성, 국제교육 및 연구기능 지원을 위한 간접자본 등 제반 여건조성과 이를 통한 제주도의 국제화와 개방화에 노력하는 것이 바람직 ■국제자유도시의 핵심 기능인 국제적인 수준의 제조·가공, 물류, 무역 및 금융 자유화 빠짐
영향	중앙정부의 제주개발 이상향	-	국가방위에 도움이 된다고 인식 전환	■국제관광단지로 개발 제안 ■관련법 및 개발계획 수립	제주국제자유도시가 실제로 추진됨
관련 법	-	-	-	제주도개발특별법 (1991)	■제주국제자유도시특별법(2002) ■제주특별자치도의 설치 및 국제자유도시 조성을 위한 특별법(2006)
관련 계획	-	-	-	■제1차 특정지역 제주도종합개발계획(1985-1991, 건설부) ■제주도종합개발계획(1985-1991, 제주도)	■제1차 제주국제자유도시종합계획(2002-2011) ■제1차 〈제주국제자유도시 종합계획 보완계획〉(2006-2011) ■제2차 〈제주국제자유도시 종합계획〉(2012-2021)

출처 : Jones Lang Lasalle, 2000: 56; 신용인, 2014: 15; 김진호, 2009; 강남규, 1985: 167; 황경수, 1993; 김진호, 2009 등의 논의를 종합하였음.

성공할 수 있었는가 하는 점이다.

김대중 정부시기에 국제자유도시를 적극적으로 추진하게 된 시대적 배경에 대한 일반적인 설명방식은 1990년대 후반, 농수산물 수입 개방으로 제주도의 1차 산업이 위기를 맞이하고, 관광산업은 대외경쟁력이 약화되었으며, 결과적으로 〈제주도종합개발계획〉(1994-2001)에 따른 국내외 투자유치가 부진했다는 점이다. 이로 인해 기존 제주개발정책을 재검토하여, 21세기 개방화, 세계화에 대비하여 제주를 외자유치와 국가경쟁력 강화를 위한 거점도시로 육성하기 위해 국제자유도시로 개발할 필요성이 제기되었다는 것이다(신용인, 2014: 20).

그런데 이러한 설명방식은 어딘가 설득력이 부족해 보인다. 이 정도의 문제는 사실 그 이전에도 존재했기 때문이다. 그래서 국제자유도시 논의가 시작된 1998년 시점으로 되돌아가서 다시 검토해 보았다. 그 당시의 가장 큰 이슈는 1997년 한국이 맞은 IMF 위기이다. 따라서 제주국제자유도시 추진은 IMF 위기를 극복해야 하는 김대중 정부의 통치이데올로기가 아닐까 하는 합리적인 의심을 할 수 있다. 이러한 생각이 맞다면 제주국제자유도시 컨셉은 IMF 위기에 따른 '시대적 산물'일 가능성이 크다. 이를 확인해 보자.

먼저 한국 정부와 IMF가 1997년 체결한 최종 공식 문서인 "IMF 대기성 차관협약 양해각서"를 살펴보자.[1] 최종 합의된 내용에 "무역·자본시장 개방 : 기존 개방계획의 틀 안에서 당초 일정보다 앞당기는 방안 추진"이라는 내용이 포함되어 있다. 그리고 추진일정의 기타 부문

---

1 "국제통화기금(IMF) 대기성차관 협약을 위한 의향서안(제887호)", 총무처 의정국 의사과, 1997년, 철번호: BA0159773, 건번호: 2-1, 14쪽, 국가기록원. 본 문건은 재정경제원에서 국무회의에 상정한 안건(의안번호 제887호)으로, 1997년 12월 4일 제53회 국무회의에서 원안 의결되었다.

을 보면, 무역자유화 및 자본자유화 일정의 단계적 추진 조치가 포함되어 있다. 요약하면, IMF는 긴급 자금을 빌려주면서 한국 정부로 하여금 무역·자본시장을 개방하라고 요구하였다. 따라서 한국 정부는 어떤 식으로든 무역 및 자본의 자유화 조치를 실시해야 하는 상황이었다. 그렇다고 해서 구체적인 수단으로 국제자유도시를 건설해야 한다는 항목이 있었던 것은 아니다.

이러한 시점에서 제주 학계에서는 국제자유도시의 핵심 내용에 해당하는 국제 자본에 대한 규제완화 등의 조치를 통해 지역경제를 활성화하자는 논의가 진행되고 있었다. 제주대학교 지역사회발전연구소의 김태보(1998)는 지역경제의 세계화를 적극 추진하기 위해 외국인 투자유치 노력, 규제완화 노력 등을 제시했다.

IMF위기가 제주관광산업에 미치는 영향 및 대책을 살펴본 허향진(1998)은 국제자유도시 건설과 관련이 깊은 주장을 했다. 즉, 관광사업에 대한 행정규제 완화, 각종 부담금 감면, 금융지원 등의 투자환경을 개선하고, 재외도민 투자 및 외국자본 진입에 대한 규제 완화 등을 통해 관광시설을 확충하자고 제안했다. 그리고 「외국인투자자유지역설치법」(산업자원부 추진)에 관광(단)지도 포함되도록 건의했다. 관광산업 중심의 경제자유지역을 건설하자는 것이다.

정리하면, 중앙정부 차원에서 IMF 요구사항에 금융·자본시장 조기개방, 자본 및 부동산 시장개방 확대에 대응해야 했고, 제주도 차원에서는 지역경제 활성화를 위해 새로운 전략을 모색해야 했다. 이러한 요구가 맞물려 정부는 제주도라는 단절된 섬을 국제자유도시 실험실로 삼게 된 것으로 판단된다. 일반적인 의미의 국제자유도시로 개발하기에는 그 타당성이 낮음에도 불구하고, IMF의 시장개방 요구에 응해야 했던 중앙정부와 제주도가, 공동자원 투자에 대한 각종 규제완화를 통해 수익을 보장하는 발전전략('공동자원 사유화 모델')을 추진할 수밖에 없었던 것은 '시대적 산물'이었다.

2. '공동자원 사유화 모델'에 기대 개발이익 환수제를 후퇴시킨 〈종합계획〉

LaSalle 보고서와 세 차례에 걸쳐 작성된 종합계획을 자세히 들여다보면 다양한 유형의 '공동자원 사유화 수단들'이 담겨있음을 알 수 있다.[2] 이러한 성격은 목표와 전략에서 보다 구체적인 정책과 핵심 사업들에서 더욱 분명하게 드러난다. 그런데 그 중에서도 가장 분명하게 드러나는 것이 정책 차원에서 보이는 개발이익 환수제도 후퇴다. LaSalle 보고서와 제1차 〈종합계획〉은 다양한 개발이익 환수방안을 제시했다. 그런데 차기 〈종합계획〉으로 갈수록 개발이익 환수방안은 후퇴하고 있었다. '공동자원 사유화 모델'의 핵심이 지대추구를 허용하는 것인데, 개발이익 즉 지대를 환수하지 않겠다는 것은 결국 '공동자원 사유화 모델'을 발전전략으로 삼겠다는 것이다.

1) LaSalle 보고서가 제시한 개발이익 환수 방안

LaSalle 보고서는 제주국제자유도시 개발로 인해 초래될 지가 문제 및 개발이익 문제 등에 대해서 세심한 고려를 했다는 점을 높이 평가할 수 있다.

보고서에 따르면, 제주도 개발이 시작되면 사업초기부터 지가가 상승할 것으로 예상되는데, 과도한 상승이 일어나면 진입장벽 형성으

---

[2] 보고서 및 〈종합계획〉의 개요는 다음 보고서 참고할 것 : 조성찬, 2015a, "제주국제자유도시 전략 추진에 따른 문제점 및 대안 모색", 토지+자유연구소 제주연구 1호, 2015년 3월 31일.

로 인한 사업추진 곤란, 물가상승 유발, 토지 없는 주민들의 상대적인 박탈감, 사업타당성 영향에 따른 개발 포기 등의 문제점들을 예상했다. 그리고 그 해결책으로 실수요자 토지소유를 핵심 원칙으로 하여, 부동산 실명제 철저 시행, 토지거래허가구역제, 부동산대책본부 설치, 종합토지세 과표 현실화, 개발부담금 부과, 공공시설 예정지 공공보유 토지 확대 등을 제시했다(Jones Lang LaSalle, 2000: 50).

보고서는 또 대규모 외지 자본에 의해 제주도 개발이 진행될 것으로 보고, 개발 주체에서 제외된 제주도민의 소외감 및 사업부지 포함 여부에 따른 지역간 개발이익 배분 문제에 대해서도 주목하고, 해결책으로 주민들의 직접 개발 참여, 토지의 장기신탁 및 수익 배분, 주식 또는 채권 발행을 통한 제주도민의 자본 참여 유도를 제시했다(Jones Lang LaSalle, 2000: 51).[3]

2) 제1차 종합계획이 제시한 개발이익 환수 관련 대책들
LaSalle 보고서를 기초로 작성된 1차 종합계획 역시 "개발이익의 환수 및 지역화"를 중요하게 인식하고 있다. 1차 종합계획에서 제시하고 있는 대책들을 정리하면 다음과 같다.

---

3 LaSalle 보고서가 개발이익 환수 관련 대책들을 제시한 반면, 이러한 대책들과 상충할 가능성이 있는 대책들도 함께 제시했다. 주요 내용을 살펴보면, 첫째, 토지 및 부동산 관련 유동화 자산증권화 기법인 부동산 투자신탁(REITs)과 자산담보부채권 등 도입(356), 둘째, 민자사업으로 준공된 시설에 대해서는 법인세, 주민세, 농특세 등을 상당정도 감면시키고 개발부담금을 경감시킬 수 있는 조치 마련(439). 셋째, 투자진흥지구제도를 적극 도입(441쪽). 넷째, 외국 기업 및 투자관련 전문 인력의 토지취득 절차를 간소화하고, 외국 투자 기업에게 보조금 지급(442).

- 토지 이용의 공공성 제고를 위해 개발이익 환수
- 도시개발에 필요한 토지는 우선적으로 도시지역 내 미개발 잔여지의 이용도 높힘
- 일정규모 이상의 대규모 토지는 되도록 공영개발로 추진
- 토지비축제도 도입으로 개발이익 원천 환수, 토지 장기임대로 토지 소유와 이용을 분리하여 토지를 건전한 생산수단으로 이용 유도
- 개발사업 결정과정에 주민이 참여하여 개발이익 지역환원 유도
- 개발수익금의 일정액을 국제자유도시 경쟁력 확보기금으로 조성하여 경쟁력이 취약한 부문(1차 산업 등)에 직접적인 소득 지원
- 토지이용권 분양 방식 등을 통하여 소유권의 유보와 지대계약의 갱신으로 지역주민의 주도성을 유지하는 방안을 활성화

3) 제1차 보완계획에서 보이는 개발이익 환수원칙 약화 조짐

제1차 보완계획에서 토지 등과 관련한 계획들이 특별히 강조되지는 않았다. 제1차 종합계획의 성과가 미흡했음을 고려할 때, 보완계획에서 개발이익 환수에 대한 입장이 약화된 것으로 보인다. 실제로, 보완계획에서 '개발이익'이라는 용어 자체가 등장하지 않는다. 또한 보완계획의 넷째 계획목표로, "개발에 따른 각종 혜택과 이익을 지역에 환원한다"고 명시하고 있는데, 이러한 표현에는 개발이익이라는 용어 대신 "개발에 따른 혜택과 이익"이라는 모호한 표현을 쓰고 있다.

4) 제2차 종합계획에서 개발이익 환수 및 공유 수단 크게 약화

제2차 종합계획은 제1차 보완계획과 마찬가지로 개발이익 공유 등 정

책수단을 크게 강조하고 있지 않다는 점에서 제1차 종합계획의 전체 기조와 큰 차이가 있다. 가령, 제2차 종합계획 요약보고서에 '개발이익'이라는 용어가 한 번도 제시되지 않았다. 그나마 전체보고서에서는 3번 언급되고 있는데, 〈제4편 집행 및 관리계획〉에서 개발이익을 도민 지원 사업 지원금으로 활용한다는 언급이 나름의 의미를 가질 뿐이다 (전체보고서, 1532).

제2차 종합계획이 제시하고 있는 개발이익 환수 및 공유 수단들은 '공유'와 관련된 내용들이지, '환수'와 관련된 내용들이 아니다. 제2차 종합계획에서 어떻게 개발이익을 환수하겠다는 구체적인 내용을 밝히고 있지 않기 때문이다. 본 보고서가 제시한 개발이익 공유에 대한 원칙 및 방법은 다음과 같다.

- 개발 사업에 의한 수익금의 일부를 도민들에게 혜택이 돌아갈 수 있는 고용 창출 사업, 주민생활 안정 사업, 창업 활성화 사업 등을 지원하는 용도로 사용
- 종합계획 사업을 시행하는 기업이 사업시행 지역 인근의 주민을 일정 비율 이상 고용할 경우 재정적으로 지원하는 인센티브 제도를 실시
- 특별개발우대사업에 대해서는 보조금 지급, 융자 이외에 세금 감면(법인세, 소득세 등)의 혜택을 추가

3. 단계별 '공동자원 사유화 모델' 수단들

각종 개발이익 환수제도 후퇴는 그림1에서 제시된 사유화, 상품화, 화폐화의 전 단계에 걸치기 때문에 그 파급력이 크다. 이 외에도 '공동자원 사유화 모델'의 정책 수단들로, 사유화 단계에서 외국인토지법, 투

자진흥지구제, 규제완화·조세 및 부담금 완화 수단이 있다. 상품화 단계에서는 부동산투자이민제가 있다. 마지막 화폐화 단계는 '상품의 화폐화' 및 '화폐의 상품화' 두 가지를 내포하고 있는데, '상품의 화폐화'는 당연한 귀결이라고 보고 논의를 생략하는 대신 '화폐의 상품화' 관점에서 카지노 복합리조트를 중심으로 살펴보고자 한다.

1) 사유화 단계
(1) 외국인토지법 제정
최근, 외국 자본 특히 중국 자본이 제주도 토지를 대량 매입하고 있다. 외국 자본이 국내 토지를 매입할 수 있었던 법적 배경은 기존 법을 폐지하고 1998년 6월 26일에 '외국인토지법'을 제정 및 시행하면서 부터다. 본 법에 따르면, 외국인 등이 대한민국 영토안의 토지에 관한 권리의 취득에 대하여 일부 보호지역(군사시설, 문화재, 자연환경보전, 야생 동식물 보호)은 사전허가를 받도록 하고, 그 외 지역은 취득 후 신고하도록 했다. 그 배경으로, 1997년 외환위기를 맞아 기업들이 자구노력의 일환으로 부동산 및 계열사의 매각을 추진함에 따른 지원과 외국인의 투자유치를 촉진하고, 다자간 투자협정 협상의 원만한 추진을 위해 국내 토지시장을 완전히 개방했던 것이다(이창호, 2014). 외국인 토지시장 개방 정책은 제주국제자유도시 발전전략과 함께 IMF 위기 탈출이라는 배경을 공유하고 있었다. 동시에 외국인 토지시장 개방 정책은 제주국제자유도시 발전전략이 공동자원 사유화 모델에 의존하는 데 중요한 제도적 장치가 되었다.

(2) 투자진흥지구제
투자진흥지구제 역시 외국 자본에 의한 토지사유화에 일조했다. 투자진흥지구제의 가장 핵심 문제로 지적되는 것이, 사업체가 신청하면 어느 지역도 허용해 준다는 점이다(제주특별자치도 특별법 제217조). 즉, 해외 투자기업은 투자진흥지구제를 활용해 너무도 쉽게 정부의 매입 또는 토지수용을 통해 필요한 위치의 땅을 손쉽게 획득할 수 있게 된다. 또한 투자진흥지구제가 지나치게 투자자 중심으로 설계되어 있다. 특히, 관련 조례가 역차별적이어서 내국인보다 외국인에게 더 유리한 구조이다. 현재 투자진흥지구는 관광단지 중심으로 지정 및 개발되고 있다.

(3) 토지 관련 규제완화, 조세 및 부담금 완화

자본은 토지매입 단계에서 매입비용을 최소화하려는 동기가 작용한다. 제주특별자치도는 사업 초기에 토지 구입비용 부담, 각종 조세 부담 및 개발이익부담금 등 각종 부담금을 완화하는 시책을 구사한다. 먼저 국공유 재산의 임대 및 매각의 특례를 적용하고 있다(제220조). 영어교육도시 안에 있는 공유재산을 무상 또는 시가 이하로 양여, 대부, 사용, 수익하게 할 수도 있다(제189조의3). 실제로 중국 자본이 헐값에 신화역사공원 부지를 사들였다는 논란이 있었다. 그리고 토지매도인에 대해서는 각종 지원책을 마련하여 원주민의 토지 매각을 촉진하기도 한다(제239조).

각종 조세 부담을 줄이는 특혜도 마련되어 있다. 제주국제자유도시의 지역지구(투자진흥지구, 과학기술단지, 자유무역지역, 개발사업지구) 내에서 법인세, 소득세, 취득세, 관세, 등록면허세, 재산세를 감면해 준다(제237조). 제주도의 조세 인센티브제를 모델 국가인 홍콩 및 싱가포르의 조세 인센티브제와 비교하면 제주도의 인센티브는 비교적 짧은 기간 동안 일시적으로 혜택을 제공한다(표2 참조).

표2 제주도와 홍콩 및 싱가폴의 조세 인센티브 비교

특구 지역	발전전략	조세 인센티브
싱가폴	○ 6대 핵심분야 - 개방화 확대: FTA체결→국제비지니스 허브 - 효율적이고 유연한 기업환경과 투자여건을 조성: '소득세인하 및 투자인센티브 확대 - 기업가정신 고취: 활동역량을 강화 - 성장의 양축으로서 제조업과 서비스업의 균형발전 - 우수 인력의 양성 - 경제구조조정: 실업대책마련강화	- 수출촉진 인센티브 : 수출이 총수입의 20%, 연간 10만 싱가포르 달러 이상을 수출하는 기업 → 소득세의 90%최대 10년간 면제 - 법인세율 : 22%(선도기업 : 5~10년간 법인세 면제, 개발확장 : 10년간 13% 법인세 적용-) - 개인소득세 하향으로 실질소득 높임 - 인센티브 대상 : 경제개발청(EDB)이 승인
홍콩	○ 홍콩과 중국간 긴밀한 경제무역 협력 방안'(Closer Economic Partnership Arrangement) 체결 - 개인여행의 자유화와 홍콩·마카오 간의 협력 강화와 맞물려 홍콩경제를 회생 - 범주강 삼각주지역 경제협력 실시 - 범주강 삼각주지역과 연계한 SOC건설 등 ○ 홍콩 디즈니랜드 건설 - 세계 금융중심이라는 인프라와 함께 관광전략 - '쇼핑홍콩'에서 '레저홍콩'으로 변신 시도	○ 세금인센티브 - 홍콩에서 획득한 수익에 대해서만 세금부과 - 홍콩에서 발생한 소득도 타국에서 비과세한 경우 비과세 - 수입관세는 주류, 담배, 메틸알코올, 석유 등 4개 품목에 물품세 성격으로 부과 ○ 입주기업의 특별한 인센티브는 없고, 개별사안 별로 인센티브 제공 ○ 법인세율 :16%, 개인소득세 :2%-17%
제주도	○ 기본전략 - 내·외국인이 선호하는 환경친화적 관광·휴양 도시로 개발 - 비즈니스·첨단지식산업·물류·금융 등 복합기능 도시로 발전 - 평화의 섬 지정으로 국제자유도시 이미지 제고 - 7대선도 프로젝트 추진	- 소득세·법인세 : 3년간 100%, 2년간 50% - 취득세·등록세 : 면제 - 재산세 : 15년간 100% 면제

출처 : 제1차 제주국제자유도시 종합계획 보완계획, 2006, 21쪽의 〈표 I-2-4〉의 일부.

그 외에 각종 부담금을 감면하는 제도도 마련되어 있다(제238조). 개발사업의 원활한 시행을 위하여 필요한 경우에는 개발부담금, 기반시설부담금, 농지보전부담금, 대체초지조성비, 대체산림자원조성비, 공유수면 점·사용료 및 하천 점·사용료를 감면할 수 있다고 규정하고 있다.

제주국제자유도시가 제시하고 있는 각종 규제 완화책들은 경제자유구역 및 기업도시의 그것들과 유사하다. 가령, 외국기업에 임대하는 부지조성, 토지 등의 임대료 감면, 외국인 편의시설 설치 소요자금 지원, 외국기업에 대하여 국·공유재산의 임대료 감면 및 수의계약에 의한 사용·수익허가 또는 대부·매각 허용, 도로 등 주요 기반시설 설치에 대한 재정 지원 등의 자금지원은 제주특별자치도, 경제자유구역, 기업도시가 서로 비슷하다(제1차 종합계획 보완계획, 2006: 14쪽).

2) 상품화 단계 : 부동산 판매 촉진을 위한 부동산투자이민제

2010년 2월부터 2018년 4월까지 한시적으로 시행되는 부동산투자이민제는 외국인이 휴양콘도 등 휴양체류시설에 일정 금액(미화 50만불 또는 한화 5억원) 이상을 투자하면 국내 거주비자(F-2)를 주고, 5년이 지나면 영주권(F-5)을 허용하는 제도이다. 시행 첫해인 2010년에는 제주도에만 적용되었으며, 이후 2011년에는 인천경제자유구역, 전남 여수, 강원도 평창에 확대되었고, 2013년에 부산 해운대 등으로 확대되었다. 제도 시행 후 2014년 8월 말까지 중국인들에게 분양된 휴양콘도는 1438가구(9600억원)이며, 2010년 10월 중국인에게 첫 거주비자가 발급된 이후 768명이 비자를 받았다. 거주비자를 발급받은 전체 외국인 783명 가운데 98%가 중국인이었다. 그리고 2010년 부동산투자이민제가 시작된 후 제주도 내에서 중국인 매입토지가 600만 제곱미터로, 5년 만에 300배가 증가했다(이창호, 2014). 부동산투자이민제로 인해 중국 투자의 대부분이 분양형 휴양콘도, 호텔 등 부동산 개발에 집중되었다.

부동산투자이민제가 갖는 의미는, 사유화 단계가 주로 사업자를 대상으로 추진된 것이라면 부동산투자이민제는 소비자 개인을 대상으로 추진되고 있다는 점이다. 그런데 부동산 자본이 만든 부동산 상품이 소비되도록 한다는 점에서 결국은 사업자를 위한 제도이며, 동시에

소비자들에게도 일정 수준의 투자 수익을 기대하도록 한다.

3) 화폐의 상품화 단계 : 카지노 복합리조트 추진 구상

상품화의 마지막 대상은 화폐 그 자체다. 2차 종합계획 보고서는 2014년 7월 현재 제주도에 설치된 8개 외국인 전용 카지노 사업의 매출이 감소하고 있어 카지노 산업을 활성화할 계기가 필요하다고 보고, 특히 싱가폴에서 추진된 카지노가 결합된 복합리조트의 성공사례를 검토하면서 제주국제자유도시도 제주도를 방문하는 국내외 관광객들이 출입할 수 있는 카지노를 설치해야 한다고 밝혔다. 그리고 제주관광의 부가가치를 제고할 수 있는 사업으로 의료관광, MICE, 카지노, 프리미엄 아울렛, 테마파크 등에 주목하고, 내국인 카지노 사업 허가권을 획득한 기업은 의무적으로 MICE 시설을 조성하도록 계획했다. 카지노사업 활성화를 통해 계절적 영향을 최소화하고, 점차 증가하고 있는 중국인 관광객 유치를 가속화하겠다는 것이다(2차 종합계획, 455-466). 2차 종합계획 추진일정에 따르면 내국인 관광객도 출입이 가능한 카지노산업 도입은 2015년부터였다(2차 종합계획, 479).

현재 제주특별자치도 특별법 제171조의6에 따르면, 투자자가 5억 달러(미화) 이상을 투자하면 외국인전용 카지노사업을 할 수 있다. 대신 카지노사업 매출의 10% 이내에서 제주관광진흥기금에 납부해야 한다(제171조의7).

2차 종합계획 추진 5년차인 2015년 현재 제주도에서 진출하려는 중국계 자본은 모두 15개이며, 투자 예상액은 6조원에 달한다. 그런데 문제는 대부분의 투자자들이 대규모 카지노를 목적으로 진출할 거라는 점이다.[4] 최근 2015년 3월 20일에 토지수용의 무효성을 인정하는

---

4   제주참여환경연대 홍영철 공동대표와 인터뷰 진행(2014년 12월 17일, 제주

대법원 판결이 진행된 예래휴양형주거단지의 경우, 2차 종합계획에 이미 카지노사업이 포함되어 있었다(2차 종합계획, 133). 이 사업은 카지노, 콘도, 메디컬센터, 박물관과 쇼핑센터 등의 시설들이 복합적으로 입주하는 방식이지만, 핵심은 카지노 사업이었다(조성찬, 2015b). 그런데 이는 하나의 사례에 불과하다. 현재 신화역사공원에서 추진 중인 '리조트월드제주' 복합리조트[5]나, 2015년 1월 18일에 란딩그룹과 겐팅그룹이 서귀포 하얏트호텔 카지노를 인수해 개장한 '겐팅 제주 Genting Jeju' 등 향후 6-7개 정도의 대규모 카지노가 추가 설치될 경우 제주도는 그야말로 카지노 벨트가 된다(제주의소리, 2015.1.12.). 제주특별자치도가 최근 밝힌 입장도 이러한 가능성을 부인하지 않는다 (제주특별자치도 보도자료, 214.7.31; 시사인, 2015.1.10.).

    제주국제자유도시의 출발점은 60년대 이후 전개된 육지 재벌들에 의한 목초지 사유화이며, 종착점은 현재 진행중인 카지노 복합리조트이다. 카지노 복합리조트 사업은 토지 및 자연자원이라는 '천연 공동자원'과, 화폐라는 '인공 공동자원'이 결합된 방식이어서 가장 높은 수익률을 기대할 수 있다. 카지노 복합리조트는 제주국제자유도시가 발전전략이 추진하고 있는 '공동자원 사유화 모델'의 대표적인 사업 유형이다.

Ⅳ. '공동자원 사유화 모델'을 추진한 결과

1. 과거 제주자유항 추진 논의 때부터 시작된 거대 자본에 의한 토지 사유화

'공동자원 사유화 모델'은 제주국제자유도시(2002)가 추진되기 훨씬

    참여환경연대 사무실)
5 홍콩 란딩그룹과 겐팅그룹이 합작하여 만든 것으로, 1만 683m^2의 외국인 전용 카지노 호텔이다. 2014년 12월 24일 건축허가를 받았다.

전부터 이미 시작되고 있었다. 제주도의 토지사유화 문제를 최초로 언론을 통해 부각시킨 김현장(1979)에 따르면[6], 1974년 봄부터 시작된 땅투기는 제주도가 전쟁으로부터 안전한 피난처, 뛰어난 피서지 및 휴양지로의 개발, 제주항을 국제항으로 개발, 국제관광단지 조성, 제주도 출신 재일동포들의 밀감단지 매입 등 여러 개발 수요에 의해 시작되었다. 1974년이면 박정희 정부가 제주자유항 개발을 제안했던 즈음이다.

그 당시 제주도의 토지사유화 문제는 크게 다섯 가지 유형으로 전개되었다. 첫째, 육지 재벌들이 전통적 방목지인 중산간 목초지 사유화. 60년대 초반 정부가 축산진흥정책을 추진하자 이에 힘입어 육지 재벌들이 국토개발이라는 명목으로 한라산의 초지를 사유화하기 시작했다. 이 때 초지 개량이 삼만평이 넘으면 사업비 전액을 융자해 주었고, 삼만평이 못 되면 오십 퍼센트를 보조해 주고 삼십 퍼센트를 융자해 주었다(김현장, 1979: 50; 강남규, 1985: 170).

둘째, 마을 공동목장을 매입하여 기업목장으로 전환. 1961년에 만든 '지방자치에 관한 임시 조치법'에 따라 마을 공동재산인 공동목장이 시나 군의 소유로 전환하게 되면서 더 이상 무상사용이 불가능하게 되었다. 결국 임대 능력이 있는 부자들이 목장을 임차하게 되었고, 그 당시 임대기간 2년이 지나면 수의 계약으로 불하받을 수 있는 조건을 이용하여 대기업이 소유권을 획득했다(김현장, 1979: 52).

셋째, 육지 재벌들의 가경지 투자 후 밀감 대단지 조성. 1968년에

---

[6] 김현장은 부산미문화원 방화사건(1982.3.18.)을 배후 지휘했던 인물로, 당시 지식인 사이에서 널리 읽혔던 잡지 『뿌리깊은나무』에 외지인에 의한 제주도 토지사유화 문제의 실태를 고발했다.

김종필 국무총리가 중문에 13만 평의 대단위 감귤단지 사업을 성공시킨 후 육지의 대자본이 밀감 대단지 조성이 가능한 가경지에 투자하기 시작했다. 어떤 기업들은 십오만 평이나 삼십만 평을 사들여 밀감 농원을 조성하였다(김현장, 1979: 56: 강남규, 1985: 174).

넷째, 제주도청이 관광개발을 위해 제주민의 땅을 강제 수용. 제주도청이 제주시 일도동에 자연사 박물관 부지를 확보하기 위해 시세가 평당 30만원이 넘는 토지를 경작지는 평당 4350원, 임야는 1500원, 대지는 20,000원으로 강제 수용해 버렸다. 이 때 제주 중문단지 개발 과정에서 농민들도 토지를 강제수용 당했다(김현장, 1979: 58; 강남규: 1985: 178-183).

다섯째, 해안선 절대농지나 상대농지를 변칙적으로 관광개발. 당시 해안선에 가까운 땅은 절대농지나 상대농지 또는 개발제한구역으로 묶여 있었다. 이 지역 안에서는 위락 시설물을 지을 수 없었는데, 서울 프린스호텔(대표 정태준)이 만오천 평의 부지에 방갈로 78채를 불법으로 지었다. 농수산부 장관과 도지사의 결정에 의해 가능한 절대농지와 상대농지의 용도변경이 면장과 군수의 허가로 진행되었던 것이다(김현장, 1979: 58-59).

이제 그 당시의 토지사유화 정도를 통계로 간단하게 살펴보자. 1978년 3월에 제주도청은 대단위 유휴지를 조사했다. 그 결과에 따르면, 한라산 중산간 지대의 개발 가능한 자연 초지 18,798,000평 가운데 제주도 주민 180명이 371필지 4,798,000평을 소유하고 있었다. 나머지 1,840필지 13,980,000평은 주로 서울을 포함한 육지의 재벌들이나 부자 121명이 소유하고 있었다. 이 조사에서 이만 평 넘게 토지를 소유하고 있는 지주들의 이름과 주소도 밝히고 있는데, 육지 재벌들이 70퍼센트가 넘는 한라산 유휴지를 투기 목적을 염두에 두고 소유하고 있었다. 이 때 제주도에 가장 많은 땅을 가지고 있는 사람은 대한항공 오너인 조중훈, 조중건 형제였다. 두 형제가 가진 땅을 합하면 그 당시 40,725,003평으로 그 당시 청주시와 여수시를 합한 것보다 더 넓었다고 한다. 이것은 제주도 넓이의 7.5%이며 전체 임야의 12.3%였다. 여기에는 기업농장, 소규모 농장 및 감귤 농원은 빠진 것이다(김현장, 1979: 52-54).

1983년 5월 4일 제주 세무서가 특정지역으로 고시한 서귀포시 중문동과 안덕면 화순지역에 대한 부동산 소유실태를 조사한 바에 따르면(『제주신문』, 1983년 5월 6일), 중문동의 경우 9천 9백m^2 이상 임야 소유자 42명 가운데 20명이 서울 거주민인 것으로 드러났다. 화순지역의 경우도 9천 9백m^2 이상 소유자 19명 가운데 10명이 서울 거주민으로, 이들 지역 대규모 임야의 절반 정도가 육지 대자본의 소유였다(강남규, 1985: 176-177).

강남규는 결론에서, 주민의 의사와 참여가 배제된 제주도 개발은 그 이익이 육지 대자본에게만 귀속되며, 이들 대자본은 행정당국을 회유하거나 그들과 결탁하여 개발대상지구인 제주도의 토지를 대대적으로 잠식하고 있었다고 분석했다(1985: 193). 상황이 이렇게 전개되면서 땅을 잃은 제주도 원주민들은 기업 목장의 고용인, 농장의 소작인 또는 관광시설의 막일꾼 신세로 전락했다(김현장, 1979: 59). Harvey는 공유지에 대한 용익권 박탈과 악명 높은 인클로저의 과정은 개별화된 사유재산권 제도의 지배로 이어졌고, 그 배후에는 교환관계와 거래의 유일한 토대인 국가권력의 지원이 있었다고 했는데(Harvey, 2014: 83), 이러한 견해는 제주도에서 진행된 목초지 등의 사유화를 잘 설명해 준다. 정부와 자본의 합작품인 '공동자원 사유화 모델'은 전혀 새로운 방식이 아니었던 것이다.

2. 제주국제자유도시 추진 이후 국내 및 외국 자본에 의한 토지 사유화

제주국제자유도시 추진 이전부터 누적되어 오다가 추진 이후 보다 활발하게 진행된 국내 및 외국 자본에 의한 토지 사유화는 통계로 확인된다. 현재 한국인을 포함한 외지인(한국 및 해외의 개인과 법인) 토지소유 비율이 60%를 넘어섰다. 국토교통부가 제출한 자료에 따르면 2014년 6월말 기준, 제주도의 외국인 토지소유 비율이 0.62%로 1%가 되지 못한다. 결국 나머지 59%는 내륙인 특히 서울 등 수도권에 거주하는 외지인이 소유하고 있음을 예상할 수 있다. 최근 부각되고 있는 중국 대규모 자본의 토지매입 문제에 비해 내륙인의 토지소유 문제는 그 심각성이 가려져 있다.

외국인의 제주도 토지소유 현황을 살펴보면 미국과 중국이 가장 많은 땅을 보유하고 있었다. 2014년 6월 말 기준, 미국이 필지수와 면적 기순으로 각각 1337개, $3.71km^2$로, 제주 총면적의 0.20%를 소유하고 있어 가장 높은 비율을 보였다. 중국은 필지수와 면적 기준으로 각각 4831개, $3.60km^2$로, 제주 총면적의 0.19%를 차지하고 있어 미국과 근소한 차이를 보였다. 그런데 필지수 기준으로 중국이 미국을 크게 앞서고 있어 중국의 개인들이 적극적으로 토지를 매입하고 있음을 추정할 수 있다.

표3에 따르면, 중국인의 토지소유가 최근 급격히 증가하고 있다. 2011년 말부터 2014년 6월 말까지 필지수는 369.5% 증가하였으며, 면적은 154.5% 증가하였다. 제주도 내 중국인 토지가 급격히 증가한 이유는 2010년 2월 도입된 '부동산투자이민제' 시행(법무부 고시 제10-026) 때문으로 보인다.

사유화와 관련하여 한 가지 강조하고 싶은 점이 있다. 보통 사유화

표3 제주도 국적별 외국인 토지 통계(연도별)

구분	11년 말 (제주 총면적: 1849.2㎢)			12년 말 (제주 총면적: 1849.3㎢)			13년 말 (제주 총면적: 1849.3㎢)			14년 6월 말 (제주 총면적: 1849.3㎢)		
	필지수	면적 (㎢)	총면적 대비 (%)	필지수	면적 (㎢)	총면적 대비 (%)	필지수	면적 (㎢)	총면적 대비 (%)	필지수	면적 (㎢)	총면적 대비 (%)
계	4,110	9.52	0.51	4,666	9.81	0.53	6,824	10.97	0.59	7,982	11.42	0.62
미국	1,336	3.94	0.21	1,298	3.69	0.20	1,330	3.74	0.20	1,337	3.71	0.20
일본	449	2.22	0.12	453	2.21	0.12	375	2.14	0.12	346	2.12	0.11
중국	1,029	1.42	0.08	1,548	1.93	0.10	3,705	3.15	0.17	4,831	3.60	0.19
기타	1,296	1.94	0.10	1,367	1.97	0.11	1,414	1.94	0.10	1,468	1.99	0.11

출처 : 국토교통부, 이창호, "외국인 국내 토지소유의 최근 쟁점과 개선 과제", 국회입법조사처, 『이슈와 논점』 제916호(2014년 10월 14일)에서 재인용하고 일부 수정함.

하면 그 주체가 민간 기업이나 부유한 개인으로 생각하지 쉽다. 그런데 제주도에서 마을 공동목장의 매각을 중개하는 제주도청이나, 버자야 그룹의 예래휴양주거단지 개발을 위해 토지 강제수용을 추진한 제주국제자유도시개발센터JDC를 보면 이들 공공기관 역시 토지 사유화의 주체에서 제외된다고 보기 어렵다.

공공기관 역시 토지사유화의 주체라는 의식은 이미 김현장과 강남규가 지적하고 있다. 1960년대에 제주도가 초지를 개발했던 당시에도 관계 기관에서 유휴 목축지의 지주들에게 개발을 권장하고 이에 따르지 않을 경우에 대리 집행 또는 매수 개발을 하겠다고 압박하여 원주민이 소유하고 있던 초지를 매각하도록 유도했다(김현장, 1979: 52). 강남규는, 1980년 1월 4일 공포된 〈특정지역 종합개발촉진에 관한 특별법〉은 독점자본의 토지강탈을 토지수용령 등을 통해 합법적으로 보장하는 제도적 장치가 되었다고 평가하고 있다(강남규, 1985: 169). 과거 70년대 중문관광단지 개발 및 현재 예래휴양형주거단지 개발사업을 위한 제주도토지수용위원회의 재결 인가 및 JDC의 토지 강제수용을 보며, 그리고 JDC가 수용한 토지를 버자야제주리조트에 매매차익 467억원을 남기며 이전한 것을 보면(조성찬, 2015b) 개발 관련 공공기관들도 토지사유화 및 토지독점의 주체라고 볼 수 있다.

3. '공동자원 사유화 모델'의 구조적인 한계

2차 종합계획 수립을 위해 1059명의 지역 주민들 대상으로 실시한 의견조사에 따르면, 감귤, 수산업, 축산업, 물산업, 일반 관광산업, 회의산업, 카지노 등 게임산업, 레저·스포츠산업 등이 발전했다는 의견이 상대적으로 높았다. 그런데 정작 제주국제자유도시 사업으로 진행된 개발과 투자가 지역사회에 가져온 효과에 대해서는 "효과가 없다"는 부정적인 의견이 상대적으로 높게 나타났다(2차 종합계획, 55). 지역 사업을 위해 도민들이 자기의 삶터를 내줬지만 자기에게 돌아온 것은 없다는 것이다. 그 이유는 제주국제자유도시가 기대고 있는 '공동자원 사유화 모델'의 구조적 한계에서 발생하기 때문이다.

    제주국제자유도시 발전모델은 외부 투자기업들로 하여금 공동자원을 사유화 → 상품화 → 화폐화 하여 정상이윤 외에 경제지대(독점이익, 개발이익)를 향유하도록 허용하기 때문에 제주 지역이 함께 누려야 할 많은 이익이 외부로 유출된다. 정부 입장에서 세수입이 확대되는 측면이 있기는 하지만 기반시설 투자에 들어간 상당한 규모의 지출을 고려하면 재정효과가 분명한지도 속단하기 어렵다.

    다만 한 가지 분명한 것은, 정작 자기의 삶터를 제공한 지역 주민은 이익 배분에서 배제된다는 점이다. 물론 단기적으로, 자기 땅을 매각한 이들은 배제되었다고 생각하지는 않을 수 있다. 이것은 착각이다. 장기적으로 보면 표4에서 제시된 다양한 문제들로 인해, 지역 주민들에게 돌아오는 것은 지나친 개발로 파괴된 자연환경과, 사유화된 공간이 확대된 데에 따르는 자유의 상실이다. 결국 제주의 후세대들이 마음 편히 살 수 있는 공간이 남지 않게 되어, 제주는 생명력을 상실한

표4　제주국제자유도시 발전모델의 구조적 한계에 따른 문제의 유형

유형	구체적인 문제
토지사유화 및 투기에 따른 폐단	(1) 지가 급등으로 인한 거품 발생 및 경쟁력 상실 (2) 주택담보대출 급증 (3) 제주형 젠트리피케이션 진행 (4) 지가 급등에 따른 토지 불로소득 사유화 (5) 외지인 토지소유에 따른 토지 방기 및 농지 임차 경작
관광자원의 사유화 및 과도한 부동산 개발에 따른 폐단	(1) 곶자왈의 파괴 (2) 한라산 중턱과 해안 등의 무분별한 난개발 : 제주헬스케어 타운 외 (3) 경관 사유화 (4) 물 부족 문제 (5) 쓰레기 매립장 포화
카지노벨트 구축 우려	(1) 2차 종합계획에서 내국인도 허용 (2) 제주특별자치도, 제주신화역사공원 카지노 허용 (3) 원희룡 도지사, 앞으로 2-3개 더 늘릴 필요 언급
외부 자본에 과도한 의존	(1) 해외자본 투자유치 실적 불분명 (2) 해외자본 유치의 경제적 효과 불분명 (3) 토지소유권 매각으로 개발이익 공유 기회 상실 (4) 화교 자본의 순환구조 형성 (5) 기반시설 설치에 따른 제주특별자치도의 공공부채 증가 예상

출처 : 조성찬, "제주국제자유도시 전략 추진에 따른 문제점 및 대안 모색", 토지+자유연구소 제주연구 1호, 2015년 3월 31일.

공간으로 전락할 수 있다.

Ⅴ. 지역과 자본이 상생할 수 있는 발전모델 필요

지금까지 공동자원 사유화에 기댄 제주국제자유도시 발전모델의 성격과 그 구조적 한계들을 살펴보았다. 원래 국제자유도시의 기본 컨셉은 제조업, 물류, 금융 분야가 핵심 기능인데, 제주도는 입지 특성상 제조업·물류·금융 세 분야에서 모두 경쟁력이 없다. 제1차 내지 제2차 종합계획에서 세 분야를 포함하고 있지만 실제로 투자유치 성과는 미흡한 수준이다. 결국 제주국제자유도시가 경쟁력 있게 추진할 수 있는

것은 뛰어난 관광자원을 활용한 관광형 부동산개발이다. 이러한 개발은 그 특성상 토지 및 자연자원의 사유화를 통한 상품화로 진행되며, 무엇보다 화폐라는 공동자원의 상품화 경향을 내포하고 있다. 그 정점에 대규모의 카지노 복합 리조트가 자리하고 있다.

반면 국제자유도시 추진에 따른 개발, 관광객 유입 증가, 외지인의 제주도 전입, 귀농·귀촌 등에 따라 지가의 상승 압력이 증가하고 있다. 농민들은 농가소득 부족으로 부채에 시달리고 있으며, 국제자유도시 추진에도 불구하고 소득증대 성과가 미흡하다. 농민들은 어쩔 수 없이 농지 및 가옥을 매각하고 제주도를 떠나거나 아니면 제주도에서 소작농이나 임시직으로 전락할 수밖에 없다. 각종 규제완화로 외지인과 외국 자본의 토지소유가 증가하고 있으며, 이들에게 매각된 토지가 효율적으로 관리되지 못하고 방치되어 있는 경우도 많다.

케인즈는 〈평화의 경제적 귀결 *Economic Consequences of the Peace*〉에서, 노동자와 내사언 그리고 자본가들이 함께 케이크를 키웠지만 자본가들이 케이크의 대부분을 차지하게 되면서, "무엇을 위해 케이크를 키우는지 그 목적이 뚜렷하지 않았다."라고 말했다(Eisenstein, 2015 재인용). 이 말을 제주도에 적용하면, '제주도는 무엇을 위해 제주국제자유도시를 추진했는지 그 목적이 뚜렷하지 않다.'고 말할 수 있다.

다시 처음 질문으로 돌아와서, 제주국제자유도시 개발은 과연 누구를 위한 것인가? 제주국제자유도시 전략은 중앙정부 주도로 추진되면서, 제주도 및 지역주민의 발전과 복지보다는 자본과 국가의 발전을 겨냥한 것이었다. 그리고 제주국제자유도시 발전전략은 해외 자본 유치를 위해 토지소유 및 개발에 있어서 무리한 규제완화를 추진하고 해외 자본이 제주도에서 과도한 개발이익을 누릴 수 있도록 허용하는 것이다. 본 장에서 이러한 방식을 '공동자원 사유화 모델'로 압축하여 설명했다.

이제 제주국제자유도시는 어디로 가야 할까? 탐색의 방향은 바로 '공동자원 사유화 모델'을 대체하거나 보완할 수 있는 발전모델이어야 한다. 새로운 발전모델은 지역 발전에 도움이 되는 건강한 국내외 자본을 유치하면서도 토지와 같은 공동자원에서 나오는 이익은 지역 내부에서 공유하여, 지역과 자본이 상생 가능한 지역경제 구조를 만들어 가는 데 이론적, 정책적 기초를 제공할 수 있어야 한다.

참고문헌

① 서적

강남규. 1985. "제주도 토지투기 실태", 『현장/3 삶의 터전을 지키기 위하여』. 돌베개.

김윤상·조성찬·남기업 외. 2012. 『토지정의, 대한민국을 살린다』. 평사리.

신용인. 2013. 『생명평화의 섬과 제주특별법의 미래』. 각.

김현장. 1979. "제주도 땅의 새 임자들". 『뿌리깊은나무』 43.

Aihwa Ong. 2006. *Neoliberalism as Exception: mutations in citizenship and sovereignty*. Duke University Press.

② 학술지

김자경. 2014. "환경갈등 조정에 관한 공동자원론적 접근 : 일본의 물 정책과 플래시방류 사회실험을 중심으로". 『경제와 사회』 102.

김태보. 1998. "IMF시대의 제주경제". 『제주리뷰』 4.

최현·김선필. 2014. "제주의 바람: 공동자원론적 관리 방식". 『탐라문화』.

최현. 2013. "공동자원 개념과 제주의 공동목장". 『경제와 사회』 99.

최현·따이싱성. 2015. "공동자원론과 한국 공동자원 연구의 현황과 과제". 『경제와 사회』 108.

허향진. 1998. "IMF위기가 제주관광산업에 미치는 영향 및 대책". 『제주리뷰』 4.

③ 미간행 저작물, 인터넷 자료

백승주. 2014. "외국자본에 의한 제주국제자유도시 조성 실태와 향후 과제". 2014년 제1회 제주시민포럼. 제주경제정의실천시민연합.

삼성경제연구소·제주발전연구원. 2012. 『제2차 제주국제자유도시 종합계획』(2012-2021).

이창호. 2014. "외국인 국내 토지소유의 최근 쟁점과 개선 과제". 『이슈와 논점』 916.

정남기. 2014. "대낮부터 붐비는 싱가포르 카지노들". 『이코노미 인사이트』 56.

제주도. 2002. 『제1차 제주국제자유도시종합계획』(2002-2011).

제주도. 2006. 『제1차 제주국제자유도시종합계획 보완계획』(2006-2011).

제주특별자치도 보도자료. "대규모 투자사업에 대한 제주도의 입장". 2014년 7월 31일.

조성찬. 2015a. "제주국제자유도시 전략 추진에 따른 문제점 및 대안 모색". 『제주연구』 1.

조성찬. 2015b. "제주 예래휴양형주거단지 개발사업의 중단 원인 분석 및 출구전략 모색". 『제주연구』 2015-5.

총무처 의정국 의사과. 1997. "국제통화기금(IMF) 대기성차관 협약을 위한 의향서안(제887호)". 철번호: BA0159773. 건번호: 2-1.

황경수. 1998. 『제주도개발특별법 제정 과정에서 집단 요구 표출 활동에 관한 연구』. 서울대학교 석사학위논문.

제주의소리. "겐팅·란딩, 제주 카지노 신호탄 쐈다". 2015년 1월 12일.

Jones Lang LaSalle 외. 2000. 『'제주국제자유도시 개발타당성 조사 및 기본 계획수립 연구용역' 보고서』

④ 번역서

딜라니(D. Delaney). 2013. 『짧은 지리학 개론 시리즈: 영역』. 박배균·황성원 역. 시그마프레스.

아이젠스타인(C. Eisenstein). 2015. 『신성한 경제학의 시대』. 정준형 역. 김영사.

오스트롬(E. Ostrom). 2010. 『공유의 비극을 넘어』. 윤홍근·안도경 역. 랜덤하우스.

조지(H. George). 2013. 『사회문제의 경제학』. 전강수 역. 돌베개.

조지(H. George). 1997. 『진보와 빈곤』. 김윤상 역. 비봉출판사.

하비(D. Harvey). 2014. 『자본의 17가지 모순』. 황성원 역. 동녘.

제9장
공동목장 해체와 대형개발사업

김성훈

Ⅰ. 머리말

1. 연구의 배경과 목적

권력은 대개 소유하고 있는 부富의 양, 혹은 부를 창출할 수 있는 능력에 좌우된다. 정치경제학의 이론에 따르면 부를 만들어내는 생산의 3요소는 토지, 노동, 자본이다. 따라서 권력의 크기는 이 세 요소의 지배력에 좌우된다. 국가권력도 마찬가지다. 국가의 권력, 즉 국력은 보통 국토, 인구, 산업수준 및 기술력과 같이 부의 창출과 관련된 지표로 평가된다. 부의 생산의 3요소 가운데 가장 핵심적인 요소는 토지이다. 토지야 말로 부의 참된 원천이기 때문이다. 다른 요소는 증산하거나 대체가 가능하지만 토지만큼은 증산과 대체가 어렵다. 그래서 토지에 대해서는 한정된 토지를 더욱 효율적으로 활용하기 위하여 토지이용을 고도화하거나 다른 국가의 토지를 무력으로 빼앗는 것이 사실상 유일한 대안인 것이다. 그런데 현대에 와서는 전쟁을 생각하기 어려워졌다. 이러한 현실 가운데 우리나라를 포함한 대개의 국가권력은 국력을 신장하기 위하여 한정된 국토를 조금이라도 더 효율적으로 활용하고자 노력하고 있다.

제주도 공동목장의 역사는 토지를 '국력신장'의 도구로 바라보는 국가권력의 관점을 잘 드러내는 사례이다. 제주도의 중산간 일대는 농경에 불리하지만 목축을 위한 최적의 조건을 갖추고 있다(윤순진, 2006). 일찍이 국가권력은 이러한 중산간의 환경적 조건을 알아보고 말의 생산기지로써 이용해왔다. 국가권력의 제주도 중산간 일대에 대한 조직적인 토지이용 개입의 흔적은 1276년 고려를 복속시킨 몽골元의 탐나목상에서부터 찾아볼 수 있다(강만익, 2004). 당시 몽골의 주된 전력은 기병이었으므로 중산간의 전략적 가치는 더욱 돋보였던 것이다. 이후 조선시대인 1430년대에는 국영목장인 십소장과 산마장이 설치되면서 목축업이 더욱 확대되었다. 그러나 조선 후기에 화약무기의 발전에 따라 전쟁의 양상이 변화하면서 말의 전략적 가치가 감소하면서 국영목장의 위상이 흔들리고, 더불어 영조, 정조 대에는 기근으로 인한 경작지 확대의 필요성이 높아지면서 기존 목장지대에 대한 국가권력의 영향력이 약화되었다. 국가권력의 통제가 자리를 비운 사이, 중산간 일대에서는 화전이나 개별 목축을 통한 개별적인 토지이용과 마을계를 중심으로 한 토지의 공동이용이 활발히 이루어지게 되었다. 이후, 일제강점기가 도래하면서 중산간 일대에 다시금 국가권력[1]의 토

---

1 일제를 당시 조선의 정당한 국가권력으로 바라보는 것이 아니라 국가차원의

지이용 개입이 재개되었다. 일제는 일본국민과 일본군을 위한 식료품 생산을 증진하기 위하여 제주도의 축산을 장려하였는데, 이는 1930년대 농촌진흥운동(1932~1940)과 목야지정비계획(1933)의 실행과정에서 공동목장이 설치되면서 구체적으로 실현 되었다(강만익, 2008). 공동목장은 일제의 강력한 정책적 의지를 바탕으로 1943년에는 중산간 전역, 해안지역 일부에 123개의 조합이 결성되면서 절정을 이루었다.[2] 당시 설립되었던 공동목장은 일제에 의해 결성되었다는 점은 있으나, 제주 목축문화의 전통과 초지환경을 현재까지 보호하는 면이 있어 보존의 대상으로 인식되고 있다.

중산간 일대를 중심으로 제주도 전역에 널리 존재하였던 공동목장은 해방이후 서서히 쇠락하면서 해체되어 가는 중이다. 윤순진(2006)에 의하면 제주도 공동목장의 해체 요인은 첫째로 4·3사건으로 인한 중산간 마을의 해체, 둘째로 61년 지방자치에 관한 임시조치법과 임야소유권 이전등기특별법 제정으로 인한 소유권의 혼란, 셋째로 국가권력에 의한 산업구조의 재편, 마지막으로 자본주의 산업화에 따른 목장의 상업적 작물재배지로의 전환이 있다. 이 네 요인 가운데, 이번 보고서에서는 국가권력에 의한 산업구조의 재편 과정에서 벌어진 공동목장 부지의 토지이용 변화와 공동목장 해체의 실태 사이의 관계성을 중점적으로 다루었다.

국가권력에 의한 산업구조 재편은 대한민국 제3공화국, 군사정권에서부터 시작되었다. 군사정권은 정권을 잡은 이후 산업화를 강력하게 추진하였다. 이 시기의 지역개발 전략은 거점성장이론에 근거한 지

집중된 권력이라는 차원에서 "국가권력"이라는 용어를 사용하였음을 밝혀둔다.
2 공동목장 관계철(1943)

역별 특화산업의 집중육성이었다. 제주도에서는 지역특화산업으로서 관광산업을 집중 육성하는 관광지 개발계획이 추진되었다. 이는 급속한 경제성장에 필요한 자본을 축적하기 위한 것으로서 국외 관광객을 유치하기 위한 골프장 개발사업 활성화가 계획의 주된 내용이었다. 이 과정에서 경관이 수려하고 초지형성이 용이하며 무엇보다도 토지 확보가 유리한 중산간 일대는 제주도 관광지 개발계획을 실현하기 위한 주요 대상지로 주목받았다. 이 제주도 관광지 개발계획의 추진 과정에서 중산간 일대의 광활한 토지가 공동목장에서 관광지로 변모하면서 공동목장이 해체되는 일이 발생하게 되었다.

그러나, 군사정권 이후에도 관광산업 위주의 산업구조 재편과 이를 뒷받침하기 위한 관광산업 위주의 대형개발사업 추진, 그리고 공동목장의 해체는 계속되고 있다. 민주화와 지방자치 그리고 특별자치도 지정까지 제주도의 자치권이 지속적으로 확대되면서, 과거 국가차원의 산업화 비전이 제주특별자치도 차원의 국제자유도시 비전으로 바뀌었지만 중산간 일대를 이용하는 방식은 크게 변하지 않은 것으로 보인다. 오히려 시간의 흐름에 따라 축산업의 쇠락과 관광산업의 양적 증대가 대비되는 현실이 각각 맷돌의 윗돌과 아랫돌이 되어 공동목장의 해체를 재촉하고 있다. 본 연구에서는 이러한 관광산업 중심의 중산간 일대의 산업구조 재편과 공동목장 해체의 현실 사이의 관계성을 집중적으로 조명하고자 한다.

2. 분석방법과 원천자료

본 보고서의 분석은 세 가지 축을 중심으로 수행되었다. 첫 번째는 1943년 이후 2014년 현재까지의 공동목장 해체의 양적 실태 파악. 두 번째는 국가권력에 의한 토지이용 재편의 흔적을 나타내는 대형개발사업의 공간적 시간적 특성 분석. 마지막은 공동목장과 대형개발사업의 관련성 평가이다.

이 가운데 첫 번째에 해당하는 공동목장 해체의 양적 실태는 과거와 현재, 두 시점의 공동목장 지역을 추정하고 이를 비교하여야만 파악할 수 있다. 따라서 그 과정은 크게 ① 과거 시점의 공동목장 지역 추정, ② 현재 시점의 공동목장 지역 추정, ③ 과거와 현재 사이에 공동목장이 해체된 지역을 파악하는 세 과정으로 구성된다.

과거 시점은 공동목장이 가장 번성하였고 공동목장 관계철을 바탕으로 그 기록이 남아있는 1943년으로 설정하였다. 당시의 공동목장 지역을 추정하기 위해서는 먼저 ⓐ 필지 목록을 정리하고 ⓑ 토지이동 과정을 추적 조사하여야 한다. 이 과정은 공동목장 관계철(1943)의 필지를 토지대장, 임야대장의 기록을 바탕으로 2014년 현재의 지적기준으로 정리한 양용찬열사추모사업회의 자료[3]를 구득함으로써 해결할 수 있었다. 이어서 ⓒ 공동목장 필지의 추정은 2014년 지적 기준으로 정리한 공동목장 관계철 필지 목록을 현 지적도의 PNU Parcel Number Unit 코드를 매개로 결합함으로써 최종적인 1943년 당시의 공동목장 지역을 추정하였다. 현재 시점은 연구를 진행한 2015년 기준으로 최신의 자료를 구득할 수 있었던 2014년으로 설정하였다. 2014년의 공동목장 지역은 제주특별자치도의 공동목장 전수조사자료인 마을 공동

---

[3] 현재, 공동목장 관계철(1943)의 공동목장 필지를 토지이동을 고려하여 현재(2014) 시점의 필지로 환산한 유일한 자료이다. 하지만 자료, 인력, 재원과 같은 현실적인 문제로 인하여 토지이동을 완전히 반영하지 못하였고 공동목장 지역이었을 상당수의 필지들이 추정영역에 포함되지 못하여, 과소추정 되었다는 한계가 있다. 따라서 이 자료를 근거로 한 본 보고서의 분석은 매우 보수적인 결과를 도출할 것으로 예상된다.

그림1 해체된 공동목장 지역의 추정 과정

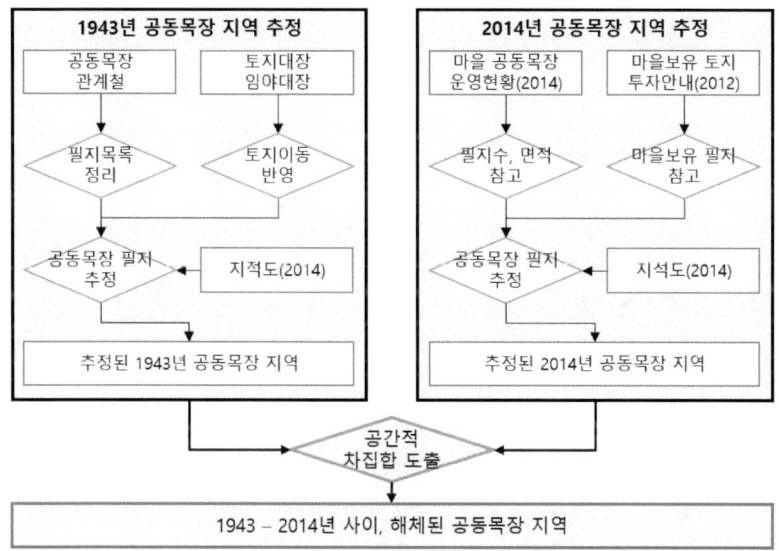

목장 운영현황을 바탕으로 ⓐ 필지수와 전체적인 면적을 참고하고 마을투자유치단의 2012년 마을보유 토지 투자안내 자료를 바탕으로 ⓑ 마을보유 필지의 지도상 위치를 교차검증한 다음, 이를 2014년 지적도와 결합하면서 ⓒ 공동목장 필지를 추정하였다.

두 번째인 대형개발사업의 공간적 시간적 특성의 분석은 국가 공간정보인 KLIS(Korea Land Information System, 한국토지정보시스템)의 주제도 Thematic Map를 바탕으로 분석하였다. KLIS의 모든 주제도는 19자리의 용도지역지구관리코드(Management Number, 이하 MNUM) 필드에 지정권자코드, 광역시도코드, 시군구코드, 고시년도, 고시번호, 용도지역지구코드, 도면표시번호본번, 도면표시번호부번 정보를 포함하고있다. 이 대형개발사업 주제도의 MNUM 필드에서 용도지역지구코드, 고시년도 정보를 추출하여 정리함으로써 대형개발사업지역의 분포를 종류별, 고도별, 시기별로 입체적으로 분석할 수 있었다.

마지막으로 공동목장과 대형개발사업의 관련성은 공동목장 지역과 대형개발지역의 공간적 인접성을 바탕으로 평가하였다. 그 이유는 첫째, 공간상에서 발생하는 현상은 지리학의 1법칙[4]에 따라 서로 인접할수록 서로 밀접한 관련성을 가질 가능성이 높다. 둘째, 하나의 토지가 공동목장과 대형개발사업 부지로 중복하여 이용될 수 없다. 셋째, 앞서 언급한 바와 같은 1943년 당시 공동목장 지역 추정을 위해 활용한 양용찬열사추모사업회의 자료의 필지 과소추정의 한계에 따라, 실제 1943년 당시의 공동목장 필지로 인정받은 필지와 인접할수록 누락된 과거 공동목장 지역와 실제로는 중첩할 가능성이 높아진다는 것이다. 따라서 대형개발사업 지역과 공동목장 지역이 인접할수록 대형개발사업과 공동목장의 해체 사이의 관련성을 강하게 주장할 수 있다. 그래서 대형개발사업 지역이 과거 공동목장 지역 사이의 인접성을 Multi-Ring Buffer를 바탕으로 생성한 단계별 인접공간을 바탕으로 분석하였다.

Ⅱ. 공동목장 해체의 실태

1. 1943년, 공동목장의 분포

일제강점기에, 공동목장은 일제가 전쟁물자 및 일본국민의 식용품을 효율적으로 생산하기 위하여 설립을 적극적으로 독려하면서 급격히 증가하였고, 공동목장 관계철 작성당시인 1943년에는 가장 많은 123개소가 개설되었다. 이번에 공동목장 관계철을 바탕으로 분석한 당시

---

[4] "Everything is related to everything else, but near things are more related than distant things."("모든 것은 다른 모든 것과 관련되어 있지만, 가까운 것이 먼 것보다 더 밀접하게 관련되어 있다.")

공동목장 지역의 분포는 그림2과 같이 중산간 일대와 서부 해안지역, 동부 해안지역 끝단에 두루 분포하는 것을 알 수 있다. 이것을 북부 중산간, 남부 중산간, 서부 해안지역, 동부 해안지역의 4구획으로 나누어 보면 각각 다음과 같이 분포하는 것을 알 수 있다.

① 북부 중산간지역 : 표고 400~600m 구간에 집중적으로 분포
② 남부 중산간지역 : 북부와 달리 표고 200~600m 구간에 널리 분포
③ 서부 해안지역 : 영어교육도시 뒤편의 곶자왈 지대 축을 따라 쐐기형태로 분포
④ 동부 해안지역 : 구좌읍과 성산읍을 중심으로 중산간 연접지역을 따라 분포

이러한 분포 특성은 강만익(2004)이 조사한 2004년 공동목장 분포 그림3와 동일한 유형을 보이고 있다. 이는 1943년 공동목장 부지가 공간적 맥락에 따라 알맞게 조성되었음을 확인하는 동시에 최소한 국제자유도시 전환 이전인 2004년 까지는 공동목장의 전체적인 공간구조가 유지되고 있었음을 보여준다. 다만 분석 과정에서 중산간지역의 공동목장은 현재의 제주시 및 서귀포시 동지역 중심으로 토지이동 과정 추적에 대거 실패한 까닭에, 이 지역을 중심으로 실제보다 공동목장

그림2   1943년 공동목장 부지 추정 결과   그림3   공동목장의 분포

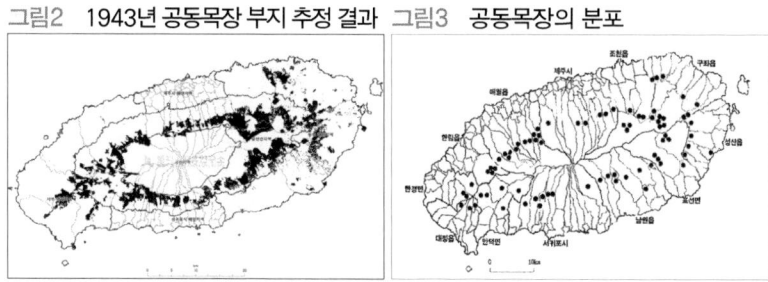

출처 : 강만익(2004: 29)

그림4　그림2과 그림3의 중첩도

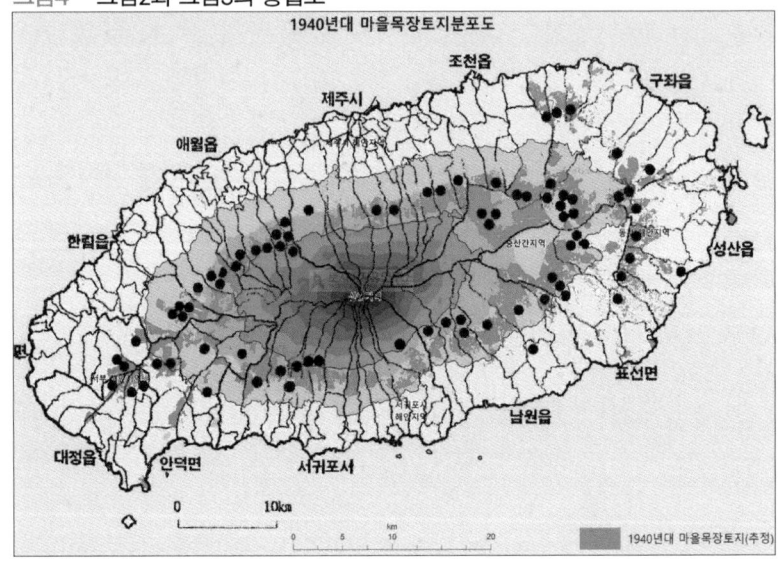

지역이 과소 추정되었을 가능성이 크다. 따라서 향후 토지이동 분석작업이 더욱 정밀하게 수행된다면 중산간 지역의 공동자원(토지) 분포 상황은 현재보다 더욱 확장될 것이다.

2. 2014년, 공동목장의 분포

2014년 현재, 공동목장의 개수는 71년간 67개소 감소하여 56개소가 남아있다. 공동목장의 크기 또한 1943년도 그림5와 비교하면 확연히 줄어들었다. 그 결과, 현재 잔존하는 공동목장 지역은 전체적으로 한라산을 중심으로 "/ /"모양으로 두 사선이 평행하는 모양을 그리고 있다. 이것이 해안지역에서는 전체적으로 위축된 모양을 보이며, 중산간 서부지역에서는 애월읍과 중문동 일대의 400~600m 지대에 분포하고, 중산간 동부지역에서는 대부분이 남원읍과 성산읍을 중심으로 200~400m 지대에 분포하고 있다. 그리고 특기할만한 점은 1943년

그림5   2014년 현재, 공동목장 분포

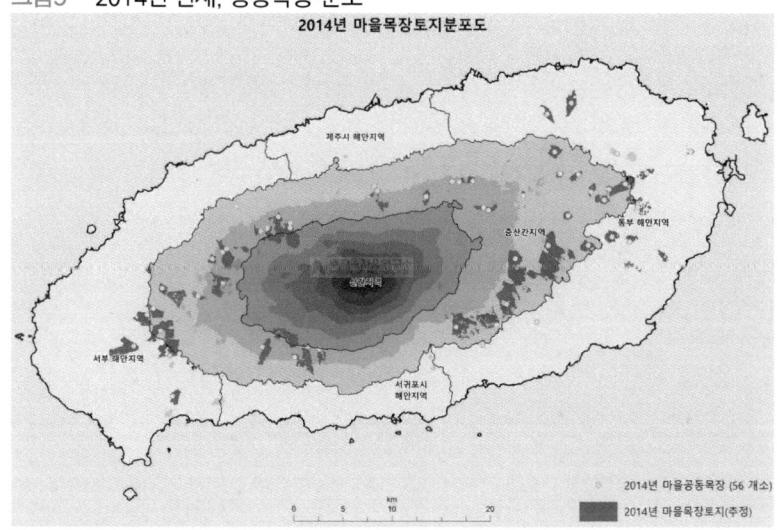

당시에는 공동목장이 섭지코지, 표선해비치 해변일대, 송악산 일대와 같이 곶을 따라서도 일부 존재하였으나 현재는 관광산입 용도로 개발되어있다.

3. 공동목장 해체지역의 분포

그림6은 1943년 이래로 2014년 현재까지 71년간 해체되어온 공동목장의 분포를 보여준다. 이를 참고하면 그 해체현상의 진행은 기존 분포지역 전체에 걸쳐, 전방위적으로 이루어진 것을 알 수 있다. 그리고 해체규모는 앞서 추정한 바에 따르면 1943년 당시 면적의 74.1%인 약 18,000헥타르[5]로 집계되었다. 현재, 공동목장은 전성기인 1943년

---

5   헥타르(ha): 1ha는 10,000m²로서 일반적인 초등학교 하나정도의 면적으로 생각할 수 있다.

그림6　1943년 이후 해체된 공동목장 분포

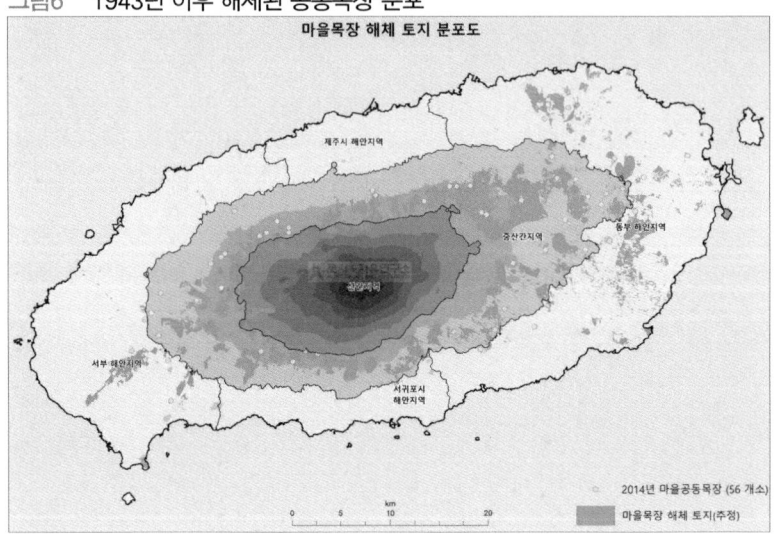

과 비교하면 약 25.9%만이 남아있는 것이다. 게다가 추정된 당시의 공동목장 지역은 토지이동을 충분히 추적하지 못하였던 현실적 여건 부족으로 인하여, 과거 공동목장이었음에도 누락된 다수의 필지가 존재한다. 따라서 추후 이러한 점이 개선되어 더욱 정밀한 분석이 이루어진다면 실제 공동목장 해체의 규모는 현재 분석결과인 74.1%보다 높

표1　시대별 공동목장 일반현황 비교　　　　　　　　　　　(개소, ha, 인, 마리)

연도	공동목장	토지면적	조합원	축우수	관리방식 (직영 / 임대 / 개방)
1943	123 (100.00%)	24,432* (100.00%)	-	-	- / - / -
2004	74 (60.16%)	9,127 (37.36%)	8,027	9,054	41 / 24 / 9
2014	56 (45.53%)	6,327 (25.90%)	6,970	11,693	38 / 17 / 1

출처 : 제주도청 "공동목장운영현황"
주 : 공동목장 관계철을 바탕으로 추적 조사된 필지의 면적을 바탕으로 산정

게 나타날 가능성이 있다.

위에서 살펴본 바와 같이, 공동목장 지역은 1943년 이후로 74.1% 가량 감소하게 되면서 67개소의 공동목장이 해산되었다. 그런데 표1을 보면 ① 공동목장의 개수보다 토지면적이 더욱 빠르게 감소하는 것, ② 공동목장의 개수와 토지면적이 감소하는 와중에도 축우수가 증가하는 것, 그리고 ③ "개방"으로 관리되는 목장이 대폭 감소한 것을 알 수 있다. "①"은 70년간 공동목장의 감소와 함께 공동목장이 왜소화 현상을 겪고 있음을 보여준다. "②"는 공동목장의 목축 방식이 방목放牧에서 계목繫牧[6]으로, 기술과 자본에 의존하는 현대적 방식으로 변화하고 있음을 암시한다. 마지막으로 "③"은 공동목장에서 전통적인 토지의 공동이용의 의식이 감소하고 있음을 보여준다. 종합하면, 공동목장의 해체는 공동목장이 위치하는 지역의 토지이용 방식의 변화와 함께 진행되고 있는 것이다.

표2 시대별 공동목장 공동자원(토지) 면적 비교 (ha, 인)

연도	총면적	국유지 면적	공유지 면적	사유지 면적
1943	24,432*	-	-	-
2004	9,127 (△15,305 | 연평균△250)	328	3,494	5,304
2014	6,327 (△2,800 | 연평균△280)	176 (△152)	1,405 (△2,089)	4,746 (△558)

출처 : 제주도청 "공동목장운영현황"
주 : 공동목장 관계철을 바탕으로 추적 조사된 필지의 면적을 바탕으로 산정

한편, 공동목장 해체의 진행속도는 점차 빨라지고 있다. 1943년도

---

6 계목(繫牧)은 가축을 밧줄에 매어 일정한 범위 안에서 풀을 뜯어먹게 하는 목축의 한 방식인데 여기서는 축사 안에서 가축을 사육하는 현대적 목축이 가축을 매어둔다는 점에서 계목이라는 용어를 사용하였음

24,432헥타르였던 공동목장 면적은 2004년에는 9,127헥타르로 61년간 연평균 250헥타르씩 감소해온 반면, 2004년부터 10년간의 공동목장 면적 감소는 2,800헥타르로 연평균 280헥타르 감소하였다. 이는 1943년에서부터 2014년 현재까지의 연평균 공동자원(토지) 감소폭인 296.8헥타르를 현재 공동자원(토지) 면적인 6,327헥타르로 단순히 적용한다면, 약 20년 뒤에는 공동목장이 사라질 수 있음을 의미하고 있다. 나아가 이러한 공동목장 해체의 속도가 점차 가속되고 있어 공동목장은 위의 예측보다 더욱 빠른 시일 내에 사라질 가능성이 높다.

Ⅲ. 대형개발사업의 공간적, 시간적 특성

1. 대형개발사업의 공간적 특성

공동목장이 점차 빠르게 사라져가는 동안, 중산간 일대를 중심으로 대형개발사업은 활발히 추진되어왔다. 이 대형개발사업은 과연 어떠한 특성을 띄고 있는 것인지를 공간적 시간적 특성을 중심으로 살펴보도록 하였다. 먼저 공간적 특성을 살피기 위하여 지리학적 지역구분[7]에 따른 지역별 대형개발사업 유형을 살펴보았다.

그림7은 제주도 전역에서 대형개발사업의 위치와 형태, 그리고 유형을 구분하여 나타내고 있다. 한눈에 제주도의 대형개발사업은 중산간지역에 집중되어 있음을 알 수 있다. 중산간지역 내부에서는 평화

---

[7] 독일의 지리학자 라우텐자흐에 따라 해발고도, 격해도, 그리고 위·경도에 따른 지역구분. 제주도는 이 기준에 따라 ⓐ 해안지역(0~200m), ⓑ 중산간지역(200~600m), ⓒ 산간지역(600m 이상)의 세 지역으로 구분되고 해안지역은 다시 ⓐ 제주시 해안지역, ⓑ 서귀포시 해안지역, ⓒ 서부 해안지역, ⓓ 동부 해안지역으로 나뉜다.

그림7 종류별 대형개발사업 분포현황도

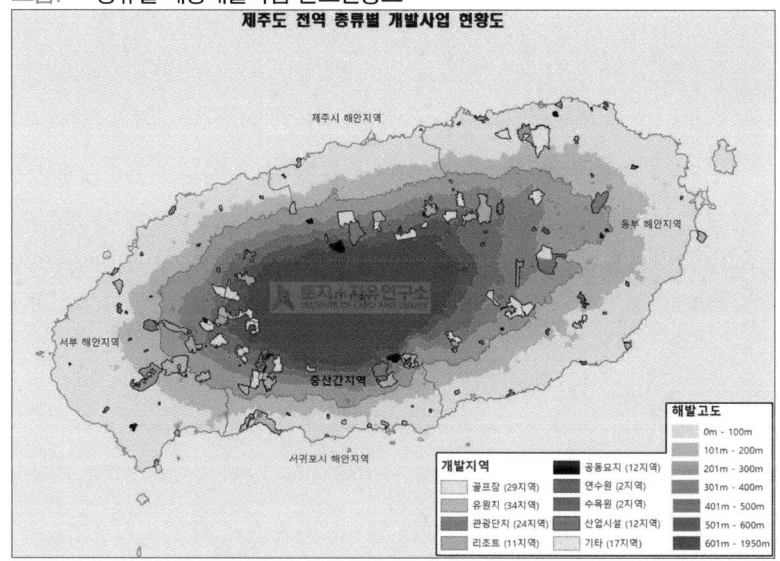

로, 사록도로와 같은 주요도로 축을 따라 입지하며 중산간 동부 보다는 서부에 밀집되어 있다. 대형개발사업의 규모는 일부 예외를 제외하면 해안지역 보다, 중산간지역의 대형개발사업이 월등히 크다. 그리고 사업유형은 골프장, 유원지, 관광단지, 리조트와 같은 관광산업 진흥의 위한 관광·레저 용도가 다수를 차지하고 있다.

표3은 위와 같은 대형개발사업의 유형별, 지역별 현황을 더욱 구체적으로 담고 있다. 이에 따르면 대형개발사업의 유형으로서 유원지가 34지역(23.78%)으로 가장 많고 골프장 29지역(20.28%), 관광단지 24지역(16.78%)으로 그 뒤를 따른다. 그리고 그 유형을 지역별로 구분하면 지역별 특색이 구분되어 나타난다. 먼저 산간지역은 원칙적으로 개발이 불가한 지역으로서 예외적으로 골프장 2개소와 공동묘지 1개소가 개발되었을 다름이다. 해안지역은 제주도의 주된 정주공간으로서 기타로 표기된 사실상의 택지개발사업지역의 94%, 산업시설의

83%가 입지하는 지역이다. 반면, 중산간지역은 전체 골프장의 79%, 리조트의 80%, 유원지의 46%가 입지하는 등, 관광·레저 용도의 대형 개발사업이 집중되어있다.

표3 사업유형별, 지역별 대형개발사업 현황표

사업유형		지역구분						
		산간지역		중산간지역		해안지역		전지역*
		개수	비율	개수	비율	개수	비율	개수
관광·레저	유원지			17	46%	20	54%	34
	골프장	2	7%	22	79%	4	14%	29
	관광단지			13	48%	14	52%	24
	리조트			8	80%	2	20%	11
기타	공동묘지	1	7%	10	67%	4	27%	12
	산업시설			2	17%	10	83%	12
	수목원			2	100%			2
	연수원			2	100%			2
	기타			1	6%	16	94%	17
합계		3	2%	77	51%	70	47%	143

출처 : 한국토지정보시스템(KLIS)
주 : 하나 이상의 부지가 지역 사이에 걸쳐있는 경우, 각 지역의 대형개발사업 개수의 합과 같지 않을 수 있음

위와 같은 사실은, 그림4가 보여주는 공동목장 지역이 주로 중산간 지역에 위치 한다는 사실과 결합하여, 공동목장의 해체와 관광·레저 용도의 토지이용 개편이 밀접하게 연관되어 있을 가능성을 보여준다. 정리하자면, 국가권력이 대규모의 토지투입이 필요한 관광산업을 제주도의 지역거점 산업으로 선정하고 대형개발사업의 주된 대상지로 중산간지역을 이용하는 과정에서 공동목장과 입지갈등이 발생하였을 것이다. 이 입지갈등에서 "굴러온 돌"인 국가권력의 힘이 "박힌 돌"인 공동목장에 비해 전적으로 우월한 힘을 가지고 있는 까닭에 공동목장이 밀려났을 것으로 추정된다.

2. 대형개발사업의 시간적 특성

개발사업의 승인권자인 지자체의 장은 사업 승인권한을 바탕으로 대형개발사업의 빈도와 규모, 그리고 유형을 간접적으로 조정할 수 있다. 따라서 대형개발사업의 시간적 특성은 승인권자인 지자체 장의 재량권에 따라 다음과 같이 시대를 구분하여 비교하는 것이 적합할 것이다.

① 제주도지사(관선)　　　(1946.08 ~ 1995.06)　　48년
② 제주도지사(민선)　　　(1995.07 ~ 2006.06)　　11년
③ 제주특별자치도지사　　(2006.07 ~ 2014현재)　　8년

표4는 대형개발사업 가운데 승인시기를 알 수 있는 사업을 줄기-잎 표Stem and Leaf Chart로 정리한 결과이다. 승인시기의 연도를 줄기Stem, 월을 잎Leaf으로 구성하였다. 시기별 대형개발사업의 총 승인규모와 개수를 비교한 결과, 제주도지사(관선) : 총 1,501.32ha, 27개 사업, 제주도지사(민선) : 총 3,211.2ha, 60개 사업, 제주특별자치도지사 : 총 4,939.3ha, 50개 사업이 승인되었다. 연도별 승인 빈도를 보면, 대형개발사업 승인빈도는 1974년의 최초 승인 이후, 부침을 거듭하면서도 2010년 까지는 꾸준히 증가해왔다.

표4 　대형개발사업 승인시기 줄기-잎 표(Stem and Leaf Chart)

Stem	Leaf*
1974		09	
1975	
1976	
1977		02		12	
1978		04		04	
1979		08	
1980		12	

Stem	Leaf*
1981	
1982	
1983	
1984	
1985	
1986		02		02		03		06		06		07	
1987		09	
1988	
1989		05	
1990		01	
1991		11	
1992	
1993		03		11		11		11		11	
1994		01		10		10	
1995		04		04		12		12		12	
1996		01		04		06	
1997		02		06		06		06		08		09		09		11		11	
1998		02		02		04		04		04		04		04		06		07		11	
1999		01		06		07		09	
2000		01		03		03		12		12	
2001		01		02		07		07		09		10		12	
2002		04		04		12		12		12	
2003		02		04	
2004		08		10		11	
2005		02		02		06		06		07		10		11	
2006		03		04		08		08		09		09		12		12	
2007		02		05		05		08		09		11	
2008		01		02		02		05		06		09		09		10		12	
2009		01		02		06		07		08		09		10		10		12	
2010		03		03		03		03		03		03		03		03		03		03		03		03		09		09	
2011		09	
2012		04		11	
2013		12	
2014	

주 : 사업 승인권자 ① |○○| : 제주도지사(관선) ② |○○| : 제주도지사(민선) ③ |○○| : 제주특별자치도지사

시대의 흐름에 따라서 변한 것은 승인빈도만이 아니다. 표5에 따르면, 승인규모와 대상지의 구성 또한 많은 차이를 보여준다. 승인규모는 시대별 연평균 승인규모가 31.3ha, 291.9ha, 617.4ha로 급격히 증가하는데, 이는 각각 9.3배, 2.1배 증가한 것이다. 그리고 앞서 "대형개발사업의 공간적 특성"에서 살피었던 바, 이러한 대형개발사업은 대개 중산간 일대에 집중되어 있다고 하였는데, 이러한 구도는 "② 제주도지사(민선)" 시대와 ③ "제주특별자치도지사" 시대에 집중적으로 진행된 것을 알 수 있다. "① 제주도지사(관선)" 시대에는 중산간지역과 해안지역이 53.1% 대 46.9%로 비등하게 개발되었던 반면, "② 제주도지사(민선)"과 "③ 제주특별자치도지사" 시대에는 각각 69.5% 대 27.8%, 70.0% 대 28.5%로 중산간지역의 승인규모가 압도적으로 높게 나타났다. 표6을 참고하면, 다음으로 승인된 사업의 유형은 유원지, 골프장, 관광단지, 리조트와 같은 '관광·레저' 용도의 개발의 비중은 시대별로 각 74.1%, 63.3%, 67.8%로, 산업기반 조성이나 택지공급과 같은 '기

표5 승인권자별, 지역별 대형개발사업 승인규모 비교표 (ha)

승인시기	지역구분						
	산간지역		중산간지역		해안지역		전지역
	면적 (연평균)	비율	면적 (연평균)	비율	면적 (연평균)	비율	면적 (연평균)
① 제주도지사 (관선) (1946.08-1995.06)	0.0 (0.0)	0.0%	797.5 (16.6)	53.1%	703.8 (14.7)	46.9%	1,501.3 (31.3)
② 제주도지사 (민선) (1995.07-2006.06)	89.2 (8.1)	2.8%	2,230.3 (202.8)	69.5%	891.7 (81.1)	27.8%	3,211.2 (291.9)
③ 제주특별자치도지사 (2006.07-현재)	77.1 (9.6)	1.6%	3,456.8 (432.1)	70.0%	1,405.4 (175.7)	28.5%	4,939.3 (617.4)

출처 : 한국토지정보시스템(KLIS)

타' 용도의 개발에 비하여 전반적으로 월등한 것을 알 수 있다.

제주도의 지방행정은 과거 제주도지사가 중앙권력에 의해 임명되었던 시대에서 현재 특별자치도에 이르기까지 점차 도지사의 독립적 권한이 확대되는 방향으로 나아갔다. 그러나 대형개발사업의 승인빈도와 승인규모는 시간의 흐름에 따라 전반적으로 증가하는 추세를 이뤄왔다. 이는 공동목장의 해체의 요소 가운데 하나인 대형개발사업의 활성화의 주체가 중앙권력, 즉 국가권력이라는 기존 시각에 의문을 제기하는 결과이다.

표6 승인권자별, 사업유형별 승인건수 비교표

승인시기	사업유형									
	관광·레저					기타				
	유원지	골프장	관광단지	리조트	합계	공동묘지	산업시설	수목원	연수원	기타	합계
① 제주도지사(관선) (1946.08-1995.06)	13	5	2	-	20 (74.1%)	3	2	-	-	2	7 (25.9%)
② 제주도지사(민선) (1995.07-2006.06)	9	15	12	2	38 (63.3%)	1	10	1	-	10	22 (36.7%)
③ 제주특별자치도지사 (2006.07-현재)	12	9	10	9	40 (67.8%)	2	-	1	2	5	10 (32.2%)

출처: 한국토지정보시스템(KLIS)

IV. 공동목장 해체와 대형개발사업

제주도의 자연환경에 대한 재발견이 이루어지고 관광산업의 중심지로서 부상하는 가운데 중산간 일대는 대형개발사업의 적지로 평가되어 왔고 실제로 많은 대형개발사업이 추진되었다. 이 과정에서 중산간 일대를 두고 공동목장조합과 국가권력의 입지갈등이 벌어지게 되었다.

그림8 공동목장 해체지역, 대형개발사업지역 중첩도

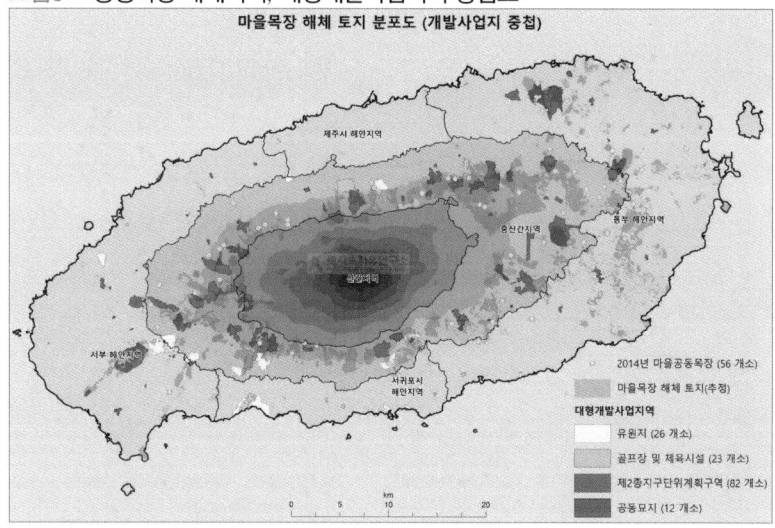

그러나 이 입지게임은 국가권력의 일방적인 우세로 진행되고 있다. 권력의 차이와 더불어, 경제적으로 중산간 일대의 전통적인 토지이용 방식이었던 목축업이 관광산업에 비해 경쟁력이 부족하기 때문이었다. 그림8은 수십 년간 이와 같이 진행되어온 입지경쟁의 결과를 보여주고 있다. 공동목장이 해체된 지역과 대형개발사업 지역의 공간적 분포 유형이 상당부분 일치하고 있다.

2014년 KLIS(한국토지정보시스템) 기준으로 현재 제주특별자치도의 대형개발사업지역은 143개소로 파악된다. 이들을 1943년 공동목장 지역의 단계별 인접공간을 바탕으로 인접성을 10년 단위로 구분하여 분석하였다. 단계별 인접공간의 생성단계는 중첩공간인 "① 0m"와 "② 1~250m", "③ 250~500m", "④ 500~1,000m", "⑤ 1,000m 이상"으로 구분된다. 이러한 인접공간은 그림9와 같이 서로 연결되면서 거대한 공동목장 지역군을 이루는데, 한눈에도 대형개발사업 지역의 대

그림9   대형개발사업지역의 공동목장 인접성 분석도

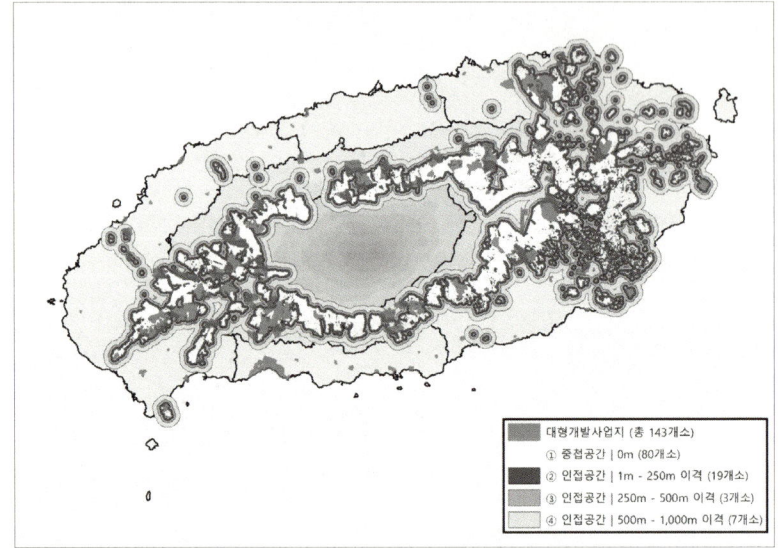

부분을 포괄하는 것으로 보인다.

인접성 분석결과, 총 143 대형개발사업 지역 가운데 ① 이 공동자원(토지)와 공간적으로 중첩되어 있는 지역은 80개소(55.9%), ② 250m이내에 입지하는 지역은 19개소(13.29%), ③ 250~500m 구간에 입지하는 지역은 3개소(2.10%), ④ 500~1,000m 구간에 입지하는 지역은 7개소(4.90%)이며, 마지막으로 ⑤ 1,000m 이상 이격되어 입지하는 지역은 37개소(25.87%)이다. 74.13%의 대형개발사업 지역이 전성기 시절 공동목장 지역과 최소 1km이내에 입지하고 있으며 거리상 인접할수록 해당되는 대형개발사업지역의 빈도가 급격히 증가한다.

대형개발사업의 승인빈도와 승인규모를 비교해 보았을 때, 승인규모가 승인빈도에 비해 중첩 혹은 250m이내의 인접하는 구간의 비율이 월등히 높음을 알 수 있다. 특히 제주도의 행정이 특별자치도 체제로 전환되고 국제자유도시의 비전이 본격적으로 추진되던 2000년대

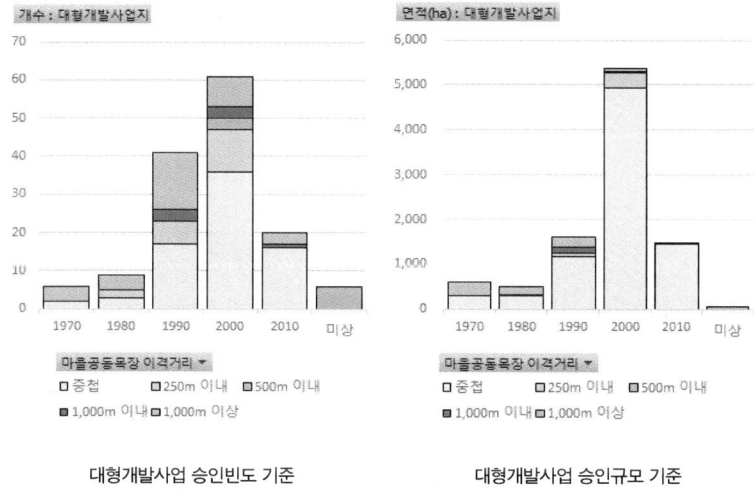

| 대형개발사업 승인빈도 기준 | 대형개발사업 승인규모 기준 |

이후부터는 승인규모 기준에서 녹색계열로 표시되는 구간, 즉 공동목장과의 인접성이 높은 사업의 비중이 절대적인 다수를 차지하고 있다. 이는 대형개발사업 추진에 따른 공동목장의 해체는 비록 중앙, 즉 국가권력이 그 장을 열었을 지라도 이러한 흐름을 계승하여 본격적으로 진행시킨 것은 고도의 자치권을 보장받은 제주특별자치도일 것이라는 결론에 이르게 된다.

V. 맺음말

본 연구는 윤순진(2006)이 제주도 중산간 일대의 공동목장 해체의 원인으로 지목하였던 네 가지 요소 가운데 국가권력에 의한 관광산업 위주의 토지이용 재편을 중점적으로 다루었다. 그리고 대형개발사업의 승인을 국가권력의 토지이용 재편 의지를 대표하는 것으로 보고 전성기 공동목장 부지와의 공간적 인접성을 분석하였다. 그 결과, 첫 번째, 공동목장의 해체는 공동목장 관계철이 작성되었던 1943년 이래, 최소 74%가 해체되었던 것, 해체속도가 점증하고 있는 것, 공유지(도유지)를 중심으로 감소하고 있는 것, 그리고 공간적으로 전방위적인 해체가 이루어져 왔음을 확인하였다. 두 번째, 대규모 부지확보가 필요한 관광산업 용도의 대형개발사업 지역이 공동목장의 주된 분포지역인 중산간 지역을 따라 집중적으로 위치하고 있다는 대형개발사업의 공간적 특성을 알 수 있었다. 세 번째, 시대를 불문하고 관광산업 용도의 대형개발사업의 비중은 약 7할 정도의 높은 비율로 추진되어왔다는 것, 그리고 대형개발사업은 명목적인 국가권력의 영향력 감소와 제주도 지방자치제 확대와 더불어 승인빈도와 승인규모가 급격히 증가해왔다는 모순적인 행태를 보인다는 시간적 특성을 발견하였다. 마지막으로 현재까지 승인되었던 143개소의 대형개발사업 지역 가운데 71.3%인 102개소가 500m이내의 지근거리에 입지하고 있는 것을 보았을 때, 상호간에 높은 인접성을 보이고 있다는 것과 이는 실제 토지이용량을 대표하는 승인규모를 기준으로 보았을 때, 월등히 높다는 것을 확인하였다.

이와 같은 연구결과, 관광산업 위주의 산업구조 재편과 이를 뒷받침하기 위한 중산간 일대의 대형개발사업의 추진이 공동목장의 해체에 상당한 영향을 끼쳐왔다는 그간의 학계와 언론의 주장에 대한 추가적인 근거를 제시할 수 있었다. 그러나 대형개발사업의 시간적 특성의 조사 결과, 제주도에서 지자체의 장인 지사의 권한이 확대됨에 따라 오히려 위와 같은 현상이 심화되어 가는 것을 알게 되었다. 이는 국가권력이 산업구조 재편과 대형개발사업 추진의 핵심적인 주체로 바라보는 기존의 시각과 다른 결과이므로 이에 대한 심층적인 검토가 필요할 것으로 보인다. 이번 연구에서는 자료 및 재원의 한계로 인하여 토지이동 추적이 충분히 이루어지지 못하였으므로, 이에 따라 공동목장 지역이 실제보다 다소 과소추정 되었을 것으로 추정되므로, 차제에 이에 대한 보완이 필요할 것이다. 마지막으로 공간적인 상관관계의 평가 방식에서는 Multi-Ring Buffer와 같은 간단한 GIS공간분석 방법론을 넘어, 공간통계기법과 같은 더욱 다양하고 전문적인 분석방법론의 도입을 시도함으로써 다각도로 검토함으로써 이번 연구의 결과를 추가적으로 검증할 수 있기를 기대한다.

참고문헌

윤순진. 2006. "제주도 마을공동목장의 해체과정과 사회 · 생태적 함의." 『농촌사회』 16(2).

강만익. 2004. "일제 강점기 제주도 공동목장의 운영실태." 『전국 향토문화공모전 수상집』.

강만익. 2008. "1930년대 제주도 공동목장 설치과정 연구." 『탐라문화』 32.

Tobler. 1970. "The First Law of Geography.", Economic Geography 46(2).

국토지리정보원. 2012. 『한국지리지 제주특별자치도』.

제10장
제주국제자유도시개발센터(JDC) 개발모델 평가와 대안모델 검토

이성영

Ⅰ. 제주국제자유도시개발센터 출범배경 및 설립목적

1990년대 후반 농·수산물 수입개방의 여파와 IMF 금융위기로 인해 제주 지역의 양대 산업인 농업과 관광업이 위기를 맞았다. 제주 지역의 위기를 해결하기 위한 방안으로 기존 제주개발정책에 대한 재검토와 함께 21세기의 개방화·세계화에 대비하여 제주를 외자유치와 국가경쟁력 강화를 위한 거점도시로 육성하기 위해 국제자유도시로 개발할 필요성이 제기되었다(신용인, 2014: 20).

중앙정부는 1999년 8월경 미국의 존스 랑 라살르Jones Lang Lasalle 사에 '제주국제자유도시 개발타당성 조사 및 기본 계획수립 연구용역'

을 의뢰한 결과, 제주가 국제자유도시로서 잠재력이 크다는 용역보고가 나오자 이를 바탕으로 2002년 1월, 「제주국제자유도시특별법」을 제정했다(신용인, 2014: 21).

「제주국제자유도시특별법」에 기초하여 수립한 제주국제자유도시 종합계획(2002~2011)은 제주국제자유도시의 목표와 중점과제를 다음과 같이 설명하고 있다. 제주국제자유도시는 제주도를 사람·상품·자본 이동이 자유롭고 기업활동의 편의가 최대한 보장되는 동북아 중심도시로 발전시킴으로써 국가 개방거점 개발 및 제주도민의 소득·복지 향상을 목표로 삼고 국제교류도시, 문화관광도시, 지식기반도시, 청정산업도시, 복지중심도시, 녹색정주도시, 환경생태도시 조성을 중점과제로 삼고 있다(제주도, 2002: 49).

제주국제자유도시개발센터이하 JDC는 제주국제자유도시의 목표와 중점과제를 수행하기 위해 국제자유도시 조성을 위한 특별법에 따라 국가차원에서 제주도를 지원하고 제주국제자유도시 개발을 촉진시키기 위한 개발 전담기구로 2002년 5월 설립되었다. JDC는 제주국제자유도시개발사업의 성공적 추진을 위해 공공성과 사업성을 동시에 추구할 수 있는 특수법인(특별법 제261조)으로 국토교통부 산하 준시장형 공기업이며, 제주국제자유도시 개발을 위한 관광·교육·의료·첨단 등 핵심 및 전략사업을 전담 추진하는 공공 개발 사업자 및 투자유치 전문 기관의 성격을 띠고 있다.[1]

Ⅱ. 제주국제자유도시개발센터 주요 사업과 연혁

JDC는 2003년 '제1차 제주국제자유도시종합계획'에 따라 제주국제자

---

1 JDC 홈페이지 기관 소개(http://www.jdcenter.com/doc/sub1/sub121.jsp)

유도시 조성을 위한 7대 선도프로젝트(휴양형 주거단지 개발, 중문관광단지 확충, 서귀포 관광미항 개발, 첨단과학기술단지 조성, 제주공항 자유무역지역 조성, 쇼핑아울렛 개발, 생태·신화·역사공원 조성)를 추진하는 실무 역할을 맡고 있다. 7대 선도프로젝트는 2006년 '제주국제자유도시종합계획 보완계획'에 따라 6대 핵심프로젝트와 5대 전략프로젝트로 구분하여 진행하였으며, 2015년 현재는 5대 핵심사업과 4대 전략사업, 2개 관리사업 및 면세사업으로 진행하고 있다.

표1 6대 핵심프로젝트와 5대 전략프로젝트

구 분	내 용
6대 핵심프로젝트	첨단과학기술단지, 휴양형주거단지, 신화·역사공원, 서귀포 관광미항, 제주헬스케어타운(첨단의료복합단지), 제주영어교육도시
5대 전략프로젝트	쇼핑아울렛, 생태공원, 중문관광단지 확충, 공항자유무역지역, 제2첨단과학기술단지

표2 JDC 연혁

년	월	내 용
2002	01	제주국제자유도시특별법 공포
	05	제주국제자유도시개발센터 설립
	12	JDC 면세점 개점
2005	06	제주첨단과학기술단지 착공
2007	10	휴양형주거단지 착공
	12	서귀포 관광미항 개발사업 기공식
	12	신화역사공원 및 서귀포관광미항 착공
2008	08	버자야 제주리조트 합작법인 출범
2009	05	제주항공우주박물관 착공
	06	제주영어교육도시 착공
	09	서귀포관광미항 1단계 사업 준공
	11	휴양형 주거단지 외국인 투자지구 지정

년	월	내용
2010	03	제주첨단과학기술단지 준공
	08	국제학교 NLCS Jeju 착공
2011	08	국제학교 Branksome Hall Asia 착공
	09	국제학교 NLCS Jeju 및 KIS 개교
	12	제주헬스케어타운 부지조성공사 착공
2012	04	서귀포관광미항 2단계사업 항만재개발계획 신규항만 지정
	10	국제학교 Branksome Hall Asia 개교
	10	중국 녹지그룹 제주헬스케어타운 본 계약 체결
2013	09	신화역사공원 사업협약체결(홍콩란딩/ A, R, H지구 약 2,314,049m^2, 1조 8,000억 규모)
	10	JDC-서울대병원-녹지그룹 삼자 간 MOU 체결
2014	02	JDC-란딩홍콩-겐팅싱가포르 사업참여협약 체결(신화역사공원 A, R, H지구)
	04	제주항공우주박물관(JAM) 개관
2015	02	신화역사공원 건축공사 착공

출처 : JDC E-Brochure

Ⅲ. 현행 제주국제자유도시개발센터 사업의 문제점

JDC는 제주국제자유도시 건설을 위해 「제주국제자유도시 특별법」과 '제주국제자유도시종합계획'을 충실히 이행하고 있지만 여러 가지 어려움에 직면해있다. 3장에서는 현재 JDC 사업이 당면하고 있는 문제들과 JDC 사업의 근본적인 한계들은 검토해본다.

1. 부진한 투자실적에 따른 느린 추진속도

제2차 제주국제자유도시종합계획 보고서(이하 제2차 보고서)는 제주국제자유도시종합계획 전반기인 2010년까지의 계획 대비 투자 실적이 전체 투자계획의 10% 수준으로 사업 추진실적이 부진하여 국제자유도시 조성 성과를 내지 못했다고 평가하고 있다(제주특별자치도,

2011: 127).

표3 주체별 투자계획 및 투자실적 (단위 : 억 원, %, %p)

구분	투자 계획						실적				
	계 (A)	주체별 분담률	~2010(전기)		2011~(후기)		실적 (C)	실적 분담률	총 실적율 (E=C/A)	전기 실적율 (F=C/B)	전기계획 비중 대비 실적율 차이 (G=E-D)
			투자액 (B)	비중 (D)	투자액	비중					
계	67,023		18,877	28.16	48,146	71.84	7,190.9		10.7	38.1	-17.44
국비	2,747	4.10	1,383	50.35	1,364	49.65	1,042.9	14.50	38.0	75.4	-12.33
지방비	652	0.97	185	28.37	467	71.63	74.7	1.04	11.4	40.4	-16.92
JDC	12,361	18.44	7,302	59.07	5,059	40.93	4,738.2	65.89	38.3	64.9	-20.74
민간	51,263	76.49	10,007	19.52	41,256	80.48	1,335.1	18.57	2.6	13.3	-16.92

출처 : 제주특별자치도(2011: 127)에서 재구성

또한 제2차 보고서는 '국내외적 경쟁이 치열한 상황 속에서 현재의 방식과 속도로는 제주국제자유도시 실현 요원'하다고 염려하며, '국제자유도시 조성은 도와 국가의 역량을 적극적으로 투입하더라도 30년 이상 걸리는데 지금 속도로는 얼마가 걸릴지 판단 불가능하며 사업의 속도를 획기적으로 높이고 파급효과를 극대화하지 않으면 제주국제자유도시가 원활하게 조성되기를 기대하기 어렵다'고 평가하고 있다(제주특별자치도, 2011: 140).

제주국제자유도시종합계획 전반기 민간투자실적은 2.6%로 매우 부진하다. 제2차 보고서에서는 민간 투자자가 확보되지 않고 사업이 지연된다고 해서 JDC가 자체적으로 사업을 진행하기보다는 보다 적극적으로 민간 사업자를 확보하기 위해 노력할 것을 권고하고 있다(제주특별자치도, 2011: 131). 즉, JDC가 지역개발공사들이 하듯이 단순히 부지조성 수준의 사업이 아니라 민간투자자들을 설득할 수 있는 구체적인 사업내용과 전략 수립까지 적극적으로 고민할 것을 요청하고 있다.

2. 지역민을 배제한 투자자 중심의 개발

지난 3월 20일 대법원은 제주국제자유도시 조성을 위한 7대 선도 프로젝트 중 하나인 예래휴양형주거단지 조성사업에 대한 토지수용재결처분 취소 청구소송에서 주민들의 주장을 받아들여 원고 승소 판결을 확정하였다.

JDC와 말레이시아 버자야그룹의 합작법인인 버자야제주리조트가 2005년부터 2017년까지 2조5000억원을 들여 콘도(1523실), 카지노가 포함된 호텔(935실), 메디컬센터, 박물관과 쇼핑센터 등을 건설할 계획이었던 예래휴양형주거단지에 대해 대법원은 '국토계획법에 정한 기반시설인 '유원지'의 그 개념과 목적이 다르고, 인근 주민의 자유로운 접근성과 이용가능성이 제한된 채 숙박시설 투숙객의 배타적 이용을 위한 각종 시설의 설치를 내용으로 하고 있어 도시계획시설규칙에 정한 유원지에 해당하지 아니한다'는 원심결정을 확정했다.

대법원 판결의 핵심은 예래휴양형주거단지는 '주민의 복지향상에 기여하기 위하여 설치하는 오락과 휴양을 위한 시설'이라는 유원지로 도시계획 승인을 받고 토지를 강제수용하여 개발했지만 실제 예래휴양형주거단지가 '주민의 복지향상에 전혀 기여하지 않는 사업'이라는 것이다.

대법원의 판결은 예래휴양형주거단지 뿐만 아니라 주민에 대해 배타성을 갖는 분양형 숙박시설을 포함하는 제주 전역의 대규모 개발사업 – 신화역사공원, 헬스케어타운, 송악산뉴오션타운, 이호분마랜드, 무수천 블랙파인리조트, 섭지코지 오삼코리아 오션스타 등[2] – 에 영향

---

[2] 대법원 예래휴양형주거단지 토지수용 재결처분 취소 판결 관련 주민-시민단체-정당 공동기자회견, 2015.03.25

을 미칠 것으로 보인다.

현재 제주 전역에서 추진되고 휴양형 숙박시설 및 카지노 중심의 개발이 '인근 주민의 자유로운 접근성과 이용가능성을 제한하며' 지역주민들을 배제하는 방식으로 이루어지고 있다. 지역주민들의 고용창출의 효과를 기대했지만 이마저도 지지부진한 상황이며 고용이 창출되는 대부분의 일자리 역시 청소, 경비와 같은 저임금 비숙련 서비스업종과 정신적 후유증이 큰 사행산업이다.

제주지역주민을 배제하고 소외시키는 방식의 개발로는 '국가 개방거점 개발 및 제주도민의 소득·복지 향상을 목표'로 하는 제주국제자유도시의 비전을 달성하기 어려울 뿐만 아니라 JDC에 대한 지역주민들의 지지를 얻기도 힘들다.

지역민을 배제하고 투자자와 정부만이 이익을 얻는 방식의 개발이 아닌 지역민들이 참여하고 개발이익을 함께 공유할 수 있는 개발방안이 필요하다.

3. 제주의 특성을 반영하지 못한 휴양형 숙박시설 및 카지노 중심의 부동산 개발

제주국제자유도시는 제주도를 사람·상품·자본이동이 자유롭고 기업활동의 편의가 최대한 보장되는 동북아 중심도시로 발전시킴으로써 국가 개방거점 개발 및 제주도민의 소득·복지 향상을 목표로 삼고 국제교류도시, 문화관광도시, 지식기반도시, 청정산업도시, 복지중심도시, 녹색정주도시, 환경생태도시 조성을 중점과제로 삼고 있다.

하지만 현재 JDC가 진행하는 사업들의 대부분은 휴양형 숙박시설 및 카지노 중심의 부동산 개발사업이 주를 이루고 있다. 제주도에서 3억 달러 이상을 투자하면 카지노를 허가받을 수 있다. 현재 제주도에 중국계 자본 15개가 진출하고 있으며, 투자 예상금액은 6조원이다. 제주 시민사회에서는 제주국제자유도시로 인해 제주도가 거대 카지노섬이 될 수 있다는 우려가 팽배하다(조성찬, 2015: 6).

뿐만 아니라 휴양콘도 분양과 같은 단기수익사업은 국가 개방거점 개발 및 제주도민의 소득·복지 향상을 추구하는 제주국제자유도시의 비전에 오히려 해가 될 수 있다. 휴양콘도 분양 및 카지노 사업은 단기수익에 집중하고 제주 지역의 특성과 전혀 상관없는 사행산업을 중심으로 투자수익을 극대화시키는 개발방식이다. 이러한 투자자본이 과연 제주지역과의 동반성장을 추구하며 중장기적인 투자수익을 모색할 수 있을지는 의문이다.

국가 개방거점 개발 및 제주도민의 소득·복지 향상이라는 제주국제자유도시의 원 목표를 달성하기 위해서는 현재와 같이 휴양형 숙박시설 및 카지노 중심의 개발이 아닌 제주지역의 특성을 반영하고 제주지역과의 동반성장을 모색하는 투자자본을 유치할 수 있는 제도적 방안에 대한 고민이 필요하다.

Ⅳ. 제주국제자유도시개발센터의 대안모델
   - 토지임대방식 공공 디벨로퍼

'현행 제주국제자유도시개발센터 사업의 문제점' 장에서 살펴보았던 부진한 투자실적, 지역민을 배제한 투자자 중심의 개발, 제주지역의 특성을 반영하지 못한 휴양형 숙박시설 및 카지노 중심의 부동산 개발과 같은 문제점들은 현재 JDC의 사업추진 성격이 부동산 개발 및 지속적 관리 모델이 아니라 부지조성 후 일시 매각형 부동산분양 시행사 모델에 기인한 바가 크다.

'현행 제주국제자유도시개발센터 사업의 문제점' 장에서 검토하였던 여러 난항을 넘어서기 위해서는 JDC 역할에 대한 재검토가 필요하다. 뉴욕의 배터리 파크 시티는Battery Park City는 배터리 파크 시티 공사Battery Park City Authority, 이하 BPCA가 공공 디벨로퍼로 참여하여 토지 매매가 아닌 임대방식, 지방채권 발행을 통한 재원마련, 점진적 개발 등 도시개발의 혁신적인 기법들을 도입한 도시개발사례이다. 4장에서는 성공적인 도시개발 사례로 손꼽히는 뉴욕 배터리 파크 시티의 개발 방식을 살펴보며 JDC가 추진하는 개발사업의 대안을 검토해 본다.

1. 배터리 파크 시티 개발 개요

뉴욕 로어 맨하탄 서측의 허드슨강을 따라 형성된 92에이커의 매립지에 약 16만 평의 사무실과 14,000여 세대의 주거, 28에이커의 공원으로 이루어져 있는 뉴욕의 배터리 파크 시티는 도시개발의 대표적 성공 사례로 손꼽힌다.

배터리 파크 시티 개발을 위해 1968년 BPCA를 설립하였다. 부지 매립 및 초기 기반시설 구축에 필요한 사업비용은 2억 달러의 지방채권을 발행하여 조달하였다. 배터리 파크 시티의 수변공간은 뉴욕시민 모두가 사용할 수 있는 강변공원과 산책로로 조성하였다. 업무지구는 세계무역센터와 지하철 역사 부근으로 배치하여 기반시설에 대한 투자비용을 큰 폭으로 줄였다. 개발사업자는 경쟁입찰은 통해 선정하였으며, 토지는 개발사업자에게 매각하지 않고 임대하였다.

현재 배터리 파크 시티는 세계금융센터와 뉴욕 상품거래소를 포함한 약 21만 평의 사무실과 1만여 세대가 거주할 수 있는 규모이다. BPCA가 배터리 파크 시티에서 거두어들이는 임대료 등의 수입은 2004년과 2005년에 각각 1억7,000만 달러와 1억 8,000만 달러에 달한다. 그 중에서 채권상환, 공공투자, 시설운영 등에 들어간 비용을 제외한 나머지 금액(2004년 1억 달러, 2005년 1억 700만 달러)을 공공주택 기금 등의 명목으로 뉴욕시에 돌려주었다(김경민, 2011: 229).

2. 배터리 파크 시티 개발의 시사점

배터리 파크 시티 개발에서는 도시개발의 새로운 패러다임을 적용한 기법, 즉 "공공공간에 대한 설계수준을 높이면서도 민간개발의 유연성을 최대한으로 보장하는 새로운 계획기법, 미래수익을 근거로 장기채권을 발행하여 재원을 조달하고 그 원리금을 토지를 임대함으로써 얻어지는 수입으로 서서히 상환하는 재원조달기법, 개발에 임박해서 수립되는 상세한 설계기준에 의거하여 경쟁을 통해 개발사업자를 선정하는 토지공급기법, 뉴욕시와 합의된 범위 내에서 개발허가권을 과감히 이양함으로써 변덕스러운 시장환경에 신속히 대응할 수 있도록 하는 등의 시도(김기호·김대성, 2002: 161)"들이 다양하게 적용되었다.

배터리 파크 시티 개발에 적용되었던 주요 개발방식들을 구체적으로 살펴보면서 배터리 파크 시티 개발이 JDC에게 주는 시사점을 정리해본다.

1) 공익을 증진시키는 공공투자

대법원 판결로 인해 제동이 걸린 예래주거형휴양단지와 같이 현재 JDC가 추진하고 있는 개발사업의 대부분은 공공성을 확보하지 못해 난항을 겪고 있다. JDC 및 정부의 공공투자가 제주지역민에게까지 혜택이 가기 위한 장치에 대한 고민이 필요하다.

강변산책로와 공원조성을 통해 공공투자를 민간투자를 촉진시키는 전략적 수단으로 활용하고 공공성까지 확보하였던 배터리 파크 시티의 사례는 JDC가 제주지역주민들의 지지를 얻고 제주의 공기업으로 거듭날 수 있는 유의미한 시사점을 던져주고 있다.

도시개발을 위해 투입되어야 하는 공공투자 비용이 이로 인해 발생하는 민간투자로부터 회수될 수 있다면 더 이상 바랄 것이 없겠지만, 개발의 초기 단계에서부터 이의 성공여부를 확신하기는 매우 어렵다. 그러므로 공공투자는 우선 민간투자의 촉진을 위한 전략적 수단으로 활용되어야 하지만, 이와 함께 보다 광범위한 공공이익에도 봉사할 수 있어야 한다. 예를 들어 뉴욕 배터리 파크 시티에서의 강변산책로와 공원은 도시환경의 매력을 증진시켜 민간개발을 끌어들이는 촉매제의 역할을 하였을 뿐 아니라, 이와 동시에 뉴욕시민을 위해 다른 곳에서 제공할 수 없는 중요한 여가공간을 제공함으로써 공공투자의 정당성과 개발사업에 대한 정치적 지지를 확보할 수 있었다(김기호·김대성, 2002: 162).

JDC가 개발하는 휴양형 숙박시설 및 카지노는 지역민들의 사용이 원천적으로 차단되어 있다. 또한 개발로 인해 수자원 고갈, 환경오염 등 제주의 자연환경은 파괴되지만 정작 제주도민들에게는 아무런 혜택이 없는 현재와 같은 방식의 개발방식으로는 제주지역주민들의 우호적인 지지를 얻기 어렵다.

배터리 파크 시티 개발공사는 초기 공공투자비용을 강변산책로와 공원을 조성하는데 투입함으로써 도시환경의 매력을 높여 민간개발을 끌어들이는 촉매제로 사용하였다. 뿐만 아니라 지역주민들도 누구나 접근이 가능하도록 하여 개발사업에 대한 지역주민들의 지지를 이끌어냈다. 또한 배터리 파크 시티의 개발수익의 일부를 뉴욕시의 저소득층 주거복지 기금에 사용함으로써 개발에 대한 정당성을 확보하였다. JDC의 공공투자 역시 민간투자자를 끌어들이는 촉매 역할과 지역주민들의 지지와 개발의 정당성을 확보할 수 있는 방식으로 사용할 수 있도록 해야 한다.

2) 토지임대방식의 도입을 통한 건강한 투자자본 유치

JDC가 국가 개방거점 개발 및 제주도민의 소득·복지 향상이라는 제주국제자유도시 본연의 목적을 달성하기 위해서는 제주지역에 투자하는 자본에 대해 필터링이 필요하다. 제주지역에 지속적으로 관심을 가지고 제주지역과 동반성장을 하려는 투자자와 제주지역과 환경이 어찌되든 상관없이 황금알을 낳는 거위의 배를 갈라버리듯이 단기 수익에 집중하고 빠져버리는 이른바 '먹튀'투자자들을 구분할 필요가 있다.

휴양형숙박시설을 지어 분양해버리고 떠나거나 제주도의 특성을 살리지 못하는 카지노와 같은 사행산업 중심의 개발은 제주지역의 지속적인 발전을 담보할 수 없다. 제주특별자치도와 동반성장하며 수익을 내는 자본을 유치하기 위해서는 JDC가 현재와 같은 부지 조성 후 일괄 분양 방식이 아닌 토지임대방식을 모색할 필요가 있다. 토지임대방식의 투자자 모집은 단기적인 수익을 추구하는 투기자본을 걷어내고 장기적인 관점에서 제주지역과의 동반성장을 통해 수익을 모색하는 건강한 투자자본을 찾아낼 수 있다.

3) 토지임대방식에 기초한 점진적 개발 및 공공투자 재원 선순환 시스템 구축

제주국제자유도시는 단시일 내에 구현하기 어려운 비전이다. 그러므로 중장기적 관점에서 투자를 할 투자 자본을 유치해야 하고 국제자유도시에 필요한 기반시설 구축에 필요한 공공투자재원의 자체적인 조달이 필요하다.

현재 면세점 수익을 통해 JDC 사업에 필요한 재원을 마련하고자 하는 시도가 있지만 매우 미미한 수준이며 오히려 인건비와 면세점 임대료 등 관리비로 대부분 지출되고 있는 상황이다(제주특별자치도,

2011: 140).

배터리 파크 시티 개발공사는 개발여건이 성숙되지 못한 초기에 토지의 상당량을 싼 값에 팔았던 도크랜드 개발공사[3]와 달리 토지임대 방식을 통한 단계적 개발을 시도하였고 토지임대료라는 장기적인 수입원을 확보하여 공공투자 재원 선순환 시스템을 구축하여 지속가능한 개발을 이루어냈다.

토지의 소유권과 개발권을 분리하여 토지는 배터리 파크 시티 개발공사가 소유하고, 민간 개발사업자가 토지를 임대하여 건물을 개발하는 토지임대형 개발방식의 장점은 다음과 같다. 민간사업자의 입장에서는 토지를 구입할 필요가 없어 초기투자 부담이 대폭 줄어든다. 배터리 파크 시티 개발공사의 입장에서는 공공시설 등 제반 여건이 성숙되지 않은 초기에는 저렴한 가격으로 임대하지만 공원과 산책로, 학교, 박물관 등 지속적인 공공투자가 일어나고 도시개발이 진전되면 임대료를 점진적으로 올릴 수 있어 배터리 파크 시티 개발공사의 운영비 및 공공투자 재원을 확보하는 선순환 시스템을 구축할 수 있다.

부동산의 가치가 도시개발과 공공투자가 진전됨에 따라 점진적으로 상승한다면(특히 지가의 상승폭이 금리보다 높을 경우에는), 토지를 전략적으로 보유하면서 단계적으로 개발하는 것이 보다 합리적인 선택이 될 수 있다. 단계적 개발은 공급물량을 시기별로 적절히 조절

---

[3] 런던 도크랜드에서는 토지의 조기매각을 위한 노력이 오히려 상당량의 토지를 저가에 매각하는 결과를 초래하여, 도크랜드 개발공사의 수익구조를 더욱 악화시켰다. 즉 도크랜드 개발공사 설립 후 4년 동안 40% 이상의 토지가 매각되었으나, 매각수입은 전체의 5%에 불과하였다. 그 결과 1980년대 후반과 1990년대 중반 이후의 부동산 경기 호황국면을 적절히 활용하지 못하였다 (Gordon, 2001; 김기호·김대성(2002)에서 재인용).

함으로써 시장에 대한 충격을 최소화하고, 대량공급에 따른 할인판매의 필요성을 줄이면서 보다 유리한 입장에서 민간투자자를 유치할 수 있다(Gordon, 1997). 또한 단계적 개발은 도시의 성장을 체계적이고 계획적으로 유도할 수 있을 뿐만 아니라, 미래의 변화에 보다 유연하게 대응하고, 이전 단계에서의 시행착오를 토대로 다음 단계에서 보다 효과적인 개발전략을 수립할 수 있다. 이러한 과정을 거쳐 단계적이고 체계적으로 개발된 도시는 일시에 모든 토지를 매각하고 이후의 개발은 민간의 선택에 맡기는 도시보다 훨씬 건전하고 바람직한 도시환경을 갖출 수 있을 뿐만 아니라, 도시개발공사에게도 더 많은 수익을 안겨줄 수 있다(김기호·김대성, 2002: 162-163).

단시일에 제주국제자유도시의 비전이 이루어지기 어려운 만큼 중장기적 안목을 가지고 제주국제자유도시의 비전을 현실화해야 하는 JDC가 배터리 파크 시티 개발 방식에서 참조할 만한 대목 중 하나는 토지임대방식을 통한 점진적 개발 및 토지임대료를 재원으로 하는 공

그림1 배터리 파크 시티 재원조달 구조

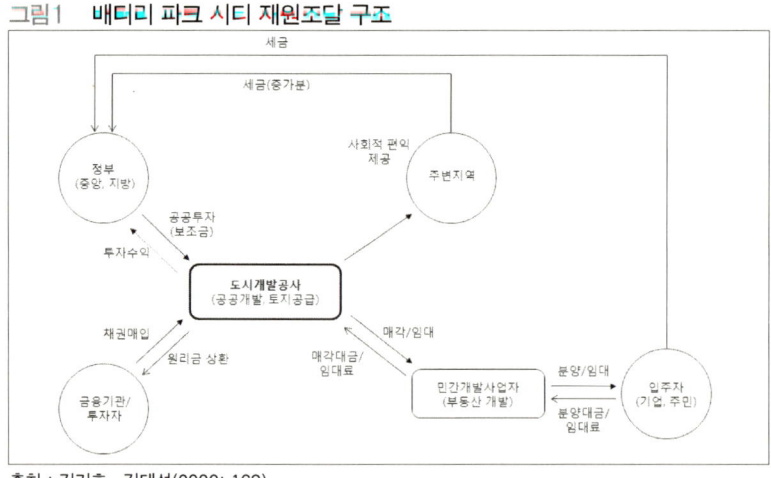

출처: 김기호·김대성(2002: 163)

공투자 선순환 시스템 구축이다.

투자분위기가 무르익기도 전에 일괄적으로 부지를 조성하는 방식에 대해서는 제2차 보고서에서도 우려를 표한 만큼(제주특별자치도, 2011: 131) JDC의 개발방식도 점진적 개발이 가능한 토지임대형 개발방식으로의 전환을 적극적으로 모색할 필요가 있다.

Ⅴ. 맺음말 - 새로운 도시 비전에 맞는 새로운 도시개발방식

현재 제주국제자유도시 사업이 난항을 겪는 가장 큰 이유는 국제교류도시, 문화관광도시, 지식기반도시, 청정산업도시, 복지중심도시, 녹색정주도시, 환경생태도시 조성이라는 새로운 비전을 제시하였지만 정작 도시개발 방식은 구시대의 패러다임에 기초하여 개발을 진행하고 있기 때문이다.

뉴어바니즘New Urbanism, 스마트 성장Smart Growth 등 새로운 도시개발 패러다임에 기초한 도시개발방식들이 나오고 있지만 현재 JDC가 추진하는 개발 방식은 여전히 1970-80년대 산업화시대의 도시개발방식, 즉 부지조성 후 일시 매각형 부동산분양 시행사 모델에 머물러 있다.

제주특별자치도를 국제교류도시, 문화관광도시, 지식기반도시, 청정산업도시, 복지중심도시, 녹색정주도시, 환경생태도시로 만들기 위해서는 JDC의 역할모델을 제주지역을 투자자들에게 매각하고 손을 놓는 방식의 부동산 분양 시행사가 아니라 제주의 자연환경을 지속가능한 방식으로 보전하고 개발이익의 혜택을 지역주민과 공유하는 개발을 이끄는 공공 디벨로퍼로의 역할의 재인식이 급선무이다.

참고문헌

① 서적

김경민. 2011. 『도시개발, 길을 잃다』. 시공사.
신용인. 2014. 『생명평화의 섬과 제주특별법의 미래』. 도서출판 GAK.
제주도. 2002. 『제주국제자유도시종합계획』.
제주특별자치도. 2011. 『제2차 제주국제자유도시 종합계획』.

② 학술지

김기호·김대성. 2002. "대규모 도시개발사업의 전략과 기법에 관한 연구 : 뉴욕배터리 파크 시티와 런던 도크랜드 개발사례를 중심으로." 『대한건축학회논문집 계획계』 18(10).

③ 인터넷자료

대법원 예래휴양형주거단지 토지수용 재결처분 취소 판결 관련 주민-시민단체-정당 공동기자회견, 2015년 3월 25일. (http://goo.gl/f0JqTv)
제주국제자유도시개발센터 기관 소개(http://www.jdcenter.com/doc/sub1/sub121.jsp)
조성찬. 2015. "제주국제자유도시 전략 추진에 따른 문제점 및 대안 모색." http://landliberty.or.kr/archives/2734

제11장
제주 개발의 역사와 오늘
: 주변의 정치경제와 개발주의 시대를 넘어서

정영신

I. 머리말: '소란'한 제주의 오늘

제주는 한국사회에서 하나의 '시험장'으로 기능하고 있다. 제주는 과거 대규모 골프장과 리조트의 건설에서부터 최근 대형 카지노의 건설, 중국인들에 의한 급속한 부동산 매입, 국내 최초의 '영리병원' 합법화 문제 등 심각한 사회문제들이 '최초로' 부각되는 중요한 무대였다. 2013년에는 관광객 수가 1천만 명을 돌파하면서 '세계적인 관광의 섬'으로 각광받고 있기도 하다. 동시에, 관광객 가운데 181만 명이 중국인 관광객으로서, 중국의 경제적 부상과 한중관계의 진전을 피부로 느낄 수 있는 곳이기도 하다. 또한 여행지나 맛집을 소개하는 방송프로

그램에서는 매일 같이 제주의 숨은 장소를 파헤쳐 꼭 가봐야 할 곳으로 명명한다. 제주의 오늘은 그만큼 '소란하다'.

현재 제주에는 '제주도개발특별법'을 대체한 '제주국제자유도시특별법'(2002)이 제정되어 2006년부터 '제주특별자치도 설치 및 제주국제자유도시 조성을 위한 특별법(이하 '제주도특별법')'으로 통합되어 있는 상태다. 이것은 "제주도를 자치입법, 자치재정, 자치조직 및 인사 등 자치행정 전 분야에 걸쳐 파격적인 자치권을 갖는 '자치모범도시'로 육성"함과 동시에 "규제완화와 글로벌 스탠다드 도입을 통해 '이상적 자유시장 경제모델'을 구축함으로써 동북아의 친환경적 국제자유도시로 발전"시키겠다는 구상 하에 나온 것이다. 앞에서 언급한 문제들은 그 부산물이라고 할 수 있을 것이다. 여기에서도 제주는 '신자유주의 프로젝트'(하비, 2007)의 '모범'으로서 그 성과를 보여주는 모델로 상정되고 있다. 특히 이런 기획 속에는 제주의 공동자원·커먼즈라고 할 수 있는 자연(자원)을 상품화·산업화 하겠다는 발상이 강조되고 있다. 예컨대, 2004년 1월에 제정된 '국가균형발전특별법'에 따라 2004년 9월에 제주도청이 수립한 '제1차 제주도 지역혁신발전 5개년 계획'에는 '신성장동력산업'이라는 용어가 등장하고 있다. 이것은 지하수나 바람과 같은 자연자원의 상품화를 의도한 것이었다. 또한 2009년 4월 이명박 정부에 의해 개정된 '국가균형발전특별법' 하에서는 물산업과 관광레저 산업을 선도사업으로 선정하기도 했다. 2010년에 제정된 '저탄소녹색성장기본법'과 '녹색성장 국가전략 및 5개년계획' 하에서, 제주도청은 "2020년 아시아 최고, 2050년 세계적 녹색성장 모범도시 조성"을 모토로 내놓기도 했다. 2010년에는 제주도를 '세계환경수도'로 조성하겠다는 포부를 내놓고 '세계환경수도 조성 기본계획'을 수립하기도 했다.

정부와 제주도청이 내놓은 구상과 계획만을 놓고 보면, 제주는 세계적인 모범이자 모델로서 장밋빛 미래가 예약되어 있는 듯하다. 좋은 의미에서건 나쁜 의미에서건 제주는 하나의 '시험장', '모델', 혹은 실험의 무대로 상정되고 있는 것이다. 이런 상황을 일반적으로 제주에 부여된 이미지, 즉 제주4·3사건 이래로 정치적으로 차별받았고 경제적으로 소외되었으며 문화적으로도 주변화된 지역이라는 이미지를 고려할 때, 어떻게 이해할 수 있을까? 제주 전역에서 볼 수 있는 '공사 중'이라는 표지판과 포크레인의 굉음, 전국 최고 수준의 땅값·집값 상승, 관광객과 이주민의 폭증. 이런 '소란'들은 과거에 변방과 주변부로 인식되던 제주의 지위가 변화했다는 증거인가? 아니면 여전히 제주의 주변성을 보여주는 몇 가지 사례에 불과한 것일까? 이 글은 위와 같은 질문들에 대해, 20세기 중반부터 현재까지 제주가 경험해 온 정치경제적 변동을 '주변의 정치경제'라는 시각에서 검토해 보는 것을 목적으로 한다. 이를 통해 제주가 '주변'으로서 경험해 온 정치와 경제의 특징을 규명하고, 그것이 지닌 한계와 가능성을 탐색해 볼 것이다.

Ⅱ. 주변의 정치경제에 대한 예비적 고찰

'변경'이나 '변방'이 단순히 경계가 되는 변두리 지역을 가리킨다면, '주변' 혹은 '주변부'는 '중심'과 구조적으로 연결된 체제의 통합적인 일부분이라고 이해할 수 있다. 중심과 주변이라는 틀에서 보면, '중심'으로의 부와 권력의 집중·축적은 '주변'의 물질적·상징적 자원에 대한 강탈·착취나 억압에 의해 가능하며, '주변'의 저발전이나 소외는 체제 전반의 구조적·정책적 산물이라고 볼 수 있을 것이다. 따라서 주변부 지역은 설령 발전을 한다고 하더라도 내발적이거나 통합적인 발전을 이루기보다는 중심부에 필요한 특화된 기능만을 담당하는 기형적 발전을 이루기 마련이다. 그리고 이러한 구도는 세계체계의 구조에서부터 국민국가 내부의 식민지에 이르기까지 동형적인 구조로서 적용될 수 있다. 식민지체제로부터 해방과 전쟁을 거쳐 냉전·분단체제가 형성되고, 그것의 변형을 거쳐 오늘에 이르기까지 제주의 근대정치경제는 중심-주변 관계에 의해 규정되어 왔다고 할 수 있다. 이러한 시각은 제주학 연구나 제주 지역의 연구자들에게 (세부적인 의미는 다르다고 하더라도) 일반화된 시각이라고 할 수 있을 것이다. 나아가, 한반도를 동북아시아나 세계체제의 주변으로 위치짓고, 제주를 '주변의 주변'으로 바라보는 시각도 접할 수 있다.

그런데 이런 시각은 두 가지 측면에서 보완될 필요가 있다. 먼저, 제주가 지닌 '이중의 주변성'을 어떻게 이해할 것인가의 문제다. 제주가 이중으로 주변적인 위치에 있다고 할 때, 거기에는 분단체제 하에서 한국(혹은 남북한)의 위치를 주변으로 규정하는 시각이 전제되어 있다. 그러나 세계 10위권 안팎의 군사력과 경제력을 지닌 한국을 주변으로 위치짓는 것은 한국사회가 정치경제적으로 보여준 역동성을 이해하는데 난관을 초래한다. 동남아시아를 비롯한 남반구 국가들로 한국 자본의 광범위한 진출을 고려하면 더욱 그러하다. 그래서 세계체계분석world-system analysis에서는 한국을 '반주변'으로 위치짓기도 한다. 필자는 제주의 주변성이 지닌 복합성에는 '반주변의 주변'이라는 규정으로 해명되지 않는 부분이 있다고 생각하는데, 제주에는 '동아시아 변경(혹은 주변)의 섬'으로서 지닌 주변성이 있다고 생각하기 때문이다. 이후의 분석에서 드러나겠지만, 제주는 국민국가 내부의 한 지방으로서 주변일뿐만 아니라, 때로는 국민국가적 규모인 '육지'와 분리되어 동아시아의 다른 섬들과 밀접한 관계에 있는 공간으로 사고되기도 한다. 물론 이러한 후자의 측면은 근대국가의 변동과 별개로 진행된 것은 아니며, 오히려 밀접한 관계 속에서 서로 교차하고 있었다고 보아야 할 것이다.

둘째, 제주가 '주변'으로서 지닌 이중성과 복합성을 지니고 있다고 하더라도, 그것 자체로 제주의 정치경제가 지닌 독특성이 해명되는 것은 아니다. 그 가운데 많은 부분은 국민국가 내부의 다른 섬들이나 지역·지방에도 그대로 적용될 수 있다. 주변으로서 제주가 지닌 독특한 정치경제적 동학에 대해서는 별도의 설명이 필요하다. 필자는 그것을 '수용소의 정치'와 '자유항의 경제'라는 두 가지 규정을 통해서 설명하고자 한다. 이 두 가지 규정은 4·3사건으로 대표되는 제주의 독특한 정치적 지형과 국제자유도시의 건설로 대표되는 제주 경제의 독특한 미래구상과 연결되어 있다. 이러한 시각은 제주의 주변성이 지닌 독특함이 국민국가 혹은 중앙과의 관계에서뿐만 아니라, 국민국가 외부와의 관계(단절·고립/교류·연대)를 통해서도 규정되어 왔다는 점과 연결된다.

이하에서는 이러한 예비적 고찰에 근거를 두고(혹은 예비적 고찰에 근거를 마련해 가면서), 제주가 지닌 '주변의 정치경제'로서의 독특성을 해명해 보고자 한다.

Ⅲ. 제주의 지정학적 주변성의 명암
: 제국의 변경·주변에서 국민국가의 주변으로

독자적인 해상국가였던 탐라국이 고려의 지방행정 단위인 탐라군으로 편입된 이래로, 제주는 권력의 "중심에서 격리되어 긴밀한 관계를 갖거나 보호를 받지 못한 채 수탈을 당해왔다"(이상철, 1987). 그런데 '수탈당하는 변경'으로서의 위치는 식민지 시기에 와서 복잡한 양상으로 바뀌기 시작했다. 우선, 식민지 시기에 제주는 일제의 근대적 통치

하에 있던 식민지 조선의 일부로서 정치경제적 주변의 위치로 재편되었는데, 가령 제주는 1930년대 이후부터 일제의 축산정책 변동에 따라 우마(牛馬)의 공급지로 재편되어 제주의 각 마을에는 마을목장조합이 광범위하게 건설되었다. 동시에 제주는 식민지 조선반도에서 멀리 떨어진 섬이라는 위치 때문에 육지와는 다른 운명에 처했다. 일본제국의 붕괴가 목전에 다다랐던 1945년, 일본군에 의해 제주가 군사기지화 되었던 경험이다(정영신, 2012; 2014a). 미군에 의한 일본본토 공격과 오키나와전투가 임박하자, 일본군은 본토결전 계획인 '결호작전'을 기획하고, 이 가운데 '결7호작전'을 통해 제주도에 군대를 배치했다. 현재의 일본 영토 이외의 지역으로는 유일하게 제주도가 포함된 것이었다. 이때 건설된 각종 참호와 동굴진지, 비행장 등은 아직까지 제주의 곳곳에 남아 있다(신주백, 2003; 이병례, 2007; 조성윤, 2011; 조성윤 엮음, 2008; 황석규, 2007). 이러한 군사화의 압력은 동중국해를 접하고 있던 대만이나 오키나와, 제주가 공통적으로 경험한 것이었다. 특히 오키나와와 제주는 이 시기에 상당히 유사한 역사적 경로 속에 놓여 있었고, 규모의 측면에서도 유사한 부분이 크다. 오키나와와 제주의 차이점은 오키나와에서는 이와 같은 전쟁준비가 실제 전쟁으로 이어져 참혹한 피해를 낳았다면, 제주는 일본의 항복으로 인해 그와 같은 참극을 피해갈 수 있었다는 점이다. 이 사건은 당시 제주가 식민지 조선의 주변, 즉 주변의 주변으로서의 위치에 있었다는 점뿐만 아니라, '제국'일본에 보다 직접적으로 연결되어 동아시아의 다른 섬들과 동일한 운명의 연쇄 속에 처해 있었음을 보여준다(정영신, 2014a).[1]

---

1   식민지 시기에 동원된 조선인들 가운데 제주인의 동원 양상이 보여주는 특징들 역시, 제주가 그 지리적 특성으로 인해서 식민지 조선으로부터 분리되어 다른 역할을 부여받을 수 있었음을 보여준다. 국가기록원의 '일제 강제연행자

제주가 지녔던 주변으로서의 지위는 식민지·제국체제에서 냉전·분단체제로의 이행과정에서 벌어진 두 사건, 즉 4·3사건과 한국전쟁을 계기로 급변했다. 4·3사건은 그 피해의 규모 측면에서 제주 역사상 유례없는 참극이었고, 면면히 이어져오던 제주인들의 삶을 송두리째 뒤바꿔놓은 격변이었다. 이 4·3사건의 배경과 원인, 과정 및 결과에 대해서는 이미 많은 연구와 진상보고서가 나왔기 때문에 여기에서 재론할 필요는 없을 것이다.[2] 그리고 그 세부적인 쟁점을 논의하는 것도 이 글의 관심사는 아니다. '초토화작전'을 동반한 이 대규모 학살에 의한 사망자 수만 보더라도, 2만5천에서 3만 명으로 추정되고 있다. 1949년 당시 제주의 인구가 25만여 명이었고, 1948년 4월 3일부

명부 컬렉션'을 연구한 허수열에 의하면, 일반 노무자로 강제 동원된 인원수는 제주도가 다른 지역보다 조금 적었지만, 군인과 군속으로 동원되었다가 사망한 명단이 포함된 명부에서는 제주인이 오히려 다른 지역의 3배를 웃돈다고 한다. 제주도 출신자들이 다른 지역에 비해 해군 사병이나 해군 군속의 선원으로 많이 차출되었기 때문이다. 또한 제주인들은 오키나와인들처럼 특히 남양군도 방면으로 많이 동원되었다. 이에 대해서는 허수열(2008)의 연구를 참조.

2 1999년에 국회에서 통과하고 2000년에 공포된 제주4·3사건진상규명과희생자명예회복에관한특별법(이하 4·3특별법)에 의해 구성된 제주4·3사건진상규명및희생자명예회복위원회(이하 4·3위원회)는 2003년 10월 15일에 공식보고서를 확정했다. 여기에서는 4·3사건을 "1947년 3월 1일 경찰의 발포사건을 기점으로 하여, 경찰·서청의 탄압에 대한 저항과 단선·단정 반대를 기치로 1948년 4월 3일 남로당 제주도당 무장대가 무장봉기한 이래, 1954년 9월 21일 한라산 금족지역이 전면 개방될 때까지 제주도에서 발생한 무장대와 토벌대간의 무력충돌과 토벌대의 진압과정에서 수많은 주민들이 희생당한 사건"으로 규정하고 있다. 4·3사건의 과정과 성격에 대한 가장 간결한 요약본으로는 박찬식의 『4·3사건의 진실』(제주4·3평화재단, 2010)을 참조.

터 1954년 9월 21일까지 희생된 사망자수가 그 정도였으니 제주도 거주민의 대략 10% 이상이 4·3사건으로 희생되었다고 할 수 있다(4·3위원회, 2003: 363-367).

여기서 주목하는 부분은 4·3사건이라는 엄청난 국가폭력의 사태를 제주의 근대정치의 역사 속에서 어떻게 자리매김할 것인가에 있다. 무엇보다, 4·3사건은 한반도의 '변방'에 위치하던 제주를 대한민국이라는 근대국가의 '주변'으로 확고하게 편입시킨 계기였다고 할 수 있다. 동아시아 주변 섬들과의 관계는 단절되었고, 제주는 중앙에 의한 직접적인 차별과 억압의 대상이 되었다. 물론, 이것은 무조건적인 방치를 의미하지 않았으며 선별적인 동원의 형태를 띠었다. 한국전쟁의 과정에서 제주도가 담당했던 세 가지 역할에서 이러한 동원의 양상이 잘 드러난다. 먼저, 제주도는 군사훈련지의 역할을 담당했는데, 1950년 7월 16일에 육군 제5훈련소가 설치되었고, 1951년 1월 22일에는 대구에 있던 육군 제1훈련소가 제주도 모슬포로 이동했다. 이 이외에도 국방부 제2조병창, 무선통신중계소 등이 설치되었다. 모슬포 육군 제1훈련소에서 양성된 병력은 50만 명에 이른다. 둘째, 제주도는 포로수용소의 역할을 담당했다. 유엔군사령부는 거제도에 설치되었던 포로수용소에서 많은 문제가 발생하자, 1952년 6월부터 북한군 포로는 육지에, 중공군 포로는 제주도에 수용하기 시작했다. 중공군 포로 중 본국송환을 원하는 '친공포로'는 제주비행장에, 송환을 원하지 않는 '반공포로'는 모슬포비행장에 수용하였다. 1953년 2월 1일의 포로수용인원은 제주비행장의 포로가 5,809명, 모슬포의 포로가 14,314명이었다. 셋째, 제주도는 피난지의 역할을 담당했다. 1950년 12월부터 피난민들이 제주도로 대거 몰려들기 시작했는데, 1951년 1월 3일에 16,000여 명이던 피난민 숫자는 1월 15일에는 87,000여 명으로 증가했고, 5월 20일에는 148,794명에 이르렀다. 전선이 안정되면서 피난민 일부가 고향으로 복귀하였지만 1952년 1월 말에도 북제주군에 22,000여 명, 남제주군에 6,500여 명 등 28,460여 명의 피난민이 제주도에 남아 있었다(4·3위원회, 2003: 338-340). 이러한 역사적 경험은 제주가 동아시아의 주변부에서 근대 국민국가 대한민국의 주변부로 통합될 때 경험한 위상의 변화를 잘 설명해 준다. 즉, 일제 말기에 '군사기지의 섬'으로 전변되었다가 4·3사건과 한국전쟁 과정에서 '학살터', '훈련소', '수용소', '피난지'로 전락한 제주는 단순히 국민국가의 한 지방·지역으로 이해될 수 없는 곳이었다. 제주는 국가폭력과 전쟁의 과정에서 난민이 발생하는 지역이었을 뿐만 아니라 난민들이 전쟁을 피해 이주하는 섬이었고, '비국민'들의 '수용소'였으며, '비국민'들이 국민국가의 일원임을 인정받기 위해 훈련받는 공간이었고, 국가권력에 의해 '비국민'으로 간주되던 제주인들에 대한 '심문'과 통제가 일상적으로 이루어지던 공간이었던 것이다.

특히 4·3사건에 뒤이은 한국전쟁은 생존자와 유족들이 중앙으로의 동화와 통합을 지향하도록 스스로를 훈련하고 규율하게 만들었다. 예컨대, 한국전쟁 당시 육군과 해병대에 입대해 참전한 제주 청년들은 대략 1만여 명에 달하는 것으로 추정된다(박찬식, 2010: 75). 정부에서 '빨갱이섬'으로 낙인찍은 제주도가 거꾸로 북한의 침략을 막아내는 방패막이 역할을 하게 되는데, 이것은 제주의 청년들에게는 생존을 위한 몸부림이기도 했다. 기존 연구들은 이 시기의 공포와 두려움이 국가와 중앙정부를 향한 종속적인 태도의 근원이 되었다고 평가하고 있으며(김석준, 1997), 또한 이 시기부터 제주의 정치·경제·사회 전반이 육지부에 종속되어 외부의 규정을 강하게 받는 주변성을 띠게 되었다고 보고 있다(이상철, 2000).

그런데 이러한 주변으로의 통합은 4·3사건과 한국전쟁 시기의 공포와 통제를 '학살 이후' 혹은 '전쟁 이후'에도 연장시킨다는 전에 하에서의 통합이었다. 4·3사건의 전개 과정에서 미군정과 경찰, 우익단체의 탄압과 검거를 피해 청년층과 장년층이 일본으로 건너갔고, 해방과 더불어 귀국했던 재일동포들 역시 일본으로 발길을 돌렸다. 이들 중 일부는 북송사업을 통해 북한으로 들어가기도 했다. 4·3사건으로 인해 일본과 북한 등 여러 지역으로 흩어진 제주인들이 다시 만나는 것은 냉전시기 동안 거의 불가능했다. 이들 디아스포라Diaspora의 존재는 냉전시기 동안 제주의 주변성이 지녔던 특징을 잘 보여주고 있다. 이들은 한국전쟁이 형성한 냉전·분단체제에 의해 그 존재가 부정되었고, 흩어진 이들의 관계가 이어지는 것은 종종 간첩단 사건 등으로 활용되었으며, 그러면서도 그들의 '부재'라는 사실 자체가 연좌제를 통해 오랫동안 제주사회를 억누르는 근원이 되었다. 제주인들은 식민지 시기에 형성된 광범위한 네트워크를 단절당한 채, '밀항선'을 통해서만 그 관계를 이어나갈 수 있었다. 요컨대, 한국전쟁의 종전에 즈음하여 포로수용소가 폐쇄되고 1954년 9월에 한라산 금족령이 해제된 것은 현실의 물리적 철조망을 단순히 해체한 것이 아니라, 그것을 제주인의 의식 속으로 옮겨오는 것을 의미했던 것이다. 그런 의미에서 제주 정치의 일상은 생사여탈권을 쥔 존재로부터 끊임없는 심문이 벌어지는 곳, 수용소의 그것과 닮아 있었다.

그렇다면 동아시아 섬으로서의 주변성은 어떤 모습을 띠었는가? 디아스포라의 존재와 이들 사이의 단절이 동아시아적 주변성의 비가시화를 의미한다면, 1960년대 말에 벌어진 '오키나와 미군기지의 제주도 유치공작'은 그것의 균열을 의미한다.[3] 1960년대에 미군정의 직

---

3 1960년대 말 한국정부에 의한 '오키나와 미군기지의 제주도 유치공작'에 대

접 지배를 받고 있던 오키나와에서는 일본으로의 복귀를 요구하는 '조국복귀운동'이 강력하게 전개되고 있었고, 베트남전쟁이 격화되는 와중에 미국의 오키나와통치가 흔들리자 미일 양 정부는 오키나와반환협상을 본격화했다(정영신, 2013). 그런데 오키나와반환협상 과정에서 미군기지가 대폭 축소될 것이라고 예상한 한국정부는 이것을 안보의 위기로 인식하고, 1968년부터 당시 정일권 총리와 최규하 외무장관을 중심으로 폐쇄되거나 축소될 오키나와 미군기지를 한국의 제주도에 유치해야 한다고 국제무대에서 강력하게 주장했다. 이 같은 주장은 1968년과 1969년에 열린 한미국방각료회담에서도 반복되었다.[4] 즉, 한국정부는 오키나와 미군기지의 기능을 그대로 유지하는 문제를 사활적인 안보문제로 인식하고 오키나와 반환문제에 개입하고자 했는데, 만약 오키나와 기지의 유지가 불가능하다면 그 대체지로 제주를 제공하겠다는 것이었다.[5] 결과적으로, 이러한 유치공작은 '실패'하는데 그것은 오키나와반환협상이 '성공'적으로 마무리되면서 '한국·대만

해서는 정영신(2012)의 연구를 참조.

4   1969년에 열린 2차 회담에서 당시 임충식 국방장관은 "우리 제주도에 공군기지와 해군기지를 만들어 줄 것을 제의"한다고 밝히고 "제주도에 만드는 것이 여러 가지 면에서 실질적"이라고 밝혔다. 월남전관련문서목록, Re-0019, 파일번호09, 『한미국방각료회담, 제2차. 서울, 1969.6.3-4』, 분류번호 729.21 US, 등록번호 3100, pp.113-114, 2005년 외교통상부 공개 자료.

5   그런 가운데 1969년 6월 박정희 대통령은 제주도를 미 공군기지와 해군기지로 제공할 용의가 있음을 미국 당국자들에게 재확인했고, 7월 17일 데이비드 패커드(David Packard) 미 국방차관은 한국 의원단과 만난 자리에서 오키나와 기지반환에 관한 협상이 실패할 경우 한국이 제시한 안을 수락할 용의가 있다고 발언하기에 이른다. 「오키나와 반환협상 실패하면 제주에 미군기지 용의」, 『경향신문』, 1969. 7. 18.

조항'이 발표되고 오키나와 미군기지가 그대로 유지되었기 때문이다.[6]

그렇다면 오키나와의 미군기지를 대체하는 지역으로 왜 제주도가 선택되었을까? 그와 관련된 명시적인 언급은 없지만, 당시 한국정부가 보기에 오키나와가 지닌 지정학적 위치와 가장 유사한 곳이 제주라고 판단했음에 틀림없다.[7] 즉, 국가는 제주가 오키나와와 공유하는 '섬으로서의 주변성'을 동아시아의 냉전·분단체제를 유지하기 위한 군사적 중추로 전환하려 했던 것이다. 하지만 이러한 흐름의 동아시아적 '주변성'은 잘 부각되지 않고 비가시화 되었는데, 그것은 일제 말기의 군사화가 강제동원과 이주라는 네트워크의 확장 속에서 이루어졌다면 이 시기의 군사화 압력은 제주의 고립과 단절 속에서 시도되었기 때문이다.

---

6 오키나와반환협상의 내용을 확정지은 1969년 11월의 사토-닉슨 정상회담을 통해 오키나와 미군기지의 기능을 그대로 유지할 것이 결정되고, 1969년 11월 21일의 사토-닉슨 공동성명에서 일본의 사토 수상은 "한반도의 평화유지를 위한 UN의 노력을 높이 평가하고, 한국의 안전은 일본 자신의 안전에 있어서 긴요하다"고 밝히는 동시에 "대만 지역의 평화와 안전의 유지도 일본 자신의 안전에 있어서 매우 중요한 요소"라고 언급했다. 바로 이 '한국·대만 조항'은 오키나와 반환과 관련한 한국과 대만 정부의 안보불안에 응답하는 것이었고, 그 결과 1969년 말의 시점으로 가면 한국에서 오키나와 미군기지의 제주도 유치론은 사라지게 된다. 1960년대 말, 제주도 군사기지화의 움직임은 일본으로 복귀한 후에도 오키나와 미군기지가 그대로 유지된다는 조건 하에서 중단되었던 것이다.

7 미국은 위와 같은 한국정부의 견해에 동의하지 않았다. 미국은 오키나와의 전략적 장점을 대체하기 힘들다는 점, 제주도가 중국 대륙에 근접하여 레이다망에 포착된다는 점, 기지로서의 입지조건과 건설비용에 난관이 많다는 점, 적절한 항만시설이나 기본적인 수도 및 전력시설이 부족하고 바람이 세다는 점 등을 난점으로 거론했다(『조선일보』, 1968. 6. 18.).

Ⅲ. 제주 경제의 주변부적 통합: 관광개발의 정치경제

1. 국가 기획의 시대: 자유항 구상의 지연과 관광개발의 진전

5·16쿠데타로 정권을 잡은 박정희는 미군정 하에서 살아남은 관료체제와 군사주의적 통치를 결합하고 미국의 개발원조를 통해 국가주도의 경제개발정책을 실시했다. 이 과정에서 제주 경제는 한국경제의 '주변'으로서, 그리고 그 기능적 부속물로서 분업적으로 통합되었다. 4·3사건과 한국전쟁을 경험한 제주사회 역시 물적·인적 자원이 대부분 파괴된 상태였기 때문에, 국가 주도의 개발은 불가피한 측면이 있었다. 여기에서는 우선, 중앙정부 주도로 수립·시행된 관광과 자유항 중심의 개발 프로젝트의 역사를 개략적으로 정리해 본 후에, 그 의미를 따져 보기로 한다.

1962년 1월에 발표된 '제1차 경제개발5개년계획'에 뒤이어, 1963년에는 박정희의 지시에 따라 '제주도건설개발연구위원회'가 설치되었다. 이 위원회는 제주 지역을 위한 종합적 개발계획을 (최초로) 수립하는 것을 목표로 했는데, 위원회의 검토 결과로 제주도의 관광자유화와 국제자유지역화라는 방향을 마련했다(이상철, 1995; 부만근, 2012). 외국인과 제주 출신 재외동포들로부터 경제개발을 위해 필요한 막대한 해외자본을 유치하는 역할, 즉 외화 유입의 창구로서 제주를 자유항으로 개발하려 했던 것이다.[8] 이 두 가지 방향은 이후, 제주가 한국경제에 기능적 부속물로 통합되어 주변화되는 기본적인 방향을 제시한 것으로 평가할 수 있다. 하지만 당시로서는 홍콩에 비해 경

---

8 '자유항'이라는 말 자체는 1975년 건설부가 제주를 무역, 관광, 원재료 저장 및 수출가공 부문으로 특화된 자유항으로 만들겠다는 계획을 제출하면서 일반화되었다.

쟁력이 떨어져서 자유지대의 설정이 실효성이 없다는 판단에 따라, 관광자유화만 가능하다는 결론이 내려졌다. 또한 자유지대의 설정이 자본과 인구의 자유로운 이동에 따라 국가안보를 위협할 수 있는 반면, 자유화의 이익은 불확실하다고 판단했다. 1963년에 제정된 '국토건설종합계획법'에 따라 1964년에 작성된 '제주도건설종합계획안(1964-1983)'은 관광개발, 산업개발, 교통 및 동력자원의 개발을 주요 내용으로 하고 있으며, 제주시·서귀포·성산포·대정·한림 등 5개 지역을 집중적으로 개발하여 1983년에는 120만 명의 관광객을 유치한다는 목표를 내세웠다. 하지만 이 계획은 정부가 특정지역개발전략을 수립함에 따라 폐기되고 1966년에 제주는 세 번째로 '특정지역'에 지정된다. 이 계획은 1996년까지 제주도 전역에서 수산개발·농산개발·관광지 조성·수자원 개발·교통시설 개선 등을 이룬다는 것이었다. 그러나 전체적으로 보자면, 1960년대에는 제주지역의 개발에 대한 실효성있는 종합계획이 수립되지 못했다고 할 수 있다(부만근, 2012: 36-37).

1973년에 국가가 수립한 '제주관광종합개발계획(1973-1981)'은 도 단위로는 최초로 수립된 관광개발종합계획이었고, 동시에 중앙정부가 주도하여 수립하고 시행한 최초의 제주개발종합계획이었다. 주요 내용은 제주도를 국제적인 관광지로 만들기 위해 주요 관광지구를 지정 및 조성하고, 여타 산업들의 육성과 사회간접자본을 구축하여 관광개발을 뒷받침하게 한다는 것이었다. 이 계획은 1970년대 제주 개발의 기본계획으로 기능했다고 평가받고 있다(이상철, 1987: 41). 이 계획은 공동자원·커먼즈의 변동과 관련해서도 중요한 정책적 요인이 되었다. 수원과 지하수의 본격적인 개발로 인한 용천수 이용의 감소, 중문관광단지와 성읍민속촌의 조성 및 국도의 확장, 농경지 확장과 농업기계화에 따른 마소 이용의 감소, 한우와 육우의 증식을 위한 기업목장들의 조성 등이 이 시기에 이루어졌던 것이다.

오랫동안 제주지역 개발사를 연구해 온 이상철은 제주 개발의 초기 구상들이 '국제자유지역', '관광개발', '산업개발'의 세 영역으로 이루어지지만, 특히 "국제자유지역화를 염두에 두면서 관광산업을 중심으로 전개"되어 온 특징을 보여주며, 이러한 관광사업 중심의 제주 개발은 "제주도가 한국경제의 고도성장을 보조하기 위하여 관광산업을 분업적으로 떠맡은"데 따른 것으로 평가하고 있다(이상철, 1987; 1997). 즉, '제주관광종합개발계획'은 1970년대 초의 세계적 불황으로 인해 경공업 수출이 위기에 직면하자, 제주를 국제관광지로 개발하여 외화소득을 늘리려는 목적에서 추진되었다는 것이다. 사회간접자본들 역시 관광산업의 확장을 위한 기반 조성에 중점을 둔 것이었다. 요컨대, 제주개발의 초기 구상들은 제주 지역의 종합적 발전을 목표로 한 것이 아니라 "한국의 산업화와 자본축적의 보완적 수단으로서" 추진된 것이었다(이상철, 1987: 41).

이러한 기본 방향은 1980년대에 전두환 정권에 의해서도 계승되었다. 1982년에 제안된 '특정지역제주도종합개발계획' 역시 관광개발계획, 지역개발계획, 국제자유지역조성계획의 세 부분으로 이루어져 있다. 1980년대의 여러 구상들에서 국제자유지역 조성은 홍콩이나 싱가폴에 대한 비교열위나 민간자본 유치의 불확실성 때문에 계획의 추진이 이루어지지 않았다. 다만, 이 시기에는 제주를 자유지대·자유항으로 설정하는 것이 국가안보에도 도움이 될 수 있다는 인식의 전환이 이루어졌다. 1985년 2월에 확정 공고된 계획안은 국민관광을 기반으로 한 국제관광지 개발이 중심으로서 기존 계획을 축소·수정한 것이었다. 그 주요 내용은 제주도에 중문관광단지, 표선민속관광단지, 성산포해양관광단지를 설치하고 14개의 관광지구를 지정하여 개발한다는 것이었다. 이에 따라 제주도는 1차와 3차산업 위주의 산업구조를 형성하게 되었고, 제주 외부의 시장에 대한 의존성이 극단적으로 심화되는 결과를 가져오게 되었다.[9] 1970년대와 1980년대에 제주에서 급속하게 팽창한 관광산업은 국가 주도의 강제적인 산업구조재편, 즉 한국경제에는 이국적인 관광의 섬으로서 분업적으로 통합되는 한편, 장기적으로는 국제자유지역의 건설을 내다보면서 외화획득과 자본수입의 창구 역할을 할 수 있도록 구상한 정책적 산물이라고 할 수 있다.

이러한 통합의 의미는 다음과 같은 몇 가지 측면에서 평가할 수 있다. 첫째, 제주를 국제시장에 통합시켜 자유항, 자유지대로 형성하려는 움직임이 제주개발의 초기부터 존재했지만, 실현되지 못한 구상으로 계속해서 잔존하고 있었다는 점이다. 둘째, 이 구상이 실현되지 않은 배경에는 홍콩과의 경쟁의 문제도 존재했지만, 지정학적·경제적 이유에서 제주가 국제적 자본의 매력적인 투자처가 되기에 부족하다고 판단했기 때문이다. 한반도 분단체제의 최남단에 위치한 섬이라는 조건 덕분에 자유항 구상이 제기될 수 있었지만, 한반도 분단체제의 불안정성과 제주 정치의 독특성을 비롯한 안보 문제가 자유항 구상의 걸림돌이 되었던 것이다. 특히 고립과 단절을 특징으로 하는 제주의 정치사회적 분위기 속에서 교류와 거래, 이동을 특징으로 하는 자유항 구상은 실현되기 힘들었다. 셋째, 그럼에도 불구하고 제주가 관광지로 개발될 수 있었던 것은 한국경제의 지속적 성장에 따라 국내 관광지에 대한 수요가 증가했기 때문이었고, 이에 따라 제주는 '관광의 섬'으로서 대한민국 국민경제의 주변부로 통합되었다. 이와 같은 특징들은

---

9 1971년에 81.3%에 달했던 1차산업 취업자 수는 1981년에 71.8%, 1990년에는 42%로 축소되었다. 반면, 3차산업 취업자 수는 1971년 15.6%에서 1981년 25.1%, 1990년에 54.2%로 급증했다(이상철, 1995: 88).

1990년대를 경과하면서 국내 관광시장의 급속한 팽창 및 2000년대 제주의 '국제자유도시' 지정, 그리고 중국인 관광객의 도래와 자본투자의 증대에 의해 완성된 형태를 갖추어가고 있다.

2. 수용소에서 관광의 섬으로: 개발주의의 내면화와 저항

1990년대는 고립과 단절된 정치사회적 상황 속에서 국가 주도의 개발이 이루어지던 시대로부터 제주 도민 주도의 개발주의 시대로 이행하는 중요한 분기점을 형성한다. 그렇다면 이러한 변동은 어떻게 가능했던 것일까. 여기에는 1980년대까지 이루어진 지역개발 및 경제성장의 결과로 사회규모가 커짐에 따라 국가가 모든 개발계획을 수립하고 집행하기에는 한계에 이르렀고, 시민사회가 성장하여 시민들의 능력이 증대됨에 따라 지역개발에 대한 참여욕구와 자기주장이 커진 것이 주요한 요인으로 거론된다(이상철, 1998). 하지만 보다 본질적인 측면에서 보자면, 국가가 제창해 왔던 개발수의의 이념을 제주도민들이 사신들의 요구로 내면화한 결과이며, 그와 동시에 고립과 단절로부터 교류와 이동으로 정치사회적 환경이 변화한 결과라고 할 수 있을 것이다.

제주의 인문학자인 김동현은 국민국가 내외부에서 중앙의 헤게모니가 관철되는 가운데 제주가 주변으로서 '발견'되고 '낙원 제주'의 건설이라는 구호를 토착 지식인들이 내면화한 것이 1960년대였다고 밝히고 있다(김동현, 2016). 그의 논의에 따르면, 4·3사건과 한국전쟁 시기의 '절멸' 작전이 끝난 후인 1959년 8월 4일 제주를 방문한 이승만 대통령은 "모두 힘을 합쳐 제주도를 꿈과 같은 새 세상이 되도록 해야 한다"고 천명한다. 그리고 1960년대 초반부터 토착 지식인과 관료들 내부에서 '낙토제주'의 개발이나 제주도를 태평양의 '하와이'나 대서양의 '버뮤다'와 비교하는 논의들이 등장하기 시작한다. 4·19혁명

당시 등장했던 4·3사건 진상규명의 목소리는 박정희 개발독재의 등장과 함께 지역개발의 목소리로 대체되기 시작했던 것이다. 중앙정부의 국가주도 개발프로젝트와 지역 지식인과 관료들의 개발 욕구가 서로를 후원하는 순환적 관계가 형성되었던 것이 바로 1960년대였던 것이다. 예컨대, 제주를 '관광의 섬'으로서 국민경제에 통합하려했던 중앙의 기획은 제주의 지식인들에게 '민속'의 '발견'과 관광자원화를 적극적으로 추동하게 된다. 이것은 근대화된 육지에 비해 낙후된 전근대의 섬으로서 제주를 자기-인식하는 과정이기도 했다(김동현, 2016). 위로부터 개발주의 프로젝트가 추진되는 한편, 아래로부터는 근대적인 것에 대한 동경과 욕구가 성장하는 가운데 화학비료나 농기계 등 새로운 농법이 도입되고 감귤농사와 기업목장이 전통적인 형태의 목축·농경체제를 분해하기 시작했다고 할 수 있다. 이 책의 1권에서 여러 저자들이 밝히고 있는 것처럼, 이러한 생산양식과 생활양식의 변동 속에서 공동자원·커먼즈와 연결된 민중들의 삶의 양식은 파괴되었고 개개인의 존재는 공동체·사회로부터 유리되었다.

　이와 같은 사회적 변동에 가장 민감하게 반응한 것은 제주의 시민사회운동 진영이었다. 탈냉전과 민주화를 배경으로 1980년대 말에서 1990년대 초반까지 제주 지역에는 두 가지 사회문제가 부각되었다. 우선, '탑동매립지개발반대운동'과 '골프장건설반대운동'은 국가주의 개발정책 하에서 제주 지역에 무분별하게 추진되던 난개발과 관광산업화 정책에 대해 제주 지역의 시민사회가 적극적인 반대의사를 표시한 것이었다. 탑동매립지개발반대운동은 제주의 (제주항에서 제주공항으로 이어지는) 해안지대에 대한 관광개발에 대해, 그리고 골프장건설반대운동은 중산간지역의 관광개발에 대한 반대운동이었다(조성윤, 1992a; 1992b; 2003). 이 과정에서 제주사회에는 개발주의/반개발주의의 대립선이 분명해졌다. 1991년에 제정된 제주도개발특별법은 이 모든 과정의 제도적 집약이며, 2000년대에 집권하여 제주국제자유도시법과 제주도특별법 하에서 보다 많은 권한을 가지고 개발주의 정책을 가속화했던 개발주의 제주도정의 등장을 예고하는 것이었다.

둘째, 냉전·분단체제의 이완에 따라 군사기지 문제가 중요한 정치적 이슈로 부각했다. 1960년대 말에 제주가 군사기지화의 압력에 직면했던 경험이 있음에도 불구하고, 냉전 시기 동안 제주는 한반도 분단체제의 중무장 경향에서 비켜나 있을 수 있었다. 한반도 분단체제에서 대립의 중심지였던 휴전선에서 가장 멀리 떨어져 있다는 점에서, 그것은 제주의 주변성이 가져다 준 (역설적이면서도 매우 제한적인) 자유와 평화의 영역이었다. 이 영역은 민주화와 탈냉전, 한반도 분단체제의 이완과 급속한 경제개발을 배경으로 자주국방과 군현대화를 목표로 한 군부의 계획에 의해 몰수될 위기에 처했다. 1988년 8월에 정부가 제주 남부의 송악산 일대에 197만평 규모의 군사기지와 비행장을 건설할 계획을 가지고 있음이 드러났던 것이다. 대정 지역을 중심으로 한 지역 주민들과 제주의 민주화운동 세력이 결합한 '송악산군사기지 설치반대운동'이 거세게 일어났다(조성윤, 1992a; 1992b; 2003; 조성윤·문형만, 2000; 2005). 결국, 이 투쟁은 1990년 3월에 정부가 기존 계획을 백지화한다는 결정을 내리면서 일단락되었다. 그러나 이 지역 주민들이 이후에 국가에서 제안한 관광개발에는 적극적으로 찬성했다는 기존 연구들의 지적에서 알 수 있는 것처럼, 이 일련의 과정은 중앙 혹은 '육지'와의 적극적인 통합 요구로 이어졌다. 그것은 지난 시기를 지배했던 비국민적 위치에서 평등한 '국민되기'를 요구한 것이었고, '낙후'한 제주사회를 근대화하여 육지를 따라잡으려는 개발주의적 욕망이 일반화된 것이었다고 평가할만하다. 이 두 가지 요구는 2000년대에 제주4·3특별법과 제주국제자유도시특별법으로 제도화된다.

Ⅳ. 체제이행과 개발주의 시대의 제주

탈냉전과 민주화 그리고 지방자치의 전개로 인해 1990년대 이후 제주에 나타난 첫 번째 변화는 개발정책에 있어서 제주도청이 전면에 등장한 것이다. 제주도민이 주체가 되는 특별법을 만들라는 노태우 정권의 지시에 의해 등장한 것이 '제주도개발특별법'이다. 1990년 8월에 언론을 통해 그 시안이 공개되자 제주사회는 강력히 반발했는데, 그것은 제주도민의 삶을 개선한다는 목적과 달리 특별법 시안의 작성과정에서 제주도민들이 철저히 배제되었고, 외부 자본에 의해 제주의 개발을 추진하려는 의도가 명확했기 때문이었다. 제주에서는 32개의 지역단체가 결집하여 '제주도개발특별법제정반대범도민회'를 결성하고 투쟁에 나섰고, 1991년 11월에는 특별법 반대를 외치며 양용찬씨가 분신하는 등 반대운동은 격렬하게 전개되었다(강종우·이지훈, 1999). 하지만 당시 여당이었던 민자당은 12월 18일에 '제주도개발특별법'을 국회에서 통과시켰다. 이 반대투쟁은 비록 실패로 끝났지만, 환경보전 강화나 지하수개발관리 강화, 지역주민에 대한 우선 고용 등의 조항이 특별법에 반영되었다. 이후 제주에는 '제주참여환경연대'나 '제주환경운동연합' 등 다양한 시민사회단체들이 결성되어 일방적인 개발정책에 대한 반대운동을 지속해 나갔다.

하지만 1990년대는 제주의 경제가 지속적인 침체와 위기를 겪은 시기였다. 1989년의 해외여행완전자유화 정책으로 인해 해외에 비해 제주를 찾는 관광객의 수는 매우 느리게 증가했고, 우루과이라운드에 뒤이은 WTO의 출범으로 인해 1차 산업에 대한 위기감이 고조되었다. 또한 지방자치제도의 실시에 따라 지방재정이 증가했지만, 재정자립도는 매우 낮은 수준을 면치 못했다(김석준·이상철, 1999). 지역경제의 활성화와 지방재정 확충을 위해 제주도가 택한 전략은 관광산업의 특화와 1차 산업 생산물의 가공 분야일 수밖에 없었다. 특히 제주도는 관광개발이라는 명목으로 카지노 사업장을 추가로 개설하고, 경마장의 유치나 관광복권의 판매 등 사행산업의 확대를 통해 이를 해결하려 했다(김석준, 2006). 또 1988년 6월 '골프장 조성사업계획 승인권'이 교통부 장관에서 시도지사에게 넘어오고, 국가가 주도적으로 '골프 대중화 정책'을 추진하자, 제주도는 외부 자본에 의한 골프장의 건설과 확대를 적극적으로 추진했다(조성윤, 1993).

1997년에 맞이한 외환위기와 경제위기는 만성적인 경제 침체에 시달리던 제주사회에도 충격을 가했다. 구조조정과 경제재편의 논의가 폭발하는 가운데, 제주의 정치권에서 내놓은 것이 '국제자유지역화' 구상이었다. 지역의 정치권과 언론의 뒷받침 속에 제주도청이 건의하자, 1998년 9월 당시 김대중 대통령은 제주도를 관광과 첨단지식산업, 물류, 금융 등 복합기능의 도시인 '국제자유도시'로 만들겠다는 의지를 드러냈고, 이에 따라 '제주국제자유도시기본계획'이 수립되었다. 이 계획은 "제주도를 사람·상품·자본의 이동이 자유롭고 기업활동의 편의가 최대한 보장되는 동북아 중심도시로 발전시킴으로써 국가 개방거점 개발 및 제주도민의 소득·복지를 향상"시키는 것을 목표로 제시했다.[10] 이를 위해 정부는 2002년에 '제주도개발특별법'을 대체한 '제주국제자유도시특별법'을 제정했고, 제주도청은 이를 바탕으로 2003년 2월에 '제주국제자유도시종합계획(2002-2011)'을 수립했다. 특별법의 목적에 나타난 것처럼, 이 국제자유도시 구상은 제주를 자본

---

10 국무총리국무조정실, 『제주국제자유도시기본계획』, 2011년 11월.

유치를 위한 창구로 삼겠다는 오랜 '자유항 경제'의 구상이 실현된 것으로 평가할 수 있다.

2002년 5월, 정부는 제주국제자유도시 개발사업의 효율적 추진을 위해 '제주국제자유도시개발센터(JDC)'를 설립했다. JDC는 국제자유도시 개발을 위해 제주도 토지의 취득과 개발·비축·관리·공급 및 임대 사업과 과학기술단지와 투자진흥지구를 조성·관리하는 사업, 자본을 제주에 유치하기 위한 마케팅과 홍보 및 투자가들에 대한 종합적 지원업무 등을 담당하고 있다. 구체적으로, JDC는 국제자유도시 개발사업을 주도하면서, JDC면세점의 개설(2002), 제주첨단과학기술단지(2005), 신화역사공원(2007), 서귀포관광미항(2007), 제주항공우주박물관(2009), 영어교육도시(2009) 등의 프로젝트를 수행해 오고 있다. 그야말로, 신자유주의적 '개발의 전위대'(홍성태, 2005)로서 2000년대 이후 제주의 개발사업 전반을 주도하고 있는 것이다. 이러한 일련의 흐름은 국가와 제주도, 그리고 공사/공기업의 3각 동맹에 의해 제주도가 신자유주의적 자본축적의 공간으로 재편되고 있음을 의미하며, 한국경제에 분업적으로 통합되었던 제주의 경제가 세계시장과 중국경제에 보다 직접적으로 포섭되는 방향으로 나아가고 있으며, 동아시아적 주변성이 새로운 의미에서 부각되고 있음을 의미한다.

세계체계, 동아시아체제의 변동과 맞물린 제주도정 주도의 개발주의 정책은 현실에서 강력한 힘을 발휘했다. 여기에서는 두 가지 측면에서 그 효과를 살펴보자. 첫째, 개발주의 정책은 군사·안보·평화의 측면에서도 강력한 힘을 발휘했다. 제주에서는 1990년대에 4·3사건의 진상을 규명하고 국가의 사과와 명예회복을 요구하는 운동을 줄기차게 벌였다. 제주도민의 끈질긴 요구와 투쟁 그리고 정권교체에 힘입어 2000년에 제주4·3특별법이 제정됨으로써 4·3사건 이후부터 제주사회를 억눌러왔던 감시와 통제, 제주사회 내부의 갈등과 반목의 문제는 어느 정도 해소되게 되었다. 이 시점에서 1990년대에 이미 해체되기 시작했던 '수용소의 정치'는 완전히 파산하고, 그것이 얽매고 있던 '자유항의 경제' 구상은 완전히 해방되었다. 비슷한 시기에 제주의 안팎의 학자들은 제주를 '평화의 섬'으로 지정할 것을 줄기차게 요구했는데, 2000년에 '제주도개발특별법'이 개정되면서 특별법 제52조에 세계평화의 섬 지정의 법적 근거가 마련되었고 2005년 1월에 정부는 제주를 '세계평화의 섬'으로 지정했다. 그러나 세계평화의 섬 지정과 그 이후의 후속사업들은 많은 문제점과 한계를 남겼다. 법제화 단계로 넘어간 뒤로 시민사회의 역할과 요구는 주변화 되었고, 4·3특별법이 아니라 제주국제자유도시특별법에 의해 법적 근거를 가지게 됨에 따라 '평화의 섬'이 단순한 관광이미지의 일부로 이해되고 추진될 수 있는 여지를 남겼다. 특히 평화의 섬의 법제화 과정은 제주사회 내에서 제주도청을 중심으로 개발주의가 강화되던 시점에 이루어섰고, 이러한 여파로 인해 가령 핵심사업인 '제주평화포럼' 내에서 실제로 평화의 섬과 관련한 논의는 소수에 그치고 오히려 통상이나 산업 위주의 논의가 확대되는 결과를 보였다(정영신, 2014b). 특히 평화의 섬 구상은 2007년 5월에 당시 김태환 제주도지사가 해군기지의 유치 결정을 내리면서 초기의 구상으로부터 완전히 이탈하고 있는데, 초기에 일부 주민들이 해군기지 유치 결정을 내린 것도 그 추동력은 안보나 평화 자체에 대한 관심보다 지역개발에 대한 욕구였다.

둘째, 1960년대에 처음으로 구상된 '자유항 경제'는 "규제완화와 글로벌 스탠다드 도입을 통해 '이상적 자유시장 경제모델'을 구축함으로써 동북아의 친환경적 국제자유도시로 발전"시키겠다는 구상 하에 국제자유도시특별법과 제주도특별법으로 제도화되었다. 그리고 이 새로운 자유도시 모델은 제주도민의 공동자원·커먼즈인 자연의 상품화에 기초하고 있다. 외자 유치의 주된 통로를 자연의 관광자원화와 상품화를 배경으로 한 골프장·유원지·관광단지·리조트의 개발이 담당하고 있는 것이다. 특히 1990년대와 2000년대 개발사업의 70%는 마을공동목장이 집중된 중산간지대에서 이루어졌고, 대형개발사업 가운데 관광·레저 부문 사업의 38%가 민선 제주도지사 시기(1995.07~2006.06)에 40%가 제주특별자치도지사 시기(2006.07~현재)에 이루어졌다(8장 참조). 그리고 이 과정에서 국제자유도시개발센터JDC는 중산간의 도유지를 중심으로 한 부동산을 구매하여 국내외의 거대자본에 팔아넘기는 역할을 담당하고 있다(9장 참조). 제주도정이 내세우고 있는 '세계적 녹색성장 모범도시' 구상이나 '세계환경수도' 구상이라는 미래 비전은 중산간의 숲과 목초지의 급격한 축소라는 현실[11] 앞에서 파산하고 있다.

Ⅴ. 맺음말: 개발주의 시대를 넘어서는 대안적 실험을 …

일제 말기부터 1960년대 말까지 이어지는 4반세기 동안, 제주는 국민국가 대한민국의 주변부로서 잠재적 '비국민'들의 거대한 수용소나 다름없었다. 중앙정부의 지원은 거의 없었고, 제주인들의 소외감과 불만 역시 내부로 축적되고 있었다. 여기에 하나의 분출구를 제시한 것이 중앙정부가 제안하고 제주의 토착 지식인들이 호응한 '자유항·자유지대 구상'과 '관광의 섬'으로의 개발 프로젝트였다. 그러나 고립과 단절

---

[11] 일제 말기인 1943년에 123개, 24,432ha에 이르던 제주의 마을 공동목장은 2004년에는 74개, 9,127ha로 줄어들었고, 2014년에는 56개, 6,327ha로 급감했다.

을 특징으로 하는 '수용소의 정치'와 이동과 교류를 특징으로 하는 '자유항·자유지대의 경제'는 조화를 이룰 수 없었고, 후자는 전자가 완전히 파산하는 1990년대 이후에야 본격적으로 추진될 수 있었다. 다른 한편, 1970년대까지의 시기는 제주에 대한 중앙의 본격적인 지원과 개발이 이루어지지 않아서, 제주의 자연환경이 그대로 보존되던 시기였다. 또한 제주인들이 마을공동목장과 같은 공동자원·커먼즈에 의지하면서 생계·생활을 유지하던 시기이기도 했다. 하지만 1970년대부터 본격적인 개발주의 시기가 도래하면서 공동자원·커먼즈는 파괴되거나 축소되었고 이와 연결되어 있던 제주인의 삶의 양식도 급변하게 된다. 특히 1990년대 제주도정 중심의 개발주의 정책과 2000년대 이후 국제자유도시 구상은 이전까지 관광의 대상으로만 여겨지던 제주의 자연을 직접적인 투자의 대상으로 변환시켰다.

위와 같은 역사적 과정을 '주변성의 변동'이라는 시각에서 보면, 1980년대까지의 시기는 제주가 정치적 측면에서 국민국가의 주변부 지방으로 강하게 통합되는 가운데 섬으로서 교류와 이동의 거점 기능이 부정당한 시기였다고 할 수 있다. 하지만 1990년대 이후에는 민주화와 탈냉전, 한반도 분단체제의 이완과 개발주의의 고조에 따라 제주는 고립과 단절의 시기로부터 이동과 교류의 시대를 다시금 맞이하고 있다. 안보와 평화의 측면에서는 오키나와와의 동질성이 다시 부각되면서 시민사회의 교류와 협력이 증가하고 있고, 경제적인 측면에서는 한국경제의 성장에 따른 국내 관광객의 증가뿐만 아니라 중국 경제의 부상에 따른 중국인 관광객의 폭증을 맞이하고 있는 것이다. 요컨대, 제주는 한국이라는 국민국가의 명확한 일부이면서도 '주변'으로서의 위치를 부여받아 왔는데, 그것은 한편으로는 국민과 영토의 경계를 의미하는 것이면서 다른 한편으로는 세계시장과 만나는 '창구'나 동아시아 질서변동에 연결되는 '관문'으로 규정되어 온 것이다. 그 결과, 제주의 경제는 지역 내부의 순환적 관계보다 외부의 수요와 공급에 일방적으로 의존하는 경제구조로 재편되었다. 특히 지방자치제도 하에서 국가와 제주도에 의해 수행되어 온 개발주의 정책들은 제주가 신자유주의라는 프리즘을 통해 세계시장에 직접 연결될 것을 의도하고 있다. 따라서 앞에서 질문한 '시험장', '모범', '모델'과 같은 현재의 언어들은 제주 경제가 지닌 주변성의 또 다른 표현이지만, 그것을 초래한 동학은 변화하고 있다고 봐야 할 것이다.

일방적으로 '모델'을 창출하는 '시험장'이 되고, '관문'이나 '창구'의 역할을 부여받아 온 것을 제주가 지닌 주변성의 복합적인 모습이라고 한다면, 그 주변성에 또 다른 성격 역시 부여할 수 있을 것이다. 주변이 비록 체제의 필수적인 구성부분으로서 중심의 구조와 힘에 의해 좌우된다고 하더라도, 중심으로부터의 거리가 존재한다는 점을 부인할 수 없다. 다시 말해, 주변에는 중심으로부터의 '거리' 혹은 '거리감'으로부터 발생하는 (취약한 것일지라도) 자율성이나 자립적 발전의 가능성이 존재한다는 점이다. 우리는 제주에서 대안적인 사회적 실험이 제안되고 그것이 선도적으로 제도화되는 경우를 종종 발견할 수 있다. 예컨대, 2015년 1월 제주에서 열린 항공사 협동조합의 설립은 '세계최초'라고 언론에 보도되고 있다. '제주스카이버스협동조합'에는 이미 5천여 명이 참여의향서를 제출한 상태이고 제주도민 5만 명과 재외도민 등을 포함해서 총 7만 명의 소비자 조합원을 목표로 하고 있다고 한다. 이 구상이 대자본에 의한 항공사 운영과 달리 사회적 경제로서 어떤 면모를 보여줄 것인가를 판단하는 것은 섣부를 수 있지만, 성공할 경우에 일으킬 파장도 만만치 않을 것으로 보인다. 위와 같은 경험은 제주 특유의 자연자원에 대한 관리 방식에서도 나타난다. 제주에서는 지하수를 '공수公水'로 보고 '전국에서 최초로' 지하수에 대한 공적 관리를 제도화했다. 지하수에 대한 공공적 관리는 제주를 출발로 하여, 전국의 지자체로 확대되는 양상을 보이고 있다. 최근에는 곶자왈을 지키기 위한 국민신탁운동이 재점화하고 있으며, 중산간의 마을공동목장을 지키기 위한 연구와 운동 역시 확대되고 있다. 또한 '지꺼진장'이나 '강정 프리마켓 마르쉐'처럼 이주민과 토착민이 함께하는 새로운 형태의 장터가 곳곳에서 활성화되면서 다양한 문화와 먹거리가 생산되고 교류하는 장이 확대되고 있다. 이와 같은 사례들을 중심의 권력과 자본에 저항해 오면서 제주사회가 축적해 온 잠재력이 새로운 교류와 만남을 통해 현실화된 것으로 이해한다면, 오늘날 제주가 지닌 주변성에는 거대하고 다양한 위기와 도전뿐만 아니라 기회와 대안의 가능성 역시 포함되어 있다고 해야 할 것이다.

참고문헌

강종우·이지훈. 1999. "제주지역 시민운동의 발자취."『황해문화』 7(3).

김동현. 2016. "중심과 주변을 읽는 시선: 식민주의 내면화와 '향토'의 발견." 2016년 5월 9일, 탐라문화연구원 '문화교류와 정체성' 워크숍 발표문.

김석준. 1997. "제주지역의 선거(1948-1992): 개괄적 검토와 재해석."『탐라문화』 17.

김석준. 2006. "합법적 도박의 사회사 – 제주지역 도박 합법화의 과정과 전망."『지역사회학』 8(1).

김석준·이상철. 1999. "골프장 개발을 통해 본 제주도의 환경과 지역주민 문제."『지역사회학』 1(1).

박찬식. 2010.『4·3사건의 진실』. 제주4·3평화재단.

부만근. 2012.『제주지역개발사』. 제주발전연구원.

신주백. 2003. "1945년 한반도에서 일본군의 '본토결전' 준비."『역사와현실』 49.

이병례. 2007. "일제 말기 노동력 동원의 일상화와 민중의 대응방식 – 제주도 주민동원을 중심으로."『역사연구』 17.

이상철. 1987. "제주사회변동론 서설 – 개발정책과 산업구조의 변화를 중심으로."『사회과학과 정책연구』 9(1).

이상철. 1998. "제주도개발정책과 도민태도의 변화."『제주사회론2』. 한울.

이상철. 2000. "20세기 제주도의 사회변동과 발전."『제주도연구』 18.

정영신. 2012. "동아시아 지평에서 바라 본 제주도 해군기지 건설 문제."『내일을 여는 역사』46.

정영신. 2013. "오키나와 복귀운동의 역사적 동학: 동화주의의 형성과 전환, 비판을 중심으로." 이지원 외. 『오키나와로 가는 길』. 소화.

정영신. 2014a. "동아시아 시각에서 바라본 오키나와와 제주."『재일제주인과 마이너리티』. 경인문화사.

정영신. 2014b. "제주 '평화의 섬'의 역사적 경로와 현실." 2014년 1월 27일 '세계평화의 섬 지정 9주년 기념대회' 발표문, 제주4·3평화기념관.

제주4·3위원회(제주4·3사건진상규명및희생자명예회복위원회). 2003.『제주4·3사건 진상조사보고서』.

조성윤. 1992a. "제주의 관광개발과 주민의 각종 반대운동." 제주발전연구소 편. 『제주사회발전연구』4.

조성윤. 1992b. "개발과 지역 주민운동: 제수시 닙동 개발 반내운동을 중심으로."『현상과 인식』56.

조성윤. 1993. "개발과 환경, 그리고 농촌공동체의 붕괴 - 제주도의 골프장 건설 반대 운동."『현상과인식』17(4).

조성윤. 2003. "제주도 지역개발정책과 주민운동의 전망." 제주불교사회문화연구원 편.『전환기 제주도 지역개발 정책의 성찰과 방향』. 도서출판 각.

조성윤. 2011. "알뜨르 비행장: 일본 해군의 제주도 항공기지 건설과정."『탐라문화』41.

조성윤 엮음. 2008.『일제 말기 제주도의 일본군 연구』. 제주대학교 탐라문화연구소.

조성윤·문형만. 2000. "제주 모슬포 지역 군사기지 반대운동의 전개

과정과 성격." 제주대학교 사회발전연구소 편. 『사회발전연구』 16.

조성윤·문형만. 2005. "지역 주민 운동의 논리와 근대화 이데올로기: 제주도 송악산 군사 기지 설치 반대 운동을 중심으로." 『현상과인식』 2005년 겨울호.

하비, 데이비드. 2007. 『신자유주의-간략한 역사』. 최병두 역. 한울.

허수열. 2008. "제주도에 있어서 조선인 강제동원." 조성윤 엮음. 『일제 말기 제주도의 일본군 연구』. 제주대학교 탐라문화연구소.

홍성태. 2005. "제1장 개발공사와 토건국가." 홍성태 엮음. 『개발공사와 토건국가』. 한울.

황석규. 2006. "전쟁 말기 제주도 주둔 일본군의 이동, 배치, 편제, 전략 등에 관한 군사사회사적 의미-제111사단을 중심으로." 『사회와역사』 72.

저자소개

공동자원의 섬 제주2

홍성태

상지대학교 문화콘텐츠학과 교수. 제주대학교 SSK연구단 공동연구원. 사회학 박사. 생태문화 전공.
대표 논저: 『생태사회를 위하여』, 『토건국가를 개혁하라』, 『위험사회를 진단하다』, 『일본의 환경문제와 환경운동』

김자경

제주대학교 SSK연구단 공동연구원. 농학 박사. 농업경제학 전공.
대표 논저: "로컬푸드시스템 구축을 위한 제주도민의 식생활과 먹을거리에 대한 의식조사", "로컬푸드 지원조례와 공동자원의 운영원리: 지원조례를 둘러싼 쟁점과 함의", 『로컬푸드, 제주를 말하다』(공저), 『환경경제학』(역서)

최현

제주대학교 사회학과 부교수. 제주대학교 SSK연구단 연구책임자. 사회학 박사. 문화사회학, 정치사회학 전공.
대표 논저: "대만 공동자원 연구의 현황과 과제"(공저), "공동자원 개념과 제주의 공동목장: 공동자원으로서의 특징", "일본의 공동자원 연구 현황", 『공동자원론의 도전』(공역)

김선필

제주대학교 SSK연구단 전임연구원. 사회학 박사. 종교사회학 전공.
대표 논저: "한국천주교회 지배구조의 형성과 변형: 교회 쇄신을 위한 사회학적 검토", "공유지 복원을 위한 이론적 검토: 르페브르의 공간이론을 통한 공유지 비극 모델의 재해석", "2000년대 이후 한국 천주교 사제들의 사회참여 원인에 대한 연구"

정영신

제주대학교 SSK연구단 전임연구원. 사회학 박사. 사회변동론, 평화학 전공.
대표 논저: 『오키나와로 가는 길』(공저), 『저항하는 섬 오끼나와』(역서), 『공동자원론의 도전』(공역), "대만 원주민의 토지반환운동과 공동체-공동자원 관계의 변동"(공저)

김미량

(사)제주대안연구공동체 연구실장. 제주대학교 사회학 박사과정.

서영표

제주대학교 사회학과 조교수. 제주대학교 SSK연구단 공동연구원. 사회학 박사. 도시사회학, 환경사회학 전공.
대표 논저: "저항적 연대와 사회변혁: '적대 없는' 연대에서 '적대를 통한' 연대로", "상품화된 일상과 충족되지 않는 필요: 자본주의의 틈새와 저항적 지역정치", "도시적인 것, 그리고 인권? '도시에 대한 권리' 논의에 대한 비판적 개입", "신자유주의적 지구화시대의 지역과 풀뿌리정치를 생각한다"

김치완

제주대학교 인문대학 철학과 부교수. 제주대학교 SSK연구단 공동연구원. 철학 박사. 동양철학 전공.

대표 논저: "화엄(華嚴)의 세계관을 차용한 제주문화공간 분석", 『제주의 로컬리티 담론 공간과 철학』, Philosophical Studies on Martyrdom

조성찬

토지+자유연구소 제주연구센터장. 정책학 박사. 도시계획, 토지정책 전공.

대표 논저: 『중국의 토지개혁 경험』(공저), 『토지정의, 대한민국을 살린다』(공저), 『상생도시』, "북한의 관광산업에 기초한 토지사용료 순환형 경제발전 모델 연구"

김성훈

토지+자유연구소 연구원. 홍익대학교 도시공학과 박사과정.

대표 논저: "난개발, 제주도 개발문제의 본질", "지도로 본 마을공동목장의 면적 및 소유관계 변화"

이성영

토지+자유연구소 연구원.

대표 논저: "상가권리금 제도화 방안 모색 – 바닥권리금 양도세를 중심으로", "국공유지 점유자들의 주거권 해결을 위한 공공토지임대형 사회적주택협동조합 모델 연구"